수녀님,
화백의 안경을 빌려 쓰다

수녀님,

화백의 안경을 빌려 쓰다

장요세파 수녀,

수묵화가 김호석 화백의 40년 작가노트를 엿보다

프롤로그

맑음을 추구하는 마음으로

이번 글은 그림을 보는 이의 방향이 아니라, 그리는 이의 방향에서 보고자 했습니다. 즉 화가의 안경을 잠시 빌렸습니다.

그리는 이와 보는 이 사이, 얼마만한 거리가 있는지 살짝 궁금했습니다. 물론 화백이 저의 그림 보기에 상당히 기뻐하는 것은 느끼고 있어서 가닿는 곳이 유사하다는 것은 알 수 있었습니다. 하지만 그리는 이의 출발점과 보는 이의 시각 사이에 어떤 거리가 있는지 그것은 또 다른 문제일 수 있다는 생각이 들었습니다. 그림이든 문학작품이든 작가의 손을 떠나면 보는 이의 생각, 감정, 가치관에 따라 상당한 부분 다르게 받아들여질 수 있고 또 다를 수 있어야 합니다. 화가나 작가가 왜 자기는 이런 생각, 경험에 근거하여 작품을 만들었는데 그 따위로 보느냐고 할 수 없고, 또 그런 말을 한다면 예술가로서 자질이 의심될 수도 있습니다.

그러나 또한 보는 이는 작가의 마음을 읽어 보려는 노력 그리고 작품의 바탕이 되는 지식과 경험, 지혜에 접해 보려는 노력이 있을 때 그 작품이 건네 오는 말을 훨씬 더 깊이 알아들을 수 있다는 것도 사실입니다.

화가 역시 보는 이의 눈이 궁금할 것이며, 저와 같은 입장의 다른 감상자들 역시 저와 같은 궁금함을 지니고 있지 않을까 생각이 듭니다.

『수녀님, 서툰 그림 읽기』는 100편의 작품들을 7개월 정도라는 짧은 시간 안에 쓰다 보니 마치 소낙비가 내 안으로 쏟아져 들어오는 것을 그대로 적어 내려가는 느낌마저 들었습니다. 그래서 화백이 그림을 그리게 된 배경, 동기 이런 것들이 궁금해지기 시작했습니다.

또한 무엇이 나로 하여금 그의 그림에서 저절로 어떤 영상, 영감을 떠오르게 하는지도 알고 싶어졌습니다. 그의 그림을 보자마자 느끼게 되는 착상들이 화백의 그림의 출발점과 어떤 거리에 있는지, 유교적 세상에 바탕을 둔 그와 그리스도교적 분위기 안에서 살아온 저와의 사이에는 어떤 유사점과 차이점이 있는지도 궁금했습니다. 종교와 종교의 교류, 문화와 종교의 교류, 좀 더 나아가 문화와 정치의 교류, 종교와 정치의 교류, 종교와 과학의 교류는 각각의 자리를 더 풍요롭게 해 줄 것임을 믿습니다.

또한 과거 시대의 작가들의 작품은 그 시대에 대한 공부 없이는 자기 식의 마음대로 해석이라는 미끄럼틀을 탈 수도 있습니다. 또한 같은 시대라 하여 같은 공식 안에 모든 예술 작품들을 쓸어넣을 수 없을뿐더러 시대라는 틀에 담기지 않는 대가의 작품들은 그 시대를 알 때 그 진가를 더 깊이 맛볼 수 있습니다.

글이든 그림이든 춤이든 음악이든 첫 번째는 자기영감의 표현이지만 바로 그만큼 아니 그 이상으로 타자를 향해 가는 것이기에 이 비교 작업은 다른 분들께도 어떤 영감의 원천이 되지 않을까 기대합니다.

트라피스트 수녀원에서
장요세파 수녀

※ 이 책에 사용된 이미지는 형상의 가독성을 높이기 위해 주로 부분을 사용하여 편집 하였습니다.

수녀님,
화백의 안경을 빌려 쓰다

,

장요세파 수녀,
수묵화가 김호석 화백의
40년 작가노트를 엿보다

수녀님, 화백의 안경을 빌려 쓰다

,

**장요세파 수녀,
수묵화가 김호석 화백의
삶을 엿보다**

,

장요세파 수녀,

수묵화가 김호석 화백의

40년 작가노트를 엿보다

함께 가는 길

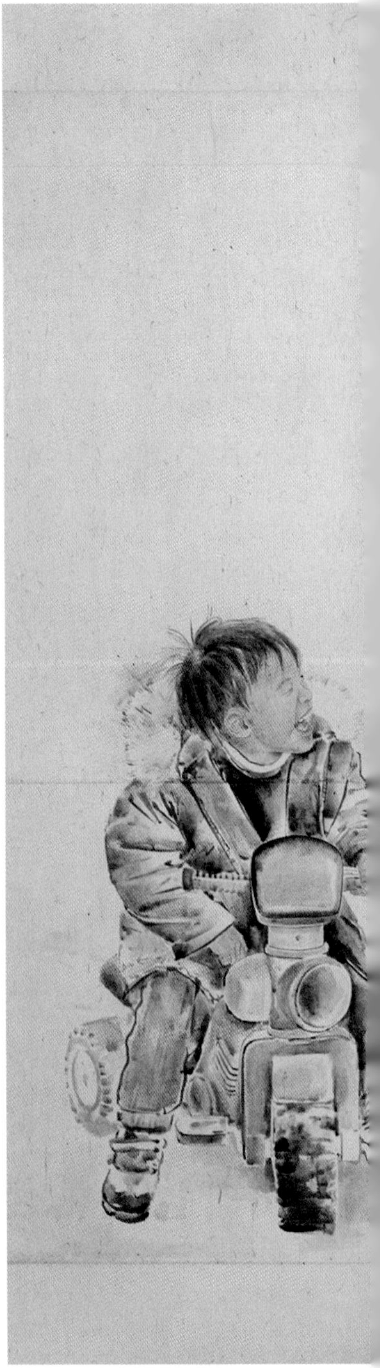

공포영화보다 더한 공포상황, IMF 시절, 화백은 무엇보다 가족의 붕괴와 부권이 실추되는 시대상을 바라보며 생명의 못자리로서의 가족의 소중함에 주목해야 함을 아프게 깨달았습니다.

IMF로 접어들면서 우리나라에는 예년의 4배가 넘는 실직자 수를 기록하였고, 폭발적인 실업률은 곧바로 가정 위기로 치달았습니다. 가족은 어려울수록 돕는다는 말은 호랑이 담배 피우던 시절의 이야기가 되어 버렸고, 가족 안에서 아버지의 자리, 남편의 자리에 대한 웃지못할 웃기는 이야기들이 많이 떠돌게 된 것도 이 시기였습니다.

돈 없는 사람들은 존재감을 상실하는 현실 안에서 이 대량 양산된 실직자 아빠들과 해체되어 가는 가정의 무너지는 소리가 밤낮없이 들려오는 이 시기에 화백은 "가족"이라는 화두를 내걸고 전시회를 열었습니다. 몇 만 명에 달하는 사람들이 관람을 위해 찾아왔고 입구에 까는 깔개가 닳아 갈아야 할 정도였다니, 사람들 마음 속 불안과 희망을 찾는 애탐이 2018년 오늘에도 생생하게 느껴질 정도입니다.

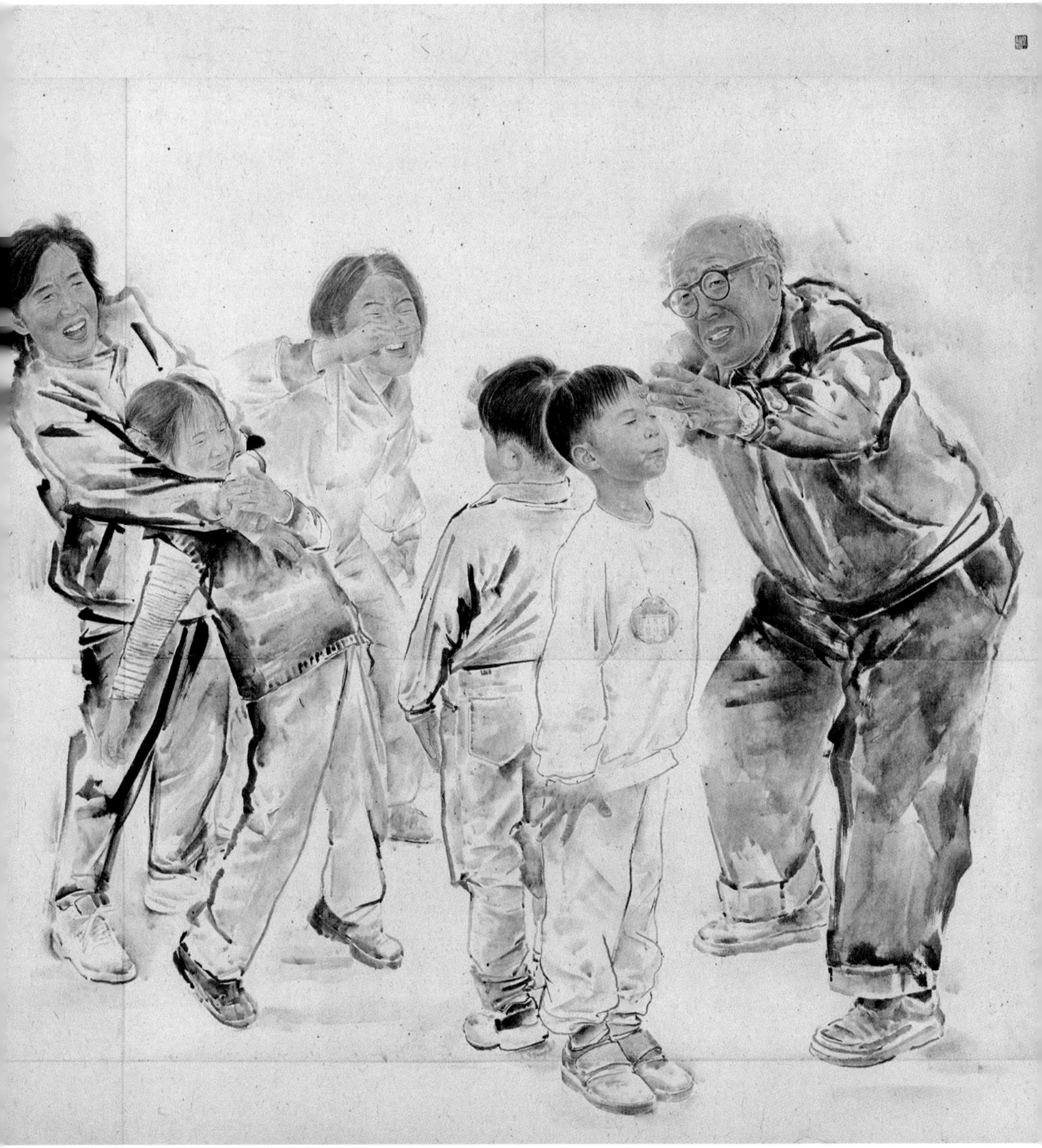

함께 가는 길 | 185×238cm | 수묵 채색 | 1998-1999

아빠가 실직하여 돈을 못 벌어도 가족은 가족이요, 가족 하나 유지하는 것이 사회에 얼마만한 기여를 하는지 우리는 이 시기에 비싼 값을 치르며 경험하였습니다. 가족이 서로를 존중하고 평화가 유지될 때 사람은 사회에서도 자신의 자리가 위협하지 않다고 느낄 수 있습니다. 자신에게 불안을 느끼는 사람이 많을수록 사회는 불안해질 수밖에 없다는 것은 설명할 필요도 없는 것입니다. 가정은 생명의 못자리이니까요.

이 못자리가 마구 파헤쳐지면 그 속에 있던 아이들, 엄마, 아빠는 뿌리채 뽑혀 엉뚱한 곳에 던져지고 아이들은 구석에 박혀 제대로 크지 못하게 됩니다. 당연하게 여겨왔던 아버지의 헌신, 엄마의 애정, 자녀들의 생기발랄함이 사실은 서로의 희생을 통해서만 가능하다는 것을 체험한 때이기도 합니다.

하지만 그 비싼 값에도 불구하고 그 교육이 우리에게는 충분하지 못했던가 봅니다. 가족이야말로 희생의 가치를 배울 수 있는 가장 기본적인 자리입니다. 가족 안에서 경험하지 못한 희생의 가치를 사회 안에서 실천하는 것은 불가능하지는 않을지라도 하늘의 별따기만큼이나 어렵기 때문입니다.

그렇게 무너져가는 가정을 향해 화백은 "그건 위험해", "가족을 지키기 위한 희생은 아무리 커도 아깝지 않아"라는 외침을 던져주고 있습니다. 지금부터 그 생생한 가족의 자리로 함께 들어가 보겠습니다.

사랑

가장 고귀한 것은 가장 흔하고 가까이 있습니다. 공기가 그렇고 물이 그렇고, 나무, 풀들이 그렇습니다. 이것들이 없으면 우리는 살아갈 수가 없지만 평소에는 그 존재 자체를 의식조차 하지 않는 경우가 거의 대부분입니다.

그러나 이런 고귀한 것들이 마음을 파고들 때 많은 경우 우리의 마음을 바꿀 정도로 흔들어 놓는 힘이 있습니다. 그만큼 원초적, 근원적인 것에 가깝기 때문이겠지요.

여기 이 그림도 그렇습니다.

탯줄을 통해 생명의 물을 받아들이던 아기가 세상 밖으로 나오고 처음으로 젖꼭지를 무는 순간은 그 엄마, 아빠에게만이 아니라 세상 모든 이에게 경이로운 순간입니다. 엄마의 고동 소리도 이제 직접 듣습니다. 엄마는 아기에게 세상 그 자체입니다. 엄마의 눈길이 세상의 눈길이요, 엄마의 손길이 세상 전체 손길이며, 엄마의 젖꼭지가 세상의 먹거리입니다. 한 번도 빨아보지 않은 젖꼭지를 가르쳐주지 않아도 잘 빨지요. 생명은 누가 가르쳐주는 것이 아니니까요.

이 품은 아기에게 곧 세상의 품입니다. 그래서 우리는 대지의 품을 어머니의 품이라 은유하고, 생명의 젖줄기, 산을 엄마 젖무덤 등에 비유하는 것입니다. 엄마의 품은 이 세상 존재하는 모든 것들 중에 생명의 원천에 가장 가깝습니다.

엄마의 젖이 순하게 나오고 울면 제때 먹여주고 기저귀도 축축하지 않게 제때 제때 갈아주면 아이의 뇌 작동이 달라진다고 합니다. 생명의 원천이 가깝기 때문 아닐까요?

그래서 모든 이가 도달하고 싶은 것이 바로 이 어머니의 마음으로 살아가는 지극함, 정성이 아닐까 싶습니다. 특히 이 타자를 향한 정성이 수도승적 삶, 자신을 비우는 삶을 지향하는 이의 마지막 목적에 가장 가까운 상태일 것입니다.

삶이 팍팍하고 온갖 수렁과 심연을 거쳐 악귀같이 된 사람의 마음속에도 엄마에 대한 그리움은 지울 수 없을 것입니다. 아니 그런 악다구니가 바로 엄마의 품에 대한 그리움 자체일 것입니다.

그 엄마의 품이 이제 살아갈 날이 더 짧은 저에게도 그리움의 자리로 남아있음은 참 복된 일입니다.

사랑 | 108×95cm | 수묵 채색 | 1993

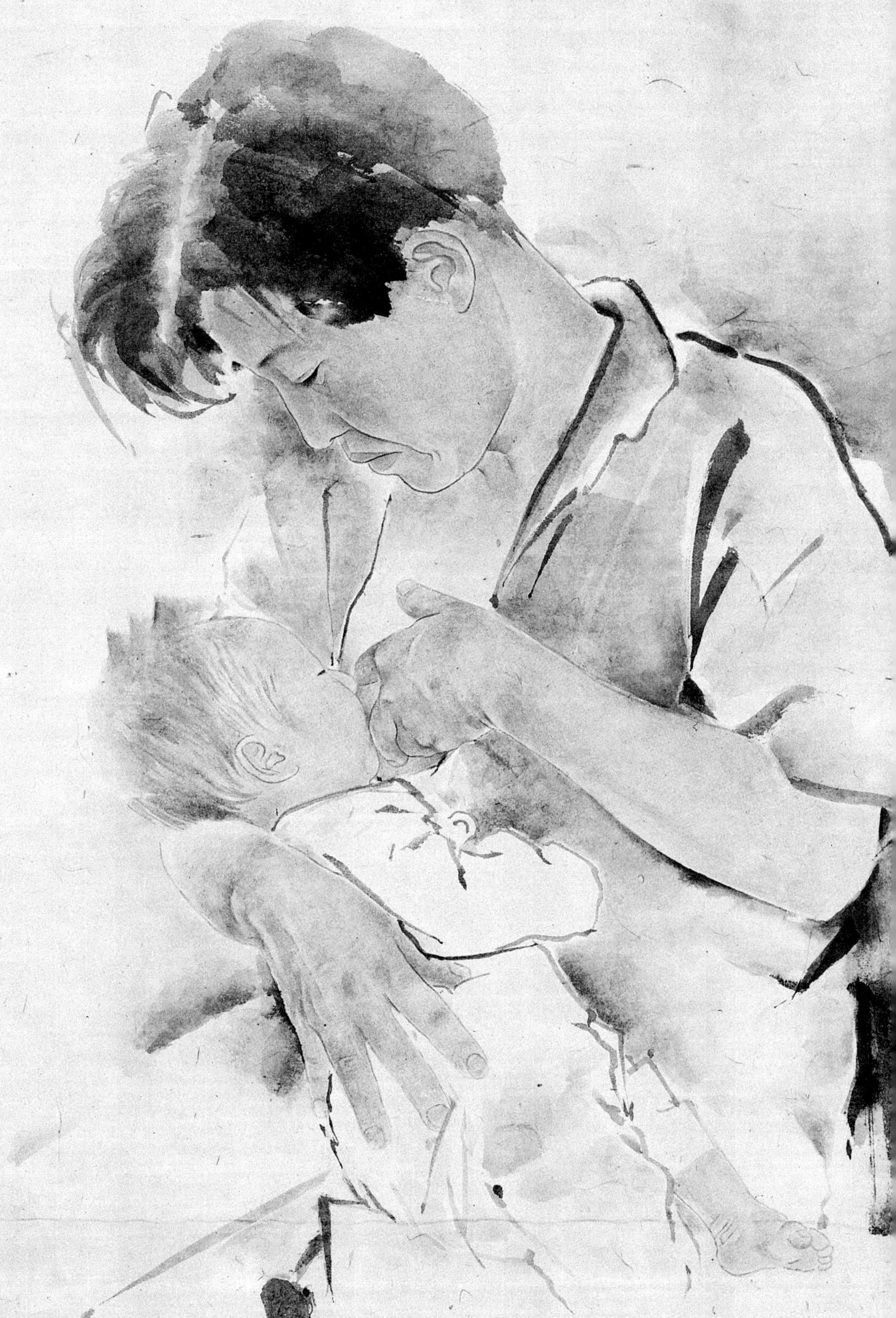

어휴 이뻐

아이는 4~5살쯤 되어 보입니다. 미운 일곱 살을 향해가는 나이지요. 그래도 아직은 엄마 품에 감싸이기를 즐겨하기에 엄마는 아이를 끌어안고 입맞춤을 합니다. 눈에 넣어도 아프지 않을, 징그럽도록 이쁜, 아플 땐 차라리 내가 아팠으면 하는, 깨물어 주고 싶은 주체하지 못할 사랑의 분출이 절로 느껴집니다. 사랑 앞에 자신이 녹아버릴 것같이 느끼게 해 주는 엄마의 사랑, 이보다 더한 아름다움이 있을까요?

오른손으로 아이를 품에 안고, 그림 속에는 잘렸지만 왼손으로 품안에 쏙 들어오기에는 너무 커버린 남자아이의 다리를 잡고 있나 봅니다. 눈을 꼭 감고 아이의 볼에 뽀뽀하는 엄마의 사랑에 겨운 표정에 비해 아이의 표정은 그렇지만도 않습니다. 아니 표정 이전에 아이의 손은 엄마를 차마 밀어 내지는 못해 수동적 거부의 자세를 취하고 있는 듯합니다. "나 좀 풀어줘"라는 듯이….

엄마 품을 서서히 벗어나 부모와는 또 다른 자신의 자아를 찾아가는 아이의 성장 과정이 때로 부모를 아프게 하기도 합니다. 그러나 이런 때 부모가 자식을 품에 두려할수록 아이는 벗어나려 할 뿐입니다. 벗어날 때가 있으면 돌아올 때도 있는 법, 그대로 두면 돌아올 자리는 부모밖에 없음은 너무도 분명하기 때문입니다.

사람은 누구의 소유도 아닙니다. 물론 부모의 소유도 아닙니다. 심지어 자신도 자신의 것이 아니라 하면 놀랄 이들이 있을지 모르나 실제로 그러합니다. 생명도

어휴 이뻐 | 94.5×56cm | 수묵 | 1995

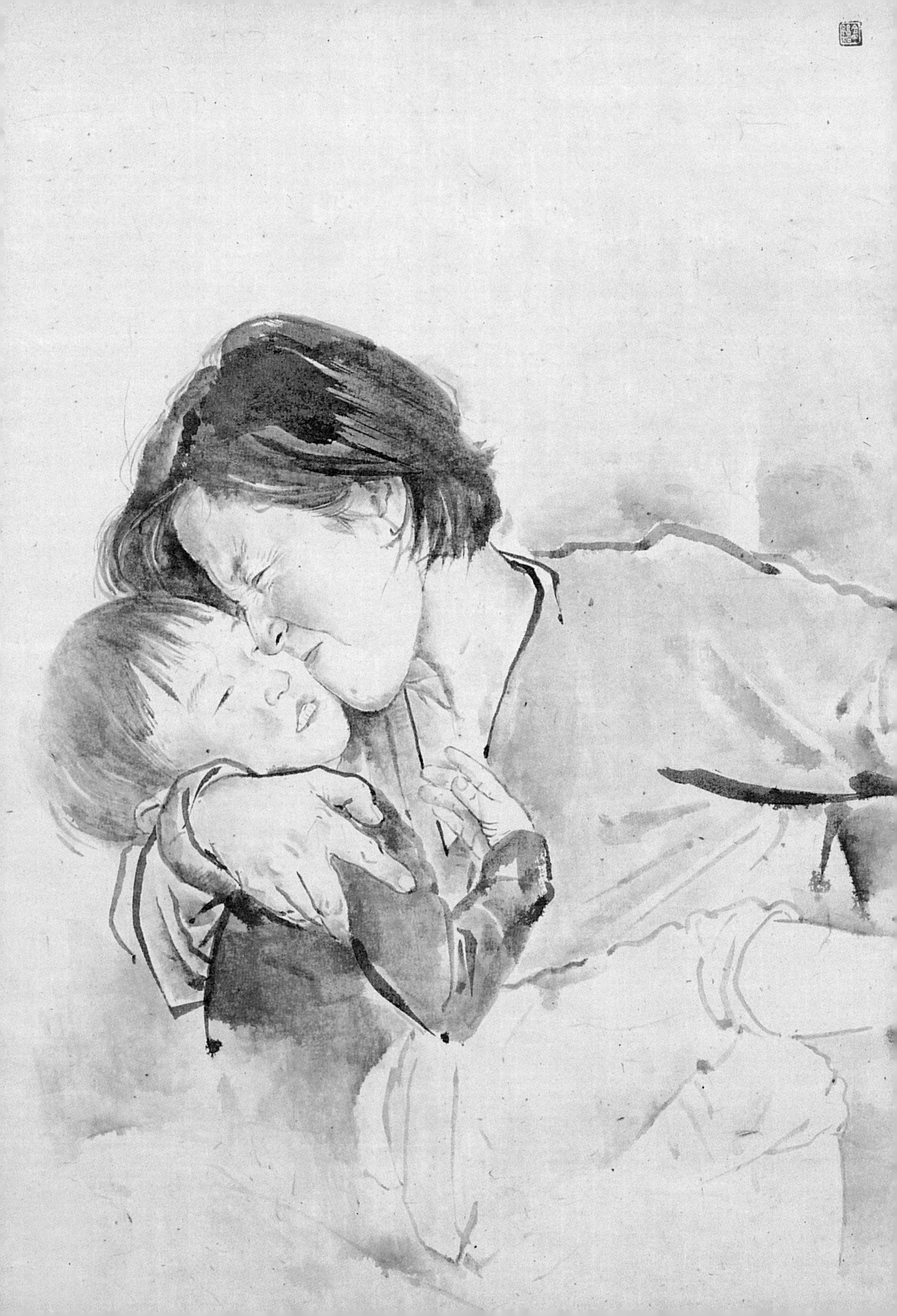

죽음도 우리의 것이 아니니까요.

그저 나는 나일뿐입니다. 이 고유한 나와 나가 진정으로 만나기 위해서는 친밀감과 아울러 거리감도 필요합니다. 이 거리감을 견뎌내지 못하면 두 사람 사이는 가깝든 멀든 황폐한 관계로 변해 버립니다.

사랑은 그래서 예술입니다. 두 사람이 함께 빚어가는 예술이지요. 앞서 말한 엄마의 그 고귀한 사랑도 거리감이 없다면 사랑을 빙자한 자기애에 불과한 것으로 전락해 버립니다.

그림 아래쪽 아이의 엉덩이와 왼쪽다리를 흐리게 하면서 생략하고, 엄마의 팔은 잘리긴 했어도 힘 있는 선에 싹둑 끊어진 두 가지 다른 생략 또한 눈여겨보아야 합니다. 화백의 그림에서 생략된 부분은 우연이 아닙니다. 표현하고자 하는 것에 대한 철저하고 치밀한 관찰과 계산에서 나온 것입니다. 이 두 대조적인 생략 덕분에 이 그림은 더 역동적이고 현재진행형으로 보이게 됩니다. 마치 다음 장면이 나올 것같이 느껴지지 않나요?

그 다음 장면은 우리의 몫으로 남겨지는 것입니다.

단잠

아무리 보아도 질리지 않는 작품입니다. 예술이 어떤 것보다 큰 힐링을 줄 수 있음을 보여주는 그림입니다.

아기를 향한 화백의 마음이자 자신의 자식을 향한 아빠의 사랑이지만, 여기서 그치지 않고 생명이라 이름 붙일 수 있는 모든 것의 고귀함, 여림, 부드러움에 대한 화백의 찬사이기도 합니다. 잘 그린 작품 이전에 그림 그리기 이전부터의 아기를 향한 사랑이 화폭에서 절로 묻어납니다. 화면 가득 사랑의 자장이 꽉 들어차 있습니다.

그리고 우리 모두는 저 아기처럼 그런 사랑의 품 안에 있음을 느끼도록 초대받습니다.

종이의 재질이 주는 맑음 또한 한몫을 하는데 아마도 이 또한 화백의 치밀한 계산에서 나온 것일 것입니다. 아기의 하늘로 치솟는 머리는 보통 아기 때는 열이 많아 직모인 아기들의 머리가 저리 솟습니다. 그 머리카락을 5가닥으로 이루어진 쥐수염 붓으로 한 올 한 올 그렸습니다. 이 쥐수염 붓이 없었다면 왕희지도 추사 김정희도 명성은 덜 했을지도 모를 일이지요. 그 붓 덕택에 화면은 생기를 띠게 됩니다.

통통한 볼살, 아직 제대로 그러쥐지도 못하는 손가락 그리고 배내옷에서 아가의 젖내음이 폴폴 코를 간지럽힙니다. 힐링이 되지 않을 수 없지요.

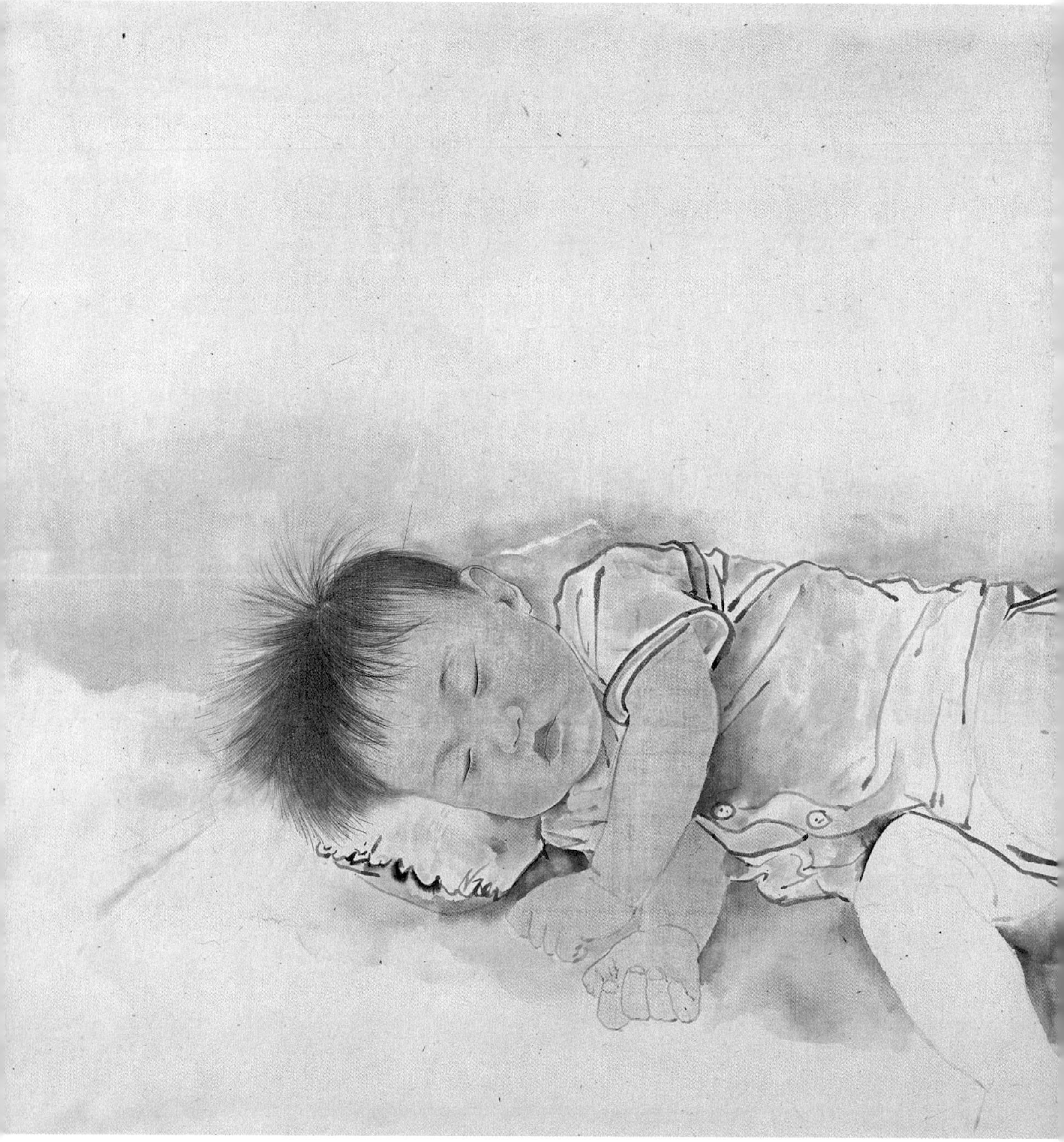

단잠 | 60×100cm | 수묵 채색 | 1994

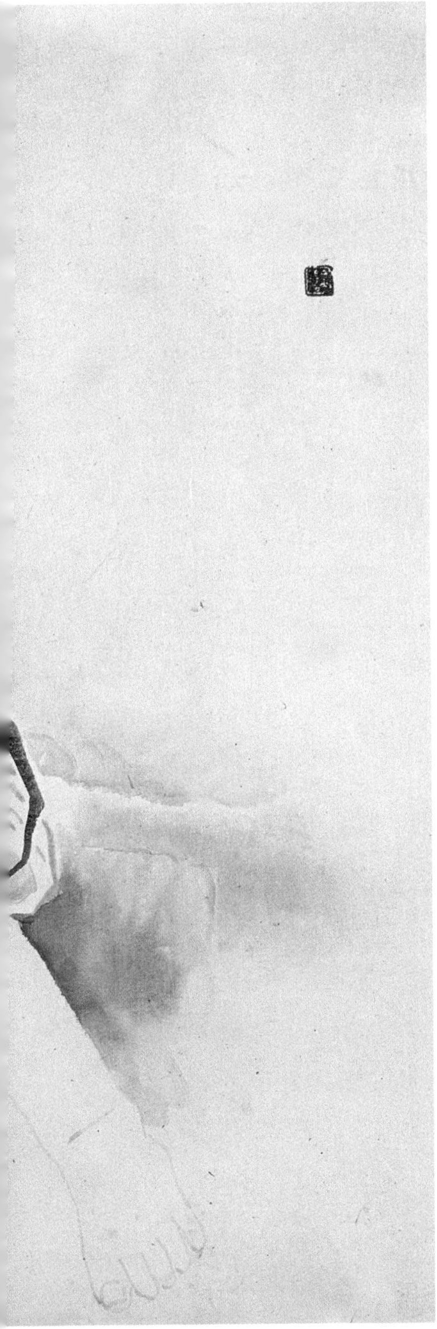

그런데 화백도 계산하지 못한 실수가 또 한몫을 합니다. 오른쪽 위에 찍힌 낙관은 다른 그림의 것보다 빨갛지만 속의 글씨는 더 흐릿한데, 화백이 실수로 낙관을 거꾸로 찍었고, 그것을 고치기 위해 다른 종이에 낙관을 찍어 오려서 그 위에 붙인 것입니다. 그 덕분에 아가라는 이미지와 유독 빨간 낙관이 어울려 아가의 아가다움을 더 돋보이게 하는 효과를 내고 있습니다.

아가를 향한 사랑과 아가가 담긴 사랑의 품과 화가의 실수, 아가를 향한 보는 이의 사랑이 들락거리며 교감하는 저 자장 속으로 한 번 들어가 보는 것, 예술을 좋아하는 이들의 특권입니다.

도약

이 그림은 희망은 강요될 수 없고 누가 말린데도 말릴 수 없는 어떤 방향성을 지니고 있음을 보게 해 줍니다.

저 아이는 "가운"이라는 이름을 지닌 화백의 아들인데 그림을 그릴 당시 6–7세 정도였다 합니다. 그 나이의 아이가 뛰어봤자 얼마를 뛰겠습니까? 자신이 뜻하는 바 그대로의 장면을 얻기 위해 아빠는 아이를 데리고 넓이 뛰기 연습을 하는데, 용을 쓰고 뛰어도 1m를 넘지 못했습니다.

그래서 아예 폭이 1m가 훨씬 넘는 개울로 데리고 가서 아빠도 함께 뛰어넘기를 했습니다. 평지와는 사정이 전혀 달라지자 개울창에 빠지지 않기 위해서라도 아이는 뛰는 모양새가 달라졌습니다. 그래도 쉽지 않아 아이는 물론 함께 뛰던 아빠도 개울창에 박히기도 했습니다. 그런 탓인지 이제 팔을 빨리 많이 흔들면 뛰는 속도나 폭이 커진다는 것도 터득했습니다. 그런 깨달음이 생기자 뛰는 모습도 달라집니다. 그렇게 많은 이에게 감동을 준 저 훌쩍 뛰어넘는 아이의 모습이 나왔던 것입니다.

아빠의 진심이 아이의 마음을 건드렸고 아이는 아빠의 마음을 채우고 싶은 자발적 신명을 느꼈던가 봅니다. 지금은 외국에서 공부를 하는 학생이지만 지금도 그때 아빠의 말이 무척 감동이었다고 말한다 합니다.

화백은 2,000년 새 시대가 열리기 전 사람들에게 희망의 메시지를 전달하고 싶

도약 | 94×56cm | 수묵 담채 | 1996

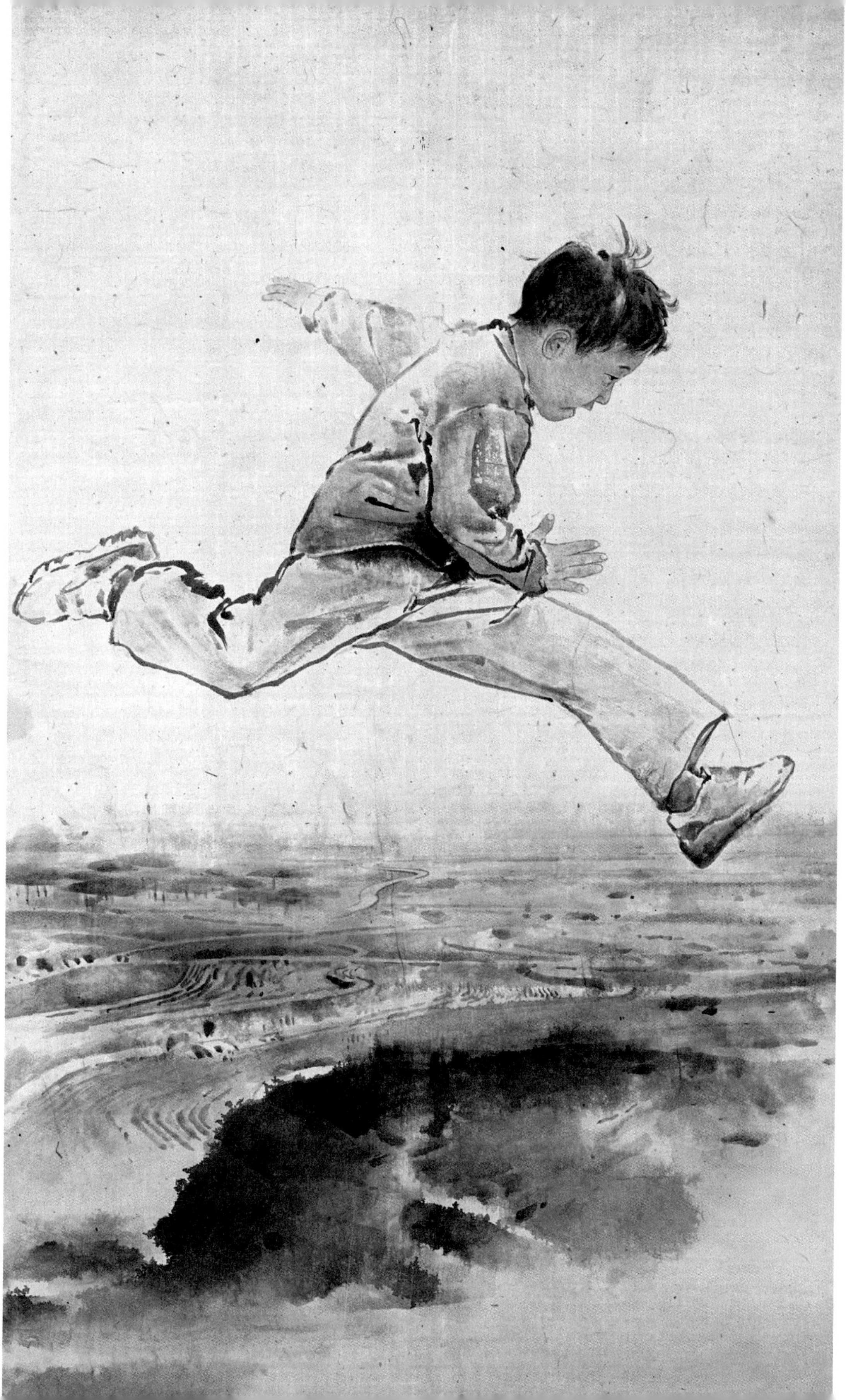

었고, 새 시대의 희망은 강한 것, 위대한 것이 아니라 섬세하고 여리고 어린 것에서 출발해야 마땅하리라 생각하여 자신의 어린아이와 함께 그림 이전의 동반 여정을 생각했다 합니다.

아이가 뛰어넘는 순간을 살펴보면 앞을 향한 왼쪽 바지 속에는 공기가 차서 팽팽하고 뒤로 뺀 오른쪽 바지는 공기가 빠져 살짝 쭈글거립니다. 이는 집요한 관찰을 통해서만 얻을 수 있는 살아있는 그림이요, 이런 세세한 부분이 함께 보태어 감동을 주는 전체 그림이 나오는 것이겠지요. 팔은 날아갈듯 휘두르고 입은 벌어져, 거의 무아의 지경인 듯 도약하는 것 외에 아무런 다른 생각이 없는 텅 빈 상태입니다.

무엇을 하는 것이 중요한 것이 아니라, 자신이 하고 있는 것을 사력을 다해 할 수 있는 마음의 움직임, 감동, 마음의 힘이 희망을 낳습니다. 세상에서 가장 위대한 일을 하고 있다 할지라도 미적지근하니 하는 둥 마는 둥 한다면 사람에게 결코 감동을 줄 수 없습니다. 주부가 채소를 다듬는 작은 일도 가족을 위하는 사랑 담긴 손길이라면 그것을 보는 이에게 어떤 따뜻함을 안겨줄 것입니다.

희망은 이런 것에서 시작됩니다.

아이가 뛰어넘고 있는 저 아래 들판은 철원평야입니다. 바로 건너편이 북녘 땅이지요. 그러니 사력을 다해 뛸 만하지요. 이 그림을 그릴 당시는 남과 북이 서로 만나고 미래에 함께 할 수 있는 희망을 보리라는 생각조차 하기 힘든 검은 철벽이 가로막고 있었습니다. 그런 검은 시절이니 더욱 꿈과 희망이 강력히 필요한 시기였고, 화백은 그 희망의 작고 여린 숨이라도 불어넣고 싶었던 게지요.

우리는 남과 북을 막고 있던 그 무시무시한 철벽에 서서히 녹이 슬어 구멍이 나고 있는 것을 2018년 두 눈으로 목격하고 있습니다. 때로 이게 진짜인지 제 살을 꼬집어보고 싶은 생각이 들기도 합니다.

우리의 희망은 돈을 벌어 잘 먹고 잘 사는 나라가 아니라, 한 형제가 한 형제로 살아가고, 사람다움이 살아나 옆집 뒷집 건넛집 예전처럼 음식도 나누고 정도 나누는 사람 냄새 나는 세상을 희망하고 싶습니다. 돈이 사람을 행복하게 해 주지 못함을 온갖 통계, 온갖 사회현상들 즉 이혼율, 자살률, 실업률을 통해 보고 있지만 아직 많은 이들에게는 그래도 돈이 최고인 세상인 듯합니다.

돈에 대한 욕심은 세상을 하나 되게 해 주지 못하지만, 한 형제인 남과 북이 하나 되고자 하는 갈망, 희망은 사람들의 마음을 묶어 하나가 되게 해 줍니다. 그 희망을 향해 저 아이의 뒤를 따라 힘차게 도약하고 싶습니다. 안 된다면 나도 개울로 나가 뜀뛰기 연습이라도 하고 싶습니다.

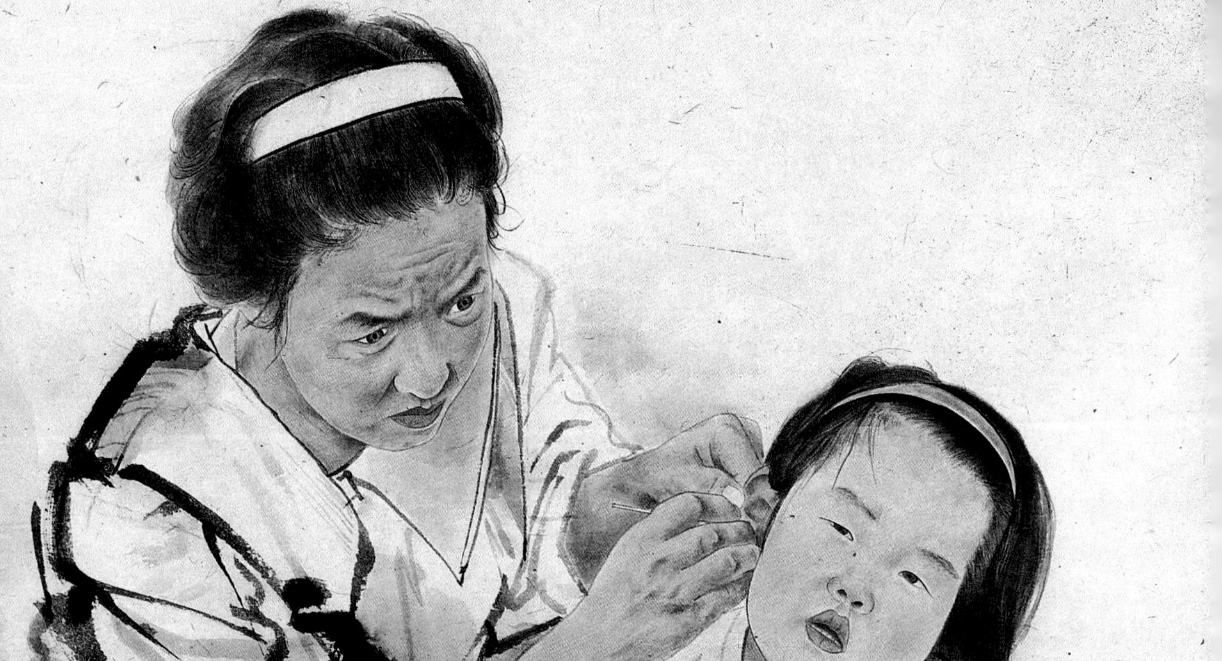

어때 시원하지

엄마는 작정하고 아기 귀지 사냥에 나섰습니다. 머리카락이 방해하지 않도록 자신은 물론 아기에게까지 머리띠를 맸습니다. 소매는 걷어 올리고 양 발로 아기를 감싸 아기가 빠져나가지 못하는 틀을 만들었습니다. 한 톨도 놓치지 않고 싹 긁어 내려는 의지가 튀어나올 듯한 눈망울과 꼭 다문 입에서 느껴집니다. 아기 귀를 그러쥔 왼손은 다부지기 그지없고 몸을 기울이는 바람에 윗옷이 오른쪽으로 흘러내리고 있습니다.

아기 입장에서는 처음에는 간질거리던 귀를 긁어 주니 시원했겠지만 시간이 지날수록 귀속도 징징거리고 빨갛게 된 귓바퀴는 욱신거리며 쑤시기 시작하자 어떻게든 빠져나가 보려 손으로 바닥을 짚고 몸을 앞쪽으로 당겨보지만 엄마 다리의 힘을 이겨내기에는 역부족입니다. 그런 상황이 아기의 표정에서 역력하게 그려지고 있습니다. 지루한 듯 힘겨운 듯 짜증스러운 듯하던 아기는 그만 포기해 버리고 맙니다. 〈느낌〉 속의 남자아이 표정과 대조해 보면 화백의 명백한 의도를 읽을 수 있을 것입니다.

엄마와 딸 사이, 따뜻함과 아이의 한계, 배려와 지나침이 이 그림 속에서 굵은 선과 가는 선, 짙은 선과 옅은 선의 대조를 통해 드러납니다. 여자아이는 인내의 한계점에 다다르자 남자아이와 달리 스스로 무너져 내립니다. 통통하게 젖살 오른 볼 속에 파묻힌 눈동자는 게슴츠레 풀어져 보일동말동입니다.

여기서 아이의 꺾여진 왼쪽 엄지손가락에 주의를 기울일 필요가 있습니다. 엄마의 밀어붙이는 사랑에 무너져 내리면서도 동물적 본능은 죽지 않아 한쪽 끝에 서나마 버티는 모습, 웃지 않을 수 없지요. 또 웃다가도 슬쩍 스치는 어떤 느낌이

어때 시원하지 | 108×95cm | 수묵 채색 | 1993

등골을 서늘하게도 합니다. "어때 시원하지"라는 제목이 "어때 답답하지"로 바뀌 들리는 순간입니다.

사랑은 기술입니다. 익히고 연마하고 필요 없는 것은 버리고 내게 없는 것은 연습으로 키우는 기술이 필요합니다. 첫눈에 뿅, 이런 사랑을 꿈꾼다면 수없는 좌절을 겪을 수밖에 없습니다. 자신의 뱃속에서 키운 자식조차 그 마음을 제대로 알 수 없거늘 어찌 남남이 만나 살아가는 생활에서 긴장이 없겠습니까? 긴장은 다름이 드러나는 자리입니다.

아이는 부모의 부정적인 면을 통해서도 성장합니다. 부정적인 것이 부정적인 것만으로 끝나지 않음은 인간은 누구나 약함을 지니고 있고, 가정생활에서는 부모 양쪽의 약함이 만나 때로는 가정에 회오리바람을 일으킬 수도 있습니다. 아이는 세상에 나가기 전 가정에서 먼저 이것을 배울 때 사회생활에서 부정적인 것에 대처할 수 있습니다.

화백의 현실주의는 자신의 가족이라 하여 무조건 아름답고 건강하게만 묘사하는 것을 허락지 않습니다. 건강한 가족이란 부정적인 것도 공유하지, 좋은 것만 전면에 내세우고 보기 싫은 것은 감추지 않습니다. 어찌 보면 자신이 있기에 부정적인 것도 내놓을 수 있는지 모릅니다.

화백은 이런 것들에 현실성을 주기 위해 사진으로 찍은 현실적 컷에 왜곡을 가합니다. 엄마의 발과 얼굴 방향을 살펴보시기 바랍니다. 아이의 귀를 파주려면 빛이 필요하고 창가일지라도 엄마 머리가 가리지 않도록 얼굴 방향을 틀고 있지요. 그래서 정면인 아이와 똑같이 엄마의 얼굴도 정면으로 보입니다. 그리고 왼쪽 다리가 생물학적으로는 저리 길 수 없지만 아이를 감싸는 틀을 만들기 위해서는 왜곡이 필요하게 됩니다.

이 왜곡이라는 방법을 통해 이 작품은 우리를 그 현장에 있게 만들어줍니다. 사족입니다만, 아이의 헐렁한 옷 또한 놓치기에는 아까운 장면입니다. 아이가 커도 입을 수 있도록 큰 옷을 샀는지 큰 소매가 손등을 거의 덮을 지경입니다. 이 또한 어느 가정에서나 볼 수 있는 풍경입니다.

느낌

이 그림(1997년)은 〈어때 시원하지〉(1993년)와 〈포로〉(2002년)와 연결시켜 보아야 합니다. 엄마에게 잡혀 강제로 귀지 사냥을 당하던 아기가 커서 초등학생이 되었습니다. 이제 엄마가 남동생 귀지 파기하는 것을 옆에서 응원하는 입장으로 바뀌었습니다. 자신도 온몸을 굽혀 무릎을 짚고 귓속을 들여다보며 "아직 더 남았어. 조금만 참아"라고 말하는 듯 입이 들썩거리고 있습니다. 그야말로 화장실 가기 전과 후가 다르다는 말이 딱 들어맞는 상황입니다.

엄마는 여전히 눈알은 튀어나올 것 같고 입은 "이제 곧 다 끝난다니까"라고 말하고 싶은 듯 벌어져 있습니다. 엄마의 느낌이 딸아이에게 그대로 전이된 모양새입니다. 가족 간의 느낌은 대체로 아래 세대로 전달되나 봅니다. 좋은 것도 나쁜 것도 함께 공유하는 우리는 그래서 인류가족입니다. 가족만이 가족이 아닙니다.

〈어때 시원하지〉와 구별하여 보아야 할 것이 또 한 가지 있습니다. 여자아이처럼 한계상황에서 엄마에게 항복, 이럴 수 없는 것이 남자아이인가 봅니다. 양미간을 찌푸리고 이를 앙다물고 왼손으로는 바닥을 누르고 오른손으로는 다리를 움켜쥐고 있습니다. 어찌 용을 쓰는지 남자아이의 옷은 등에서부터 땀에 젖었습니다. 누나조차 자기편이 되어 주지 않고 엄마와 같이 사냥꾼 역할을 하고 있으니 더 속이 터질 노릇입니다.

표정과 손동작, 얼굴 주름, 눈동자 등 세세한 부분까지 치밀하게 계산된 작품이지만 얼핏 보면 그 계산이 전혀 느껴지지 않고 자연스런 가족생활의 한 장면입니다. 이것이 프로의 세계이겠지요. 계산한 것이 덕지덕지 화면에 묻어나오면 보는 이의 마음을 결코 감동시킬 수 없습니다.

참 다릅니다. 남자와 여자의 이 다름을 놓치거나 무시하지 않는 것이 자녀 교육의 중요한 부분이기도 할 것입니다. 다름을 너무 앞에 내세워 장남만 섬기던 시절에서나 남자도 여자도 구별이 없어지는 상황에서나 똑같이 아이는 자신답게 클 수 없습니다. 다름을 존중하고 그 후에야 다름을 넘어서는 인간 공통의 차원이 있을 수 있습니다.

그래도 남자아이는 엄마를 밀치고 달아나는 상황까지는 가지 않습니다. 이 두 상황이 빚는 긴장이 엄마의 엉거주춤한 자세, 딸아이가 무릎 짚고 구부린 팽팽함에서 잘 전달됩니다. 그러면서도 엄마, 딸, 아들의 머리가 그리는 세모는 이 긴장을 완화시키고도 남을 어떤 원을 형성해 줍니다. 긴장과 여유, 그 드나듦을 가족의 한 컷을 통해 맛볼 수 있게 해 줍니다.

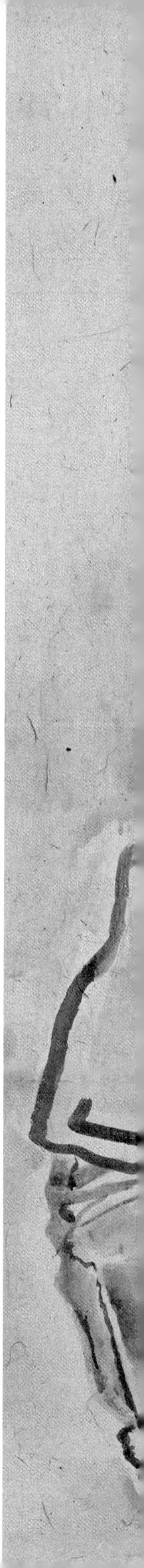

느낌 | 139×148cm | 수묵 채색 | 1997

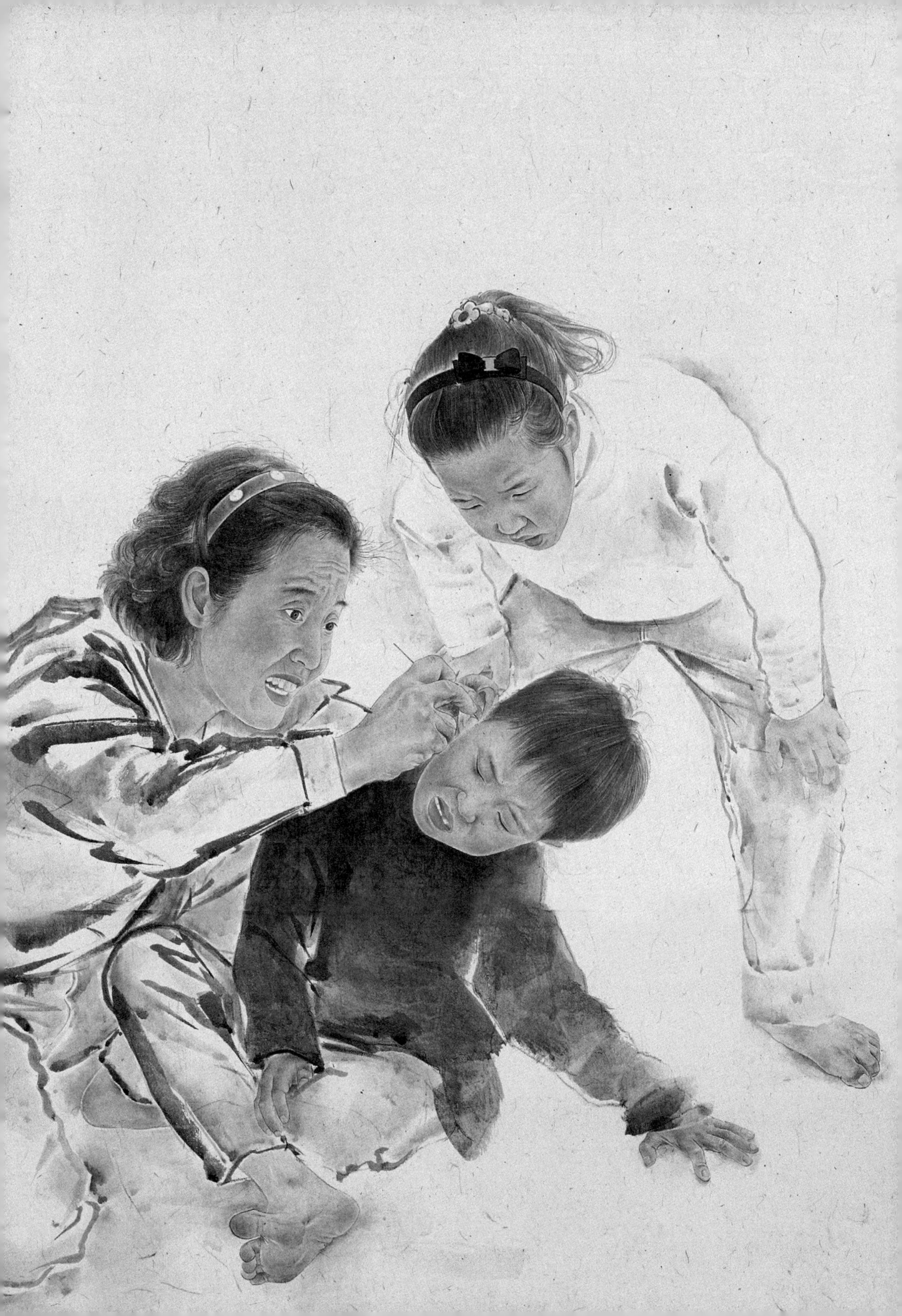

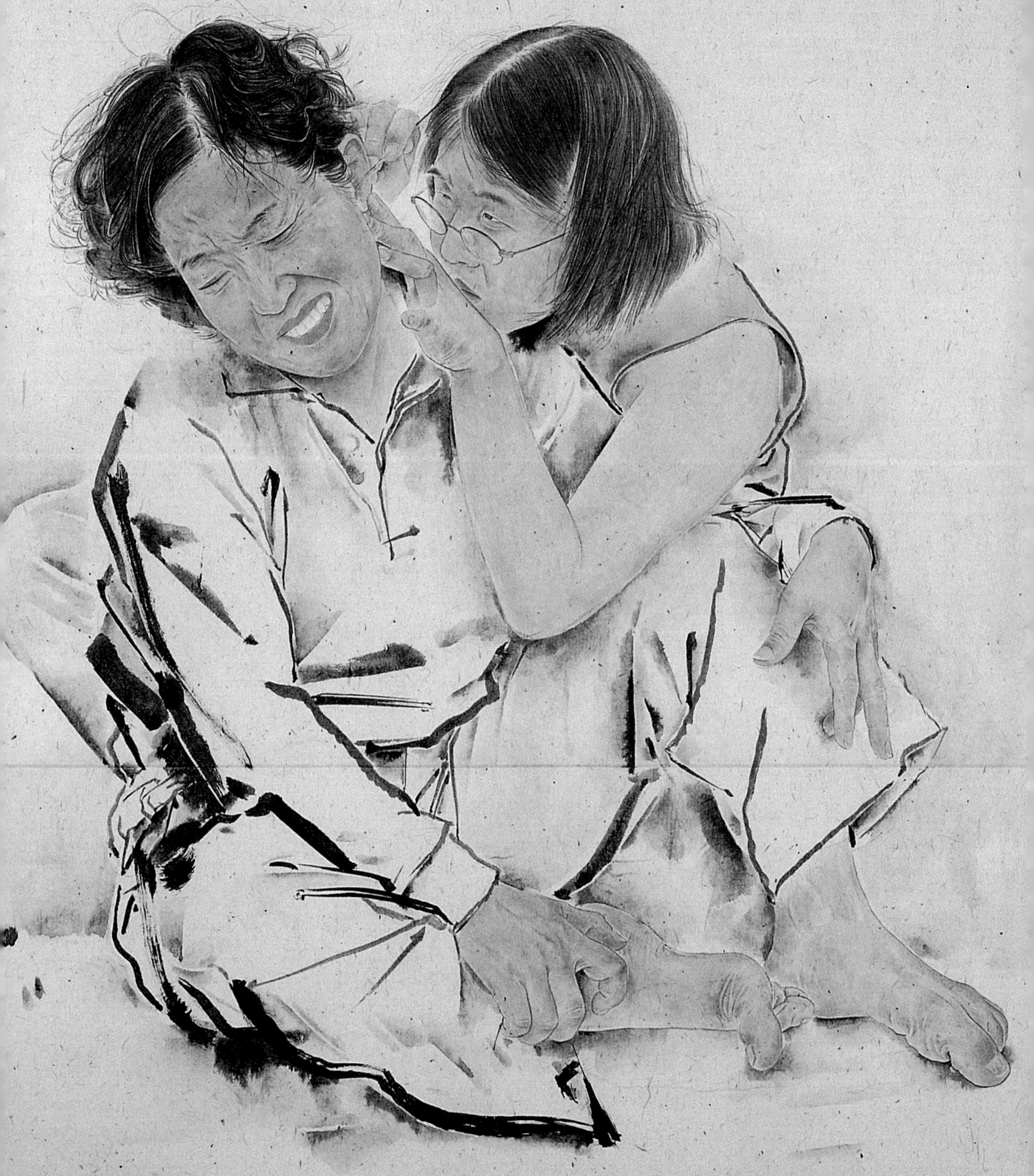

포로

딸아이는 커서 중학생이 되었습니다. 세상에는 "공포의 중2"라는 말도 있나본데, 속에 불이 활활 타올라 죽지 않으려 펄쩍 펄쩍 뛰는 나이입니다. 덕분에 불똥이 옆 사람에게까지 튀지요. 자의식이 형성되는 과정에서 꼴이 제대로 갖추어지지 않는 그 자체가 존재에 아픔을 주기 때문입니다.

이 나이 또래는 자신과 비슷한 동료들에게 친밀감을 느끼고 부모를 포함한 기성세대는 거의 무조건 이상하게 보기에 부모들이 아이들의 눈치를 보느라 속을 태우는 시기이기도 합니다.

그런 딸이 귀지를 파내주니 엄마는 그저 황송할 따름입니다. 발가락을 있는 대로 움츠리고 있는 걸 봐서 귓속이 얼얼한 지경인 것 같습니다만, 엄마는 개의치 않습니다.

부모는 늘 자식의 포로입니다. 어려서는 너무 귀하고 예뻐서 포로요, 커서는 눈치 보느라 포로요, 노인이 되어서는 자식 눈에 날까 포로입니다.

포로이긴 합니다만 그래도 아픈 것은 아픈 것이지요. 엄마는 손가락, 발가락을 있는 대로 구부리고 끝을 봐야겠다는 딸의 손에 귀를 찔릴까 얼굴은 온통 찌푸리고 있습니다.

여기서 엄마와 딸, 너와 나의 경계가 무너짐을 봅니다. 아이만이 아니라 엄마도 불안합니다. 아이만이 아니라 엄마도 맛있는 음식, 좋은 옷을 입고 싶지요. 엄마와 아이, 나와 너를 가르는 경계가 무너지고 있는 것을 보게 됩니다. 아이가 더 커서 자신의 아이를 낳게 되면 이 경계는 더 무너지고 엄마의 자리에 자신이 서게 될 것입니다.

포로 | 139×152cm | 수묵 채색 | 2002

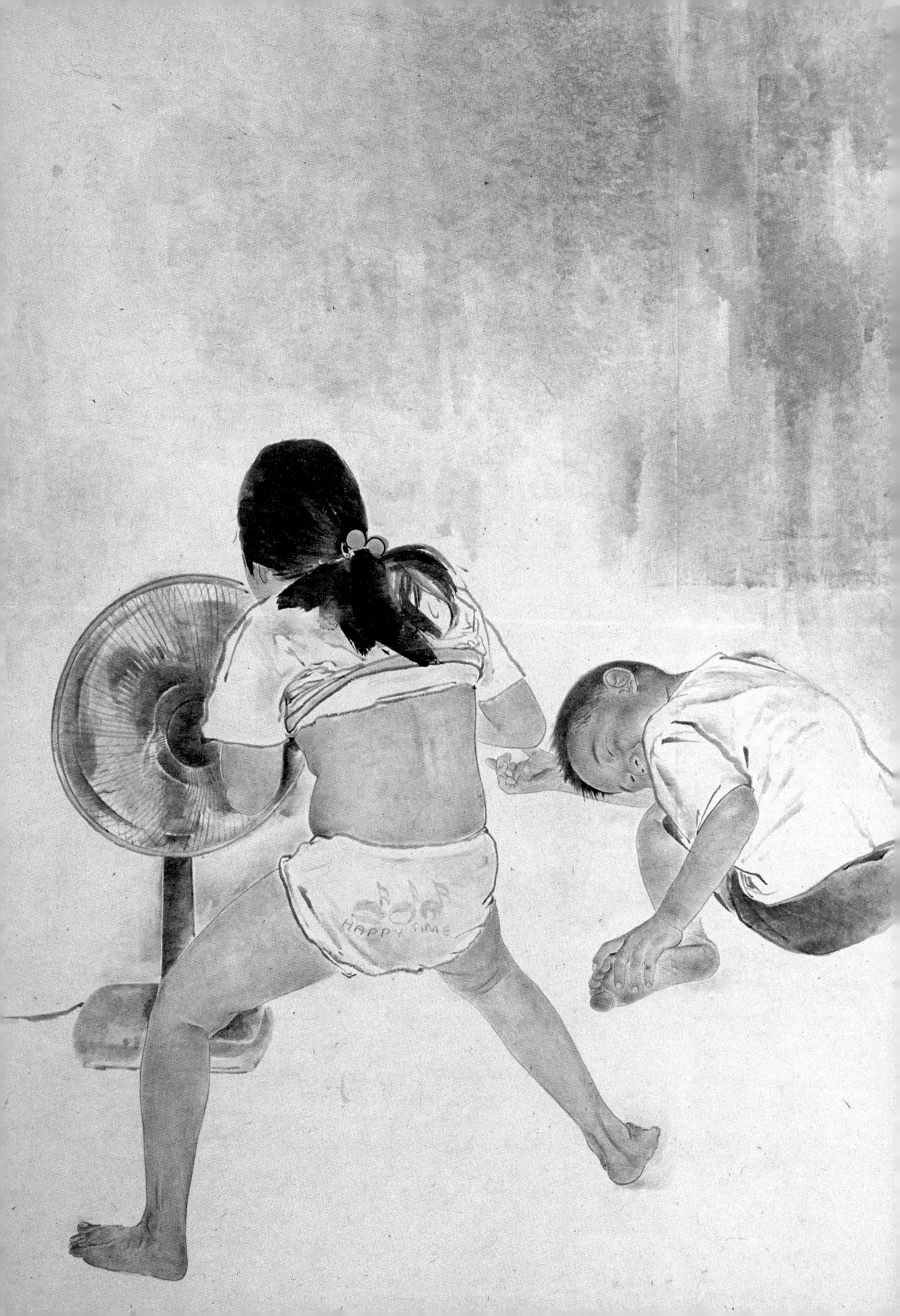
HAPPY TIME

꽃눈

—

보고 있노라면 절로 입꼬리가 올라갑니다. 가족의 건강함, 그 속에서 일어나는 긴장 살짝 동반한 호기심 가득할 나이의 아이들. 이런 장면이 있어 생동감이 뛰어놀게 됩니다. 아이들은 체질적으로도 열덩어리여서 옛 어른들은 일부러 아이들 옷을 벗겨두기도 했습니다. 요즘에야 유아 성추행이니 뭐니 복잡한 세상에서 그럴 수 없게 되었지만 하여튼 아이들은 열이 많고 흥이 많고 호기심 가득하여 보는 것마다 묻지 않고서는 견딜 수 없습니다.

더운 여름, 학교에서 돌아온 누나에게 아직 초등학교를 가지 않아 집에 있던 남동생이 선풍기를 양보합니다. 더위에 숨이 넘어갈 것 같은 누나가 선풍기 앞에서 땀을 말리려 셔츠를 걷어 올리자 양보하고 옆에 누웠던 남동생이 얼른 자세를 바꾸어 보는 듯 안 보는 듯 게슴츠레 눈을 뜨고 옆눈질을 합니다. 누나는 등을 돌리고 있기는 하지만 "너 빨리 저리 가"라는 신호를 보내면서도 양보해준 동생이 고맙기도 합니다. 여기서 살짝 긴장이 돌고 만약 남동생이 한 걸음만 더 나가면 싸움이 일어날 수도 있을 터이지요. 어쨌거나 누나 팬티에 쓰인 'happy time'을 보면 남매간의 행복한 긴장이 가득합니다.

—

꽃눈 | 139×119cm | 수묵 채색 | 1997

이 작은 양보 속에는 숨은 공간이 드러나 새로운 공간이 형성됩니다. 선풍기 앞에서 양보가 이루어지지 않고 충돌이 이는 경우 이 숨은 공간은 더 숨어 버리고 육탄전의 긴장 풀린 공격성만 드러나게 되지요. 대립이라는 파멸과 파괴의 정신이 이 웃음의 공간을 대신하게 됩니다.

아이들의 열정과 열정이 부딪치는 긴장은 생명이 지니는 특징입니다. 부부가 함께 살아가면서 없어져버린 긴장도 아이들 덕분에 다시 팽팽하게 살아납니다. 아이들의 뛰는 열정은 어른들의 축 처진 삶을 일으켜 세울 충분한 힘을 지닙니다. 또한 어른의 편안함은 이 아이들의 열정이 담길 그릇이 되어줍니다. 이 그릇 없이 튀는 열정은 방향을 잃어버리고 말지요. 가족이라는 틀이 있어 아이들의 열정은 형태를 취해갑니다.

평범한 듯 평범하지 않은 화백의 통찰의 열린 틈으로 본 한 컷입니다.

토요 미스터리 극장

두려움, 공포심은 인간이 어떻게 해서든 피하려 몸부림치는 느낌이면서 동시에 몰래 훔쳐보고 싶어지는 양극의 느낌을 동시에 지니는 묘함을 지니고 있습니다. 여름만 되면 공포영화, 납량물이 어김없이 얼굴을 내미는 것만 보아도 알 수 있습니다.

무서워서 오줌이 지릴 정도로 피하고 싶은데도 눈을 반 가리고서도 훔쳐봅니다. 두려움과 공포의 가장 끝은 죽음이고, 사람은 본능적으로 죽음과 죽음 이후 세계에 대한 궁금증을 지니고 있습니다.

또한 무서움은 일종의 즐거움, 쾌락 같은 것이기도 합니다. 그 느낌, 무서움이 드러내는 모르던 상황, 신기함에 대한 호기심이 무서움을 탐닉하게도 합니다. 아이들의 이 건강한 호기심을 공부나 훈련이라는 미명하에 억누른다면 아이들의 감정은 엉뚱한 데서 반란을 일으킬 수밖에 없는 것이지요. 이와 함께 아이들의 미지의 세계로 향한 활짝 열린 환상도 닫혀버리고 맙니다.

특히 아이 때는 이 그림에서처럼 공포물에 대한 양쪽의 극적 감정을 가감 없이 노출시켜 지켜보는 이에게 웃음을 안겨줍니다. 작품을 보면 남자아이는 제법 그럴 듯하게 마치 "나는 별로 무섭지 않아"라는 듯한 표정으로 몸도 제법 꼿꼿하게 세우고 있습니다만, 베개를 꼭 쥔 손이나 꼬고 있는 두 발은 영락없이 "나 무서워"를 말해 주고 있습니다.

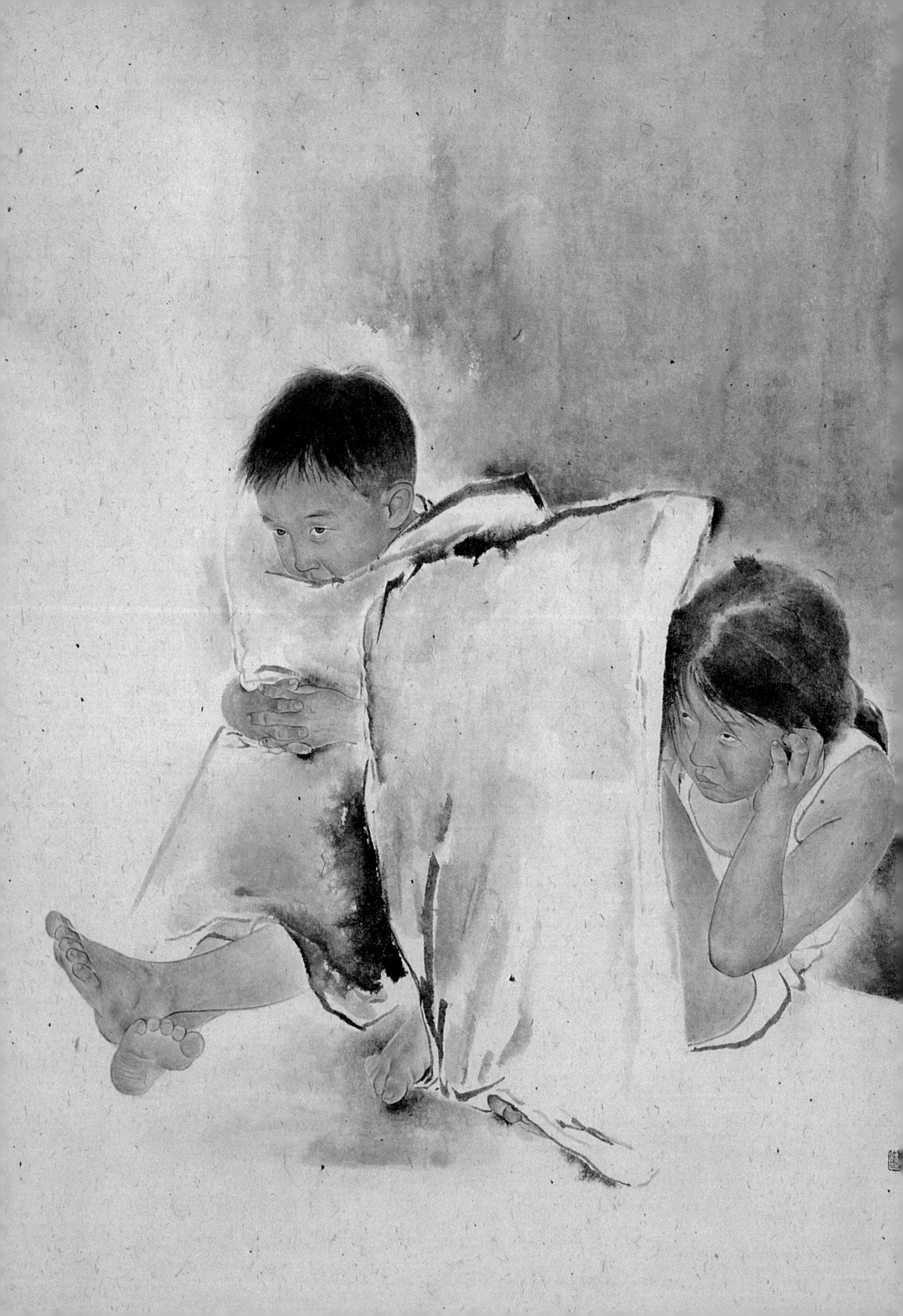

반면 여자아이는 베개가 방어막이라도 되는 듯 베개 뒤에 숨어 눈만 빼꼼 내놓은 모습이 꼭 위기의 상황에 머리만 수풀 속에 박은 꿩을 연상시켜 웃음을 자아내게 합니다. 귀는 꼭 막고 발가락은 있는 대로 꼬고 있음에도 불구하고 어쨌든 보겠다는 일념으로 방패로 막은 베개도 무색하게 눈은 화면에 고정시키고 있습니다.

가정이라는 자리는 인간 감정의 가장 기본적인 것이 자유롭게 표출될 수 있는 곳이며, 자유롭게 표출해도 안전한 곳, 보호받을 수 있는 곳입니다. 어떤 감정이 드러난다 해서 놀림감이 되거나 윽박지름을 당하지 않고 있는 그대로 수용되는 곳입니다. 만약 이 장면에서 엄마가 소리를 꽥 지르며 "무서운데 왜 보고 있어? 가서 공부나 해"라고 한다면 아이들의 흥분된 감정선은 그대로 굳어 버리고 말 것입니다.

이렇게 자신의 감정을 슬픔이든 기쁨이든 분노이든 안정감이든 있는 그대로 표출할 수 있는 아이는 세상에 나가서도 자신의 창문을 활짝 열 줄 압니다. 창문을 열어도 누군가 얼음물을 끼얹거나 쓰레기가 던져지거나 차고 매운바람이 들어오지 않으니 안심하고 열 수 있는 것이지요. 아마도 그림 속엔 없지만 저쪽 다른 방에 엄마가 있을 것입니다. 아이들이 기댄 벽이 무서움에 대한 방패가 되어 주겠지만 진짜 방패는 이 자리에는 없는 엄마인 것이지요.

가정이 파괴되는 곳에서는 이 기본 신뢰도 함께 파괴됩니다. 신뢰가 파괴된 아이는 세상 어떤 것도 쉽게 믿지 않고 주위 상황이나 자연스레 일어나는 현상들이 혹시 자신을 해치지나 않을까 만사에 민감해집니다. 그 민감함의 방향이 타인을 배려하고 예술적 감각에 있어서 민감함으로 방향을 튼다면야 참으로 좋은 일이겠지만, 타인의 약함에 대한 본능적인 거부로 사회성에 심각한 문제로 이어지는 것이 보통입니다.

자신의 가족의 일상을 통해 인간 보편적 차원에로 옮겨지는 화백의 뜻을 알아챈다면 이 그림 속 아이들처럼 그와 함께 그가 꿈꾸는 세계로 들어갈 수 있습니다.

토요 미스터리 극장 | 95×68cm | 수묵 채색 | 1995

미운 일곱 살

사람에게 자의식이란 참 묘한 것입니다. 자의식 없이 자신이란 존재도 없지만 자의식은 또 남과 대립하게 하거나 충동, 공격, 분리, 분열하게 하는 것이기도 합니다. 내가 나란 것이 남과도 평화롭게 지내게 되려면 참 많은 수련을 요합니다. 가진 것 많아 남과의 삶에서 수련 따위 필요 없고 명령만 내리면 모든 것이 자동 해결되는 갑부들의 삶의 한 단면이 2018년 대한항공 가족들의 상상 초월 갑질이라는 형태로 드러나고 있습니다.

또 자의식은 자존감과도 다른 것입니다. 자의식이 강한 것이 자존감이 높은 것과는 다르며, 오히려 반대되는 경향이 있습니다.

자기가 자기인 것은 태어난 그대로에 멈추는 것이 아니라 훈련과 수련을 통해 형성되어 가야 하는 부분을 포함합니다.

미운 일곱 살은 자의식이 마구마구 왕성하게 뻗치는 시기입니다. 부모든 형제자매든 친구든 나 아닌 남이라는 인식이 자라는 때이며, 남으로 인식된 존재를 무조건 나에게로 환원시키려는 시기입니다. 그리하여 성적인 구별에도 눈을 뜹니다. 누나는 나와는 다른 여자임을 인식하지요. 그래서 싫다는 누나 앞에 자신의 다름을 저렇게 강조합니다. 누나가 싫다고 뒤로 넘어지니 재미있다고 옆자리로 옮기면서까지 자신이 다름을 강조합니다.

여자아이들 역시 비슷한 시기 비슷한 성장의 과정을 밟지만 표현 방식은 아주

미운 일곱 살 | 162×120cm | 수묵 채색 | 1997

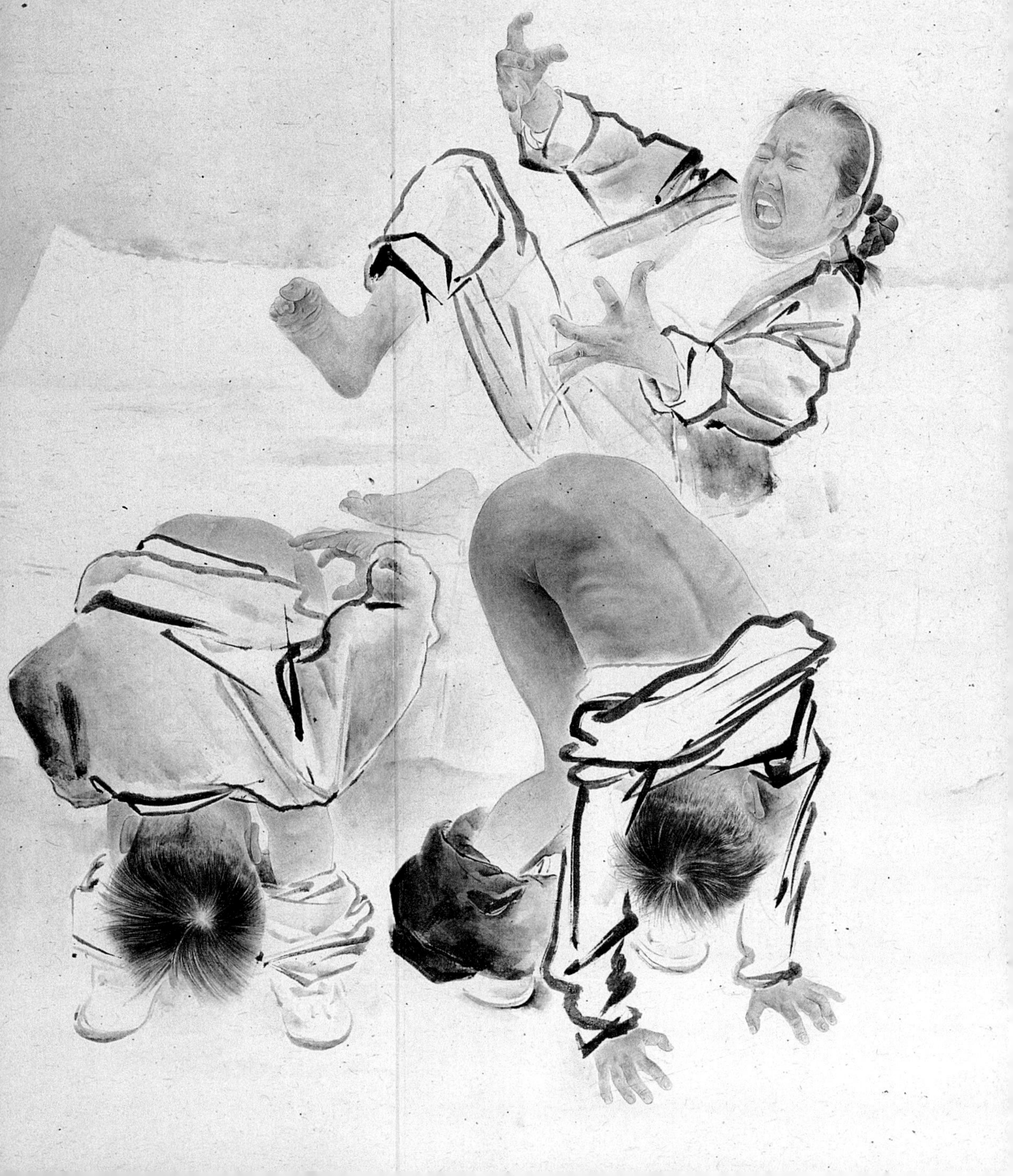

다릅니다. 자신을 꾸미고 예쁘게 함으로써 자신의 다름을 드러내는 것이지요. 그리고 그전까지 한 집안에서 남동생의 고추를 보지 못했을 리 없건만 일부러 과시하려들자 저런 과잉반응을 보입니다.

성장의 한 단면이요, 가족이라는 테두리 안의 사소하나 중요한 역동성인 것이지요. 밋밋하기만 한 가족생활은 분명 문제가 있습니다. 사소한 충돌, 사소한 기쁨, 사소한 배려, 사소한 양보, 사소한 질투, 결코 사소하지 않습니다. 사소한 것을 빼면 가족이라는 이름만 남은 허울뿐일 것입니다.

리모컨 전쟁이 끝난 뒤

세상 엄마들이 "이것만은 내가 못 물러나"라고 주장하는 것이 있다면, 텔레비전 리모컨이 아닐까 합니다. 뻔한 스토리지만 사람을 잡고 놓아주지 않는 연속극의 노예 아닌 노예가 되지 않은 엄마는 드물 듯 합니다. 심지어 금지옥엽 아들마저 이때는 뒷전이 됩니다. 자존심이라도 거는 듯 여기서만은 비켜설 수 없습니다. 엄마가 이리 나오면 자식이 엄마를 이길 수는 없지요. 주장할 것이라곤 이것밖에 없는 이 땅 엄마들의 슬픈 자기주장 한 토막인지 모릅니다.

아이들 다 키워놓고선 "이젠 나도 내 인생 살아야겠다."라는 말들을 엄마들이 하나 봅니다만, 요즘은 몰라도 예전엔 그 장담에 성공하는 엄마들을 별로 본 적은 없습니다. 엄마라는 존재의 복됨과 슬픔은 한 자리에 둥우리를 틀고 있습니다. 그리고 그 둘이 만나는 자리에서 사랑의 깊이가 우러나오고 우리는 모두 그 깊이에서 나온 젖을 먹고 자라났지요.

엄마는 언제 전쟁이 있었냐는 듯 완전히 드라마 속으로 매몰된 표정, 감정이입 가득입니다. 어깨는 텔레비전을 향해 굽어 있고 손가락은 그 속 내용에 호응하는 듯 벌렸다 오므렸다 하고 있습니다. 세상 편하고 세상 다 가진 폼입니다. 어쩌면 자기 스토리일 수도 있는 평범한 내용, 그러면서도 자신은 이룰 수 없는 속 시원한 카타르시스까지 엄마의 마음을 쏙 빼놓습니다. 그러면서도 한편으로 아들에게 미안한지 아들 쪽 오른손으로는 무릎을 잡고 손가락을 꼼지락거립니다.

그런데 옆의 아들의 모습이 제게는 참 신기합니다. 보통의 경우 이런 장면에서 아들은 문을 쾅 닫고 자기 방으로 들어가 버리지요. 그런데 굳이 아들은 보고 싶지도 않은 연속극 앞에서 몸은 겨우 베개에 의지한 듯 축 늘어뜨리고도 방을 떠나지 않습니다.

그림의 방식에 있어서 사실주의를 지향하는 화백이니 이것은 분명 상상이 아니라 현장의 모습 그대로임이 틀림없습니다. 아이는 이런 상황에서도 엄마에 대한 예의를 지키느라 옆자리를 떠나지 않는 것입니다. 온몸을 늘어뜨린 채 손가락 장난을 하면서도 곁을 지키는, 보기 드물게 속이 깊고 여문 아이인 듯합니다. 화백에게 문의를 하였더니 사실 그렇다 합니다. 얼굴을 베개 속에 묻고서도 엄마 생각을 할 줄 아는 아이, 자신에게 양보해 주지 않은 엄마인데도 엄마가 민망해할까 염려할 줄 아는 아이입니다.

다른 한편으로는 아이는 이런 작은 좌절을 통해서, 또 부모의 약함을 통해서도 성장합니다. 완벽한 부모도 없지만 완벽한 부모는 어쩌면 아이에게 성장하기 어렵도록 더 큰 압박이 될지도 모릅니다. 약함이란 거부할 것이 아니며, 약함을 통해 우리는 함께 연결될 통로가 생겨납니다. 부모 자식 간에도….

가족에게서 일어나는 작은 한 컷, 통찰력이 드러나는 작품입니다.

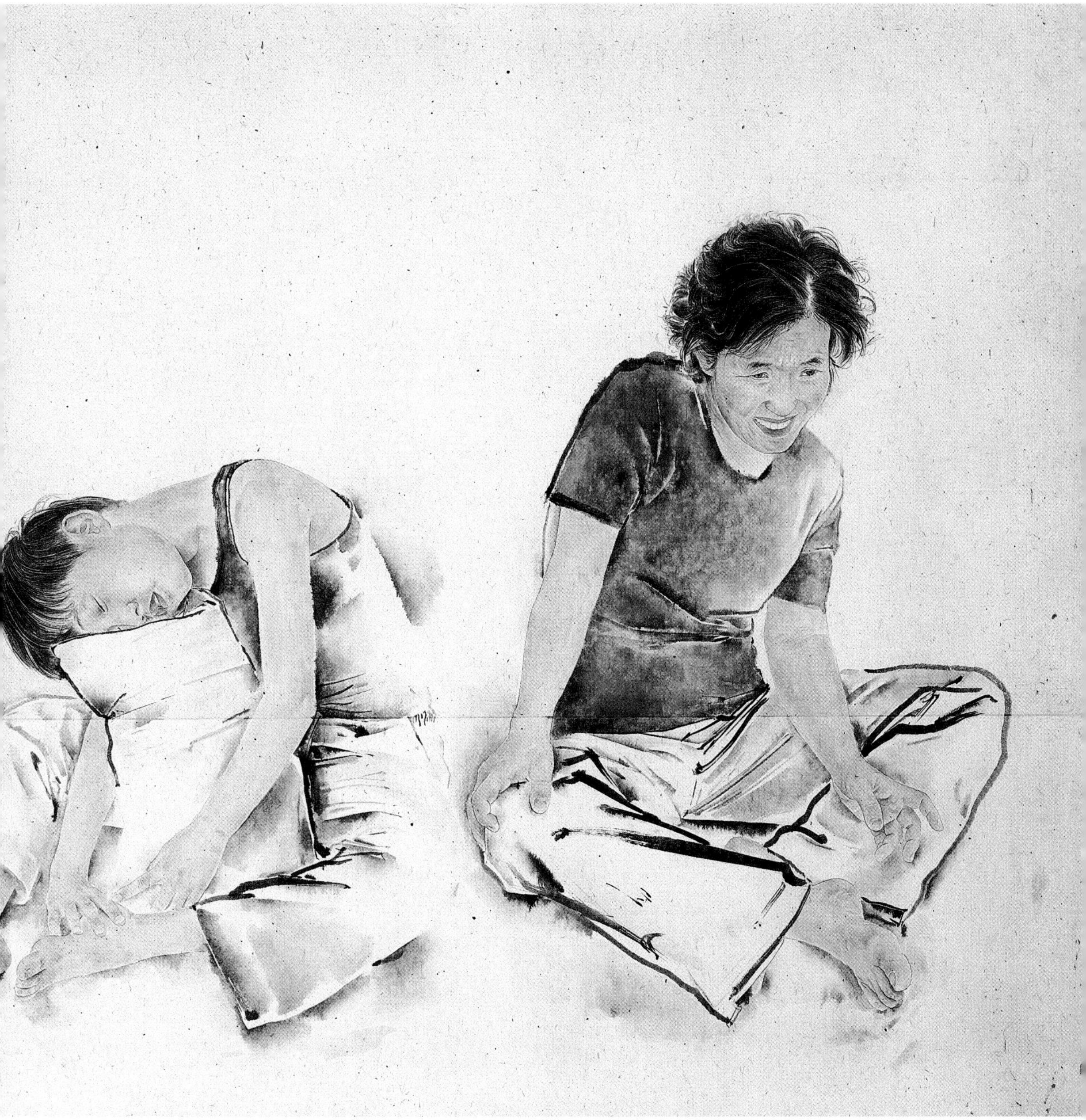

리모컨 전쟁이 끝난 뒤 | 148×190cm | 수묵 채색 | 2002

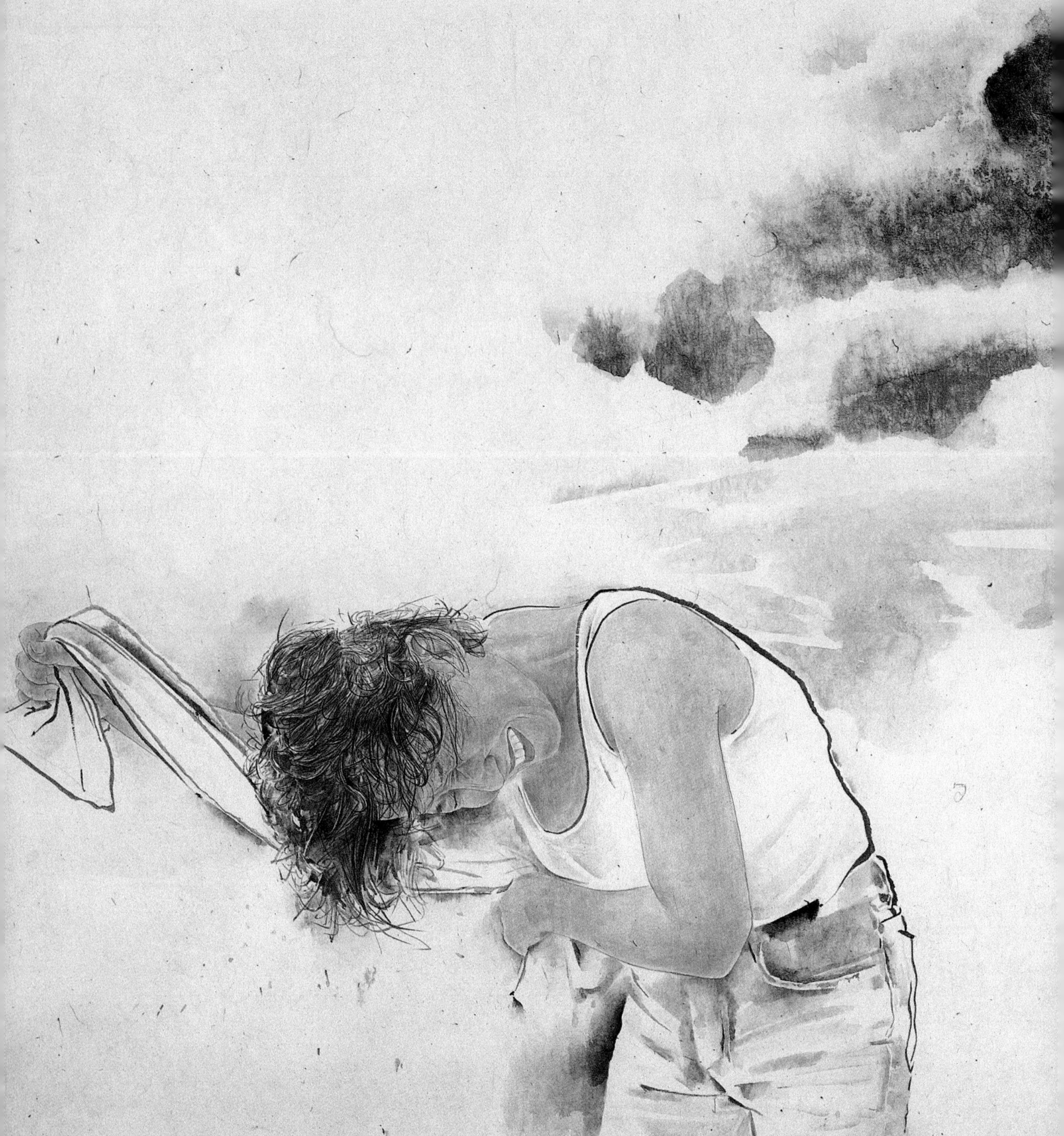

탈주전야

어깨가 들썩들썩 신이 납니다. 누군가의 엄마, 누군가의 아내인 한 여인이 그 타이틀을 벗고 자신의 이름으로 모이는 자리, 동창들의 모임에라도 가는 걸까요? 그런데 듣기로는 그렇게 모여서 또 자식 이야기, 남편 이야기가 주를 이룬다는데, 정말 탈주가 가능하기나 한 걸까요?

하루 세 끼를 전부 집에서 먹는 남편을 "삼식이"라고 부른다고 화백으로부터 처음 이 말을 들었습니다. 자신이 자신일 수 있는 자유는 정말 소중한 것이지만, 지금까지 우리나라 여인들에게는 자신의 자리, 자신의 자유가 자식과 남편, 가족에게 얽매여 있었던 것은 사실입니다. 엄마라는 존재는 이름도 잊혀지고 누구 엄마, 누구 아내로만 불리고 있었지요.

그러나 물질의 풍요와 그에 따른 사회 변화, 남녀 맞벌이 등으로 이런 가족의 풍경도 많이 바뀌어 이제는 특히 나이든 아버지들의 자리와 권위가 위태롭다고들 합니다. 그럼에도 불구하고 엄마들, 여성들은 일종의 집으로부터 탈주를 꿈꾸는 것은 현실의 팍팍함과 더불어 이미 몸속에 유전자로 남은 여인들의 본능 같은 것도 있을지 모르겠습니다.

삼식이라는 말이 들려주듯이, 이제는 가정의 살림살이도 남편이 어느 정도 분담을 하고 자식에 대한 교육에 있어서도 아빠의 역할이 강조됩니다. 이는 참으로 마땅하고 그리 되어야 생겨날 수 있는 가족의 건강

탈주전야 | 141×141cm | 수묵 채색 | 2002

한 균형이 있음은 분명한 사실입니다.

안에서만 사는 봉쇄수도자의 한계를 듬뿍 지닌 말을 늘어놓을지도 모르겠습니다. 저에게는 "엄마"라는 말에는 그 무엇과도 바꿀 수 없는 의무가 아닌 특권이 있다는 생각이 있습니다. 엄마가 되어 보지 않아서 그렇다고 하면 할 말이 없습니다만, 저의 삶에서 엄마의 자리는 사실, 자신보다 자식들, 남편이 더 소중한 세상의 가장 비워진 자리, 비워져 오히려 더 행복한 자리라는 생각은 버릴 수 없는 기억으로 남아있습니다. 제 엄마가 그러했기 때문이지요. 그리고 그 빈자리로 인해 저는 세상에 무서울 것 없는 든든한 빽이 받쳐주고 있습니다.

그래서 저에게는 진정한 탈주는 가족으로부터 벗어나는 것이 아니라 자신으로부터 벗어나는 것이 더 맞는 듯합니다. 친구들과의 만남, 오롯이 자기들만의 추억으로 정겨운 동료들과의 사회적 교류, 사회적 참여, 자신만의 취미나 자기 삶을 확장하기 위한 투자는 분명 엄마들에게도 가능한 일이고 당연히 있어야 할 일입니다. 그러나 이런 것들이 엄마라는 자리보다 우선적인 자리를 차지하는 비교의 대상이 된다면 문제가 생기는 것이 아닐까 하는 생각이 듭니다.

엄마의 자기 비움을 통해서만 자녀들은 참된 인간을 배울 수 있기 때문입니다. 엄마의 자기 비움을 대신할 수 있는 것은 이 세상에는 존재하지 않습니다. 이 자리가 이기적인 욕구로 가득 차 있으면 자녀들은 그것을 따라 배우는 것 외에 다른 방법이 없습니다. 물론 이 두 가지는 한 가지가 다른 한 가지를 밀어 내고 배타적으로 한 가지만 가능하다는 식의 과격론으로 이어져서는 안 됩니다.

엄마의 탈주가 일상적인 것이 되고 아이들의 음식은 패스트푸드로 채워지고 엄마와의 나눔 대신 아이들의 시간이 돈으로 살 수 있는 것들로만 대체된다면 그 아이들의 성장이 어떻게 될지는 분명한 것입니다.

엄마의 탈주의 두 가지 방향, 자신으로부터의 탈주와 가정이라는 한정된 틀로부터의 탈주는 두 가지 함께 가야함이 마땅하며, 여기에는 엄마의 자기 비움만이 아니라 아빠를 비롯한 가족 구성원의 자기 비움 또한 요구됩니다. 그리고 이것이 건강한 균형입니다.

최초의 아르바이트

"흰머리 한 올 뽑는 데 500원, 생머리를 뽑으면 1,000원을 도로 내놔야 함."

아르바이트 규칙입니다. 아이는 용돈이 늘어나니 좋아라 신이 나서, 생머리 하나라도 잘못 뽑아 받을 돈 삭감될까 봐 엄마 머리에 바짝 붙어 헤아리고 있습니다. 그러다보니 저절로 엄마 머리 전체를 훑고 쓰다듬게 됩니다. 정수리 숨구멍을 손가락으로 이리저리 만지작거리니 엄마는 이제 아들의 손길 안에 자신이 불러주었던 자장가가 절로 흥얼거려질지도 모릅니다.

"금을 주고 너를 사랴, 은을 주고 너를 사랴?"

덕분에 엄마는 곤한 잠속으로 스르르 빠져들고 있는 순간입니다.

아들의 손길, 엄마 머리의 감촉, 서로가 서로에게 느낌으로 다가갑니다. 엄마 많이 늙었네. 우리 아들 손길 참 따뜻하네. 이렇게 한 집안의 문화지도가 그려집니다. 공감과 공유의 자리가 많아지는 지도입니다.

옛날 메주와 된장을 집에서 만들 때 그 집에만 사는 박테리아가 그 집만의 고유한 된장, 간장 맛을 만들어 내었습니다. 공장에서 빚은 메주로 담근 된장은 똑같은 박테리아로 인해 맛이 같아질 수밖에 없어 한 집안 문화적 가치를 보여주지 못합니다. 심지어 그런 된장조차 담그지 않고 사다 먹는 집들이 더 많다 합니다.

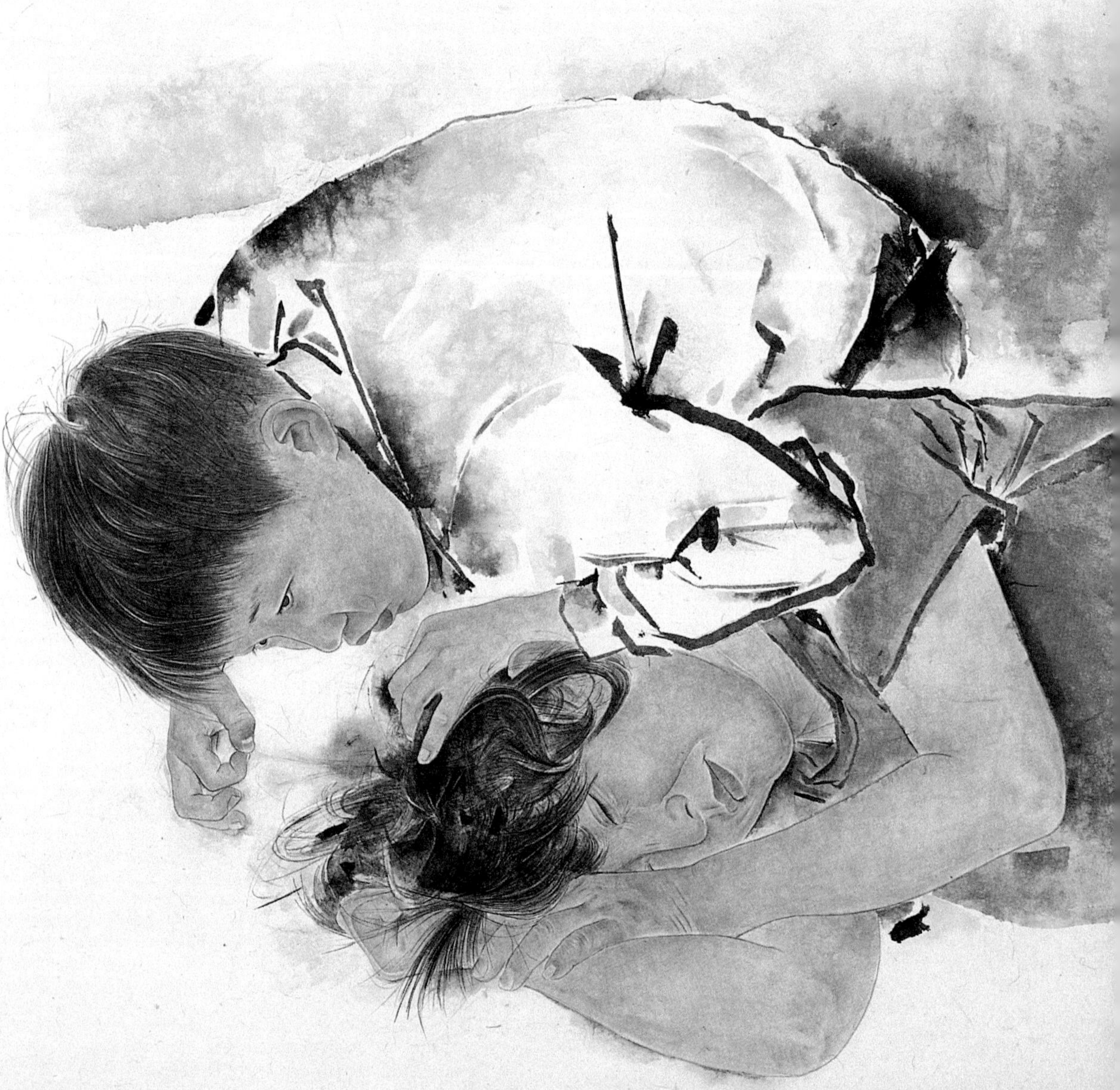

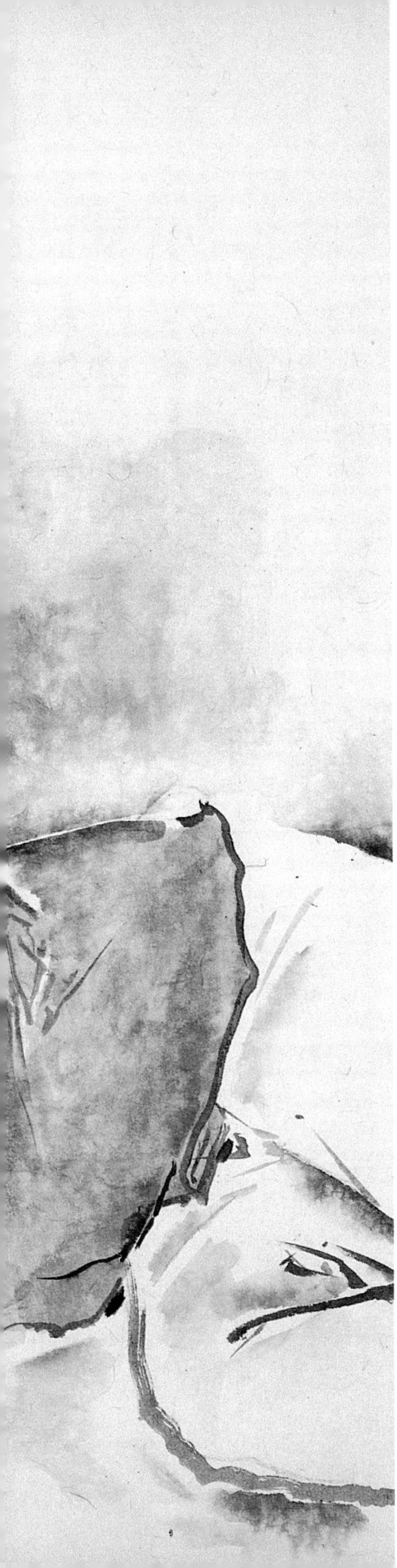

피부 접촉만큼 소통과 공유를 깊게 해 주는 것도 없을 것입니다. 특히 부모 자식 사이의 피부 접촉은 그대로 사랑인 것이지요. 이 피부 접촉 사랑을 제대로 먹지 못한 아이는 소통이 원활하지 못하게 됩니다. 엄마와 아빠만이 줄 수 있는 그 부드러움, 따뜻함으로 아이의 마음이 말랑해지고 한 집안은 풍요롭게 됩니다. 아이가 팍팍해지면 그 집안의 지도는 여기저기 구멍이 숭숭 뚫릴 수밖에 없지요.

구멍 뚫린 지도로 어딘가에 닿고자 하면 길을 제대로 찾지 못해 어려움을 겪거나 길을 헤매는 수도 있을 것입니다.

최초의 아르바이트 | 131×117cm | 수묵 채색 | 2002

내음으로 기억되다

화백과 보는 시각의 출발점이 아주 다른 경우의 작품입니다. 이 작품을 처음 대면했을 때 윤 일병의 엄마가 저절로 떠올라 가슴이 먹먹해졌습니다. 냄새로만 남은 아이의 존재, 지상 어디서도 만날 길 없어져 버린 아이를 냄새로 확인하는 엄마의 고통이 너무도 절절히 느껴져 절로 가슴이 오그라드는 것 같았습니다.

그런데 화백의 설명을 듣고 다시 한 번 가슴이 먹먹해질 수밖에 없었습니다.

군대 간 아이가 입고 갔던 옷가지들, 팬티까지도 훈련이 시작되기 전 집으로 보내는데 그것을 받은 엄마의 모습을 그린 것이란 설명이었습니다. 자녀를 낳지 않는 수도자의 생속이라 그럴까요. 이 작품에 대해 사실 한 번도 그런 생각을 해 보지 않았습니다.

아니 군대 간 아들의 옷을 받아들고 엄마들이 저렇게까지 가슴 미어지는 아픔을 느끼는 줄은 몰랐다고 할까요. 아이가 군대 가기 전후 혹은 전방이나 고생스런 곳으로 배치되었을 때 부모들이 가슴아파하는 줄이야 모르는 바 아니지만, 저렇게 발이 땅에 닿지 않도록 아이의 냄새 속으로 파고들 정도로 아픈 줄은 고백하건대 알지 못하였습니다.

수도자들이 수도원으로 입회할 때 부모들의 가슴은 이 정도를 넘어 썩어들어 갈 정도에 이릅니다. 저의 엄마의 경우 위에 천공이 생기기 직전까지 갔었다 합니다. 수도자 역시 가족들과 헤어지는 것이 비할 나위 없이 아프지만 일단 입회하고 나면 나가야 할 길, 버려야 할 것, 새로 익혀야 할 것, 새롭게 만나는 사람들

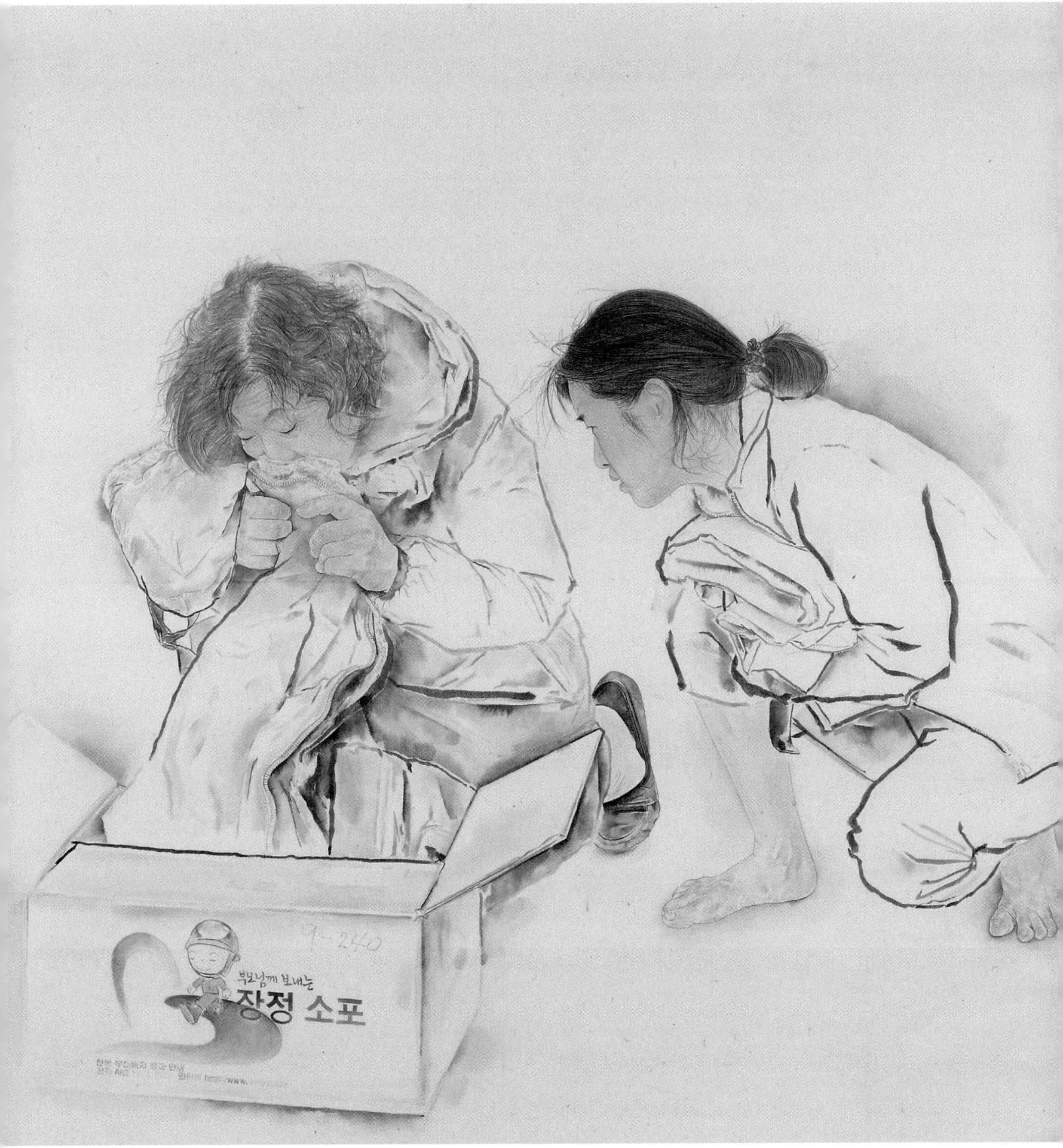

내음으로 기억되다 | 137×135cm | 수묵 채색 | 2014

사이에서 사실 과거는 거의 잊어 버리고 맙니다. 입회 초기 지나치게 가족을 그리워하는 이는 뭉뚱그려 이야기할 수는 없다 할지라도 어딘가 문제가 있는 것이 보통입니다.

하지만 가족 특히 부모들은 몇 년 동안이나 가슴앓이를 하며 거기서 벗어나기가 쉽지 않습니다. 그리고 이 과정을 통해 부모들의 신앙 체험이 깊어지기도 합니다.

즉 자식의 부모에 대한 사랑은 부모의 자식에 대한 사랑을 도저히 도저히 따라가지 못한다는 것이 새삼 제게 확인되는 순간이었습니다. 제가 있는 마산이란 소리만 들어도 몇 년 동안 가슴이 울렁거렸다는 엄마의 심정은 제가 신발 벗고 달리기를 해도 따라갈 수 없는 사랑의 깊이입니다. 그 사랑이 우리를 사람을 만들고 아들의 냄새조차 놓지 못하는 그 사랑이 군대의 지옥 같은 훈련도 견뎌내게 해 주는 것이겠지요.

그 사랑 덕분에 우리는 우리 자신일 수 있는 것이겠지요.

손 가시

손가시 이전에 눈에 들어오는 것은 눈물 나도록 정겨운 모든 이의 어머니 모습입니다. 시골에 살아보지 않은 사람일지라도 이 그림에서 어머니의 모습이 오버랩되는 사람이 많으리라 생각됩니다. 부수수 다듬지 않은 머리, 브래지어도 하지 않은 러닝셔츠 차림, 거칠고 거친 손. 눈물 나도록 정겨운 모습입니다. 여인이라기보다 거친 삶 속에 자식들, 가족들 살려내느라 남성성을 더 받아 중성쯤 되어 버린 그래서 말라비틀어진 젖가슴이 비춰보여도 당사자나 보는 이나 아무런 수치심도 느끼지 않게 되어 버린 이 땅 어머니들입니다.

그럼에도 참 신기한 것은 피부는 곱다는 것입니다. 사심 없는 헌신이 마음과 피의 소통을 원활하게 하여 피부를 곱게 만드는 것인지 잘은 모르겠습니다. 거친 삶의 끝에도 무엇인가 고귀한 것을 느끼게 하는 그런 어머니들이 있습니다. 거칠고 굴곡 많았던 삶이 한이 아니라, 자식과 남편을 위한 헌신이 되어 한생이 고맙고 고맙게 여겨지는 그런 마음의 고움이 느껴집니다.

손에 박힌 1mm-2mm 가시 하나가 온갖 풍상 다 겪은 강인한 어머니의 신경을 거슬러 놓기에 충분합니다. 일을 하다 가시가 자꾸 찌르는지 잠시 쉴 겸 하던 일을 멈추고 까슬거리는 가시를 파냅니다. 가시는 살 속에 박히지 않는 한 가만히 두면 살들이 밀어올려 어느 순간엔가 빠져나옵니다. 일부러 살을 헤집어 파내지 않아도 됩니다만, 살 속에 깊이 박힌 것은 일을 할 때면 손에 잡은 도구들에 부딪

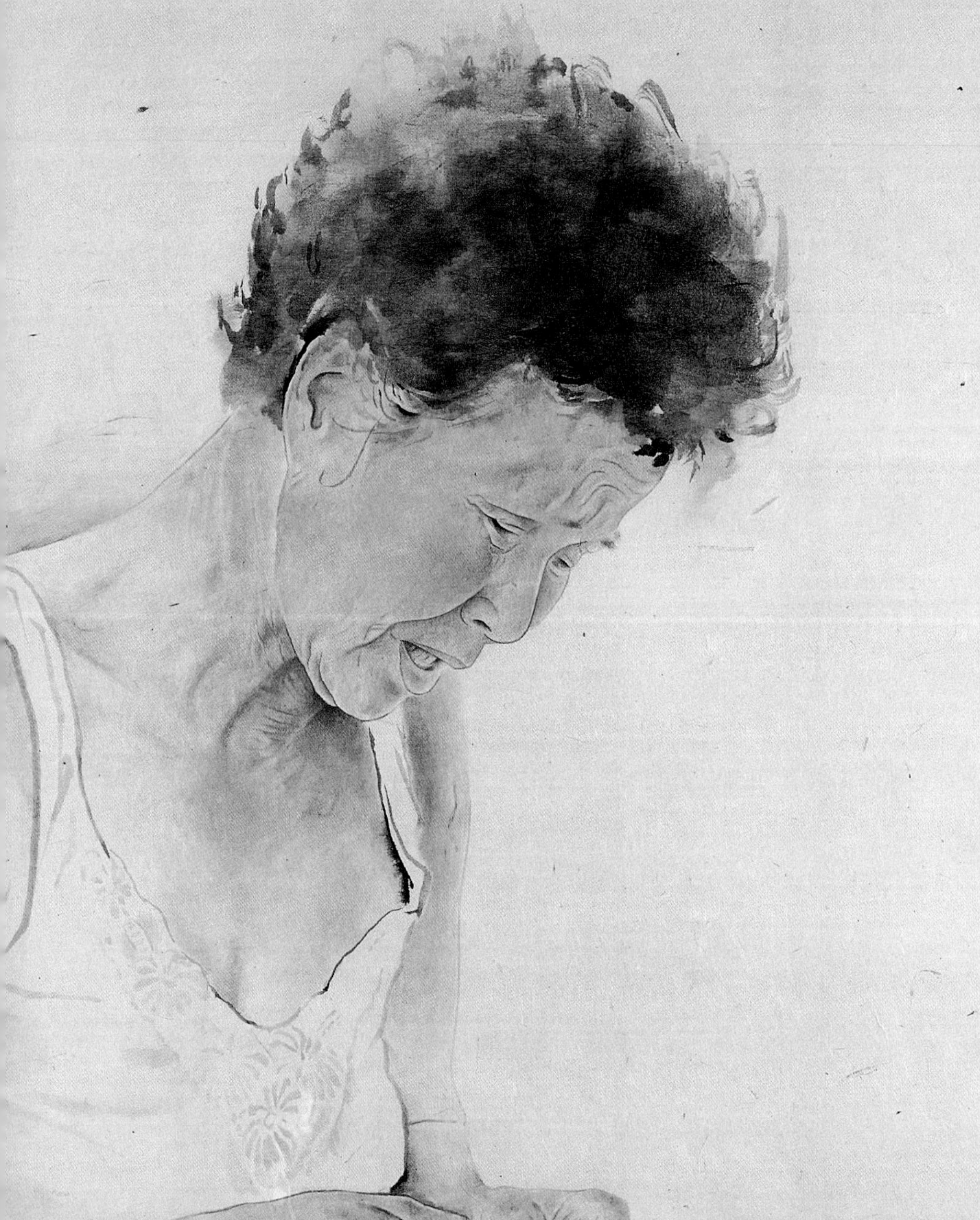

쳐 따끔거리는 통에 일에 집중할 수가 없게 만드니 파내지 않을 수가 없습니다.

온갖 풍상 겪은 강인함도 이 작은 가시 앞에 절절 매지요. 그런데 이것이 마음의 가시라면 과연 어떨까요? 보이지도 잡히지도 않으니 빼낼 도리도 없습니다. 아픔의 강도도 손 가시에 비길 바가 아닙니다. 무엇을 해도 잊을 수가 없고 그 가시의 아픔이 온몸 전체를 지배해 마음만이 아니라 몸까지 아플 수도 있습니다. 심지어 온몸이 무너지는 느낌마저 듭니다. 심지어 이 가시는 빼낼 도리도 없고 옷핀 같은 도구도 없습니다.

인생을 더 산 어떤 분의 경험이 다른 것을 말씀해 주시기를 기대합니다만, 제 경험으로는 그 가시를 수용하는 일 외에는 어떤 방법도 없었습니다. 가시는 분명 외부에서 오지 나 자신으로부터 온 것은 아닙니다. 그것도 좋은 뜻을 지니고 좋은 방향으로 움직이다 박힌 것이 대부분입니다. 그러니 더욱 가시인 것이지요. 그러니 더욱 억울할 수도 있지요.

그러나 가만히 생각해 보면 "나는 왜 억울한 일을 당하지 말아야 하는가? 가시에 찔려서는 안 되는가?"라는 의문이 떠오릅니다. 그리고 이 말은 그대로 가시로부터의 해방을 안겨줍니다.

그러나 착각하지 말아야 할 것은 가시가 이대로 눈 녹듯 사라지지는 않는다는 것입니다. 단지 그 가시와 가시의 아픔을 견딜 힘을 얻게 되는 것이지요. 그리고 어느 날엔가는 그 가시는 나의 일부분이 되고, 나무의 옹이처럼 나를 더 단단하게 해 줍니다.

손 가시(부분) | 90×59cm | 수묵 채색 | 1997

절정

저 자신감! 폭발할 듯 폭발하지 않되, 폭발력을 지니고 몸에서 뿜어져 나옵니다. 자신감에 묻어나오는 매력에 사춘기의 섹시함이 싱그럽습니다. 칙칙하지 않습니다. 여성은 여성으로 남성은 남성으로 매력이 가장 두드러지는 때이기도 합니다. 가슴도 살짝 예쁘게 부풀어 오르기 시작했습니다.

딸이 진달래를 한아름 꺾어 안고 아빠 화실로 "아빠" 하고 부르며 달려옵니다. 아빠 눈에는 한아름 진분홍 진달래는 보이지 않고 딸아이가 눈에 들어올 뿐입니다. 진달래는 꽃물이 아니라 먹빛으로 그것도 윗부분은 쓱 잘려버렸습니다.

그러나 저 매력은 자칫 아직 다스려지지 않는 불길로 밖으로 확 번져 나와 다른 이를 덮칠 수도 있습니다. 사춘기는 그 자체로 불덩이니까요. 때로 펄펄 끓는 불덩이로 변할 수도 있는 매력, 위험한 매력입니다.

그런 매력 때문인지 벌조차 한아름 안고 있는 진달래꽃이 아니라 소녀의 옷섶에 앉아있습니다.

위험하다 하여 저 불을 끄거나 약화시키면 저 아이의 존재의 뻗어남도 약화됩니다. 가족이 있어 저 위험함도 함께 껴안으며 불길을 다독이며 나아갑니다. 저 자신감이 있어 남들 앞에 자신의 뜻을 꺾는 법도 배우고, 숙일 줄도 알고, 배려할 줄도 알게 됩니다. 기가 죽은 아이는 자신의 뜻을 꺾을 힘을 이미 빼앗겨버려 남과 어울리는 법을 익히지 못합니다. 내 뜻이 소중함을 알기에 남의 뜻을 소중히 여기는 것이지요. 아이의 자신감, 가족과 세상의 보물입니다.

절정(부분) | 190×96cm | 수묵 채색 | 2002

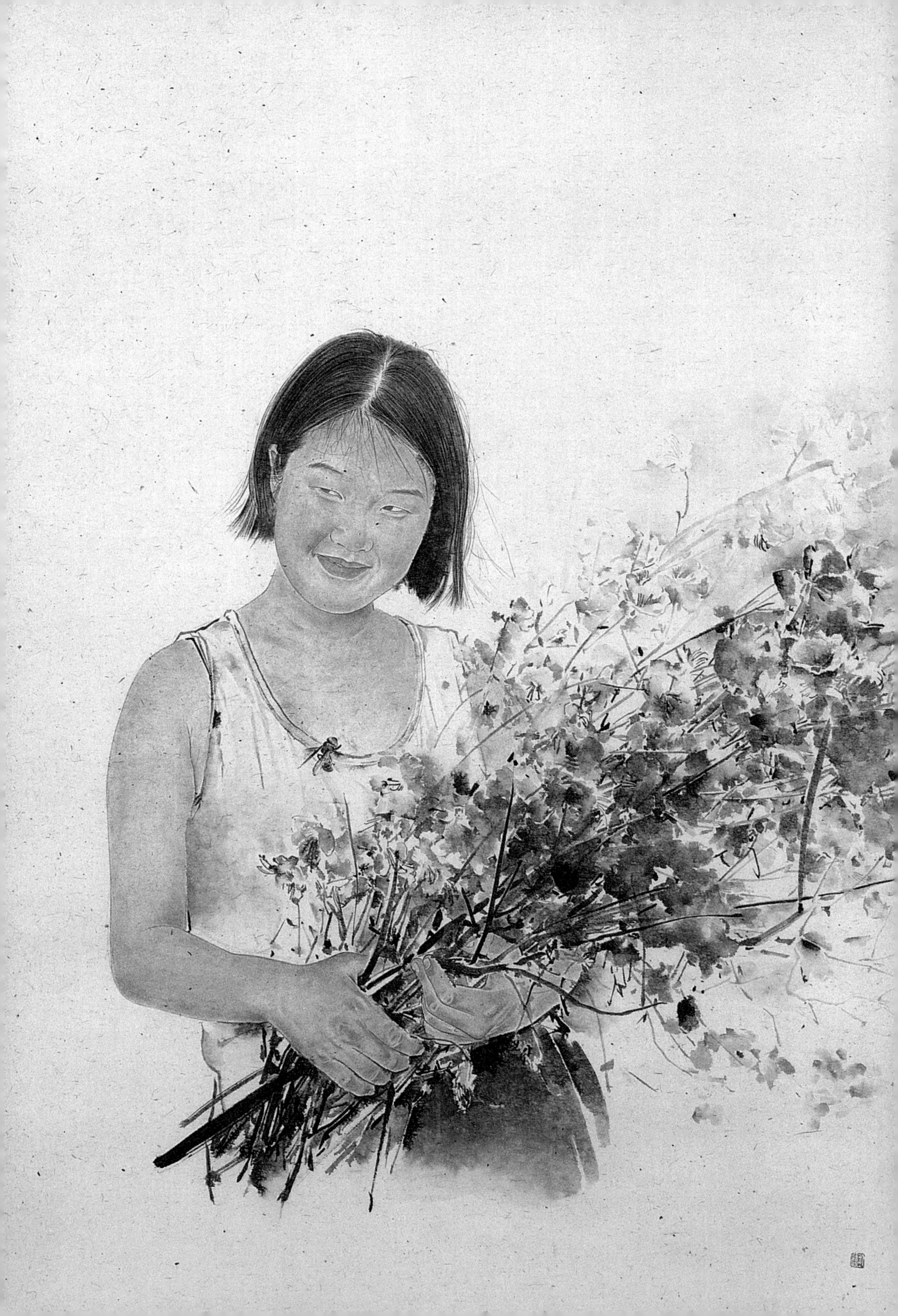

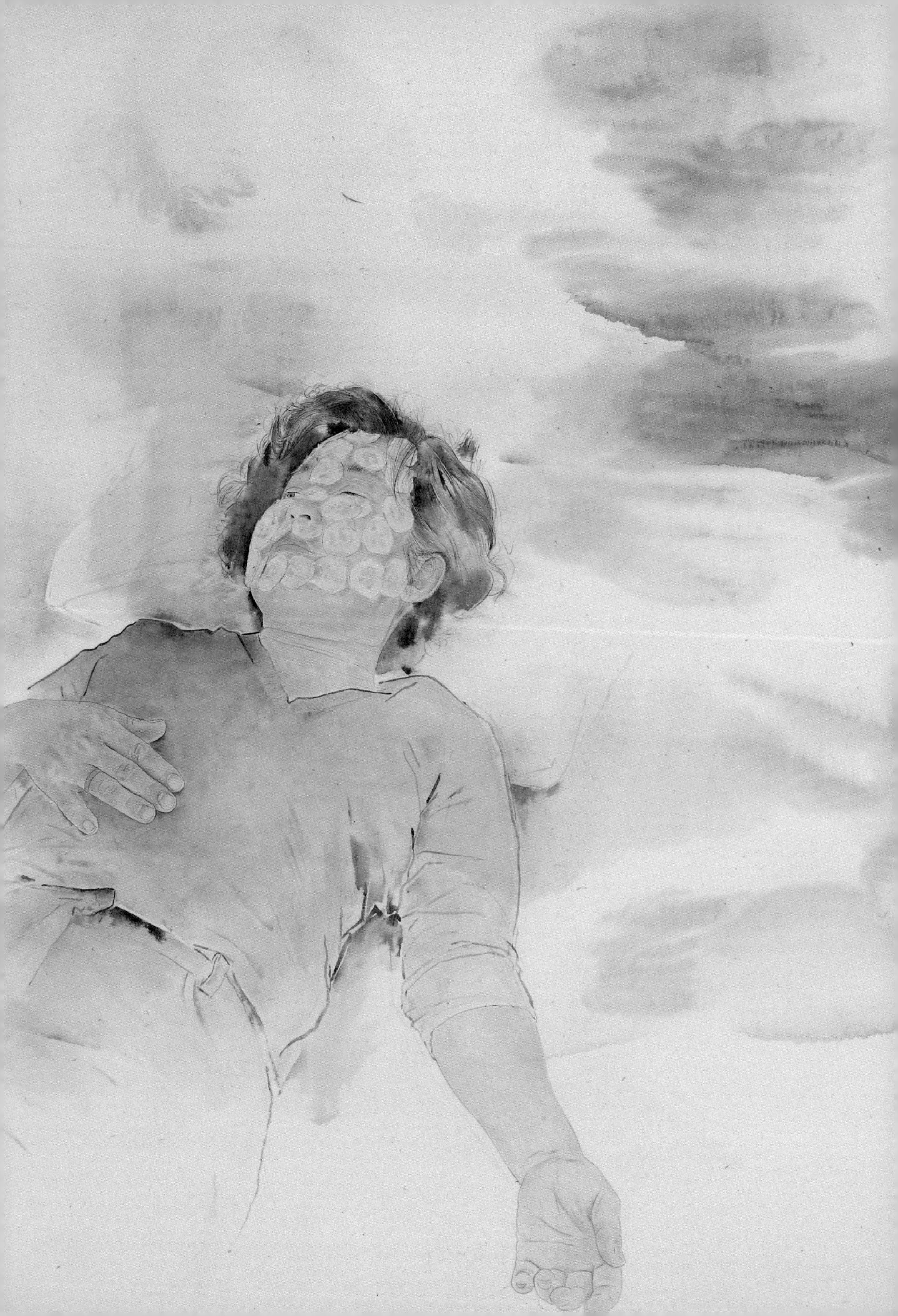

하늘에 눕다

세상 편안해 그림을 보고 있노라면 내 눈에도 잠이 솔솔 기어들어 오는 편안하고 상쾌한 그림입니다. 성형왕국이라는 달갑지 않은 이름을 얻고 있는 현재 우리나라에서 생니를 뽑고, 턱을 깎는 극단의 조처로라도 아름답고 싶은 우리네 여인들. 덕분에 이 얼굴이나 저 얼굴이 구별도 되지 않는 자신의 개성을 잃어버린 세대가 되지는 않았는지 수도자의 노파심이 슬그머니 자리를 차지하는 대목입니다.

하지만 아름답고 싶은 여인네의 마음은 수도자에게도 미소를 머금게 합니다. 서민들에게 가능한 몇 백 원짜리 오이 하나로 세상 행복한 엄마를 보는 것이 어찌 싱그럽지 않겠습니까? 뙤약볕 아래 외출에서 돌아와 오이의 시원한 감촉과 함께 스르르 잠이 몰려오는 바로 그 순간입니다.

그런 아내의 마음을 훑듯이 읽은 화백은 아내를 구름 위에 눕혀놓았습니다. 먹물의 바림의 농담, 위쪽 오른손은 진하게 아래쪽 왼손은 옅게 처리하고 발과 다리는 아예 없는 듯 희미하게 흐려버림으로써 마치 하늘 위에 둥 떠서 정지한 듯한 느낌을 살려내었습니다. 구름은 마치 해먹처럼 가볍게 살살 흔들어 주고 있습니다.

이는 아마도 화가의 아내의 특권이 아니겠는지요.

예술가의 아내의 평탄치 않은 삶이 이런 데서 살짝 보상을 받을 때 현실의 모든 어려움도 저 구름처럼 가볍게 여겨질 수 있지 않을까 짐작해 봅니다.

하늘에 눕다 | 126×111cm | 수묵 채색 | 2007

나무꾼 대선사

태울 것 다 태우고, 버릴 것 다 버리고 그러고도 남는 것이 사람에게 있을까요?

줄 것이 없을수록 더 많은 것을 줄 수 있음을 보여주는 이들이 아마도 어머니들일 것입니다.

화백의 모친의 모습이라 합니다. 모친은 반드시 소나무의 생가지로만 불을 지폈습니다. 화백이 고향에 내려가면 목욕을 하도록 생소나무 가지를 넣고 물을 끓였습니다. 말만 들어도 소나무향이 주변에 퍼지는 듯하지 않나요. 소나무 향으로 목욕하고 소나무 군불로 지글지글 끓는 방에 등을 붙이면 온갖 시름, 온갖 노고가 그 향을 따라 같이 향내로 변할 것 같습니다. 어머니들의 희생이 배인 향은 샤넬의 향수보다 더 고귀한 이 소나무향이 날 것 같습니다.

고된 삶, 고된 노동 속에서도 자식에 대한 희생에는 희생이라는 의식조차 없던 이 땅의 어머니들. 이제 나이 들자 대선사보다 더 훨훨 가벼워져 잠 오면 자고, 먹고 싶으면 먹고 일해야 할 때 하고 더 갖고 싶은 것도 더 추구해야 할 것도 없는 그런 무심의 경지를 보여 줍니다.

아직도 이 땅에는 이런 어머니들이 있음을 믿어 의심치 않습니다.

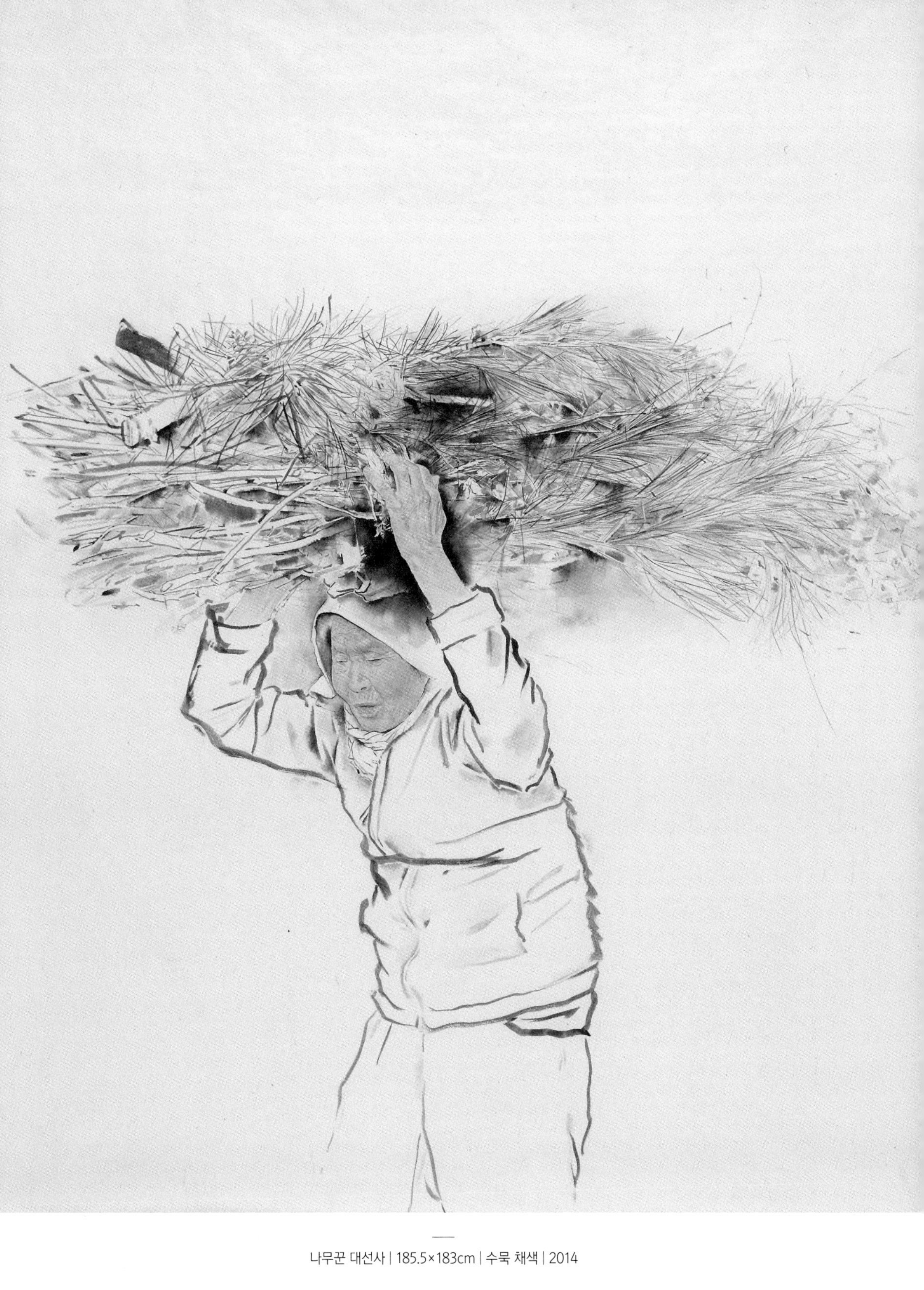

나무꾼 대선사 | 185.5×183cm | 수묵 채색 | 2014

위기

인생의 초반 저런 신뢰관계가 이루어진 사람이 단 한 명이라도 있다면 역경의 순간에도 삶은 무너지지 않습니다.

"세상 누구도 믿을 수 없다."는 말을 생각보다 많은 사람들로부터 듣습니다. 겉보기에 문제가 없어 보이는 가족도 속을 들여다보면 숨이 멎을 것 같은 긴장 관계, 아예 남남인 듯 머나먼 관계, 복잡하게 얽힌 관계 등 수많은 문제들을 안고 있습니다. 의심이 많거나 불안, 짜증이 심한 부모가 자신의 기분에 따라 아이에게 일관성 없는 태도를 보일 경우, 아이에게는 가장 가까운 부모조차 믿을 수 없다는 사실이 무의식에 심어지게 되고 성장한 후에도 불안과 의심에서 벗어나지 못하는 케이스도 많습니다.

할아버지는 사실 잠들지 않았습니다. 옛날 노인답게 뇌 건강에 좋다는 목침을 베고 옆으로 누워 잠을 잡니다. 잠이 푹 들었다면 왼손이 저리 배 위에 올라가 있지는 않겠지요. 설사 올라가 있다 할지라도 잠이 들면 바닥으로 툭 떨어질 것이 분명합니다. 눈도 감긴 했지만 미간을 살짝 찌푸리고 눈꺼풀이 움찔움찔 떨리는 것을 보면 손주 녀석의 장난을 알고도 짐짓 자는

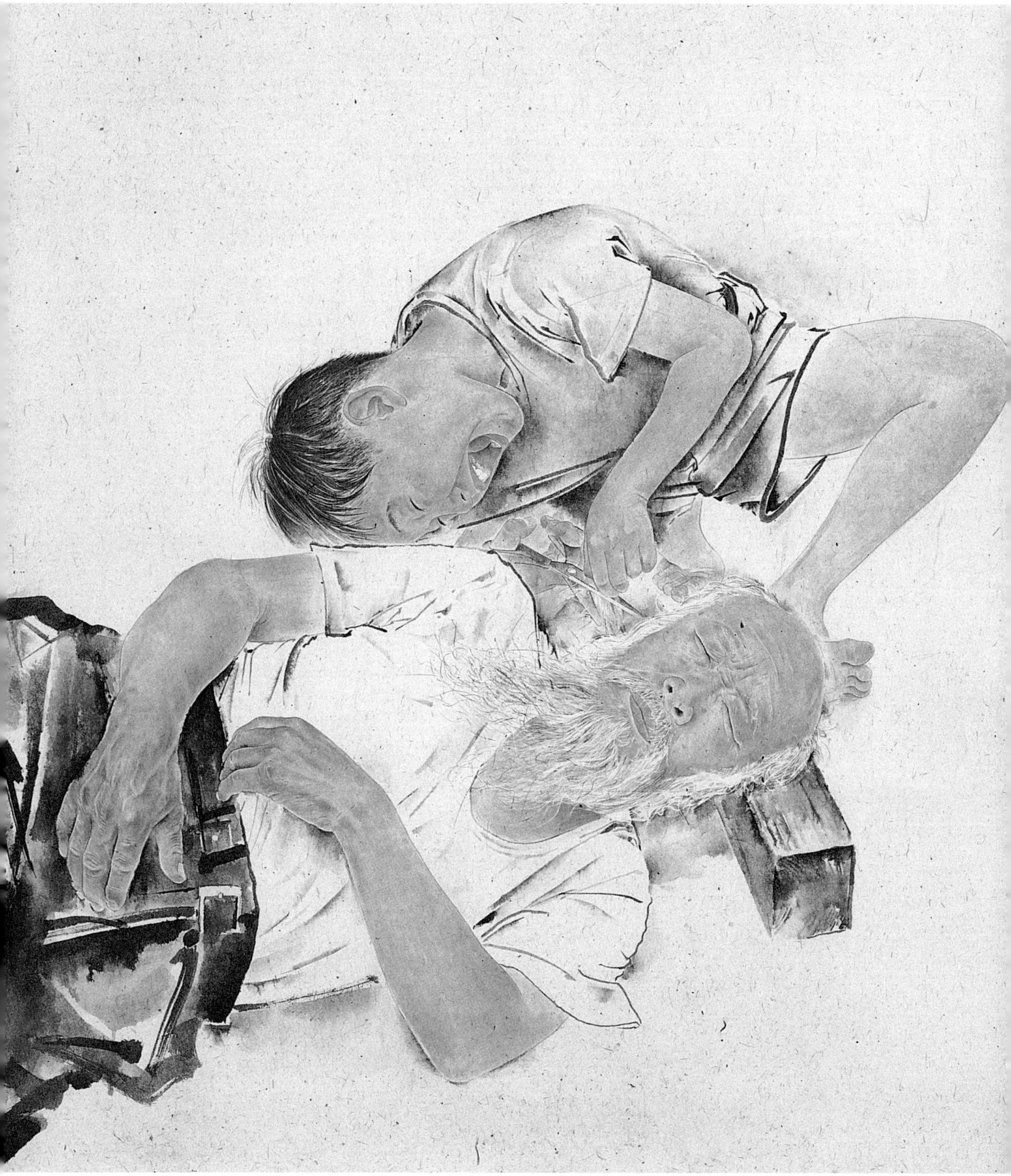

위기 | 136×191cm | 수묵 채색 | 2002

척하고 있음이 틀림없습니다. 게다가 수염은 아래쪽이 아닌 손주 쪽을 향해 뻗어 있습니다. 수염은 관심이 가는 쪽을 향해 뻗는다는 것이 화백의 설명입니다.

수염을 자르려 하는 손주 녀석의 벌어진 입을 보니 여간 장난기가 발동한 것이 아닙니다. 왜냐하면 할아버지의 저 수염으로 말할 것 같으면 조상들로부터 물려받은 자신도 함부로 할 수 없는 귀한 것이요, 할아버지의 자존심이라는 사실을 누구보다 잘 알기 때문입니다. 대대손손 벼슬은 마다하고 학문에 전념해 온 유학자 집안의 자부심 가득한 할아버지에게 이 수염은 요즘 사람들은 이해하기 어려울 정도로 소중한 것입니다. 그 수염을 지금 가위로 자르려 하고 있는 아슬아슬한 순간입니다.

알고도 짐짓 모르는 척하는 것은 어쩌면 사랑의 다른 이름일지 모릅니다. 모든 것을 다 까발려놓고 보면 남는 것은 대체 무엇일까요? 공동생활을 하면 어떨 때 이해할 수 없는 상황에 부딪칠 수 있으나 상대를 위해 일부러 속을 수도 있어야 하는 것입니다. 이것은 사실을 넘어서는 상대에 대한 신뢰와 기대 때문입니다.

그런데 녀석의 왼쪽 손을 잘 보면 수염 한 가닥을 잡고 있음을 알 수 있습니다. 농담과 장난에 여유가 있으려면 지켜야 할 마지노선 같은 것이 있어야 합니다. 할아버지를 향한 장난기와 할아버지에 대한 예의가 서로 팽팽하게 맞서는 자리 여기서 익살과 농담이 나오는 것입니다. 할아버지 역시 손주 녀석이 함부로 쑥덕 수염 전부를 잘라버릴 놈은 아니라는 것을 잘 알고 계시는 듯합니다.

그렇게 장난에 장난이 겹치고 눈치와 코치가 겹치면서 가족사 아름답고 흥미로운 한 장면이 찍혀 나옵니다.

그 다음 순간, 할아버지의 "네 이놈!"이라는 소리가 들리고 녀석은 뒤로 벌렁 넘어지면서 조손이 함께 너털웃음을 웃을 것 같습니다.

저 유머, 익살의 공간, 건강한 대가족의 모습이 그립습니다.

초상화

삶의 끝자락에 닿아 있는 분의 모습임이 역력합니다. 화백 자신의 부친입니다.

부친이 노동으로 땀 흘리는 모습, 손자에게 꼼짝 못하는 모습, 어머님과 함께 있는 모습 등 여러 장의 작품이 있지만 초상화는 이 작품이 유일합니다. 왜 화백은 더 젊은 시절, 풍채 좋은 시절이 아니라 삶의 끝자락에 다가가 줄어들고 왜소해진 자신의 아버지를 그렸는지 궁금해집니다.

사람의 마음 속 여정을 따라 여행해 보는 것은 큰 즐거움입니다. 멋진 경치에 황홀하고 색다른 경험을 하고 좀 다른 사람들을 만나고 이런 여행도 좋지만, 마음 속 여정은 이와 비견할 수 없이 더 흥미진진합니다. 렘브란트의 70가지가 넘는 자화상을 본다면 이 여정의 즐거움을 짐작할 수 있을 것입니다.

사람의 아름다움에는 여러 가지가 있습니다. 어떤 신부님이 우연히 유명한 여배우를 어느 수도원 성당에서 만난 경험을 이야기해 준 적이 있습니다. 그 여배우가 온다는 사실을 자신은 전혀 모르고 있었는데, 갑자기 성당 뒤쪽이 특별 조명이라도 설치한 듯 환해지더라는 것입니다. 알고 보니 그 배우가 들어선 순간이었다는군요. 자신이 못생겼다는 것이 그렇게 실감나게 느껴지더라나요.

수녀들이 숨이 넘어가도록 웃었지만 아름다움이 지닌 효력이 얼마만한지 피부로 느끼게 해 주는 예화였습니다. 내면의 아름다움에 접할 때는 이런 정도로 그치지 않습니다.

이 아름다움은 마더 테레사를 만난 이들 중 상당수가 인생의 방향 자체가 바뀌는 바로 그런 아름다움입니다. 여배우의 아름다움이 아무리 강렬해도 사람의 삶을 맑게 해 주지는 못하는 것이지요. 그리스도인들이 예수의 십자가에서 느끼는 아름다움은 또 어떠합니까? 고문당하고 십자가형에 처해져 처참하고 몰골이 말이 아닌 그런 사람에게서 세상 모든 이를 구원할 생명을 보는 것입니다.

화백이 자신의 부친의 말년, 그것도 죽음에 가까워 가는 모습을 그린 것은 어떤 아름다움을 보았기 때문이 아닐까요? 모든 것을 내려놓고 더 내려놓을 것이 없어져 가는 한 사람의 삶, 누구의 삶을 불문하고 장엄한 순간입니다.

어쩌면 우리는 내려놓기 위해 삶을 살아가는지 모릅니다. 내려놓음보다 더 아름다운 것이 없음을 발견하였기에, 풍채 좋고 머리숱 풍성한 그런 아버지가 아니라, 내려놓고 왜소해진 아버지, 가족을 위해 모든 것을 다한 아버지를 그리지 않았을까요. 여기서 그치지 않고 이웃을 위해서도 아낌없이 나눌 줄 알았던 분, 애써 개간한 고향땅을 말 못하는 조카에게 내주고, 집에서 일하던 일꾼 자녀들의 학비를 대주고, 흉년에 곡식을 나눈 덕에 지리산 빨치산들이 내려와서도 오히려 보호를 받을 수 있게 했던 그런 분의 모습을 단지 풍채 좋게 그릴 수만은 없었겠지요. 그래도 시원스레 내려온 수염만은 대대로 내려오는 선비집안(양반이 아니라 선비임을 굳이 강조)의 정신을 느끼게 해 줍니다.

근래에 와서는 촛불집회 때 부모님 두 분 모두 큰 수술과 지병으로 광화문까지 거동하실 수 없으시니 머리에 촛불을 묶어달고 동네 공터에서 촛불집회가 열리는 같은 시간에 노부부만의 집회를 하셨습니다.

내려놓음과 작아짐의 아름다움! 이 아름다움을 그림에 있어 화백이 부친의 인간적 약함을 보지 못하거나 무시하거나 감추려한 것이 아닙니다. 오히려 바닥까지 환히 알고 있어 부친에게도 거침없이 바른 소리를 하여 만날 때마다 부자간의 언쟁이 화려하였던 듯합니다. 약함으로 인해 손상될 수 없는 내려놓음의 아름다움, 비단 화백의 부친 뿐 아니라 이 땅 수많은 민초들의 아름다움이기도 합니다.

화백의 마음의 여정을 살짝 엿보았습니다.

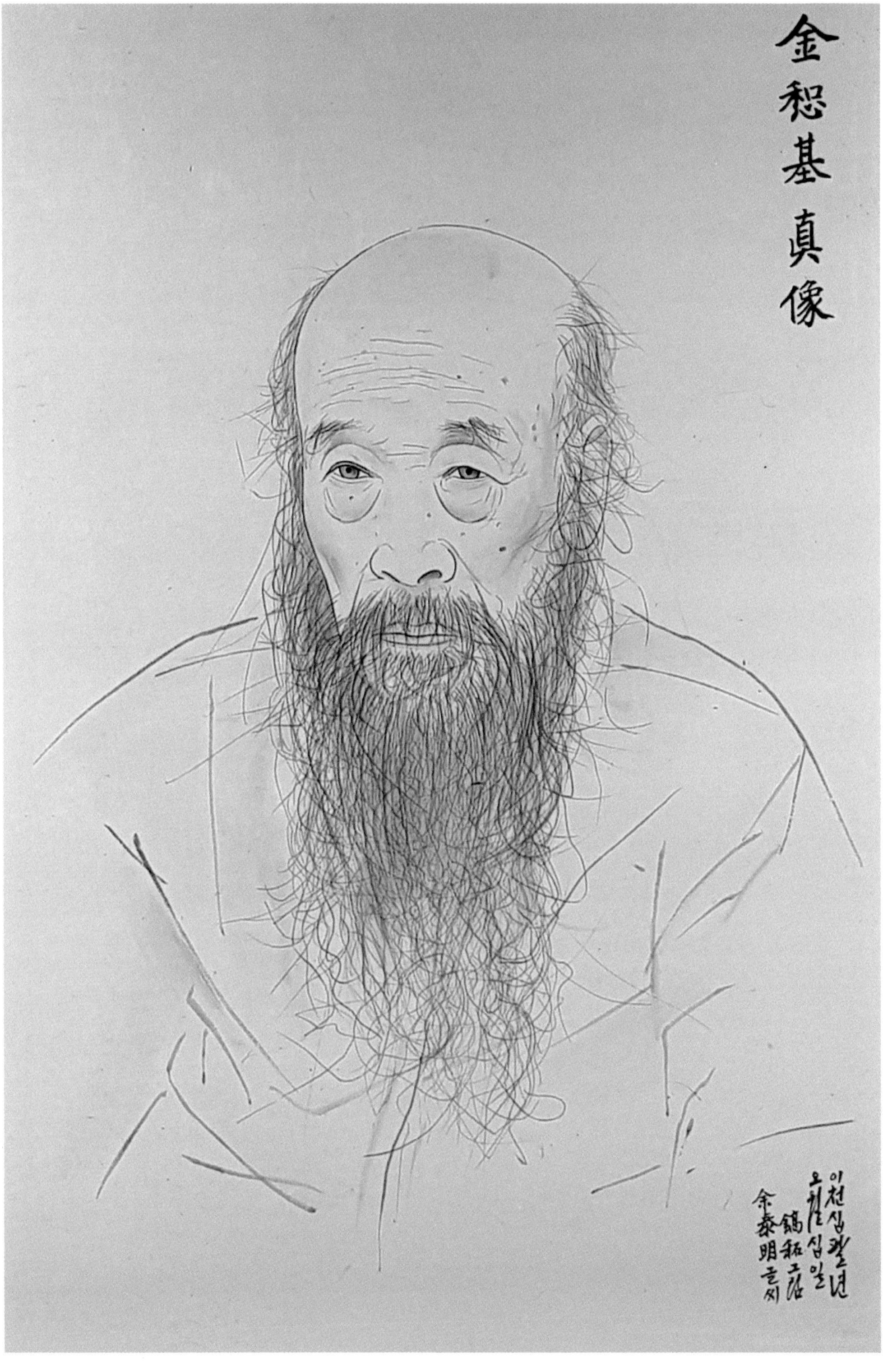

김화기 초상

초선(招仙)

—

〈초선(招仙)〉이라는 제목의 그림을 봅시다. 이 또한 기발함이라는 단어를 넘어서고 그 말을 무색케 하는 그림입니다. 자신의 부친인데 평소 바둑 두는 실력이 5단이 되는 분으로 바둑 두기를 무척 즐겼습니다. 그런 분이 이제 바둑판을 베개 삼아 잠이 혼곤합니다. 세상 무엇 탐할 것도 없고, 탓할 것도 없고, 그저 지금 단잠 하나 즐기는 일 외에 아무것도 없습니다. 그러니 제목이 〈초선〉입니다. 어딘가 산수화 속 동자 하나 거느린 신선의 모습 한 자락이되 그저 산수화 속이 아니라 세상 한복판 신선놀음입니다. 우리도 한판 벌일 수 있는 놀음이지요.

그림 속 수수께끼가 하나 숨어 있습니다. 바로 시계입니다. 시계에 시침도 초침도 없습니다. 시간에 질질 끌려 다녀서야 신선놀음을 할 수가 없지요. 시간이 귀한만큼 시간을 놓아버린 그 순간 우리를 찾아오는 그 어떤 경지로 우리를 초대합니다.

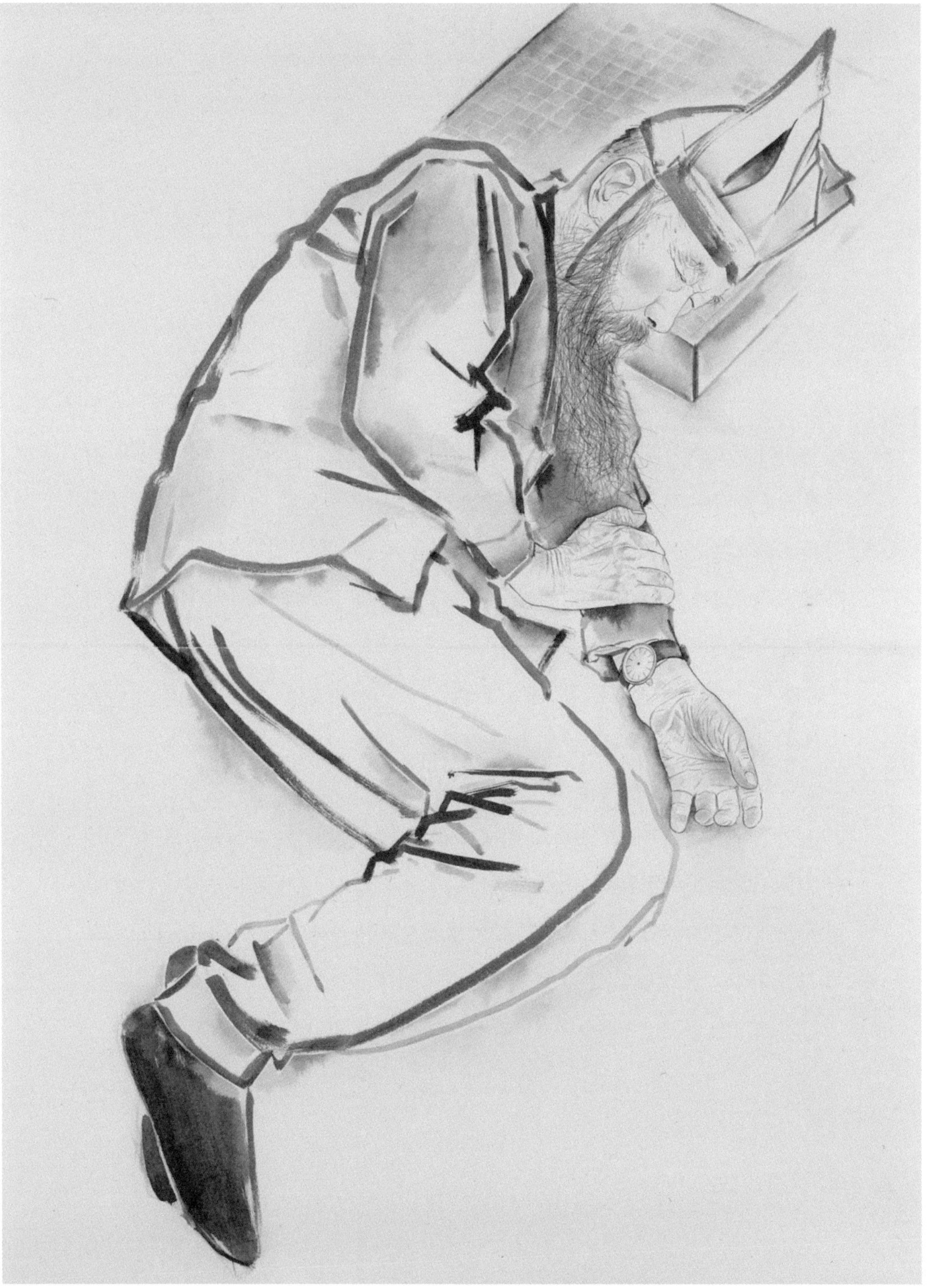

초선(招仙) | 139×136cm | 수묵 | 2018

또 다른 삶

—

부친이 돌아가시는 순간 그리기를 멈춘 미완성작입니다. 미완성이라 계속 살아있고 진행되는 혹은 그 반대로 계속 스러져가는 그림으로 어느 방향이든 방향성이 느껴지는 전율을 일으킵니다. 호랑이처럼 형형하게 무엇인가를 뚫어지게 바라보는 집중력이 해석 없이도 사람을 사로잡습니다. 그런데 호랑이와 달리 어떤 대상을 잡아먹으려 하는 집중력이 아니라, 그저 그 대상을 향한 집중입니다. 집중하되 집착하지 않습니다. 쭉 뻗은 콧날과 목의 한복 동정 선이 선비로 살아온 한생의 기개를 말해 주고도 남습니다.

그런데 이런 힘 있는 기개로만 그치지 않는 데 이 그림의 진수가 있습니다. 그리다 만 수염으로 인해 한생 살고 이제 스러져가는 삶의 남은 자락이 그저 "이제 끝" 이런 종결이 아니라 어딘가로 넘어가는 보이지 않는 세계로의 초월이 손에 잡히게 느껴진다는 것입니다. 그러고 보면 뚫어지게 바라보고 있는 그 대상도 바로 이 보이지 않는 세상일 것입니다.

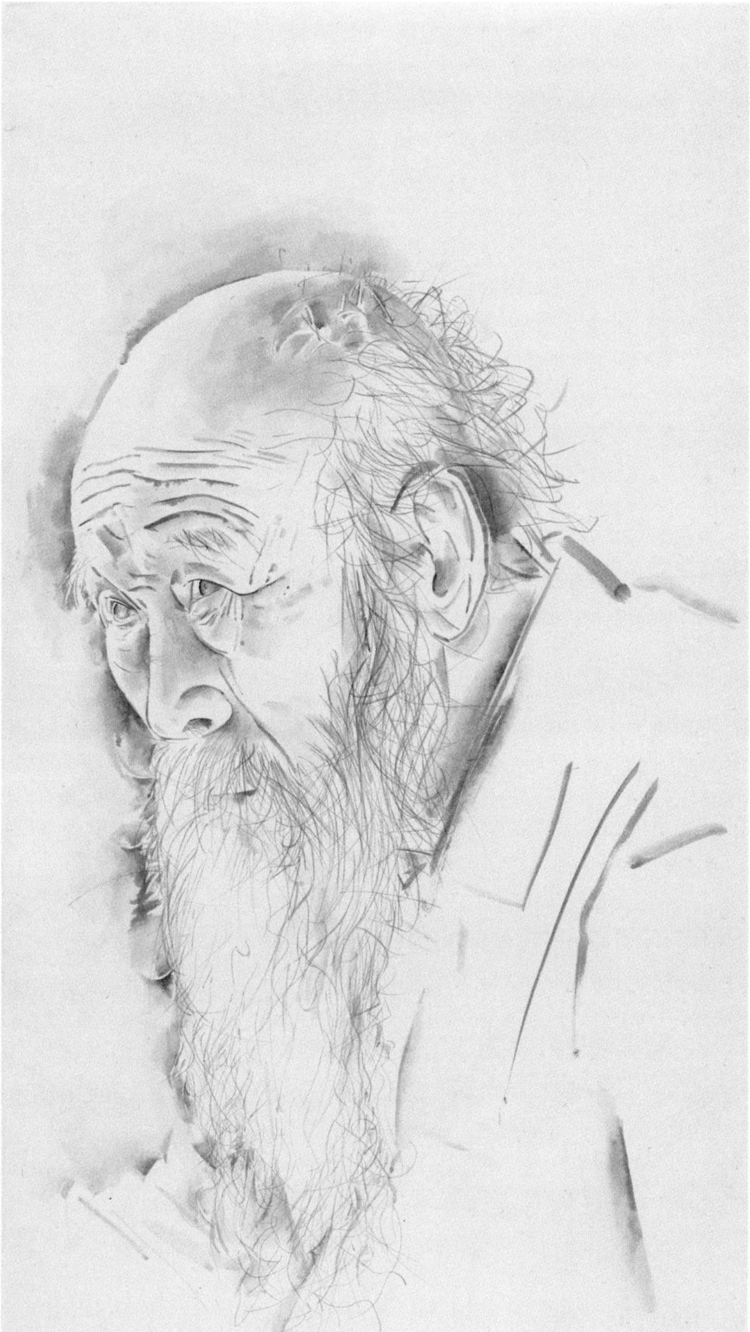

또 다른 삶 | 187×95cm | 수묵 | 2018

시선의 바깥

화백의 고향은 전라북도 정읍군 칠보면 무성리 소지동이라는 곳인데, 의병 운동의 터전이었으며, 자신의 할아버지가 중국을 숭상하는 사상이 깃든 기존의 천자문 대신 우리의 정신이 살아 숨쉬는 '대동천자문'을 만들어 서당에서 아이들을 가르치며 농사를 짓던 곳이라 합니다. 도시에서 자라 시골의 정서를 잘 모르는 나로서는 듣기만 해도 부러움이 느껴지는 곳이지요. 당시만 해도 아직 "종"이라는 이름이 붙어 있던 일꾼들이 있었고, 그들의 자녀들이 학교에 진학하면 등록금을 다 대어주고 가뭄이 들면 양식을 서슴없이 나누어 주는 그야말로 우리네 전통 정신이 살아 숨쉬는 전형적인 시골 마을이었나 봅니다.

이런 설명을 길게 하는 이유는 화백의 과거를 소개하려 함이 아니라 이 작품을 이해하는 데 밑바탕이 되기 때문입니다. 봄이 되어 모내기를 위해 쟁기질을 하고 써레질을 한 후 논두을 곱게 다듬습니다. 어쩌다 시골로 놀러나갔을 적 곱게 다듬어진 논둑길을 보며 그 정갈한 모습에 가슴 한구석이 찡해 오는 무엇인가를 느꼈던 기억이 있지만 사실 구체적으로는 한 번도 접해 본 적이 없습니다. 그래서 이 작품은 전적으로 화백의 설명에 의존할 수밖에 없었습니다.

힘든 써레질 후 모내기 전 흙탕물이 가라앉기를 기다리는 동안(흙탕물이 가라앉지 않은 채 모내기를 하면 모가 제대로 심기지 않아 둥둥 떠버린다) 주변 산천에 있는 대나무를 꺾어 화병을 만들고 거기에 역시 주변에 있는 개복숭아 꽃가지를 꽂아 논 귀퉁이에 두었습니다. 우선은 이 꽃을 보는 모든 이들을 위한 것이지만 땅의 주인, 대지의 어머니에게

시선의 바깥 | 188×95cm | 수묵 담채 | 2015

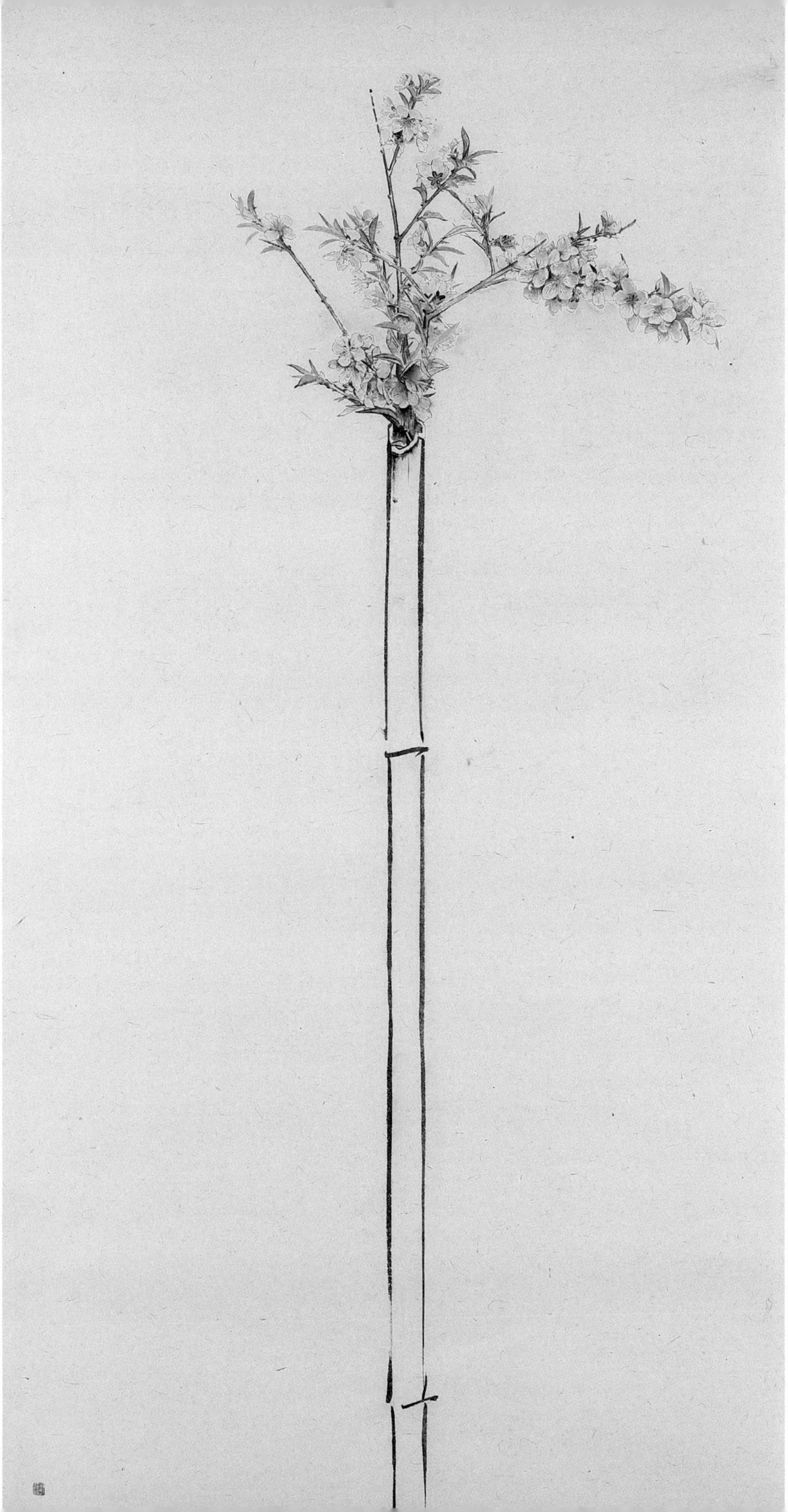

드리는 일종의 경배라 할 수 있겠지요. 자신이 하고 있는 일에 대한 열정과 정성, 밭과 논에 대한 고마움, 해, 달, 별, 눈, 비, 바람과 함께 하는 농사일 그 자체에 대한 마음으로부터의 지극한 정성이 담긴 예배라 할 수 있지 않을까요!

우리가 하고 있는 일, 심지어 숨쉬는 일까지도 나 혼자만의 것이란 있을 수 없음을 우리 조상들은 잘 알고 있었습니다. 화백이 살았던 고향 마을은 사람과 자연, 이웃과 자신의 일, 나라와 집안 일이 따로 구별되지 않고 함께 어우러져 살아가던 우리네 오랜 정신이 살아 숨쉬던 마을이었나 봅니다. 어린 시절을 그런 분위기 속에서 살아온 화백이 은근 부러워지는 것은 내가 도시에서 성장했기 때문만은 아닌 것 같습니다.

이 작품에 붙은 제목이 〈시선의 바깥〉이라는 것도 주목할 만합니다. 우리의 시선이 자주 가는 곳, 그곳만이 아닌 시선을 벗어난 바깥에 있는 것이 때로 삶의 핵심에 더 가까운 경우가 있습니다. 늘 가까이 있고, 꼭 필요하고, 경제적으로 도움이 되는 것만이 우리 시선을 사로잡아서야 인간정신에 무언가 부족한 것이 생겨나지 않을까요.

관음

화백이 오랫동안 마음속에서 굴리고 굴려서 나온 작품이라 합니다. 인간의 역사는 곧 욕망의 역사라 해도 과언이 아닐 것이며, 개인의 역사 역시 욕망을 어떻게 다루느냐, 어디에 쏟느냐에 따라 그 사람의 일생이 모양지어집니다. 수도승 생활은 특히 욕망과의 대면을 빼고는 생각할 수 없습니다. 문어발처럼 사방으로 뻗는 욕망이 한 갈래로 오롯이 통합되어 가는 과정은 하느님과의 만남, 절대자와의 관계 속에 반드시 포함되어 있습니다.

일반적으로 볼 때 무엇을 탐하거나 깊이 욕망하는 것이 있는 사람은 저 고양이처럼 몸을 배배 트는 경우가 많습니다. 저 역시 처음 이 작품을 대했을 때 그 비튼 몸에서 어떤 강한 욕망이 풍겨 나오는 것을 느꼈었습니다. 여인들이 이성을 유혹할 때도 몸을 꼰다는 표현을 쓰기도 하지요. 좌선이나 묵상을 하는 이가 가능하면 자세를 곧게 하는 것은 이런 맥락과 이어지는 부분이 있을 것입니다.

그리고 눈은 비틀어진 몸과는 달리 뚫어질 듯 대상을 향해 꽂혀 있습니다. 바로 옆 닿을 곳에 있다면 잡혀 먹혔음에 틀림이 없습니다.

그런데 저 거리, 닿기에는 어림 반 푼어치도 없는 거리임에도 포기할 기세가 보이지 않습니다. 아마 뛰어오르기도 수없이 했을 터입니다.

그리고 또 하나의 반전은 고양이가 저리 노리는 것이 목어라는 사실입니다. 옛날 집에 저런 목어를 달았었고 화백은 옛집은 없어졌어도 그 목어는 지금 자신의 집에 보관하고 있다 합니다.

비비튼 고양이의 몸과 달리 목어는 곧은 몸에, 바람이 불면 부는 대로 이리저리 몸을 맡깁니다. 그렇게 맡겨도 바람 따라 이리저리 날려다니지 않고 언제나 그 자리 그 모습대로입니다. 그 목어는 고양이에게 먹이가 되어 주지 못합니다. 어쩌면 우리가 탐하고 욕망하고 쫓는 것이 저리 먹을거리조차 되지 못하는 것일지도 모릅니다. 반전에 반전을 거듭하며 이 작품은 나에게서 너에게로 우리에게로 다시 나에게로 건너와 말을 건넵니다.

이 작품의 가장 핵심은 목어의 저 텅 빈 눈입니다. 뚫어져라 대상을 놓치지 않는 고양이와 달리 저 텅 빈 눈은 특정한 대상을 탐하지 않습니다. 오히려 텅 비어 있기에 이리저리 이것저것 골고루 담아낼 수 있습니다. 담아내되 그것들을 탐하지 않고, 탐심 없이 담기에 담을수록 텅 비어갑니다.

반전은 고양이가 저 텅 빈 눈과 하나 되는 순간 저리도 맹목적으로 탐하던 것과 일순간이지만 하나가 될 수 있다는 것입니다.

영원한 듯한 그림 속 저 거리가 어느 순간 없어집니다.

영원은 순간 속에 이미 있는 것입니다.

관음 | 188.5×94.5cm | 수묵 채색 | 2012

황희 정승

터키의 춤 세미, 신과 함께 추는 영원의 춤, 하느님에 취한 이들의 춤. 신비가요 시인인 루미와 연관된 춤입니다. 이슬람 수피들의 종교의식의 하나로 머리를 한 쪽으로 기울인 채 한 방향으로만 한 시간 이상씩 빙글빙글 돌기만 하는 춤입니다. 수피들이 이 의식 때 입는 옷은 새하얀 색의 아주 폭넓은 여성의 치마를 연상케 하는데, 속도가 빨라질 때 이 치마가 균형을 잡아주는 것 같습니다. 오랜 시간 한 방향으로 빠르게 도는 것도 쉽지 않은데 목을 한 쪽으로 기울였으니 속도가 빨라질수록 사람의 몸이 아주 텅 비어 버리는 느낌이 올 것 같습니다. 몸이 하느님에 취하게 되는 것이지요.

얼핏 보기에는 아무런 관련이 없는 이 춤과 이 작품이 무슨 연관이 있겠는지요. 화백은 이 춤을 보고 자신 안에 떠오르는 것들을 황희 정승이라는 그림으로 형상화하였습니다.

두 개의 눈은 그 빙글빙글 도는 상황과 신과의 합일, 황홀경 혹은 사람의 몸이 확 씻기고 텅 비워지는 그 상황을 표현한 것으로, 세미라는 춤을 보면서 인간이 신적 존재와의 일치를 통해 자신의 바닥에까지 이르는 체험을 하게 되고 그 체험이 인간 그 자체에 미치는 영향을 표현하고자 했다고 볼 수 있습니다.

가톨릭 수도자들 사이에 "사람이 바뀌는 것은 우주가 흔들리는 것보다 더 어렵다."는 금언 비슷한 말이 있습니다. 특히 존재의 바탕에 어떤 변화가 일어나는 것은 죽음만큼이나 어렵습니다. 그러나 이 변모없이 하느님과의 일치는 불가능하

황희 정승 | 135×100cm | 수묵 채색 | 1988

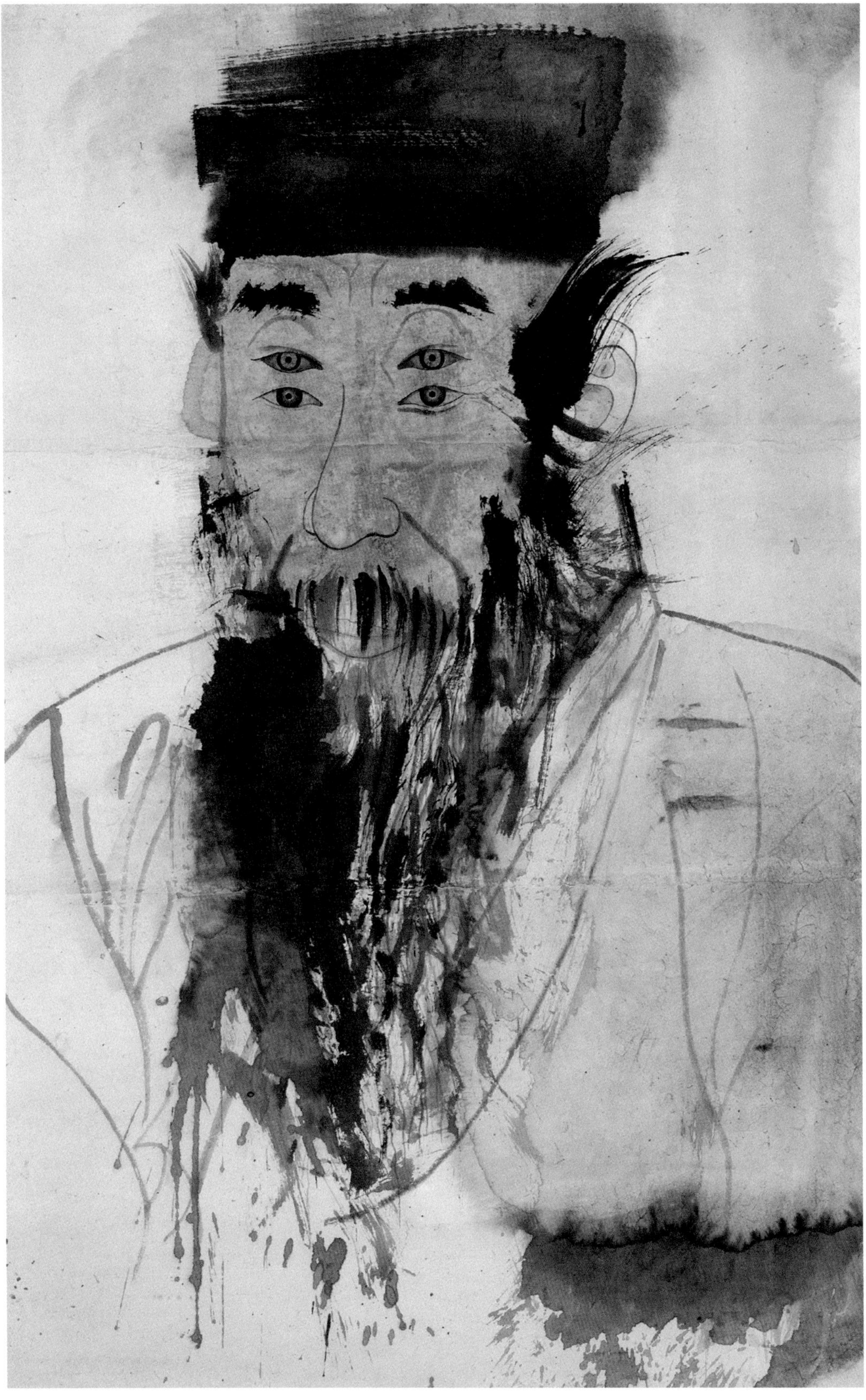

며, 이웃을 사랑하는 것도 불가능하기에 수도승들은 여기에 자신의 온 생을 겁니다. 이 변모에 사람의 몸의 요소가 참으로 중요하여 몸을 움직이거나 노동을 하는 요소가 수도승 생활에는 필수입니다.

이렇게 보면 세미라는 이슬람 수피들의 춤에서 연상된 화백의 인간존재의 바닥과 그 움직임에 대한 통찰과 수도승의 하느님과의 합일을 향한 여정의 존재의 변모 사이에는 거의 믿기지 않을 만큼 유사성이 있습니다.

그러나 화백의 날카로운 관찰력은 여기서 그치지 않습니다. 일반적으로 하느님과의 합일이라면 공중부양이라든가 환시를 본다든가 보통 이런 것들을 연상하는데, 화백은 이런 현상들에는 별 관심을 두지 않는 듯합니다. 영적인 것을 추구하는 이들이 빠지기 쉬운 헛 영광에 발을 들여놓지 않고 더 근본적인 문제를 향합니다. 그리하여 이러한 일련의 경험들을 황희 정승이라는 인물, 눈 두 개, 가슴에 입은 상처, 거친 붓 터치 등 존재의 변화로 인한 일련의 과정을 포착하고 표현해 냅니다.

사실, 이런 배경을 전혀 듣지 않은 채 〈황희 정승〉이라는 작품을 대했고, 제 나름으로 느낀 것을 글로 표현하였는데, 제가 읽은 것과 화백의 체험이 어떤 차이도 없이 일치하는 데에 놀라움을 금치 못할 따름입니다. 영적인 세계에서는 많은 것들이 한계나 장애물을 자유로이 넘나들어 통하게 됨을 다시 한 번 실감합니다.

물질

우리가 당연하다고 여기는 것이 정말 진실일까요? 아니 최소한 사실이기나 한 것일까요? 이 작품은 제주의 해녀들이 넘나드는 그 바다일 것이라 믿어 의심치 않았습니다.

놀랍게도 이 장면은 사막 위의 모습입니다. 예상이 뒤집히는 일, 사고의 대전환, 상상을 초월하는 일, 경악을 금치 못하는 일, 이런 일들이 세상사에서 복을 가져다주는 일은 아닐지 몰라도, 존재의 측면에서는 아주 복된 사건입니다. 작은 일일지라도 예상이 뒤집히는 일 자체가 우리 존재의 폭과 깊이를 넓혀주기 때문입니다.

화백은 한 달 동안 사막을 여행한 적이 있는데, 그 여정에서 저 장면과 마주하는 행운을 얻었습니다. 사막에 소나기가 쏟아지면 모래 속으로 금방 스며들리라 여기지만 전혀 그렇지 않습니다. 뜨거운 모래의 열로 부글부글 끓는 물이 마치 산사태라도 난 것처럼 저리 밀려옵니다. 저 물길 속에 타고 가던 자동차가 뒤집어졌다 하니 그 위세가 어떤지 짐작이 갑니다. 물론 지속적으로 물이 저리 흐르는 것이 아니라 비가 그치면 금방 땅속으로 잦아들어 우리가 알고 있는 그런 사막의 모습이 됩니다.

비가 온 후 모래의 먼지가 깨끗이 씻겨지고 모래알들은 투명하게 됩니다. 예상치 못했던 짧은 순간의 사막 소나기, 용암처럼 끓으며 덮치는 물결, 투명하게 빛나는 모래알이 우리의 사고를 뒤엎으며 덮쳐오면 우리 안에도 누군가 물질을 합니다. 그래서 제목이 〈물질〉, 자세히 풀어쓰면 우주의 물질인 것입니다.

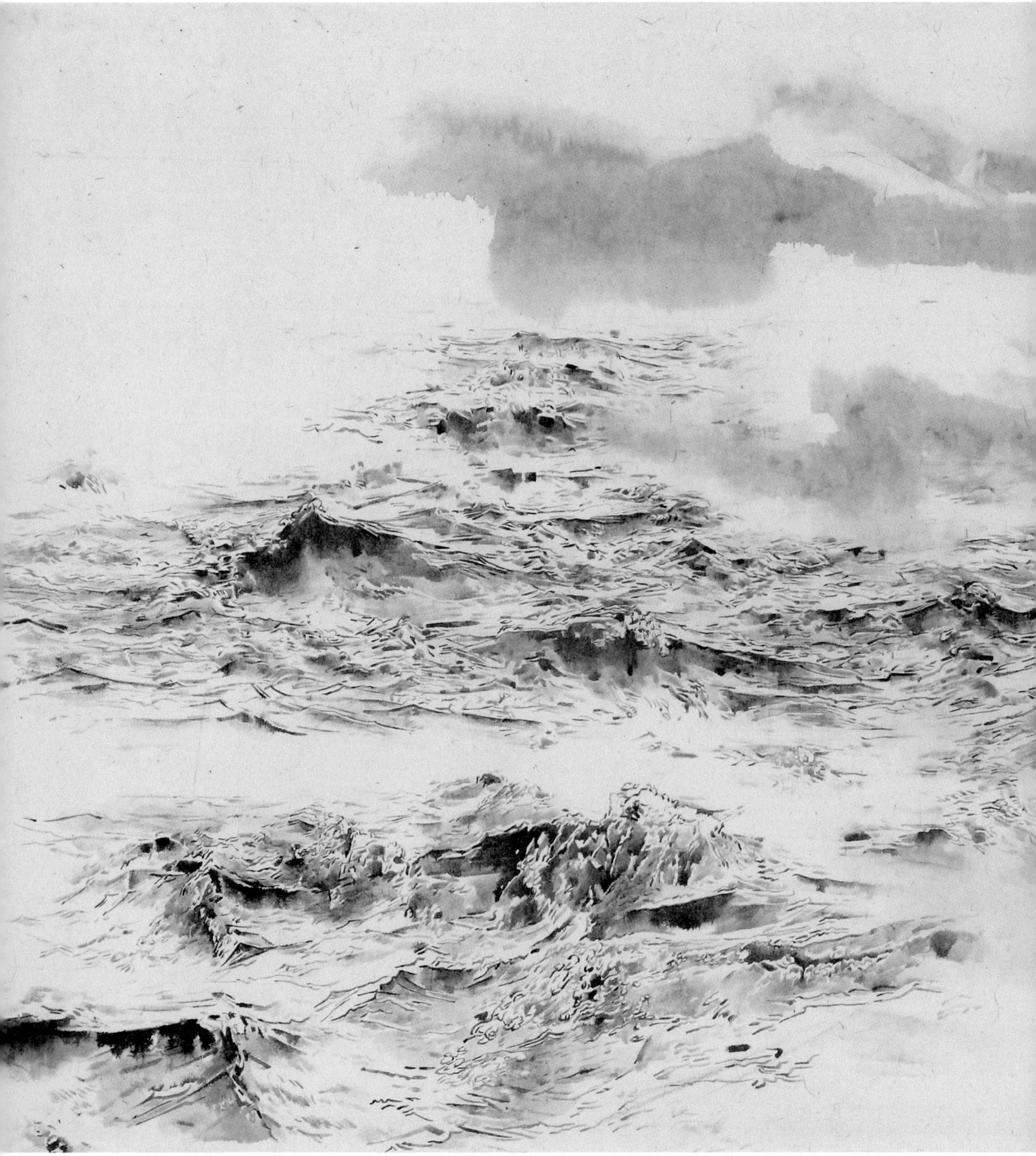

물질 | 95×190cm | 수묵 | 2009

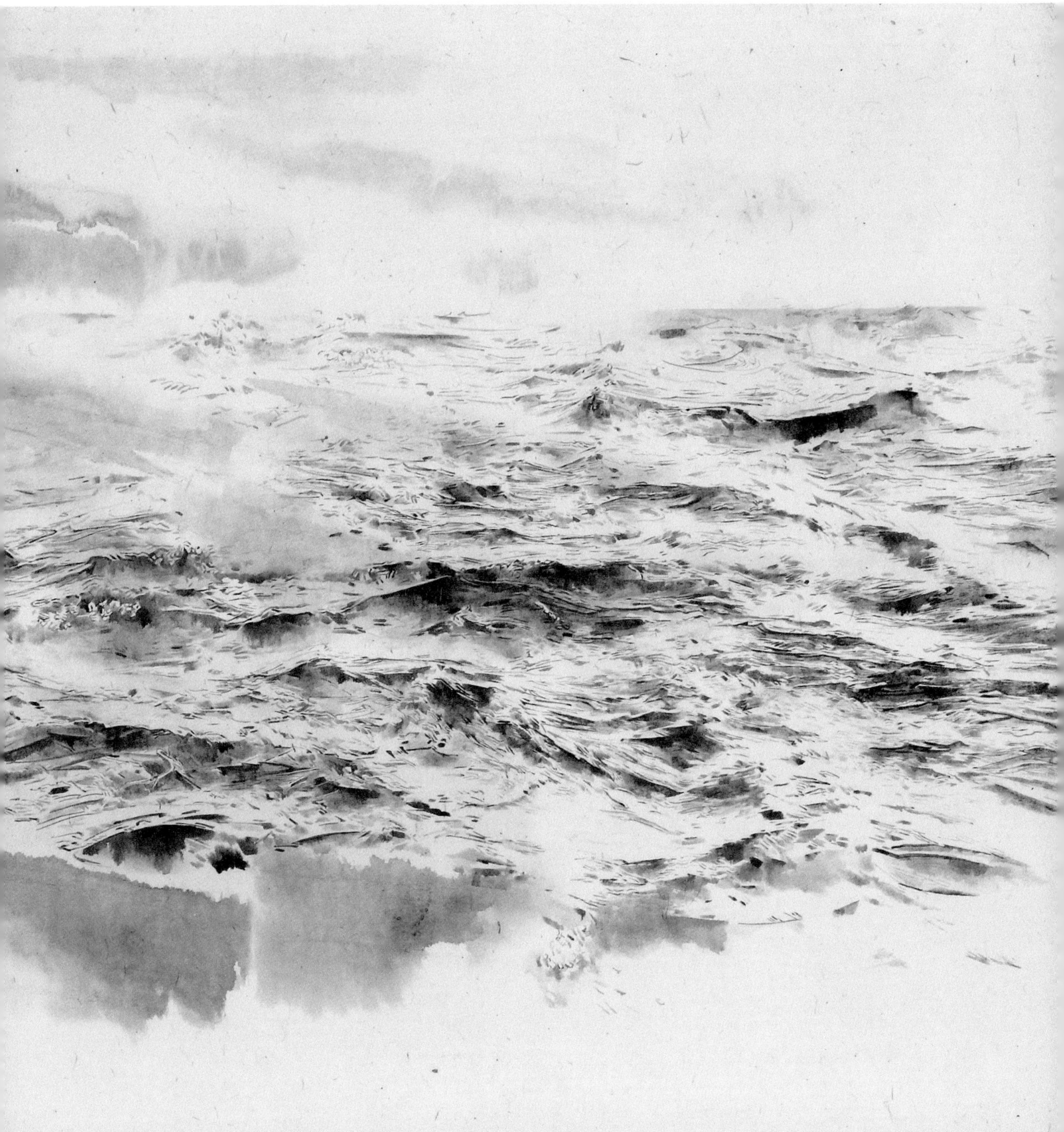

시선의 바깥 2

이 작품에서 놓치지 말아야 할 포인트가 두 가지 있습니다.

첫째, 이 배추는 밭에 남겨진 버려진 배추가 아니라, 농부가 배추의 몫을 다하라고 일부러 남겨둔 것입니다. 농부의 자연에 대한 경배입니다. 이 배추는 봄이 되면 어떤 것보다 먼저 싹을 내고 꽃을 피우고 씨를 맺어 농부에게도 씨앗을 주며 제 명을 다하고 스러지게 됩니다. 제 몸을 바쳐 제 목숨을 다시 이어가는 자연의 순환입니다. 어떤 것보다 먼저 싹을 내는 이유는 매화처럼 추위로 단련되었기 때문입니다.

둘째, 배추에서 나온 꽃은 배추꽃이 아니라 호박꽃이라는 사실이 더 중요한 포인트입니다. 자신의 목숨을 다하여 제 족속이 아닌 다른 생명을 키워낸 것입니다.

사실 남을 아끼는 것이 나를 아끼는 것이요 남을 먹이는 것이 자신을 먹이는 것임을 알기는 쉬워도 그리 살기는 참 쉽지 않습니다.

그러나 실제로 남을 먹임으로써 자신을 먹이지 않는다면, 언젠가는 내가 나에게 반란을 일으킵니다. 자신만을 위하고 자신만을 아끼다 자신의 감옥에 갇히니 그 감옥에 갇힌 자신이 반란을 일으킬 수밖에 없는 것이지요.

배추가 자신의 희생으로 피워낸 또 하나의 생명!

저 너덜너덜해진 몸, 어디선가 본 듯하지 않은가요? 자신의 기억 속에 이런 헌신이 새겨진 사람이 한 사람이라도 있는 사람은 복됩니다.

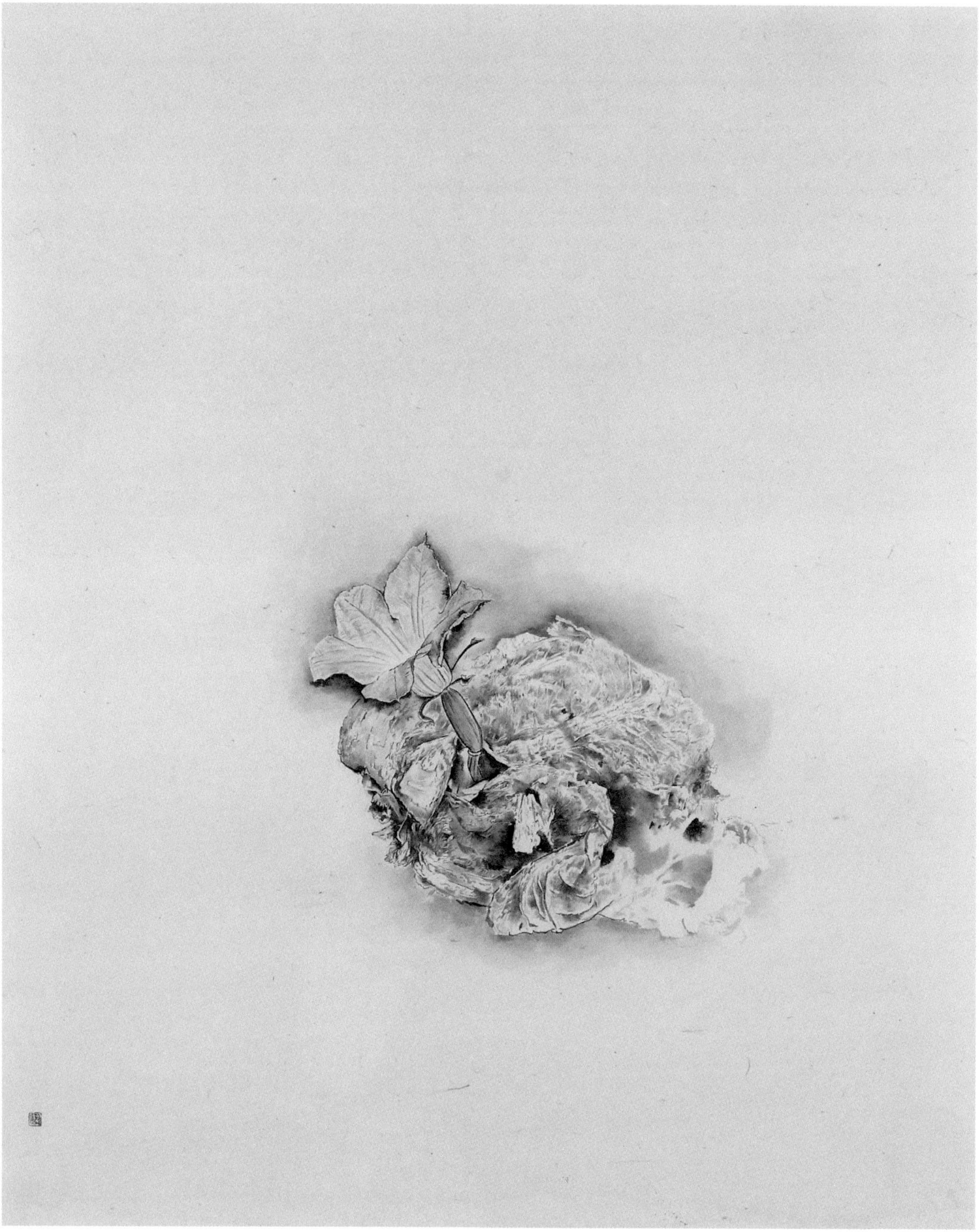

시선의 바깥 2(부분) | 125×110cm | 수묵 담채 | 2015

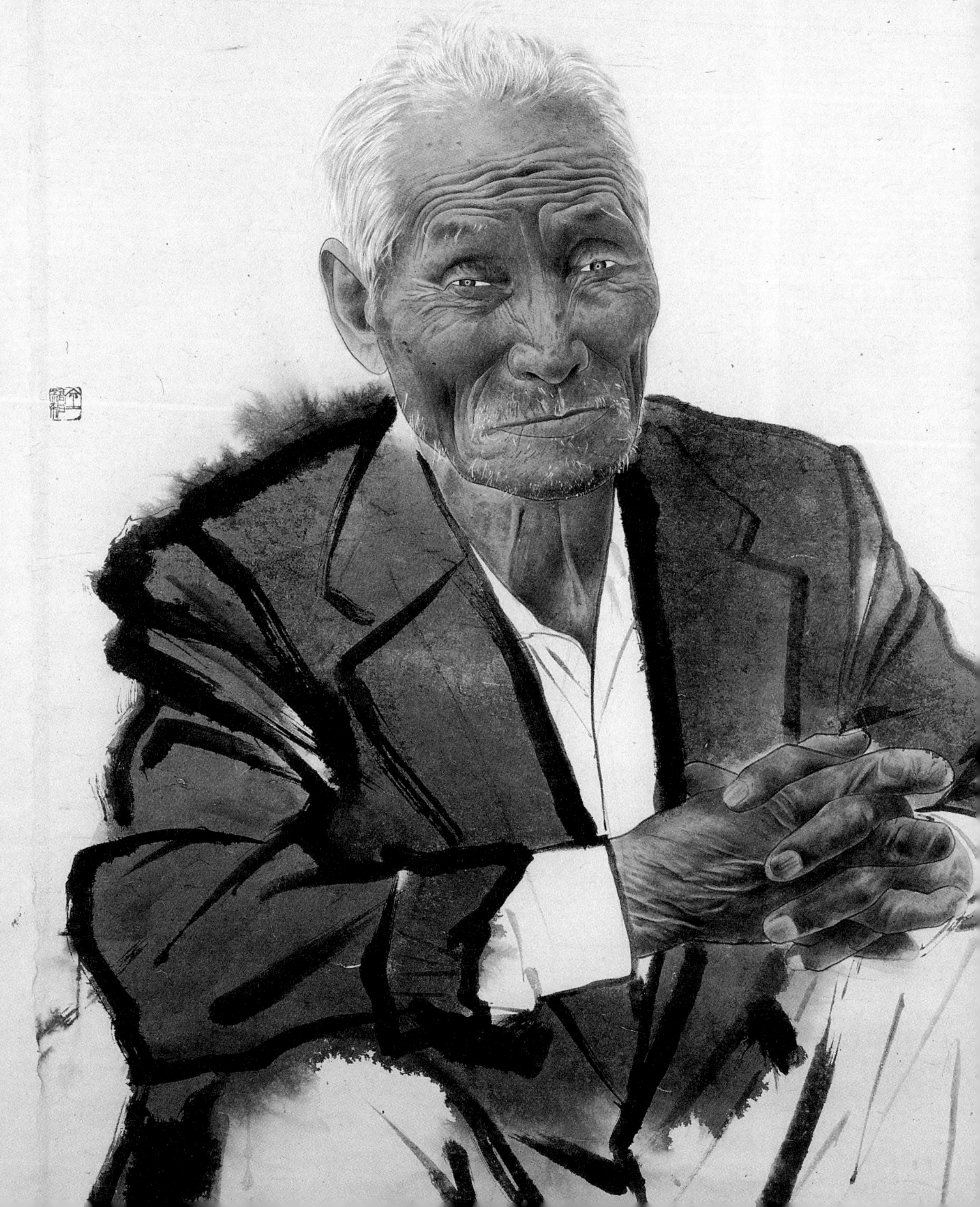

분노를 삭이며

'분노조절장애'라는 병명이 있습니다. 말 그대로 분노를 자기 의지로 조절하지 못해 남에게 퍼붓는 정도가 도를 지나치는 일종의 질병으로, 증오, 울화, 복수의 감정이 그 사람을 지배하는 괴물 같은 모습을 지니게 되는 병입니다. 병이라고 표현하였지만 어느 정도는 인간 모두가 이 분노조절장애를 지니고 있다고 할 수 있습니다. 부모의 사랑을 듬뿍 받고 자라는 한 살 두 살배기 아기가 엄마 아빠를 깨무는 경우를 보면, 분노나 화의 문제는 성장과정이나 성향의 문제를 넘어서 인간존재 내면에 똬리를 틀고 있는 어떤 것이라 해도 무리는 없을 것 같습니다.

어쨌든 분노의 문제와 대면하지 않는 사람은 없습니다. 또한 우리를 둘러싼 환경이 우리의 화를 더 돋우어, 장기간은 아니더라도 어느 시기에 지속되는 부당한 공격 행위에 노출되거나, 정의를 거스르는 불의를 목격할 때 감당할 수 없는 분노로 폭발 직전 화산같이 될 수도 있는 것입니다.

그러나 이 분노를 밖으로, 남에게로 던지기 시작하면 분노는 삭기는커녕 점점 더 커지는 것을 우리는 경험으로 알고 있습니다. 그럼에도 어떤 일이 생길 때 인간은 자신이 잘못한 경우에조차 쉽사리 남의 탓을 찾기에 바쁩니다. 탓을 많이 찾아낼수록 화도 그만큼 더 커지는 역설을 앞에 두고 우리는 자신의 내면을 깊이 들여다 볼 절호의 기회를 얻게 됩니다. 사막의 수도승 전통에는 다음과 같은 일화가 하나 있습니다.

분노를 삭이며 | 146×104cm | 수묵 채색 | 1992

「어떤 사람이 태생 성격이 고약하기 짝이 없어 무슨 일에나, 누구에게나 화를 내고 부딪치곤 하여 그만 나타나면 주변이 시끄럽게 되니 사람마다 그를 피하기만 하였습니다. 드디어 그 사람도 더 이상은 견딜 수 없게 되자 당시 많은 이들이 들어간 사막으로 수도생활을 하겠다고 떠났습니다. 모진 성격이 한몫을 한 덕분인지 그는 약 4년 동안 아무도 없는 사막에서 잘 견뎌내었습니다. 화도 나지 않고 마음도 평화로운 것같이 느껴지던 어느 날 기분 좋게 산들바람까지 불자 항아리를 들고 샘가로 물을 길으러 갔습니다. 졸졸 흐르는 샘에 항아리를 대놓고 산들바람을 즐기며 한가로이 서 있었는데, 느닷없이 항아리가 데구르르 구르더니 툭 깨져버리는 것이었습니다. 미칠 것 같이 화가 폭발하여 펄펄 뛰던 이 수도승은 지금 자신 앞에는 화를 돋우는 사람이 어느 누구도 없다는 사실에 온몸이 전율하듯 번개가 내리친 듯 화들짝 놀랐습니다. 그리고 그 순간 화는 밖에서 오는 것이 아니라, 자신의 내면 안에 있는 것임을 온 존재를 꿰뚫어 알게 되었습니다. 그때부터 그는 진정으로 자신의 내면과 대면하며 수도승의 길을 걸어갔습니다.」

그렇습니다. 화는 밖에서 오는 부당한 어떤 것이 아니라 나의 것입니다. 그것은 마치 화상을 입은 자국은 부드러운 면봉으로 건드려도 아프지만 건강한 피부는 못으로 건드려도 아프지 않은 것과 같습니다.

화백은 자신의 경험을 통해 이렇게 토로합니다.

"분노를 삭이는 데는 용서만큼 좋은 것이 없습니다. 분노를 삭이되, 내면에서 해야지 상대방에게 던지고 상대방에게 타격을 가하면 내가 더 비참해지고 비뚤어집니다. 그 어떤 일을 당하든지, 내 가장 가까운 사람이 나를 어떻게 대하든지 그것 또한 자신의 운명이니 거부한다 하여 결코 해결책이 나오지 않습니다. 그들의 행위의 옳고 그름은 보되 용서해야 합니다. 그것은 자신으로부터 자유로워지는 것입니다. 저는 그 희망을 보고 싶습니다."

이런 심정을 담아 이 작품을 그렸습니다. 이 인물의 얼굴은 실재하는 사람이 아니라 화백의 이런 정신이 빚어낸 가공의 인물입니다.

이 표정은 분노를 안으로 삭인 사람의 것인지 아니면 밖으로 던지는 사람의 것인지 살펴봅시다. 한눈에 보더라도 참 질곡 많은 생을 살아온 어르신, 등에서 펄펄 김이 오를 정도로 내면에 분노가 끓고 있음이 분명해 보입니다.

한데 손을 치켜들고 입에 거품을 물며 분노를 토하는 대신, 입을 꾹 다물고 손을 깍지 끼고 있음을 볼 때 함부로 분노를 분출하기보다 안으로 삭이는 사람의 모습이라 볼 수 있습니다. 눈 한복판 고정된 눈동자는 오직 한곳만을 응시하고 있습니다. 분노가 이 어르신을 흩트려놓기보다 인생과 세상에 대한 심오한 물음에로 다가가고 있다고 보입니다.

더 자세히 보면 작품을 보는 이를 응시하고 있어, 우리에게 질문을 던집니다. 그 질문은 하나가 아니라 각자의 상태에 알맞은 질문일 것입니다.

어미 닭

이 그림에는 화폭을 넘어서는 장면이 있습니다. 화가가 그 세계로 보는 이를 초대합니다. 보이는 것만이 전부이고 그린 것만이 전부가 아닌 화폭 혹은 우리 시야를 넘어 다른 세상이 활짝 열립니다.

눈에 보이는 매력을 넘어선 곳에서 아름다움이 새롭게 시작되는 지점이 있습니다. 유대인들은 최고의 미학을 성경 중 이사야서의 수난 받는 종의 노래에서 찾습니다. 그 내용은 침뱉음 당하고 굴욕당하여 인간의 모습이라 할 수 없는 신비스런 종이 사실은 우리를 위해 수난을 받고 있다는 내용입니다. 그 비참한 모습이 미학의 최고봉임을 알아듣기 위해서는 화폭과 자신의 시야를 넘어설 때만 가능합니다.

그러면 어떻게 이 그림이 화폭 넘어 우리를 초대할까요? 그저 닭 두 마리가 벌레를 찾고 있는 그림일 뿐인데…! 제목에서 그 힌트를 찾습니다. 〈어미 닭〉 어미닭이라면 옆에 병아리가 있어야 하거늘 그림자도 비치지 않습니다.

알에서 깨어난 지 얼마 안 되는 시기에는 어미닭은 병아리들 곁을 결코 떠나지 않습니다. 다른 새들도 그렇습니다. 그런데 조금 크고 나면 새들은 날기 훈련도 시키고 혼자 살아가는 연습을 시키기 위해 그 곁을 떠나기도 하고 새끼들을 키우기 위한 그 고된 시간에서 자신의 시간, 자신의 먹이를 찾습니다. 바로 그 시기인 듯 합니다.

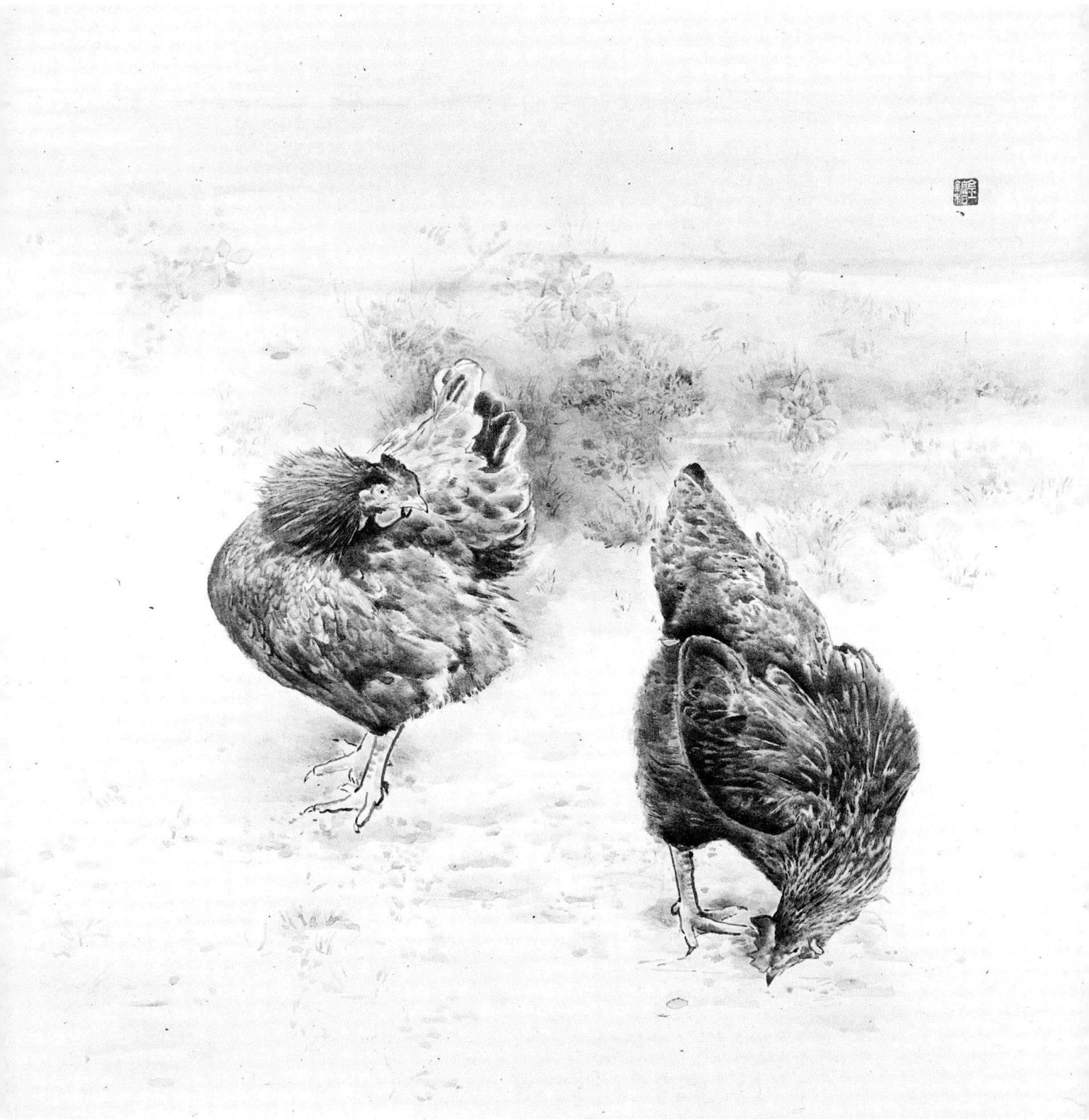

어미 닭 | 91×96cm | 수묵 채색 | 1993

오랜만에 둥지에서 제법 벗어나 병아리를 위해서가 아니라 자신을 위해 벌레도 찾고 이리저리 돌아다니며 여유도 부려봅니다. 친구 닭과 함께 육아고충 등 이런저런 이야기도 주고받았겠지요. 그 순간 어디선가 병아리들의 소리가 들립니다. 이제 제법 노란 털도 벗고 거친 털이 조금씩 나고 있긴 하지만 아직 완전히 어미를 벗어나지는 못했나 봅니다. 어딘가 돌아다니다 돌아오니 어미가 모습을 보이지 않자 본능적으로 삐약거리기 시작합니다. 어미는 멀리서도 그 소리를 알아듣고 고개를 쳐들고 있습니다.

어미가 서둘러 둥지로 돌아갈까요? 아니면 조금 더 여유를 부리다 돌아갈까요? 그 판단은 자신이 그리고 있는 세계에 따라 달라집니다. 더 나아가 어미가 두리번거리는 것이 병아리 때문일까요? 다른 이유가 있는 것일까요?

여기서 자신의 세계가 드러나기도 하고 자신의 세계를 더 키울 수도 있습니다. 닭 두 마리를 멋지게 잘 그렸군. 멋있네! 여기서 그쳐서는 다른 세계가 펼쳐지지 않습니다. 그것은 화폭, 자신의 시야, 자신의 세계에 갇히지 않을 때만 가능한 것입니다.

돈 돈

돈이 한 번이 아니고 "돈 돈" 두 번 반복됩니다. 물론 두 가지 돈은 발음만 같고 내용은 다릅니다만.

우리 시대에는 이 두 가지가 같은 것으로 취급됩니다. 많은 이들은 두 번 정도가 아니라 돈돈돈돈돈……… 무한 반복하고 싶은지 모르겠습니다.

현대에도 신들이 있다면 돈의 신이 가장 강력한 숭배를 받고 있을 것입니다. 나라의 행사나, 절, 회사, 단체 등에서 새로운 시작이나 기념해야 할 경축 행사에 돼지머리가 빠지는 일은 별로 없습니다. 이 돼지 얼굴은 찡그린 얼굴이 아니라 웃는 얼굴이어야 복이 잘 들어온다며 돼지를 잡을 때 그 모양새를 만듭니다. 돼지로서는 멱을 딸 때의 고통으로 찡그린 얼굴일 터인데 그 얼굴을 이리저리 잡아당겨 웃는 모습으로 만들지요.

강아지나 고양이는 예쁘다 예쁘다며 온갖 치장에 병원, 유치원, 미용실이 유행인데 같은 동물인 돼지는 저리 머리가 잘려 상 위에 덩그마니 올려지니 이것도 참 이해하기 쉽지 않은 현대인의 모순이 아닌가 싶습니다. 심지어 중국에는 공항 같은 데서 이 돼지머리를 압축하여 작은 사이즈가 되게 하여 파는데 포장을 열면 우리가 보는 그런 돼지머리로 되살아난다고 합니다. 징그럽다 못해 소름이 돋는 느낌은 수도자이기 때문만은 아닐 것입니다.

돈이 앞서다 보니 사람도 보이지 않고, 더 나아가서는 부모, 형제, 자식조차 보이지 않는 세태에서 사람들은 돈과 돈을 더 숭배하여 안전지대를 구축하려 합니

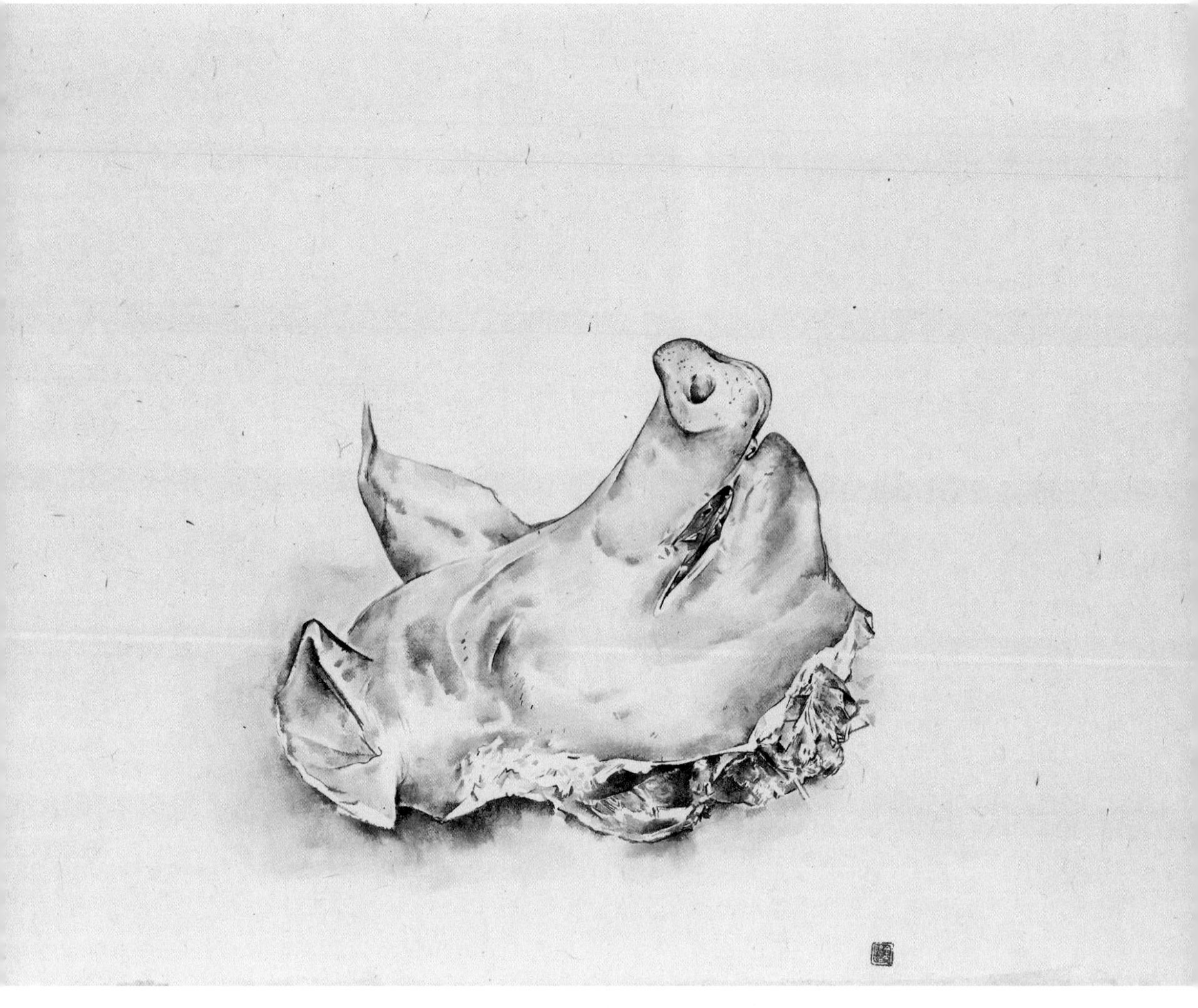

돈 돈 | 58.5×85.5cm | 수묵 | 2014

다. 그것이 신기루에 불과한 것임을 살아생전에 깨닫는 사람은 이 시대의 복된 이들입니다.

더 나아가 그 돈은 나만을 위한 것이 아니라 나보다 더 없는 이들을 향해 흘러가야 할 것, 즉 베풂을 위해 주어진 것이라 하면 수도자의 허튼 소리쯤으로 들릴지 모르나 사실 그러합니다. 돈이 흘러가는 곳에 정의가 서고 억울한 사람이 없어지니까요. 돈을 움켜쥐기 시작하면 고이고 썩고 부패하여 냄새나는 세상에 자신의 발을 담그고 살아가야 하니까요.

꼬리의 뼈

—

생선 꼬리는 뼈가 없는 지느러미입니다. 그런데 왜 뼈라고 할까요? 이 꼬리의 뼈는 쓸모없는 것이 얼마나 쓸모있는 것인지를 말해 줍니다.

화백이 젊은 시절 마당에 저런 생선 꼬리가 떨어져 있는 것을 보고 개미가 끓지 않도록 집어다 땅에 묻었습니다. 잠시 후 어머니께서 나오시더니 생선 꼬리를 묻어 버린 것을 아시고는 도로 가져오라 하셨습니다. 그리고는 다음과 같이 이야기를 풀어 놓으셨습니다.

"개미나 땅강아지, 거미, 벌, 새들이 먹도록 일부러 던져준 것이다. 함께 살아가야지 인간만 먹고 살아가는 법은 아니지 않느냐"고 조곤조곤 일러 주셨답니다. 아니나 다를까 하룻밤 자고나니 이 녀석 저 녀석 뜯어먹고 삭아서 거의 형체가 없었습니다. 어머니는 학교라는 체제 속에 공부는 하지 않은 분이지만 함께 살아감의 놀라운 지혜를 지니신 분입니다.

이 작품을 이해하는 데 필요한 다른 일화 하나를 소개합니다.

조부께서 운영하신 서당은 공동생활체제로 살아가는 일종의 두레 같은 것이었는데, 서당에 돈을 내지 않고 공동노역, 생산으로 함께 살아가며, 남는 것이 있으면 집에 갈 때 한두 말의 쌀이라도 각자에게 들려 보냈습니다. 당연히 식사 준비는 어머니 몫이며, 솔갈비를 긁어오는 것은 어린 화백의 몫이었습니다. 밥을 맛있게 짓기 위해 화력을 높이는 데는 장작이 아니라 솔갈비가 한몫을 하기 때문입

—

꼬리의 뼈(부분) | 142×73cm | 수묵 | 2015

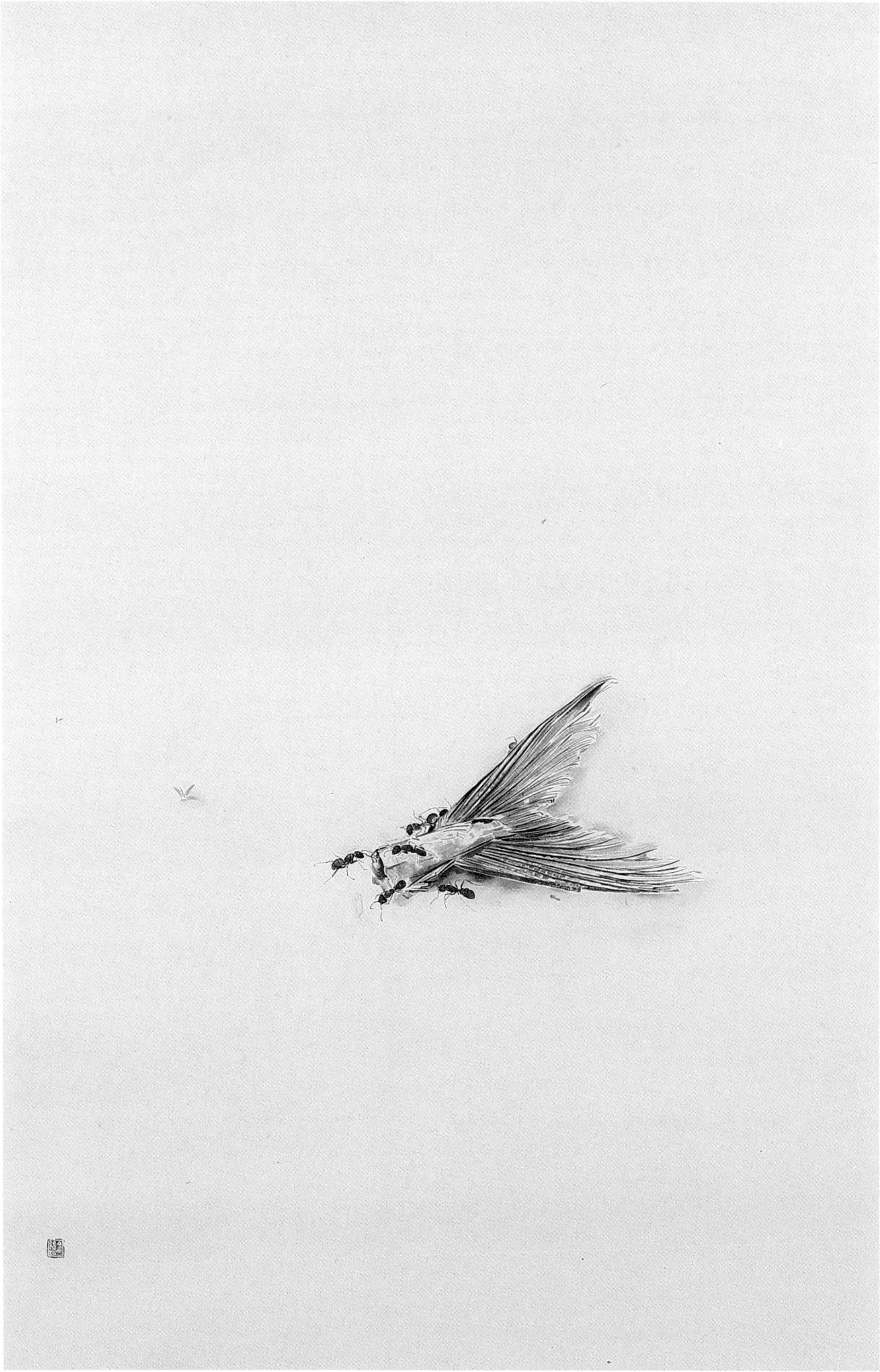

니다. 소나무는 버릴 것이 하나도 없어 뿌리마저 바구니를 만들거나 태워 먹 중의 하나인 '송현먹'을 만듭니다.

어느 날 지게를 지고 산에 올라 갈쿠리로 큰 소나무 아래 갈비를 싹싹 긁어 30분 만에 내려왔습니다. 그러자 어머니는 이미 상황을 다 파악하시고 다음과 같이 일러 주셨답니다.

"우리는 자연의 주인이 아니라 자연으로부터 빌려서 쓰고 있다. 낙엽들은 이 소나무의 옷이어서 나무를 따뜻하게 해 주고 버섯도 풀도 그 안에서 자라는데 한 나무 아래서만 싹 긁어오면 옷을 벗기는 것이나 다름이 없다. 마음이 아프지 않느냐? 이 나무 저 나무 아래서 골고루 조금씩, 그것도 '죄송합니다. 잠시 빌려 쓰겠습니다.' 이렇게 말하고 긁어와야지 어떻게 네 생각만 하느냐?"

옛 우리 어른들이 지혜로울 수 있었던 것은 존재 전체로 함께 살아감의 가치가 관통하고 있었기 때문임을 잘 알 수 있는 일화들입니다. 내게 쓸모없는 것도 어떤 존재들에게는 귀중한 양식이 될 수 있고, 우리가 조금만 불편하면 자연은 더 풍요로워집니다. 산에서 취나물을 뜯을 때 뿌리째 캐면 손쉽게 많은 양을 얻을 수 있습니다. 그런데 큰 잎만 따면 여러 번 손이 가고 더디지만 두고두고 먹을 수 있으며, 다른 이들도 따갈 수 있습니다. 작은 일 같지만 남을 생각하는 마음, 함께 살아가는 정신이 바닥에 깔려 있습니다. 이런 정신이 세상 전체에 깔려 있다면 세상은 지금보다 더 살만할 것임에 틀림없습니다.

관중 의식

제목 그대로 원숭이는 의식하지 않는 듯 무심하면서도 관중을 의식하고 있습니다. 원숭이는 아마도 어느 약장사의 꼭두각시일 것이며 훈련받은 대로 약 먹는 시늉 등 온갖 흉내를 내는 따라쟁이일 것입니다. 시선 받는 데도 이골이 나서 제법 점잖게 앉아 오히려 관중을 지긋이 바라보는 느낌마저 듭니다.

사람은 원숭이를 바라보고 원숭이는 사람을 바라보는 그 사이 빈틈으로 한 번 들어가 볼까 합니다.

화백의 대학 시절 한 스승은 이 그림을 보더니 재수 없이 웬 원숭이를 그렸느냐고 했다 합니다. 삼국시대까지 우리나라에도 원숭이가 있었다는 기록이 있고, 옛 어른들은 아침에 원숭이 울음소리가 나면 재수 없다는 말들을 했습니다만, 원숭이도 살지 않는 이 시대에 옛날 옛적 그 편견을 그대로 비판도 없이 몸에 앉혀버린 습성의 무서움을 봅니다.

원숭이는 또 탐욕의 상징으로 사람들에게 보여지기도 하는데, 그것은 야자열매를 다 파내먹고 그 속에 사탕이나 쌀을 넣어두면 원숭이가 와서 그 속에 손을 집어넣고는 사탕을 한 움큼 움켜쥡니다. 그 순간 사람이 다가가도 손에 쥔 사탕을 놓지 못해 사람에게 잡혀버리기 때문입니다.

놓아버리는 것이 삶이요 움켜쥠이 죽음임을 이보다 더 잘 설명해 주는 것이 있을까요? 원숭이보다 똑똑한 인간도 그리하지를 못합니다. 놓고 쥠은 단지 지식의 문제가 아니라, 존재 전체의 통합 성숙의 문제이기 때문일 것입니다.

원숭이를 끌고 다니던 약장수는 대체로 원료도 알지 못하는 엉터리 약을 만병통치약인 양 어리숙하고 돈 없어 병원 못가는 시골 사람들에게 사기를 치는 이들로 알려져 있습니다. 원숭이는 아무 잘못이 없습니다만, 인간에 의해 사기에 동조하는 신세가 되고 말았습니다.

비극은 이 정도로 그치지 않고 인간이 원숭이와 성관계를 맺음으로 인해 에이즈라는 병이 인간에게 옮겨왔고 그 병은 인간에게 치명적인 면역체계 문제로 죽음에까지 이르게 하며 그 병에 걸린 이들은 세상과의 관계에서 소외되고 스스로도 고립되는 이 시대를 상징하는 병이기도 합니다.

욕망을 끝없이 채우기만 하고 욕망을 놓는 법을 배우지 못한 이 세대 스스로 자초한 병입니다. 야자열매 속 사탕을 놓지 못하고 인간에게 잡혀버리는 원숭이와 우리는 큰 차이가 없을지도 모릅니다.

사기를 치는 데 원숭이를 이용하는 인간, 욕망 충족을 위해서는 어떤 것도 거리낌이 없는 인간이 원숭이를 바라봅니다.

그런 인간을, 인간에게 조종당하는 원숭이가 바라봅니다. 자신에게 시선을 집중시킴으로 주인에게 돈을 벌어 주는 원숭이가 우리에게로 시선을 던집니다. 그 교차하는 시선을 느껴보는 것도 나쁘지 않습니다.

관중 의식 | 66×64cm | 수묵 담채 | 1988

자강불식

독수리 새끼입니다. 새끼 주제에 거꾸로 매달려 있습니다. 씨가 다르다는 별로 쓰고 싶지 않은 말이 툭 튀어나오게 만듭니다. 다른 새들의 성장기를 보면 날기 연습을 어미가 시키는데, 새끼가 겁을 내면 어미새가 먼저 휙 날아보이곤 한다는 것입니다. 친절한 양육법이지요. 그런데 독수리 새끼는 스스로 저렇게 매달려 힘을 키운다고 하네요. 나참, 누가 독수리 아니랄까봐.

그런데 독수리는 독수리, 참새는 참새, 정해진 동물 세상과는 달리 인간은 스스로의 힘을 키울 무한한 가능성이 누구에게나 열려 있습니다. 또한 독수리는 독수리대로, 참새는 참새대로 자신을 갈고 닦을 때 아름답습니다.

중요한 포인트는 "자강불식"이라는 말대로 스스로 힘을 닦는 데 있습니다. 누구로부터의 훈련, 부모의 교육열 때문이 아니라, 스스로 깨달아 자신의 생명의 힘을 성장케 하는 사람은 참된 의미에서 강해지지 않을 수 없습니다.

자강불식 | 187×95cm | 수묵 | 2018

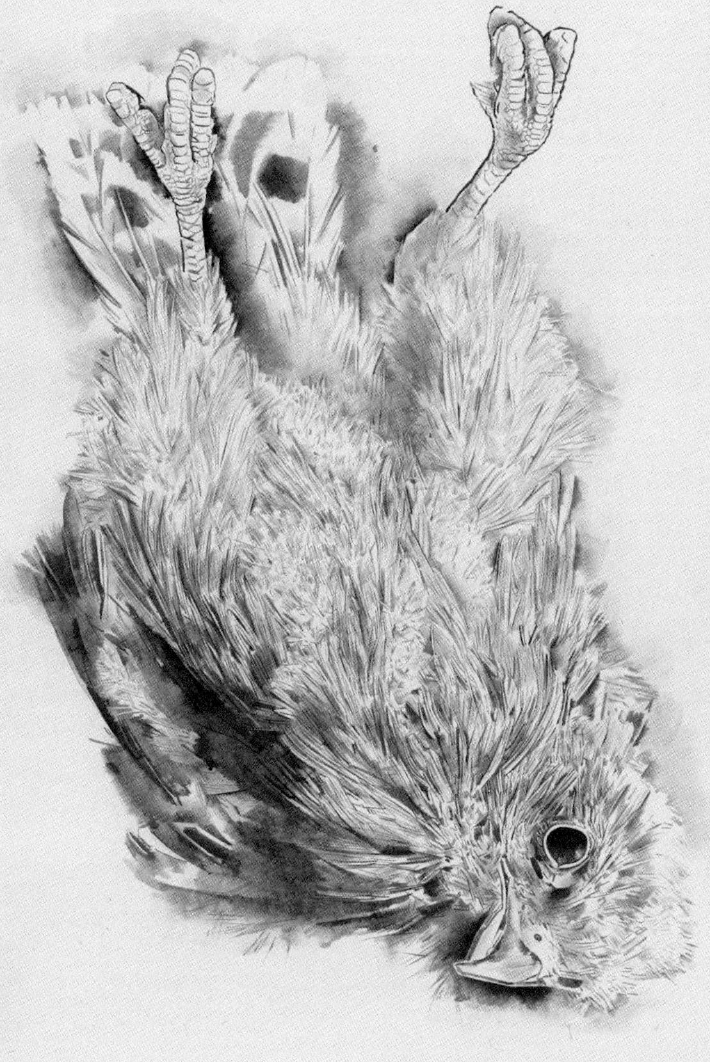

덫

닭이 저리 벌떡 누워있는 법은 없습니다. 덫에 걸린 것이지요. 덫에 걸린 주제에 넘어진 김에 쉬자는 듯 버둥거리지도 않습니다. 덫 속이 더 편하기라도 한 모양새입니다. 덫의 함정이지요. 함정을 함정으로, 덫을 덫으로 볼 수 있는 눈이 생각보다 어려운 모양입니다. 짐승과 달리 우리의 덫은 내면에 있기에 더더욱 알아채기가 쉽지 않습니다. 누구나 덫에 걸려들 수 있다는 인간본성의 나약함에 대한 겸허한 인식이 없다면 백발백중 덫 속에 있음이 틀림없습니다.

닭의 눈은 초점을 잃고 헤매는 걸 보면 영 통 모르는 것도 아닙니다. 알아도 아는 것이 아니요, 보아도 보지 못하는 것, 덫의 또 다른 측면이지요. 짐승은 저 그림과 달리 덫에 걸리면 발버둥이라도 치지만, 우리 인간들은 덫에 걸리기까지 스스로 그리로 걸어 들어가, 들어간 뒤에는 덫인 줄도 모르고 저리 편히 누워버립니다.

그러니 진정 덫이겠지요.

덫 | 190×97cm | 수묵 | 2018

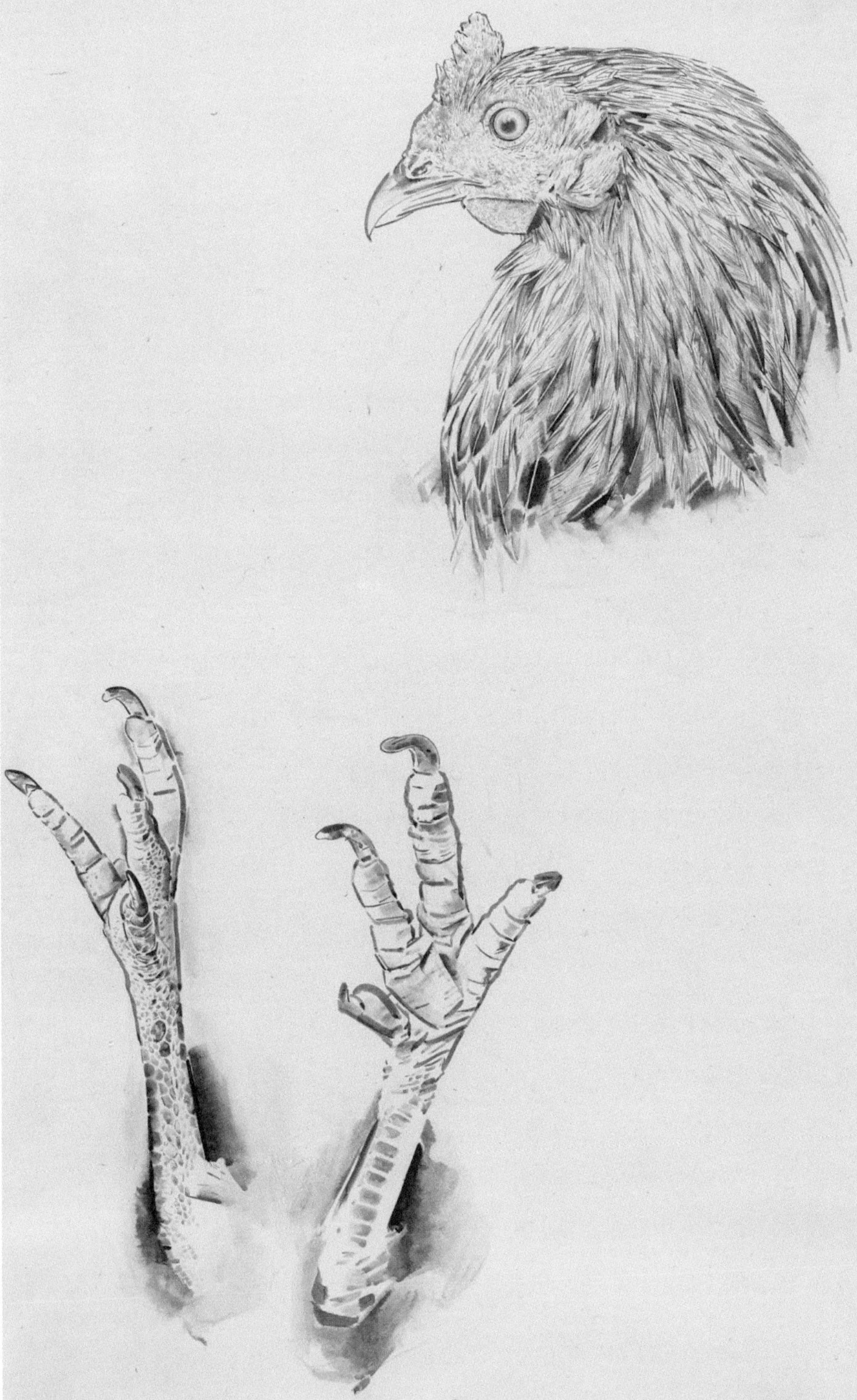

순망치한

—

입술이 없으면 이가 시리다는 고사성어입니다. 무슨 당연한 소리를 하느냐고 말할 분이 계실지 모르나 당연한 것이 당연하지 않은 것이 세상 속 이상한 이치 아니겠는지요? 이 그림은 대구 껍질을 그린 것입니다. 대부분의 생선이 그렇습니다만, 대구 껍질의 맛이 뛰어나지요. 고등어 껍질만 먹다가 패가망신했다는 옛 이야기도 있지 않습니까? 그래도 껍질은 껍질인 것, 속 없는 껍질이 무슨 대수냐고 할 사람들이 많을 듯합니다. 진짜 그럴까요?

사람에게 피부가 없다면, 조개의 껍데기가 없다면, 콩깍지가 없다면 등등 얼마든지 열거할 수 있습니다. 과학으로 밝혀진 인간 피부의 역할은 여기서 논할 일이 아닙니다만, 한 마디로 피부를 벗기면 인간은 생명 자체를 유지하지 못합니다. 거꾸로 말하면 피부가 건강하면 사람 속도 건강한 것입니다.

이것이 유기체라 이름붙일 수 있는 모든 것의 특징입니다. 즉 입술이 없으면 이가 시립니다. 이것은 작게는 가정에서 조직, 국가, 지구, 우주에 이르기까지 진리입니다.

여기에 덧붙여 세상이 껍데기로 몰아버리는 작고 가난한 이들이 있습니다. 어떤 이들을 껍데기라 부르는 부류에 속하는 사람들은 이들의 희생으로 세상 자체가 돌아가고 있음을 까마득히 망각하고 살지요. 그 쌓이고 쌓인 역사가 어느 날 껍데기들의 반란으로 바로 잡히며 역사의 흐름 자체가 바뀐다는 사실이 자신과는 상관없다고 여기며 배를 두드릴 뿐입니다. 이런 의미에서 역사의 진정한 주인공은 이 껍데기들입니다. 우리의 촛불 혁명이 그러하듯이….

순망치한 | 190×97cm | 수묵 | 2018

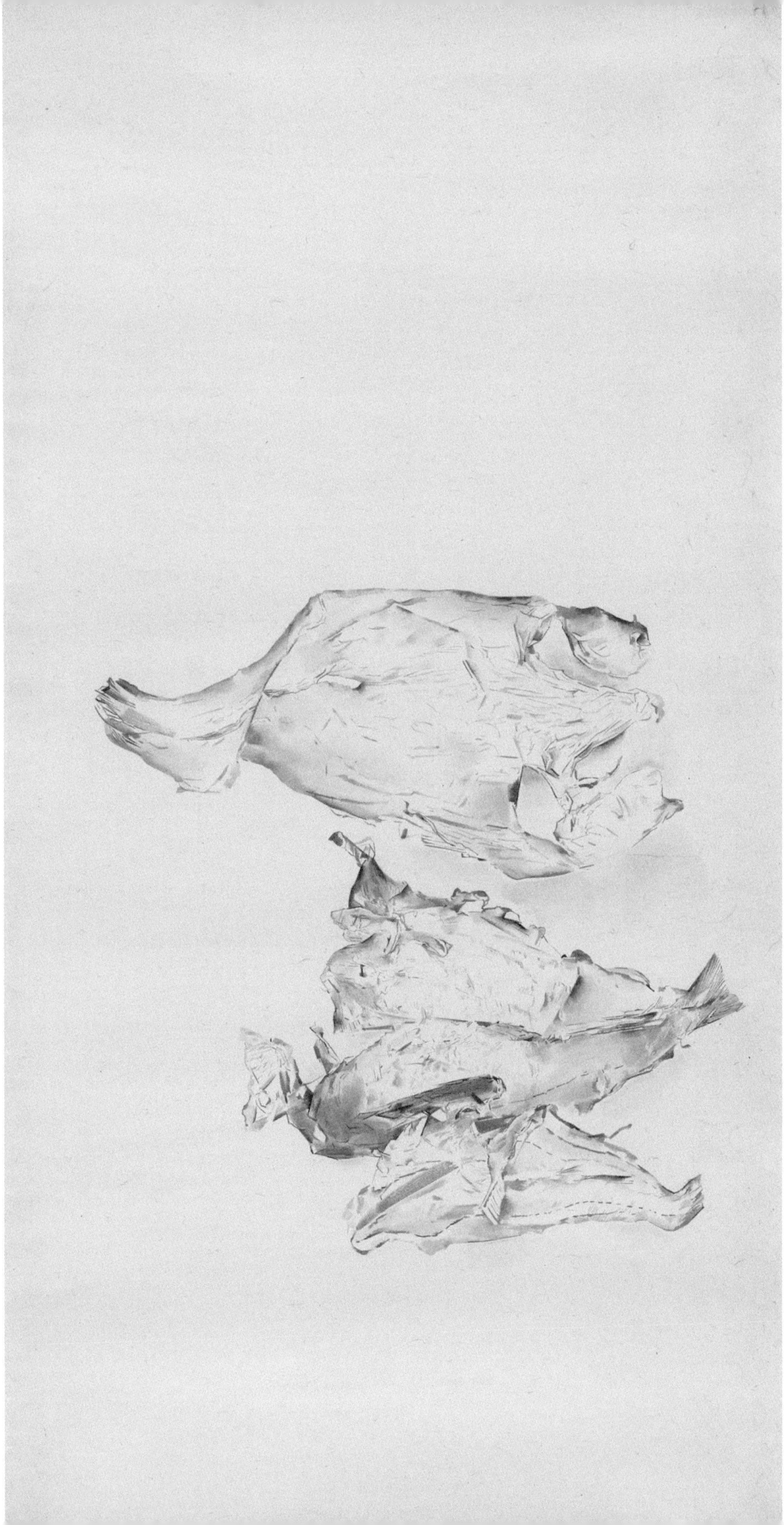

이매망량-물귀신 밤귀신

귀신은 종류도 많습니다. 온 세상 귀신의 종류로 논문 하나 써 봐도 될 것 같은데 그런 것이 있나 모르겠습니다. 그 온갖 귀신들은 종류는 달라도 한결같이 지상과 어떤 관계가 있습니다. 그리고 대개는 나쁜, 슬픈, 고통스런 관계입니다. 우리 인간이 저지른 짓으로 인한 나쁜 인연입니다. 우리의 풀지 못한 응어리요, 숙제입니다. 대부분 귀신들은 자신들의 슬픔, 원한의 대상이 죽거나 용서를 청하면 이 세상과는 더 이상 꼬인 관계로 머물지 않고 미련을 버리고 훨 어디론가 갑니다.

인간의 입속으로 들어가기 위해 껍질이 벗겨진 참새들입니다. 아닌 게 아니라 귀신, 도깨비 뭐 이런 종류 같습니다. 먹고 살기 위해 인간에게는 사냥도 농사도 허락된 것이지만 먹고 살기 위한 길에는 도리가 있어야 합니다. 그 먹을 것이 내 몸을 이루니 말입니다. 소, 돼지, 닭, 오리, 뭇짐승들. 우리가 먹기 위해 입기 위해 벌이고 있는 행태들을 굳이 여기서 열거하지 않아도 이 그림보다 더한 도깨비들을 우리가 만들어내고 있음을 우리는 잘 압니다.

우리 몸에 우리 입에 도깨비를 걸치고 도깨비를 넣는다면 우리도 그 도깨비들과 한패인 것이지요.

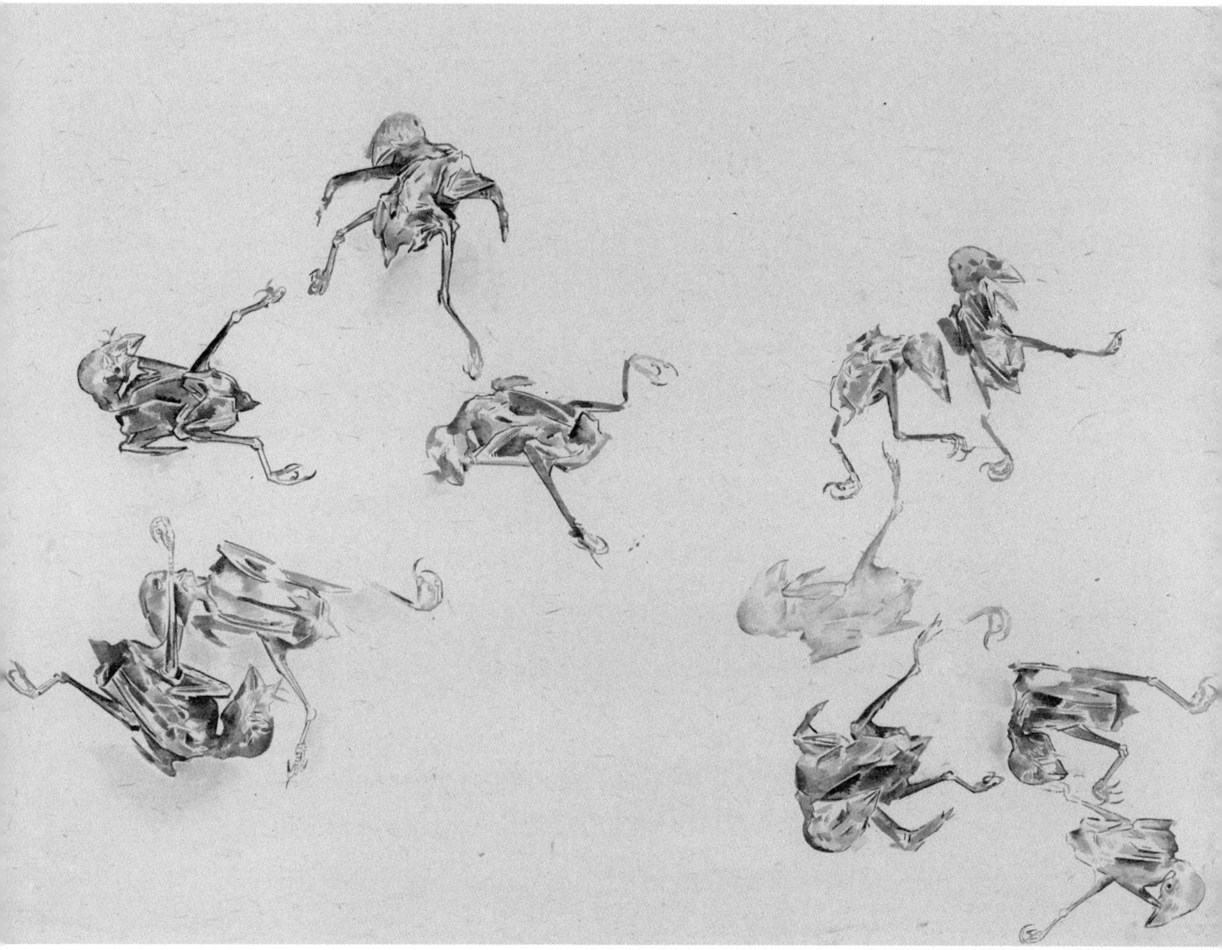

이매망량-물귀신 밤귀신 | 72×96cm | 수묵 | 2018

민초

각 시대마다 토해 놓는 배설물이 있습니다. 사람이 변을 잘 보지 못하면 건강에 이상이 오듯 각 시대도 그러합니다. 사람이 배설물을 아무 곳에나 배설하면 환경이 험상궂게 되지요. 각 시대도 그러합니다. 소화를 잘 시키지 못하면 배설도 제대로 되지 못합니다. 각 시대도 그러합니다. 화장실은 제대로 만들지 않고서 음식만 꾸역꾸역 먹어치운다면 어떻게 되겠는지요?

닭, 오리, 돼지들의 생매장은 이 시대가 잘못된 것을 먹고 소화도 시키지 못한 채 아무 데나 싸놓은 배설물입니다. 그것이 더럽혀 놓은 상황이 너무 험악해 좀처럼 우리 안에서 사라지지 않습니다. 화백은 이 생매장에 관해 여러 편의 작품을 내놓았습니다. 아마 그려도 또 악몽처럼 떠오르는 모습에 붓을 놓을 수 없었던가 봅니다.

이 그림을 그리기 위해 화백은 닭을 직접 길렀는데, 이 그림을 그린 후 이틀 만에 이유도 없이 죽었다고 합니다. 제가 할 역할을 다한 것을 알아채기나 한 것일까요? 어쨌든 화백은 강아지처럼 귀엽게 기르던 닭을 고이 묻어 주었습니다. 닭도 사랑을 주면 개처럼 사람 손을 더듬고 다가와 안기고 그런다고 하네요.

화백에게는 닭에 대한 또 다른 추억이 있습니다. 셋째 동생이 태어난 후 어머니께서 닭, 개, 돼지 등의 살육 장면을 보지 말라 명하시며 그 이유는 피를 보면 아기의 피부에 핏자국이 생긴다고 하셨답니다. 그런데 우물에서 물을 마시고 돌

민초 | 126×112cm | 수묵 | 2016

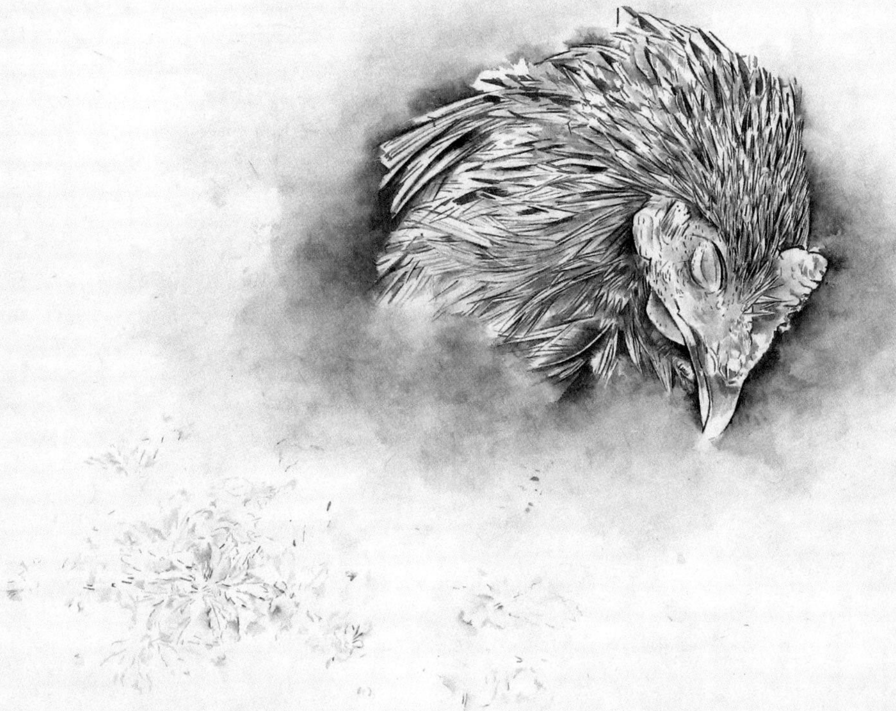

아서는데 닭의 목을 비틀어 칼로 피를 내는 장면을 보고야 말았답니다. 놀란 가슴으로 어머니께 가서 무릎 꿇고 사정을 설명 드리며 용서를 청하였습니다. 그런데 일주일 후 정말 믿기지 않게도 멀쩡하던 아기의 오른 팔에 마치 닭벼슬과도 같은 붉고 오돌토돌한 것이 생겨나서 의사에게 갔더니 나중에 아기가 크면 피부이식을 하는 수밖에 없다는 말을 들었다 합니다.

우리가 사는 세상은 우리가 알고 있는 것보다 훨씬 신비롭고 우리가 아는 과학의 논리와는 다른 논리가 우리를 더 깊이 끌고 가는지도 모릅니다. 그런 세상을 포기하고 잘 먹고 잘 살기 위해 수단과 방법을 가리지 않는 상업전쟁터 안에서 가장 약한 아이들이 희생되기 마련입니다. 상상을 초월하는 끔찍한 방식으로 사육되다 그 환경으로 인해 병을 얻자, 가장 편한 방식으로 생매장을 당한 것입니다. 그것도 모자라 저리 다 묻지도 않고 머리만 지상으로 나온 그야말로 지옥도의 한 부분입니다.

그런 닭의 모습을 너무도 다소곳하게 그려놨습니다. 마치 우리 끔찍한 죄를 대신 보속이라도 하고 있는 걸까요? 고개 숙인 모습이 영락없이 참회라도 하는 모양새입니다.

화백은 닭이 죽어 묻어준 그 땅에 붉은 열매가 달리는 복분자를 기도하는 마음으로 심어 주었고 그 열매는 먹지 않고 자연 그대로 두었습니다. 그 아이와 생매장 당한 수많은 생명이 또 다른 생명으로 거듭나기를 기도하면서….

늘어진 줄

사고가 경직되면 무엇보다 본인이 숨 쉬고 살기 참 힘듭니다. 사람의 몸이 아픈 것보다 마비, 경직이 오면 더 심각한 것처럼 사고에 경직이나 마비가 오면 몸의 경직보다 더 고통스럽습니다. 고통스러우니 몸부림이라도 치게 되고 그러면 그 몸부림에 어떤 이는 영문도 모른 채 한 방 얻어맞습니다. 몸의 마비야 겉으로 드러나지만 정신의 마비는 밖으로 드러나지도 않으니까요.

그런데 몸의 마비는 고치기가 거의 불가능하지만 정신의 마비는 고칠 길이 있다는 사실은 놀라운 일입니다. 더 놀라운 것은 이 사실을 아는 사람이 많지 않다는 것입니다. 방법도 아주 쉽습니다. 역발상, 역지사지, 뒤집어 보기, 남의 신을 신어 보기 등 모든 것을 거꾸로 해 보는 것입니다. 물론 실천은 쉽지 않은 것이 함정입니다만….

사고가 경직되면 나타나는 전형적인 증상은 조급함, 성급함, 성마름입니다. 느긋하게 끝까지 책을 읽지도 못하고, 이해하지 못하는 작품을 두고두고 곱씹어 보는 것은 죽어도 못하니 빨리 그 핵심부터 알려 달라 조릅니다. 대답부터 알아야 뭘 해 보겠다는 심산이지요. 삶 속에 걸림돌이라도 생길라치면 앞뒤 돌아보지도 않고 우선 치우기부터 합니다. 무조건 자신은 옳고 상대방은 틀렸다 합니다. 걸림돌이나 반대의견은 물리쳐야 할 원수 같은 것이 되기도 합니다.

즉 자신의 사고가 달려가고 있는 방향 그것 외에는 볼 줄도 모르고, 보려고도 하지 않습니다. 걸림돌이 생긴 것은 분명 이유가 있습니다. 찬찬히 전후좌우를 살펴보면 걸림돌이 오히려 도움이 될 수도 있습니다.

이런 때 엉뚱하게, 반대로, 거꾸로 해 보는 것은 정말 쉽지 않습니다. 왜냐하면 자신이 가고 있는 방향이 옳다고 생각하기 때문입니다. 자신을 뒤돌아보고, 자신

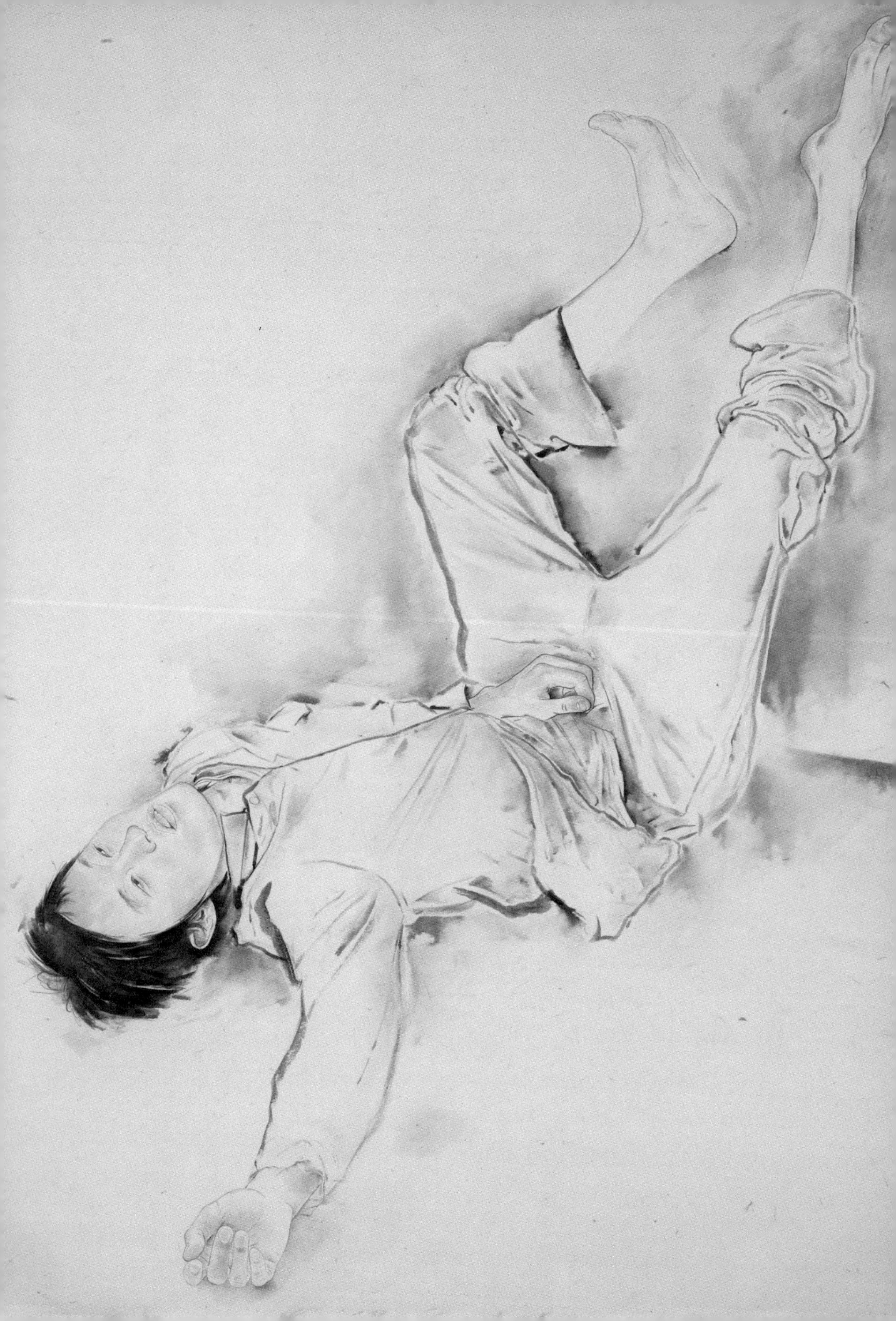

의 과거의 상처가 자신의 발목을 잡고 있음을 구체적으로 현실적으로 보는 것은 굉장한 영적 힘을 필요로 합니다. 그리고 이러한 절박한 깨달음이 있어야 가고 있는 방향과는 반대의 방향으로 돌아갈 수 있습니다.

만약 늘어진 줄 위를 걸어가야 한다면 빨리 걷는 것이 늦게 걷는 것보다는 그나마 낫습니다. 그런데 늘어진 줄 위에서 일부러 천천히 걸어 보는 것입니다. 일부러 그렇게 해 보아야 합니다. 우리의 일방통행, 과속으로 달리는 사고는 결코 저절로 멈추지 않고 그 방향과 다른 방향으로 일부러 가보아야 실체가 드러나기 때문이지요.

이 그림처럼 넋이 나갈 정도로 피곤하여 눈동자마저 풀릴 것 같을 때 그대로 축 처져 잠만 자면 자고나도 더 피곤합니다. 저렇게 다리를 올리고 있으면 온몸에 피가 도는 것을 느낄 수 있습니다. 많은 경우 몸만 피곤하면 쉬는 것으로도 충분히 해결됩니다. 그러나 정신적 피로가 더 클 경우 잠자는 것은 에너지를 더 빼앗아 훨씬 맥 빠진 상태가 되게 할 수도 있습니다.

빠른 음악에 느리게 춤추고 느린 음악에 빠르게 춤추는 것은 웬만히 연습하지 않으면 보통은 불가능합니다. 정신의 세계에서도 그러합니다. 남자들이 군대에 가면 일주일 동안 자지 않고 걷기만 하는 훈련을 받는데 나중에는 걸어가면서 잠을 자다가 개울에 박혀 얼굴에 상처가 나기도 한다고 합니다. 그런데 이때 뒤로 걸으면 절대로 조는 일이 없다는 것입니다. 늘상 향하던 방향과는 다른 방향으로 가는 것이지요.

거꾸로, 반대로 해 볼 수 있는 용기는 사실 상당한 철학을 필요로 합니다. 명확한 시선과 그것을 수행할 힘 양쪽 모두를 필요로 하기 때문에 역발상이나 거꾸로 보기가 쉽지 않은 것이지요. 그러나 아무리 어려워도 절박함은 모든 것을 넘어서게 해 주는 묘약입니다. 자신의 방향이 잘못되었다는 인식의 절박함, 이래서는 안 된다는 명확한 깨달음은 어떤 강한 관성의 법칙도 거스를 수 있게 해 줍니다.

꼭 배워두어야 할 삶의 중요한 기술인데, 정작 때가 와도 배워두지 않으면 때는 기다리지 않고 그냥 지나가 버립니다.

늘어진 줄 | 125×111cm | 수묵 | 2012

하늘 낚시

시골에서도 이런 장면은 보기 드물어졌습니다. 가을에 기차로 서울에 간 적이 있습니다. 저 멀리 붉은 감들이 주렁주렁, 눈물겨울 정도로 고운 장면이었습니다. 왠지 정겹고 따스했던 느낌은 기차가 점차 그쪽으로 다가가자, 아연실색 놀라움으로 바뀌고 말았습니다.

엄청나게 많이 달린 감들의 숫자에도 놀랐지만 그것들은 이제 너무 익어 따서 팔 수도 없었습니다. 그 지역 여러 곳, 멀리 가까이 이런 과수원들이 듬성듬성 보였습니다. 과수업을 하는 분들이 높은 인건비에 비해 감 값이 너무 싸 아예 한 해 농사를 포기해 버린 끔찍한 현장이었던 것입니다.

먹을 것이 귀하던 시절, 감 사과 배 같은 과일은 더욱 귀했기에 마지막 몇 알 까치밥으로 남겨두는 것도 정말 새들에게 큰 선심을 쓴 것이었지요. 밥 한 톨, 과일 한 입이 소중했고, 그런 만큼 모든 생명도 귀하게 느껴졌습니다. 먹을 것이 지천인 이 시대, 식당에서 남은 음식이 얼마인지도 모를 흥청망청의 시대에 이 버려진 감들의 붉은 울음소리를 들어줄 이들이 있을런지요.

제목 〈하늘 낚시〉 참 마음에 듭니다. 먹을 것 한 알에 깃든 하늘을 낚는 일 맞지요.

하늘 낚시 | 187×95cm | 수묵 | 2018

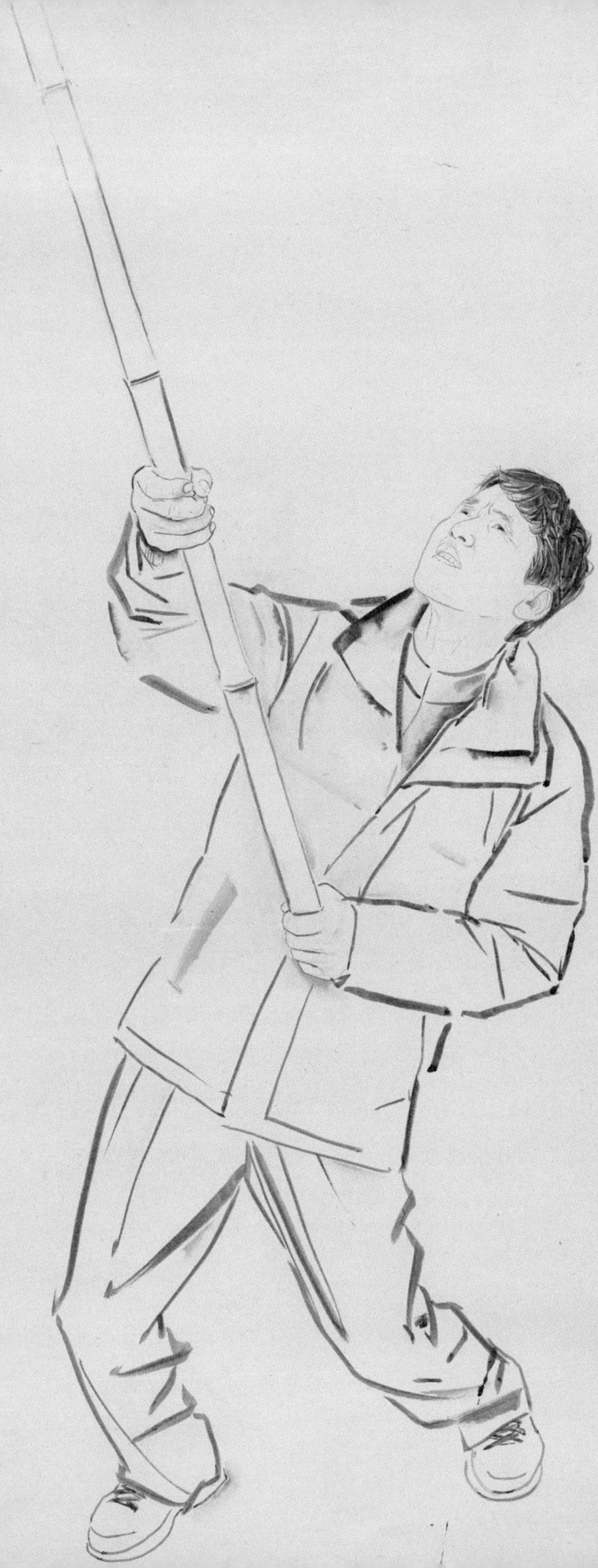

입 주기

가끔씩 누군가 부르는 소리를 듣습니다. 시간이 흐른 후 그때 그 사람이 정말 도움을 필요로 하는 시기였다는 것을 처음 알았을 때 소름이 끼치는 느낌을 받았습니다. 이런 현상은 꼭 신내림을 받은 그런 것이 아닙니다. 기도하는 이들에게는 생각보다 자주 있는 일이요, 존재가 존재를 부르는 일이 이상할 것 하나도 없는 어찌 보면 지극히 정상적인 일입니다. 우린 오히려 이런 소통의 능력을 아주 먼 옛날 상실해 버렸는지도 모릅니다.

화백이 위안부 할머니들이 생각나 그분들을 위해 마련된 집을 방문한 적이 있었습니다. 그곳으로 가는 골목길 어떤 집에 감나무가 있었는데, 그 아래를 지나자 갑자기 감이 툭 떨어졌습니다. 홍시였음에도 땅에 떨어져 물컹 터지지 않고 모양새를 그대로 유지하고 있었습니다. 그러고 보니 며칠 전에도 화백이 부인과 함께 화실에서 일하고 있을 때도 감이 2개 그렇게 툭 떨어졌던 기억이 났습니다. 보통은 익을 대로 익어 땅에 떨어졌을 때는 형체가 뭉개지기 마련인데 그렇지 않았습니다. 그리고 그 방문 후 또 새들이 쪼아 먹은 감이 떨어졌습니다. 그것들을 주워다 저렇게 5개를 나란히 놓고 그림을 그렸습니다.

누군가 자신을 불러 이것을 그리라는 내적 소리를 들은 것입니다. 그것은 위안부 할머니들일 수도 있고, 익어 터지기 직전의 감들일 수도 있고, 감을 쪼아 먹은 새들일 수도 있습니다. 아니면 그 모든 것을 빚은 어떤 님, 절대타자일 수도 있습

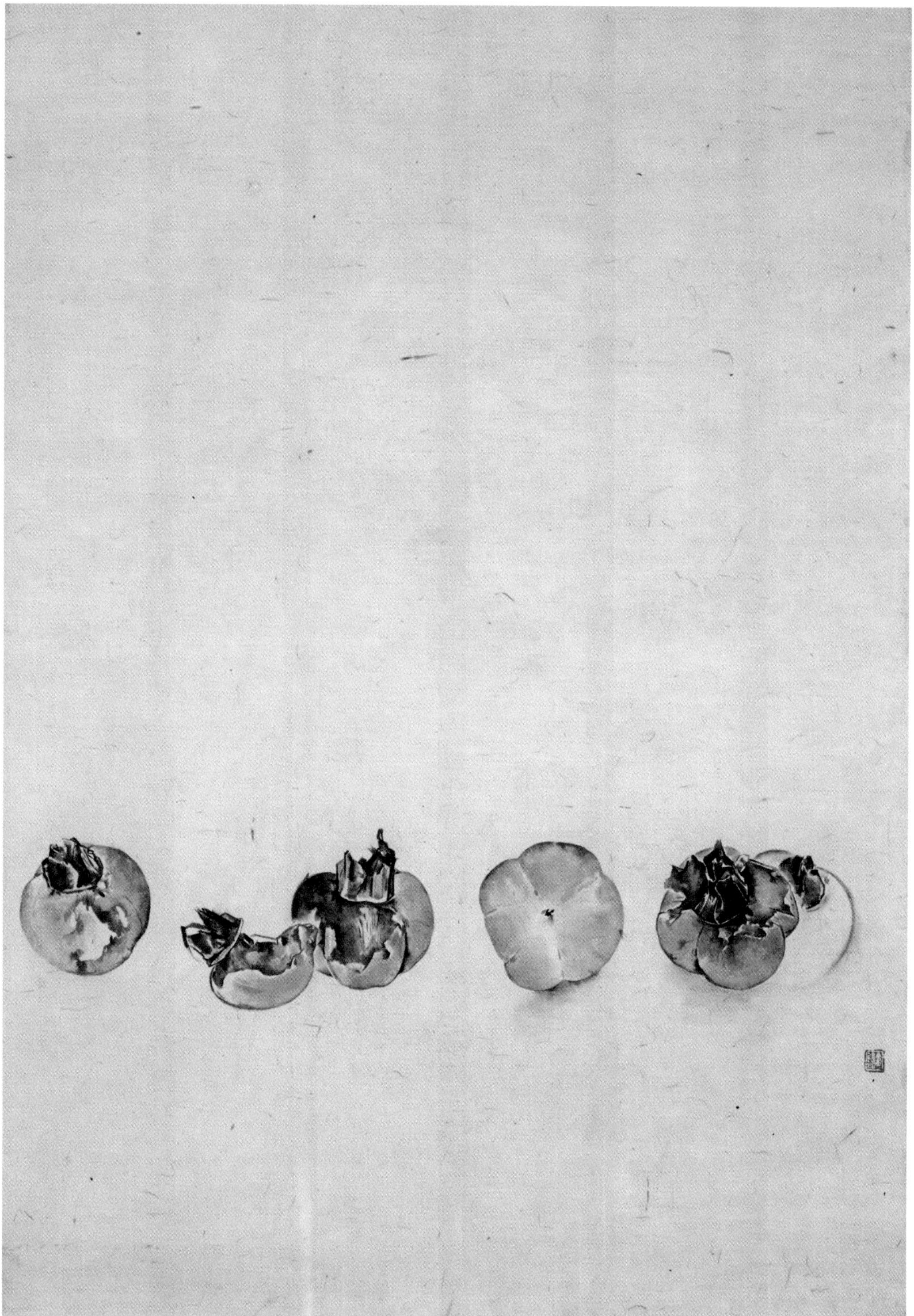

입 주기 | 88×59cm | 수묵 | 2013

니다. 어떤 존재든 사실 상관없습니다. 우리만 모를 뿐 그들 모두는 하나로 엮여 있으니까요.

무엇이든 극까지 달하면 하늘 혹은 높은 곳에서 땅 혹은 낮은 곳으로 떨어집니다. 그리고 떨어져 어둠 속으로 들어가게 됩니다. 아니 위안부 할머니들처럼 거의 대부분의 시간을 어둠 속에서만 보내는 이들도 있습니다. 씨앗은 자신의 크기의 3배의 흙으로 덮어 주어야 하고, 추운 겨울을 지나야만 싹이 틉니다. 태양을 잔뜩 먹고 하늘을 향해 치솟던 것들이 어느 가을 툭 떨어져 낙엽 더미 그리고 더 아래 흙속 어둠, 겨울의 모진 추위 속을 이유도 모른 채 견뎌왔습니다. 그리고 발아 순간의 그 고통은 모든 것이 끝장나는 지구의 끝이었을 것입니다. 연하디연한 잎 위로 쏟아지는 햇살 그 따사로움이 어둠 속에 있었던 씨앗에게 전혀 어색하지 않은 것은 이렇게 생명의 줄이 이어져 있기 때문입니다. 땅이 감에게 입맞춤을 합니다.

화백은 이것을 "입 주기"라는 자신이 만들어낸 말로 표현합니다. 이 말은 아파트 입주가 아니라 뽀뽀라는 말입니다. 엄마가 아이에게 아기가 엄마에게 연인들이 서로에게 하는 입맞춤을 뜻합니다.

높은 곳만 향하던 감이 땅에 떨어져 땅의 입 주기에 응합니다. 그 어둠 속 고통을 감추지 않고 빛을 향해 나온 위안부 할머니들에게 우리들이 입 주기를 합니다. 높이 솟아보지도 못한 채 여리고 여린 순으로 깊은 칠흑의 어둠 속에서 평생을 묻어온 소녀들이 세상을 향해 악의 어둠을 밝히 드러내 줍니다. 역사의 수치를 수치로 인정하라고 외칩니다. 보상이 아니라 사과를 하라고 외칩니다. 그 피맺힌, 아직 어둠이 묻은 그 씨앗에 우리는 입맞춤을 해야 합니다. 입맞춤만이 그분들의 쓰린 상처를 가라앉히고 새롭게 여린 순으로 다시 하늘을 향해 솟아오를 수 있게 할 수 있습니다.

어둠과 빛, 상승과 하강은 뗄 수 없이 하나로 엮여있지만, 우리가 늘 어둠과 하강만을 고집한다면, 자연의 순리조차 멈추게 할 수 있습니다. 그분들 혹은 세상의 많은 어둠 속 씨앗들 위로 "아가야 뽀뽀" 입 주기를 하면 그 어둠의 흙이 걷히고 씨앗이 새순을 내밀 수 있게 합니다. 그 두근거림이 벌써 들립니다.

생성

익을 대로 익은 감 한 개가 땅에 떨어졌습니다. 감나무가 있는 집이라면 늦가을 흔히 보는 광경입니다. 이 흔한 장면에 담긴 무한한 이야기를 함께 풀어가 보는 것도 재미있을 것 같습니다. 아니 어쩌면 땅에 떨어진 감이 우리에게 풀어놓는 이야기인지도 모릅니다.

세상 만물 모두는 오르고 내리고 흥하고 쇠하고 반복하는 순환의 이치를 따릅니다. 사람은 이 이치를 거슬러 무조건 위로만 오르려 하지만 자연은 주어진 그 이치를 따라 돌고 또 돕니다. 늦가을 마지막 남은 감 한 개가 드디어 땅에 떨어져 양의 기운 가득하던 시절이 끝나고 땅속 음의 기운 속으로 들어갑니다. 힘이 없어져 더 이상 가지에 매달려 있을 수 없어 꼭지가 떨어집니다. 이 떨어짐이 없이 순환도 재생도 없습니다. 세상 전부이던 나뭇가지, 위로 위로 치솟던 기세가 바로 어제의 기억 같건만 이제 매달려 있을 힘조차 없습니다. 어쩌면 감도 떨어지지 않으려 용을 썼을지도 모릅니다. 그 죽음 같은 기억을 품고 철푸덕 모양도 우습게 땅에 내동댕이쳐졌습니다. 인간을 포함한 세상 만물 모두 이 죽음을 통과하지 않는 존재는 없습니다.

이 죽음을 통해 감의 몸은 봄날 여린 풀들에게 양식으로 주어지고 씨앗은 땅의 어둠 속, 겨울 추위 속을 견뎌낸 후 새롭게 여린 싹으로 태어납니다.

사랑의 흐름입니다.

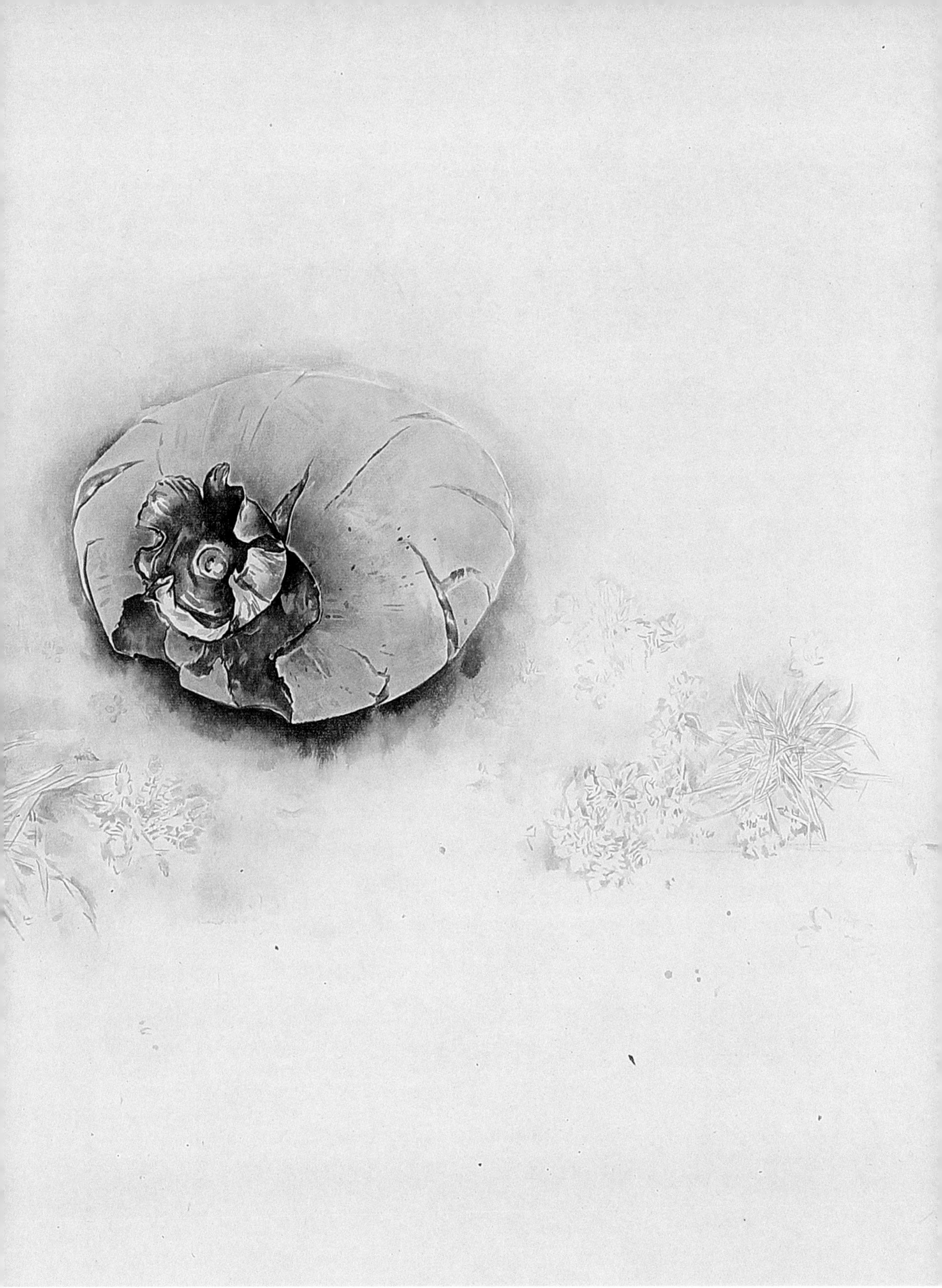

생성 | 142×141cm | 수묵 | 2004

생성, 재생이란 이렇게 늘 순환의 한 고리 속에 있는 한 지점입니다. 순환의 어둠, 음의 순간을 견디지 못하면 순환 자체가 일어나지 않습니다. 씨앗이 남더라도 어떤 조건이 충족되지 못하면 이 순환의 흐름 속으로 들어가지 못합니다. 씨앗 3배 깊이의 흙속에 묻혀야 하고 겨울 추위도 견뎌내어야 합니다. 즉 어둠, 음의 기운 속에 머무는 시기가 반드시 필요한 것입니다.

어둠이 싫다 하여 도망치거나 늘 흥하기만을 좇아 내달리면 자연의 세계는 공멸합니다. 자신만 흥하겠다고 수단 방법 가리지 않으면 세상 한구석 그로 인해 피눈물 흘리는 일이 반드시 생겨납니다. 그리고 그 피눈물이 하늘에 닿으면 우리가 경험한 촛불의 힘이 거세게 타오르게 되는 것이지요.

농사를 짓는 과정에서는 때로 이 음의 기운을 인위적으로 더 강화하는 경우까지 있습니다. 목화씨는 재와 오줌을 섞은 것에 한참을 두어 씨가 열린 후에야 심습니다. 많은 씨앗들도 물에 담갔다가 심습니다. 성장과정에서도 호박은 인분, 토란은 시궁창물이 많아야 잘 큽니다. 음의 기운을 통과함이 없이, 흥망성쇠의 망과 쇠를 통과함이 없이 흥흥성성만 지속하는 인생도 자연도 없습니다. 자연과 인생의 이런 측면을 보고 어떤 종교들은 생명의 윤회를 이야기하기도 합니다.

땅에 철퍽 떨어져 땅과 입맞춤을 하고 있는 감은 자연의 순환과 순환이 만들어 내는 끈 혹은 그물을 보여 줍니다. 성게는 바닷속 수풀인 바닷말을 먹고사는데 성게가 너무 많아지면 바닷속이 황폐해집니다. 이 성게를 해달이 먹습니다. 우리 입맛을 돋우는 홍합은 번식력이 왕성하여 그대로 두면 바다에 플랑크톤이 없어집니다. 아무 짝에도 쓸모없는 불가사리가 이 홍합을 먹어치워 이 그물을 유지해 줍니다. 이렇게 그물이 찢어지지 않게 하는 생물을 쐐기돌종이라 합니다. 이 쐐기돌종은 대부분 서로 상극을 이루는 부류입니다. 이렇게 자연은 전체 구성으로도 음과 양으로 나누어지며 이는 절대적으로 음양이 정해진 것이 아니라 이것에 대해 A는 음이지만 또 다른 것에 대해서는 양이 되는 것입니다.

땅에 떨어진 감씨는 땅속에 묻혀 추운 겨울을 견디고 연한 싹을 틔웁니다. 그리고 3년을 더 인내하면 꽃을 피우고 5년이 되면 감을 따먹을 수 있습니다. 7년이

지나면 감씨가 커지고 나무둥치 속도 조금씩 비워내고 가지는 마르며 감도 맛이 떨어지게 됩니다. 이 말라가는 과정을 통해 생명은 후대로 이어집니다. 생명의 전달은 죽음을 통해서만 가능한 것이지요. 우리가 죽지 않으면 이 지구는 사람으로 폭발할 것이고 후손은 태어나지 못하도록 어떤 방책을 취할 것입니다. 우리를 담는 지구마저 언젠가는 초신성이 되어 폭발할 것입니다.

그 다음은 우리 중 어느 누구도 알지 못합니다. 단지 우리는 우리의 삶이 물질이 다하는 그 끝 지점에서 끝나버리지 않음을 믿을 수 있습니다. 그러나 중요한 것은 그때 지구가 어떻게 되는가 하는 사실보다 내 앞의 나의 죽음을 내가 어떻게 받아들이는가 하는 것입니다. 내가 죽음을 부정하는데 새 세상이 온들 나의 생명이 온전할 수 있을까요? 새 세상이 죽음을 부정한 존재를 받아낼 수나 있을까요?

씨앗은 어둠과 추위라는 조건을 견뎌내지 않으면 싹을 틔우지 못함은 바로 우리에게 우리의 앞날을 알려주는 예언인 것이지요. 죽음은 이런 의미에서 복된 손님입니다. 이것 없이 우리가 결코 저곳으로 넘어갈 수 없는 고마운 손님이지요. 이 손님을 환영하지는 못할지언정 박대하는 일은 없어야 할 것입니다.

복된 손님이여 어서 오시라. 함께 신명나는 춤사위, 양과 음, 어둠과 빛의 춤 추어봅시다.

부처님 젖 1, 2

—

세대에 세대를 거듭해도 변하지 않는 것이 있습니다. 변화가 나쁜 것이 아니라, 변화는 사람의 생명에도 매우 중요합니다만, 변화에도 그 밑에 깔린 변화되지 않는 것을 반드시 동반합니다. 사람의 생명에 관한 것은 특히 그러합니다. 수천 년 전 사람과 우리가 만난다면 처음에는 서로 외계인인 듯 이상하겠지만 얼마 지나지 않아 서로 같은 인간임에 틀림없음을 확인하고 또 확인할 공통점을 무수히 발견하게 될 것입니다.

엄마들의 젖은 생명의 젖줄기입니다. 현대에 들어와 엄마들이 자신들의 미용 때문에 또 직장 때문에 아이들에게 모유를 먹이지 않고 분유를 먹인다는 이야기를 들으면 정말 슬퍼집니다. 세상 무엇과도 바꿀 수 없는 특권을 그리 바꿔버린다는 것이 도저히 이해가 되지 않는 것은 제가 수도자이기 때문만은 아니리라 생각합니다. 엄마 젖이 풍성하고 술술 잘 나올 때 아기들의 성정도 부드럽게 성장한다고 합니다. 젖 먹는 아기가 안긴 엄마의 품처럼 따뜻하고 포근한 것이 세상에 있을까요? 그때 엄마와 마주치는 눈빛 교환만큼 달콤한 것이 있을까요?

엄마 젖이 부족해서 분유를 먹인다 해도 모유를 먹이는 것처럼 품에 안고 아기에게 엄마 가슴을 만질 수 있게 해 주는 것은 정말 중요합니다. 그 감촉은 세상 무엇과도 비견할 수 없는 사랑의 교류이기 때문입니다. 엄마 품, 엄마 젖, 엄마 젖가슴의 감촉, 엄마 냄새 이것만큼 아기를 세상 행복하게 해 줄 수 있는 것, 이에

—
부처님 젖 1 | 140×76cm | 수묵 채색 | 2012

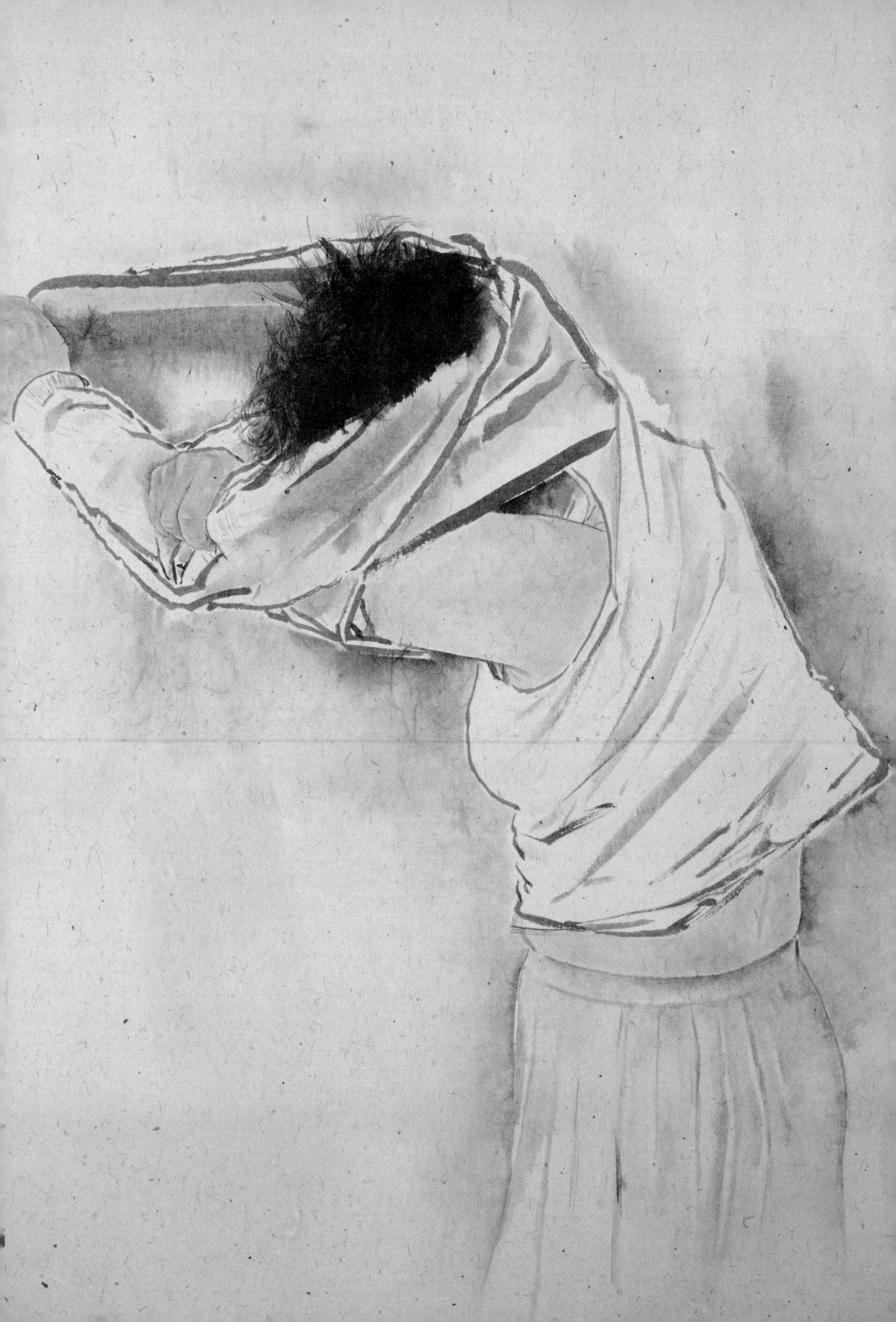

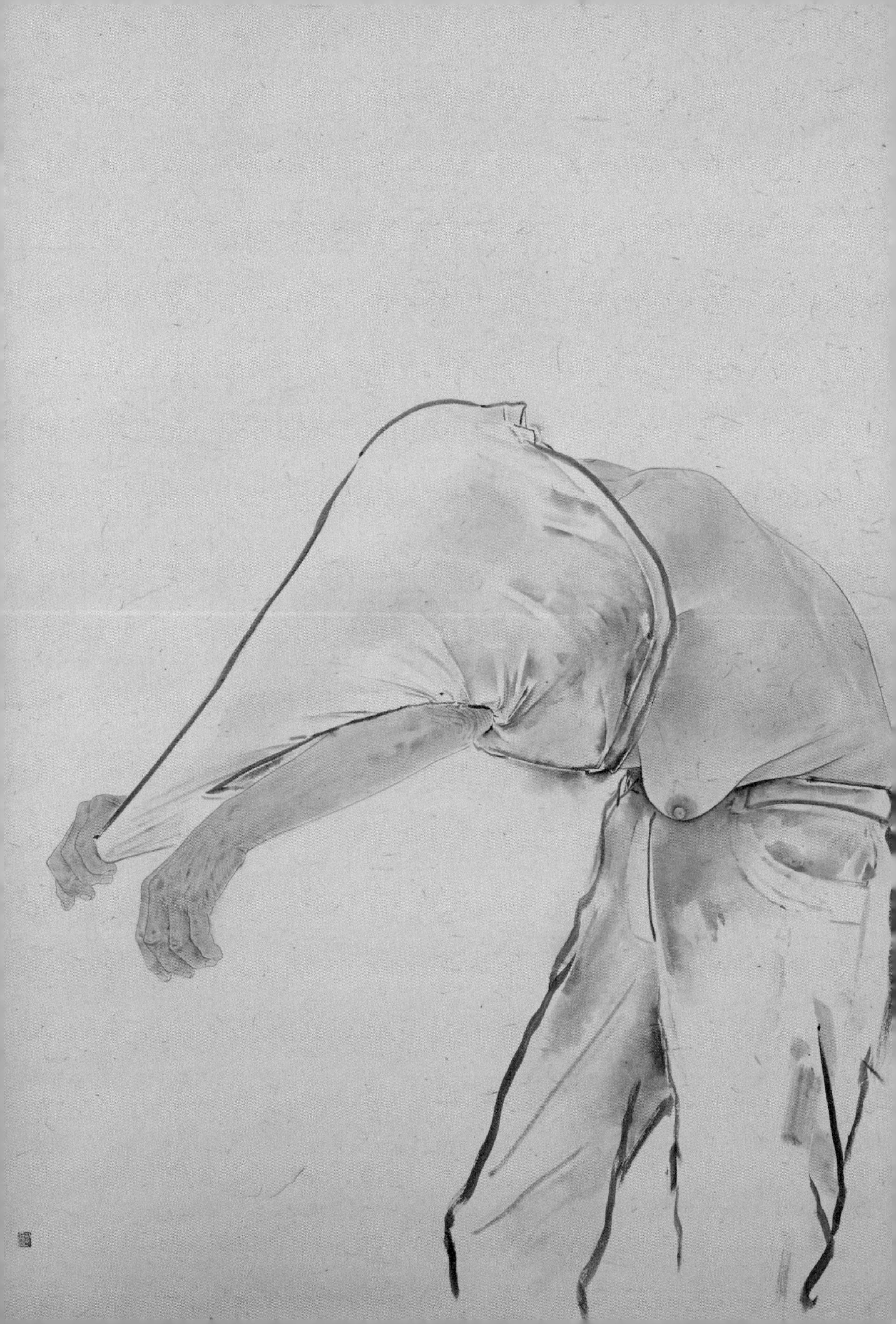

대체할 수 있는 것이란 과학이 지금의 수백, 수천 배 발달해도 찾아낼 수 없는 것, 변할 수 없는 것입니다.

이 엄마의 젖줄기로 풍성하게 양육된 사람은 커서 어른이 되어도 쉽게 생명의 젖줄기를 찾아냅니다. 흐르는 강물, 수돗물, 샘물 이 모든 것은 생명의 젖줄기입니다. 심지어 마른 샘에서도 물이 터지게 할 수도 있습니다.

젖줄기는 이뿐만 아닙니다. 사람의 말, 표정, 작은 선물 하나도 모두 우리에게 일종의 생명의 젖줄기입니다. 마음을 감동시키는 음악, 미술, 글, 이 모든 것이 우리에게 생명을 풍성하게 해 주는 젖줄기입니다만, 거기서 생명을 얻고 또 얻는 사람과 그저 그런 사람, 심지어 스트레스마저 받는 사람이 있다는 것은 참 놀라운 일입니다.

생명의 젖줄기를 쉽게 발견하지 못하는 이는 자신의 어린 시절로 되돌아가 과거의 엄마 젖줄기가 부족하지는 않았는지 살피고 자신의 과거와 화해할 필요가 있는지 모릅니다. 우리는 과거를 우리 스스로 만들지 않지만 그 과거와 화해하는 것은 우리 스스로 할 수 있습니다. 만약 엄마의 젖줄기가 말라비틀어져 충분히 먹지 못했음을 인정하게 된다면 이제 스스로 우유라도 사서 마셔야 합니다. 지금도 늦지 않았습니다. 젖줄기는 곳곳에서 우리를 기다리고 있습니다.

아마도 〈부처님 젖 1〉은 며느리요 〈부처님 젖 2〉는 시어머니 아닌가 싶습니다. 같은 제목의 비슷한 그림에는 분명 이유가 있을 것입니다. 생명의 젖줄기는 생명의 강물이요, 생명의 강물은 이어지는 것이니까요. 어머니, 또 그 딸, 그 며느리 이렇게 이어져도 생명의 젖줄기임은 변하지 않습니다.

부처님 젖 2 | 188.5×95.5 | 수묵 채색 | 2012

헌화가

어떤 스님의 신발일까요? 농부 아니면 시골로 귀농한 이, 혹은 산속에 숨었던 예술가 기질의 사람의 것이었을까요? 누구의 것이었든 중요하지 않습니다. 언젠가는 누군가의 신발이었던 주인 잃은 신발에 진달래가 한아름 담겨있습니다.

주인은 갔어도 향기는 남았나 봅니다.

삶의 끝자락에 자신을 담았던 신발 가득, 자신이 밟았던 발자국마다 꽃이 가득한 사람이 있어 우리네 삶이 끊어지지 않고 이어지는지도 모릅니다. 삶의 가치가 위대하고 굉장한 것이 아니라, 주어진 삶이면 모두가 가치 있음을 깨닫고, 이웃의 삶도 자신의 것과 다름없는 가치를 지녔음을 알아 함께 살 줄 알았던 사람들이 있습니다. 이런 이들이 엮어놓은 그물에 자신과 주변 사람들의 이익만을 위해 남을 해친 이들도 간신히 담겨있는지도 모릅니다.

피비린내, 살기, 탐욕, 음모, 폭력, 거짓만 남기고 가는 사람들이 연일 신문을 장식합니다. 요즘은 특히 판사, 검사, 변호사, 정치인 이런 사람들이 자주 오르락내리락합니다만, 스스로도 창피해 얼굴이 쭈글렁 바가지처럼 변해 버린 모습이 연민마저 느끼게 합니다. 그런 이들이 떠나고 남겨진 신발에는 무엇이 담겨있을까요? 바퀴벌레 뭐 설마 이런 것이 담겨있기야 할려구요?

중요한 것은 남의 삶 뒤의 것을 판단하는 일이 아니라, 내 삶의 끝자락을 볼 줄 아는 푸른 눈입니다. 향기로운 꽃 가득하리라 짐작 아니 확신했는데 아뿔싸 가시덤불 가득 혹은 징그러운 것들 가득한 것을 발견하는 낭패를 겪지 않으려면 멀리 꿰뚫어볼 푸른 눈을 길러야 합니다.

내가 친 그물에 타인까지 담게 될 것인지, 남의 그물에 간신히 턱걸이나 할 것인지 그것은 바로 지금 우리에게 달린 것입니다. 미래의 일이 아닙니다.

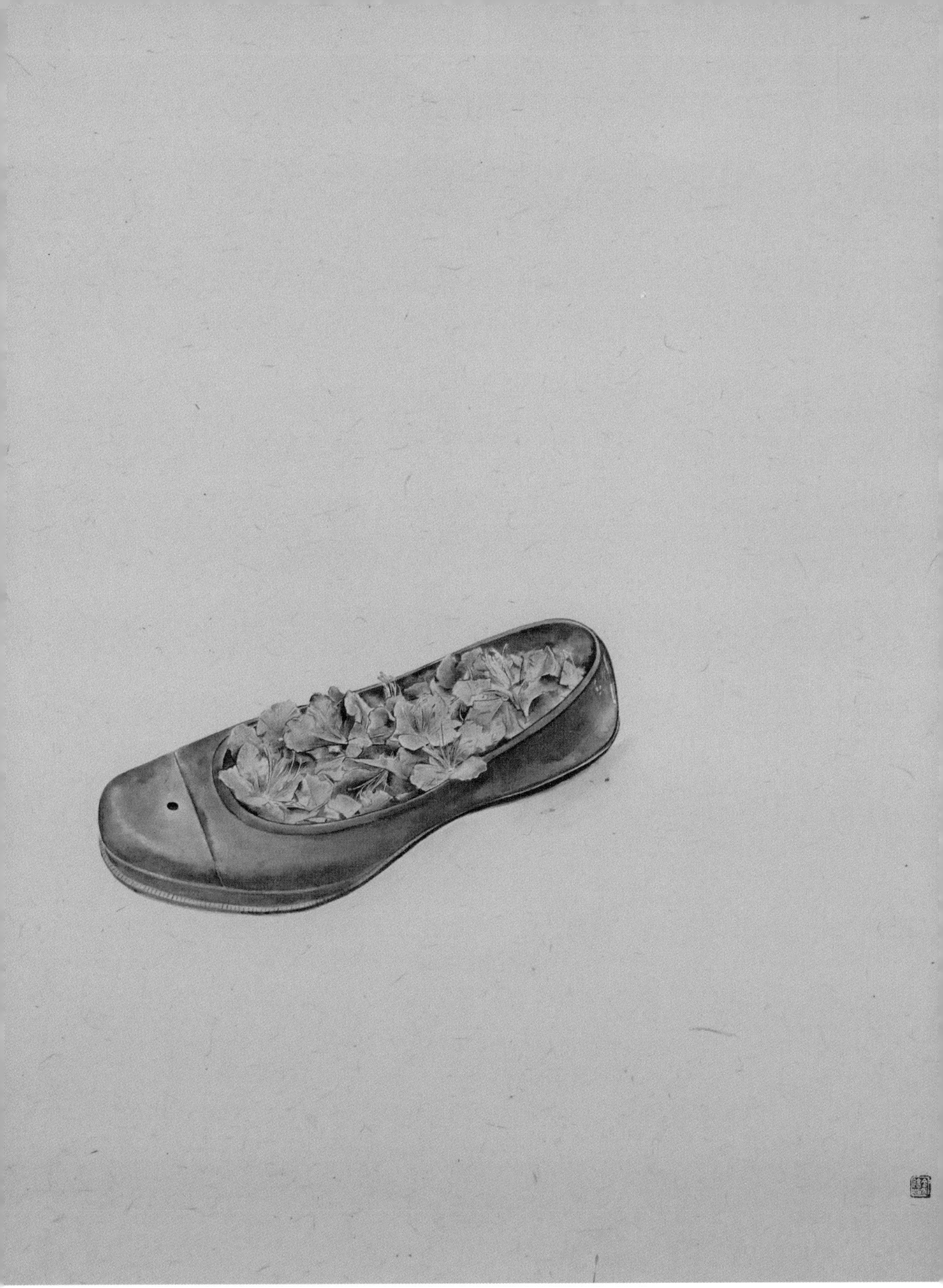

헌화가 | 140×70cm | 수묵 담채 | 2012

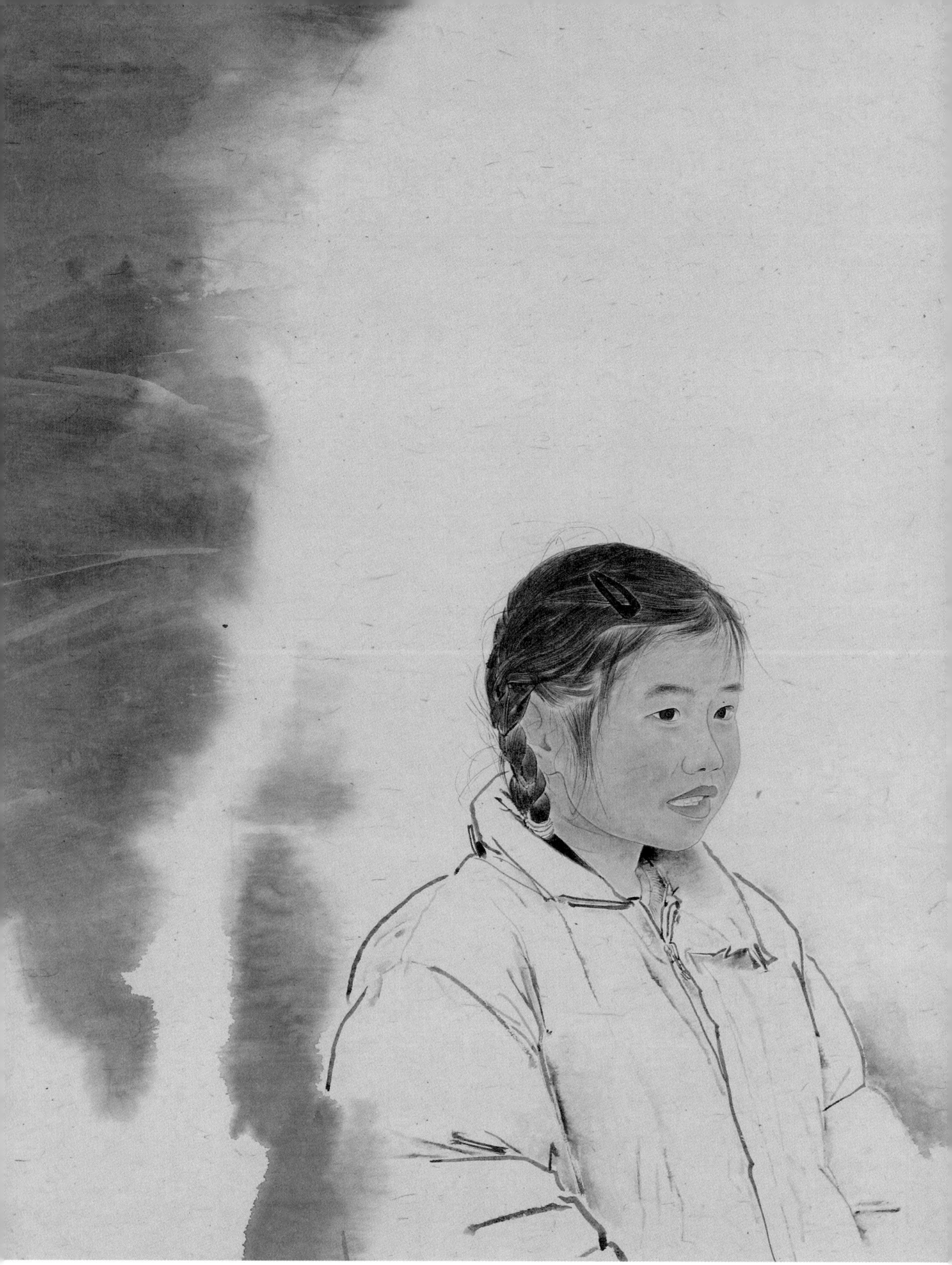

분홍빛 웃음(부분) | 93×95cm | 수묵 채색 | 2007

분홍빛 웃음

소녀야, 너의 분홍빛 웃음에 담긴 그 무게를 감히 짐작이나 할 수 있겠니! 네 등에 지워진 지게의 무게도 네 웃음을 덮지 못하는구나. 네 등에 지워진 보살펴야 할 가족의 무게도 너의 웃음을 누르지 못하는구나.

머리에 꽂을 예쁜 분홍빛 핀 하나 없어 검은 색 핀을 꽂아도 너의 웃음은 빛나는 보석보다 더 빛나는구나. 단정하게 땋은 머리도 가만히 들여다보면 살짝 삐뚤빼뚤 엄마의 손이 아니라 너의 손으로 땋은 것임을 알겠네.

챙겨줄 사람은 많아도 너를 챙겨줄 이 많지 않은 너의 척박한 환경이 네 얼굴에 그늘 하나 지우지 못했구나. 등 뒤에 지게조차 가볍게 만드는 너의 뒤쪽 검은 장막도 네 앞을 막지는 못하지. 너의 분홍빛 웃음은 그 거칠고 삭막한 삶의 자리조차 분홍빛으로 물들이고 있구나.

고난이란 와서는 안 될 암 덩어리가 아니라 그저 다가온 삶의 한 자락일 뿐, 너의 웃음은 태양빛보다 더 찬란하게 고난을 희망으로 바꾸고 있으니 나의 마음도 분홍빛으로 물들여 주는구나.

너의 분홍빛 웃음이 열어젖힌 환한 앞날은 너도 모르는 새에 우리에게 주는 너의 선물이로구나. 고맙구나 소녀야, 네 삶으로, 너의 작은 몸으로 열어젖힌 그 앞날을 우리의 탐욕이 다시 닫아버리는 일 없도록 우리 어른들을 지켜봐 주려무나. 그 어른들이 이제 너를 지켜줄 터이니….

있는 그대로

화가와 보는 방향이 참 달랐던 그림입니다. 저는 작은 냄비에 채 들어가지 못해 구겨져 넣어진 게들로 보았고, 저렇게 밖으로 삐져나온 것을 도저히 참지 못하고 구겨서라도 단정히 다 집어넣어야 직성이 풀리는 사람과 적당히 틀 밖으로 나와도 그럴 수 있다고 보는 사람들에 관해 묵상했던 그림입니다.

그런데 거꾸로 저 꽃게들은 산 채로 냄비에 담겨져 있다 점점 뜨거워 오자 어떻든 살아보고자 자신의 무기인 집게발을 마구 내미는 장면입니다. 뜨겁게 달아오르는 냄비 바깥에 물방울이 묻어 있습니다. 게들의 필사적 허우적거림으로 튕겨진 물방울이지요. 마지막 몸부림이자, 아무리 휘둘러도 한 번 집어볼 대상조차 없이 허공만 허무하게 쑤셔대는 참 가슴 아픈 장면입니다.

철사를 절단하거나 하는 인간의 도구들은 이 게들의 집게발에서 착상을 얻은 것으로 모양이나 구조가 비슷하다 합니다. 이런 이미지로 인해 꽃게의 집게발은 공격성 혹은 기성세력에 대한 반항의 표시로 사용되기도 합니다.

사람이든 짐승이든 아니면 식물들조차 자신을 지키기 위한 최소한 무기 내지는 방어체계를 지니고 있습니다. 색, 모양, 소리, 뿔, 빠른 다리, 날카로운 이나 발톱, 강력한 힘 등 온갖 종류의 무기들이 있습니다. 무기라해서 무조건 나쁜 것도 아니요, 먹고 살기 위해서는 인간이든 짐승이든 무기가 있어야 합니다. 이 주어진

있는 그대로(부분) | 142×72cm | 수묵담채 | 2015

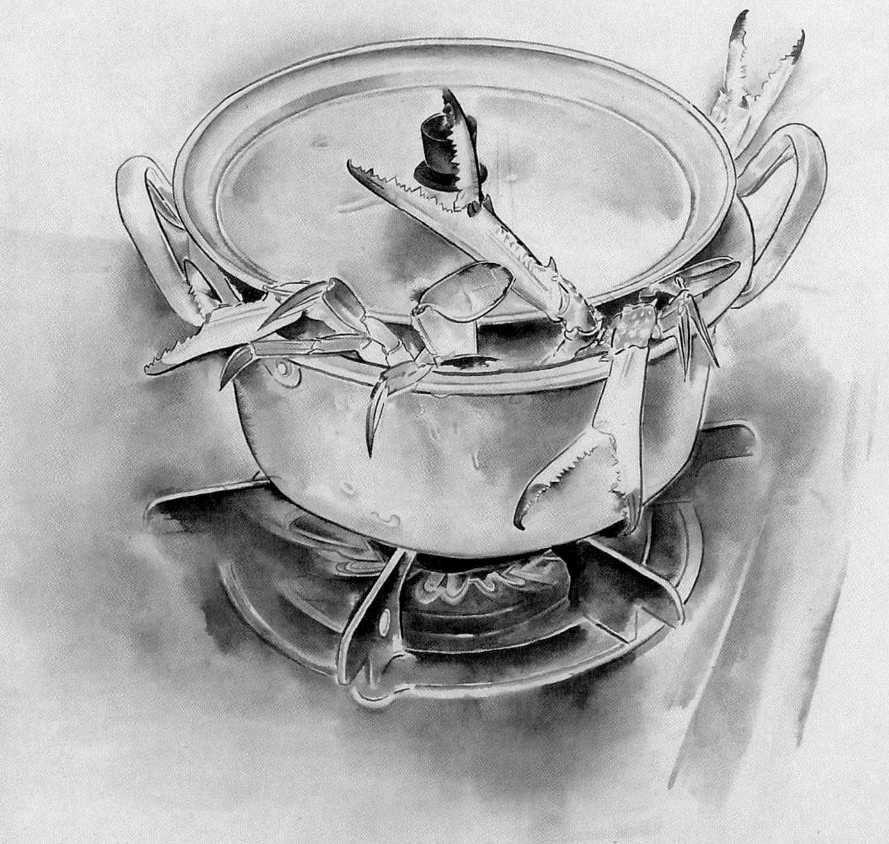

무기마저 무력화시켜 버리는 무자비한 상황에 단체로 빠져버린 어떤 상황, 그것이 세월호든 쌍용차든 국가공권력이 자신들의 국민에게 최소한 무기조차 허용하지 않는 상황 속으로 밀어 넣어 버린 일들이 생각날 수밖에 없는 장면입니다.

제목 〈있는 그대로〉를 생각해 봅니다. 무기면 무기, 아름다움이면 아름다움 인간이나 자연 속 생물체나 있는 그대로 살 수 있는 세상을 떠올려 봅니다. 생명을 유지하기 위해 서로 먹고 먹히는 자연의 그물 속에 자연스럽게 흘러가는 흐름이 아니라, 인간의 탐욕으로 찢어져버린 그물 속에서는 빼앗는 인간 자신부터 먼저 있는 그대로 살 수가 없습니다. 어쩌면 빼앗겨 피눈물 흘리는 존재들보다 그들이 먼저 그리고 가장 비인간화되어 가고 있는지 모릅니다.

모든 것이 무력화된 유령 세계에서 자신들만 인간으로 존재한들, 그것이 무엇이겠는지요?

숨

저것이 똥인 줄이야 제가 가진 상식으로는 알아듣지 못했습니다.

짚북 더미 같은 저것이 예전 어머니들이 머리에 무거운 것을 일 때 사용하는 따바리(똬리의 사투리)인 줄 알았습니다. 거기에 〈숨〉이라는 제목이 붙었으니 저로서는 참 난해한 작품이었습니다. 그런데 설명을 요청했더니 소똥이라는 것입니다. 따바리와 숨을 나름대로 이리저리 굴리다 기분 좋게 한 대 맞는 기분이 들면서 어떤 맹인 화가의 이야기가 생각났습니다.

그는 선천적 맹인이 아니라 청년기에 접어들 무렵 서서히 눈이 보이지 않다가 결국 앞을 전혀 보지 못하게 되었습니다. 그리고 어떤 계기로 그림을 그리기 시작했는데, 그때 눈이 보이지 않는 것보다 더 큰 충격을 받는 일이 생겼습니다.

막상 그림을 그리려 하니 앞이 안 보이는 어려움도 컸지만, 평소 너무도 가까이 있는 아주 당연한 사물들조차 어떻게 생겼는지 기억 속에 너무도 흐릿한 것이었습니다. 다 알고 있다고 여겼던 것들이 단 한 가지도, 과장 없이 단 한 가지도 선명히 제대로 기억하는 것이 없다는 사실이 굉장히 충격적으로 다가왔다 합니다.

어린아이처럼 더듬고 또 더듬으며 새롭게 사물들과 접촉해 나가며 자신이 눈이 보이지 않는 맹인이기 전에 이미 맹인으로 살았음을 고백할 수밖에 없었습니다. 그리고 이 충격은 그를 맹인이라는 사실을 있는 그대로 받아들이게 하는 은총의 소낙비로 쏟아 부어졌습니다.

그렇습니다. 저 역시 맹인입니다. 알고 있다 여겼던 것, 알고 있는 것처럼 느꼈던 것 이런 것이 얼마나 힘없는 것인지 깨닫게 되는 순간이 올 때가 있습니다. 이를 넘어 이 소똥의 경우처럼 아예 무슨 사물인지조차 알지 못하는 경우는 또 얼마나 많은지요!

그러나 알지 못한다는 사실이 온몸을 꿰뚫는 체험으로 다가올 때만 그 청년처럼 은총의 소나기를 맞게 되는 것입니다.

만약 그 청년이 맹인이 되지 않았던들 자신이 보고 있는 것을 보지 못했다고 느끼거나, 그렇게 느꼈다 한들 그것이 그렇게 큰 충격으로 다가오는 경험을 할 수 있었겠습니까? 보지 못함을 알게 됨으로써 삶의 회로 자체가 바뀐 것이지요.

이제 똥 이야기, 몽골인들의 똥 이야기로 돌아가겠습니다. 사료 따위 전혀 먹지 않고 풀만 먹고 자라는 소들의 똥은 여기 한국에서 보는 것처럼 미끄덩거리지 않고 저렇게 푸석푸석해서 냄새도 거의 나지 않는다 합니다. 심지어 그 위에 앉아도 옷에 냄새가 배이지 않을 정도입니다. 이들에게 똥은 밥 해먹고 난방을 위해 불 때는 유일한 연료입니다. 그뿐 아니라 몽골이라는 척박한 광야에는 소똥이 떨어진 자리에만 동그랗게 풀이 납니다. 똥똥똥 떨어진 동그란 자리마다 그림에서처럼 빨간 풀씨가 떨어져 메마른 땅에 생명의 젖줄이 되고 짐승들의 먹이가 되고 산소를 공급해 주는 그야말로 대지의 숨구멍입니다.

그래서 이 작품은 화백의 다른 작품 〈아르가의 향기〉와 함께 보면 더욱 좋습니다. 아르가르라는 부드러운 발음의 말은 몽골말로 똥입니다.

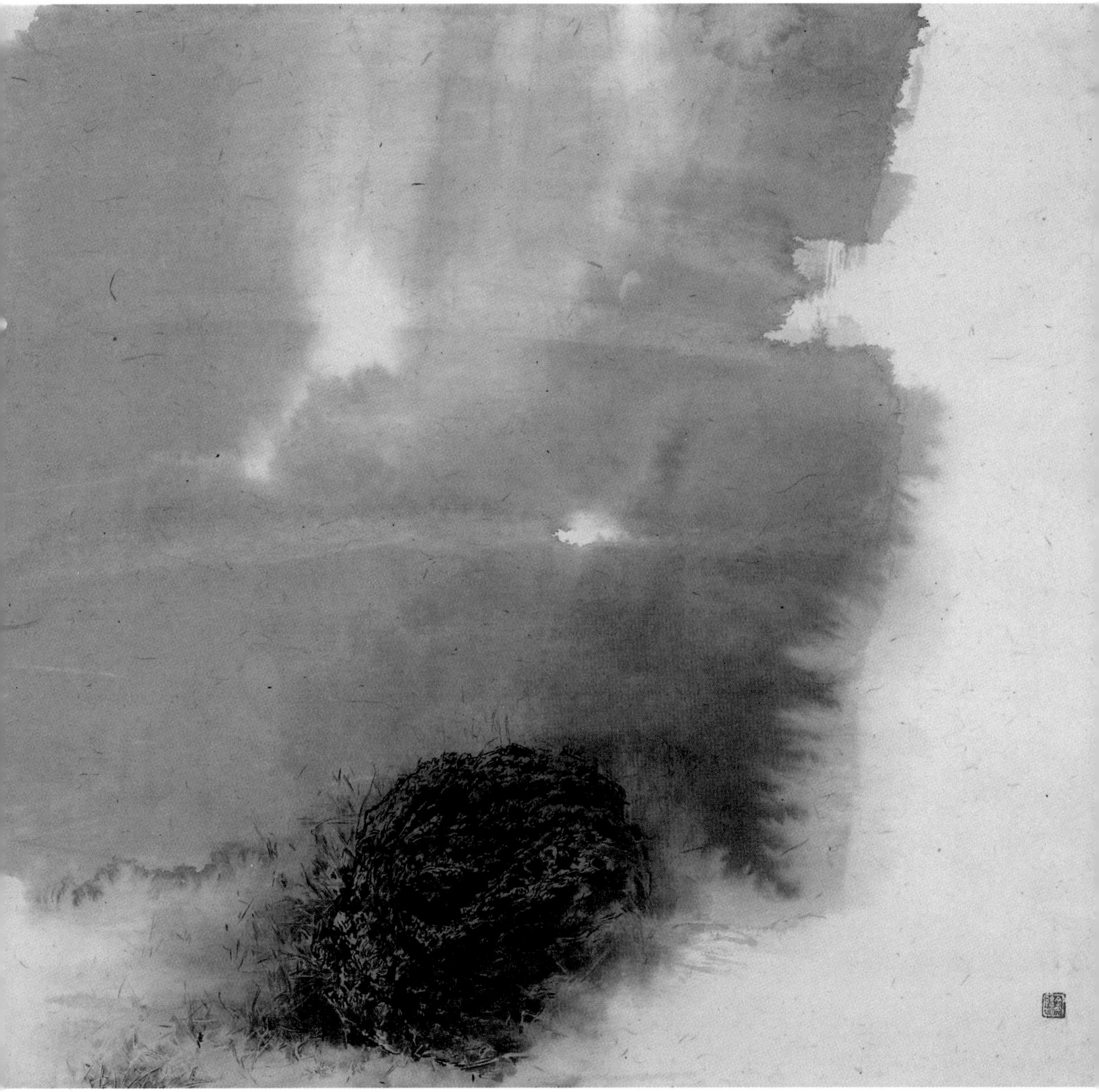

숨 | 95×60cm | 수묵 | 2009

내게 가장 낯선 나

—

자신만큼 낯선 존재도 없을 것입니다. 이 역시 두 방향 보기가 가능합니다. 내가 나를 모릅니다. 이런 내가 타인들의 눈에는 더 잘 보이는 법이지요. 나만 모르고 다른 사람들은 다 아는 그 질척한 늪은 또한 모를 수가 없어 더 괴로운 법이지요. 다른 보기는 자신이 자신에게 낯설어야 자신을 진실로 볼 수 있습니다. 자신을 다 안다는 것만큼 큰 착각도 없지요. 늘 낯설 때 새롭게 나를 찾아 나섭니다. 내가 나를 새롭게 대하고 새롭게 발견하고 새롭게 기쁨을 느낄 때 그 귀함을 타인도 느낍니다.

—

내게 가장 낯선 나 | 199×140cm | 수묵 | 2018

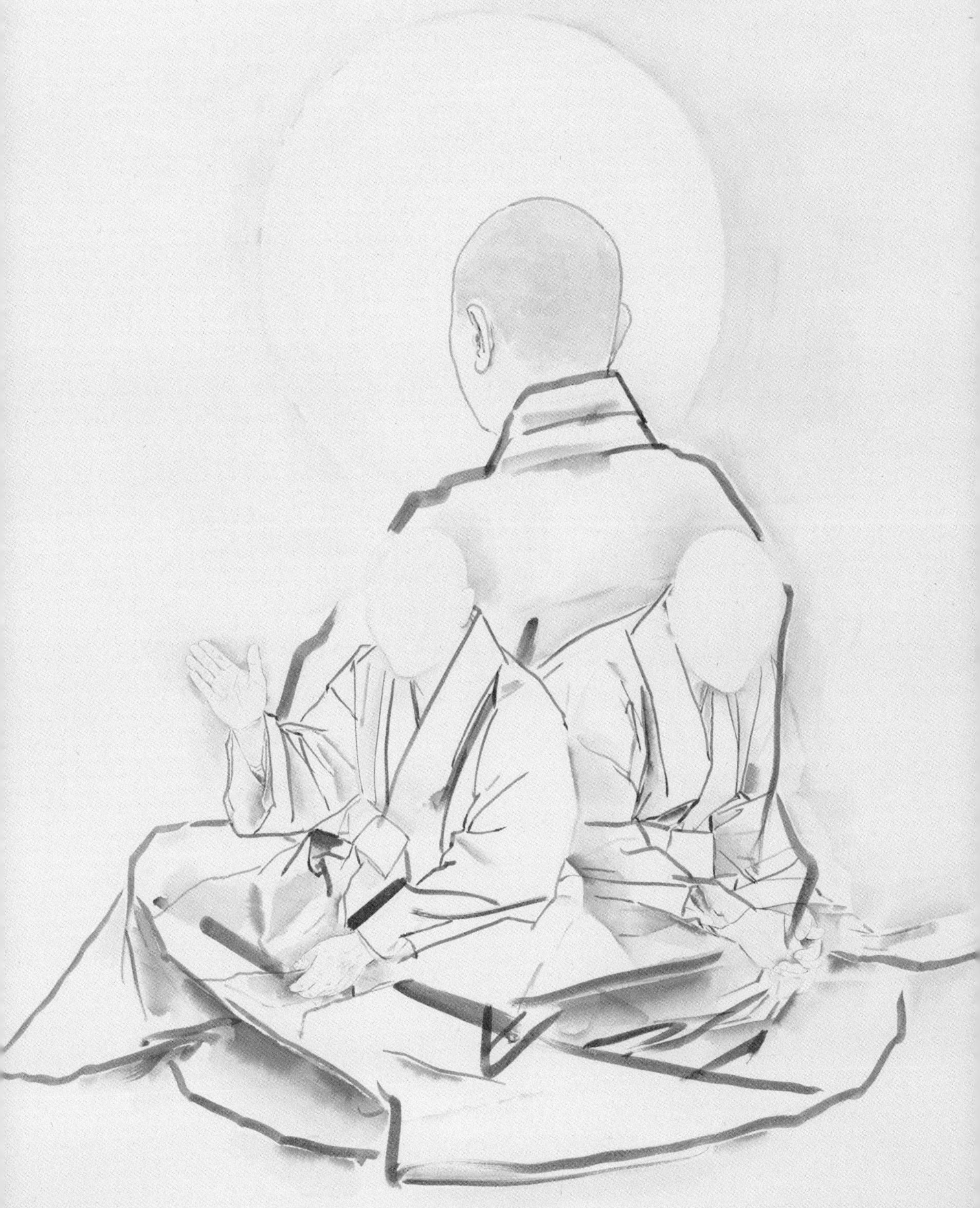

텅 비어있는 나

수도승이 집을 떠나 수도원으로 갈 때는 세상을 버리고 갑니다.

수도승이 집을 떠나 수도원으로 갈 때는 세상을 자신 안에 전부 안고 갑니다.

이 두 가지 현실은 모두 진실입니다. 이것을 바탕으로 〈텅 비어있는 나〉와 〈내게 가장 낯선 나〉를 볼 수 있을 것입니다.

〈텅 비어있는 나〉는 화백의 의도와 상관없이 완전히 다른 두 방향으로 보는 것을 가능하게 하는 그림입니다. 첫째는 수도 여정이 시작되면 가장 먼저 느끼는 것이 문어발처럼 사방팔방으로 뻗는 욕구입니다. 감당이 안 됩니다. 더 나아가면 검은 터널입니다. 검은 터널을 몇 개 통과했는지도 모를 그 여정에서 어느 날 문득 사방이 고요해지고 사방에 있는 사물들이 각각 제 모습으로 그렇게 있음을 보는 순간이 옵니다. 이것이 둘째 방향의 보기입니다. 텅 비어있는 나 안에는 타자를 위한 자리가 절로 생겨나지요. 사방팔방으로 뻗어댈 때는 내 안에 나를 위한 자리조차 없었던 것입니다. 결국 나를 위한 자리가 타자를 위한 자리인 것입니다.

텅 비어있는 나 | 199.5×139cm | 수묵 | 2018

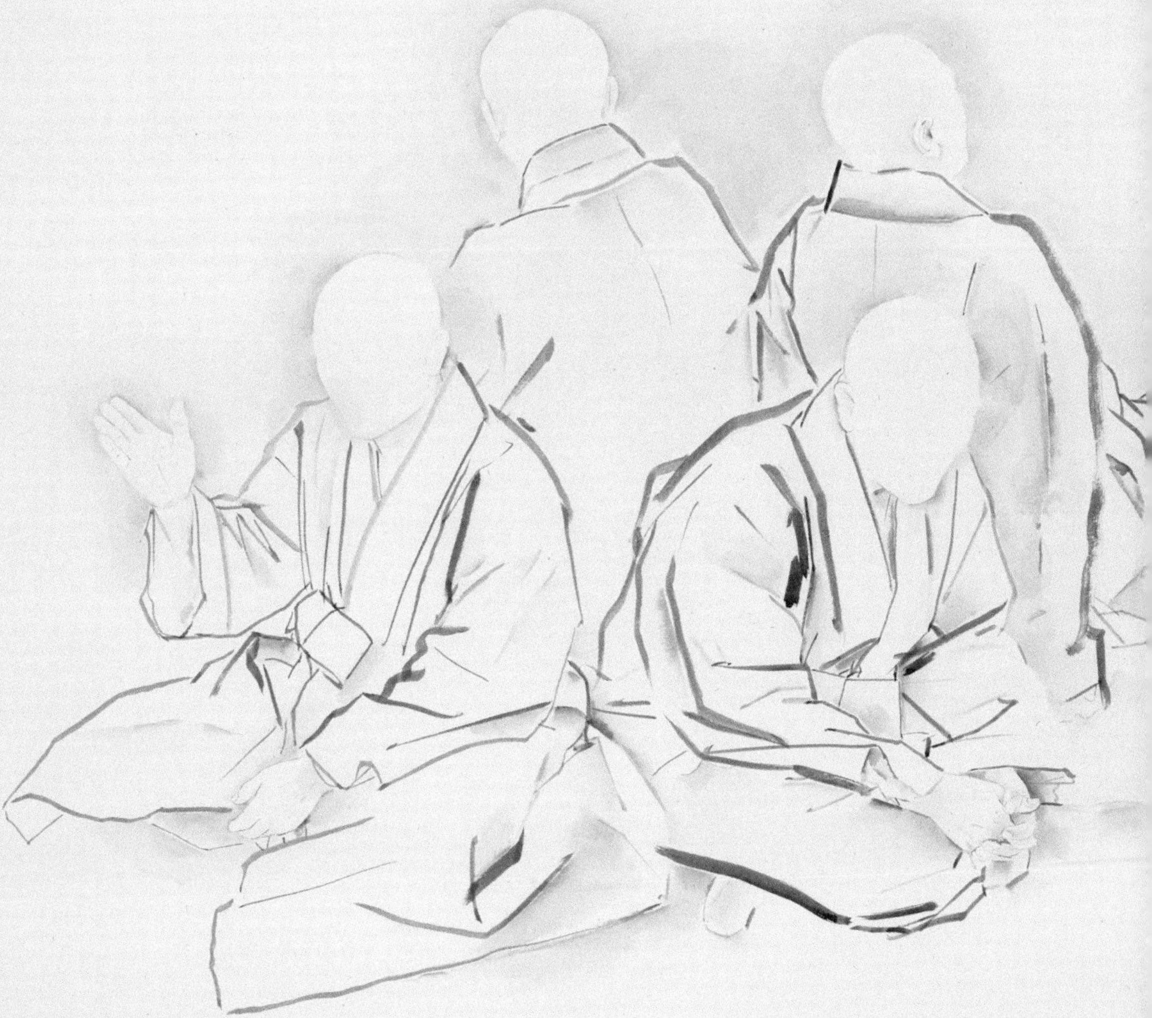

나

그렇지요. 그냥 나입니다. 너도 나도 그도 모두 나입니다. 뺄 것도 더할 것도 없이 그저 나입니다. 나이면 될 것을, 나가 아니어도 될 것을 굳이 나여야만 한다고 주장하는 나 아닌 나들이 판을 치는 세상에서 그저 고요히 "나"로 머무는 복을 세상을 향해 빕니다.

나 | 199×138.5cm | 수묵 | 2018

마지막 선물

슬픔에도 종류가 있습니다. 가슴을 찢으며 빗물로 흐르는 눈물이 있는가 하면, 가슴을 할퀴는 분노의 눈물도 있고, 밖으로가 아닌 가슴 속을 고요히 흐르는 감동의 눈물도 있습니다. 또한 악어의 눈물도 있습니다만 이것은 여기서 다룰 이야기는 아니기에 지나갑니다.

이 그림은 감동의 눈물을 흐르게 합니다. 마음에 그대로 다가옵니다. 약간의 설명이 필요할지도 모르겠습니다. 화백의 부친이 돌아가시기 6개월 전 청천벽력이라는 말 그대로 자고 일어나니 갑자기 치매 증세가 나타났습니다. 뇌에 문제가 생길 경우 그럴 수 있다는 의사들의 판단에 따라 병원 진료를 받기로 하고 떠나는 날 아침 풍경입니다. 그리고 실제로 수술 후 원상회복을 합니다만, 우여곡절 끝에 화백의 지극한 정성에도 불구하고 결국 훨훨 저 세상으로 건너가고 마셨습니다.

아마도 자신이 이 집을 떠나는 마지막 날이 될 것을 예감하셨는지, 아직 곤히 자고 있던 아내를 깨워 자신이 사용하고 있던 보청기를 끼워줍니다.

이 시대 모든 부부들이 그러하듯 결코 꽃길만을 걷지는 않았을 것이고 그 길에서 함께 울고 웃고 싸우고 위로하고 어쩌면 미움을 통해 더 깊은 정이 들었을 깊은 애정의 계곡에 이제 함께 손잡고 서 있을 것입니다. 사랑의 길에선 미움마저 빼놓을 것이 아니니까요. 모든 것을 공유한다는 그 부부만의 깊이, 그 지극한 마음에 눈시울이 젖어옵니다.

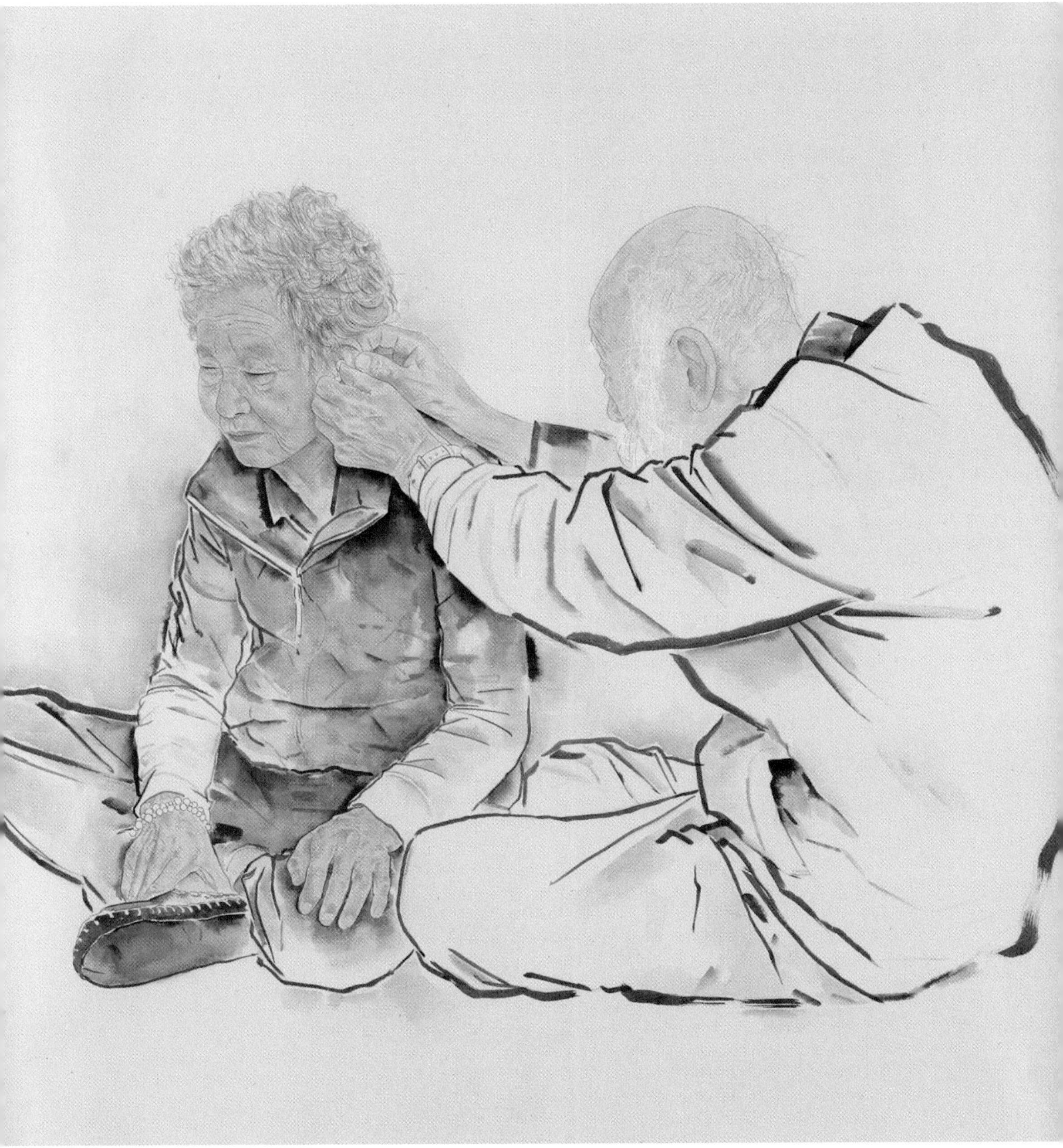

마지막 선물(부분) | 138.5×198cm | 수묵 채색 | 2018

월문

보름달이 환히 피었습니다. 미꾸라지가 환히 피었습니다. 붉은 물통 가득 담긴 미꾸라지에 "만월"이란 이름을 붙일 수 있다니요. 창조성의 위대함에 마음으로부터 박수를 보냅니다.

미꾸라지 찬가라 불러야 하겠습니다. 한 작가로 인해 우리 인간에게 자신을 넘겨주는 미꾸라지의 보시가 우리 앞에 보름달로 환히 밝았습니다. 추어탕 한 그릇 목넘김에도 누군가의 희생이 있는 법임을 전율로 깨닫습니다. 헌신 바로 직전 이제 이지러질 일만 남은 보름달, 미꾸라지 생명의 최절정에 저의 보잘 것 없는 찬가 한 자락 보탭니다. 이제 막 건져내려는 듯 소쿠리 그림자, 공포영화 속 전율 한 자락 보는 맛도 재미있습니다.

월문(부분) | 187×95cm | 수묵 | 2018

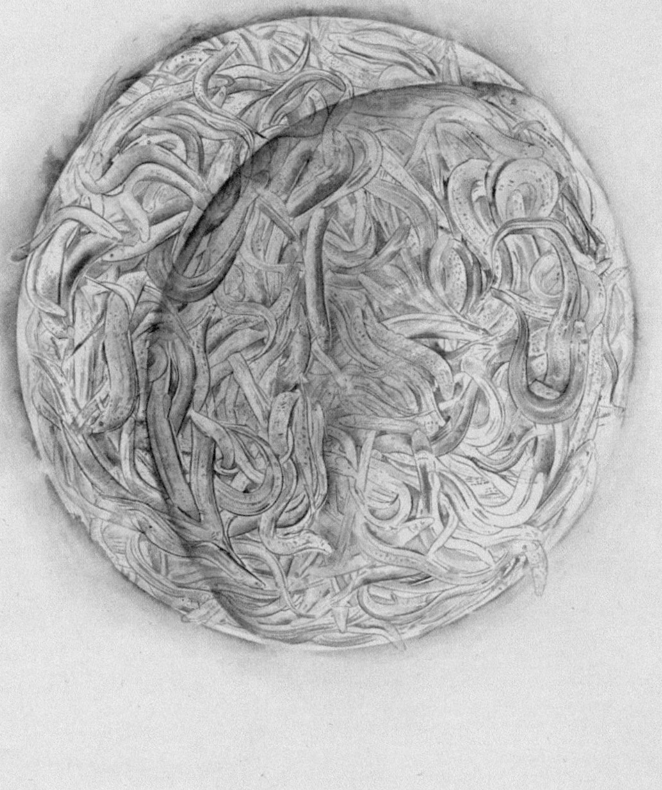

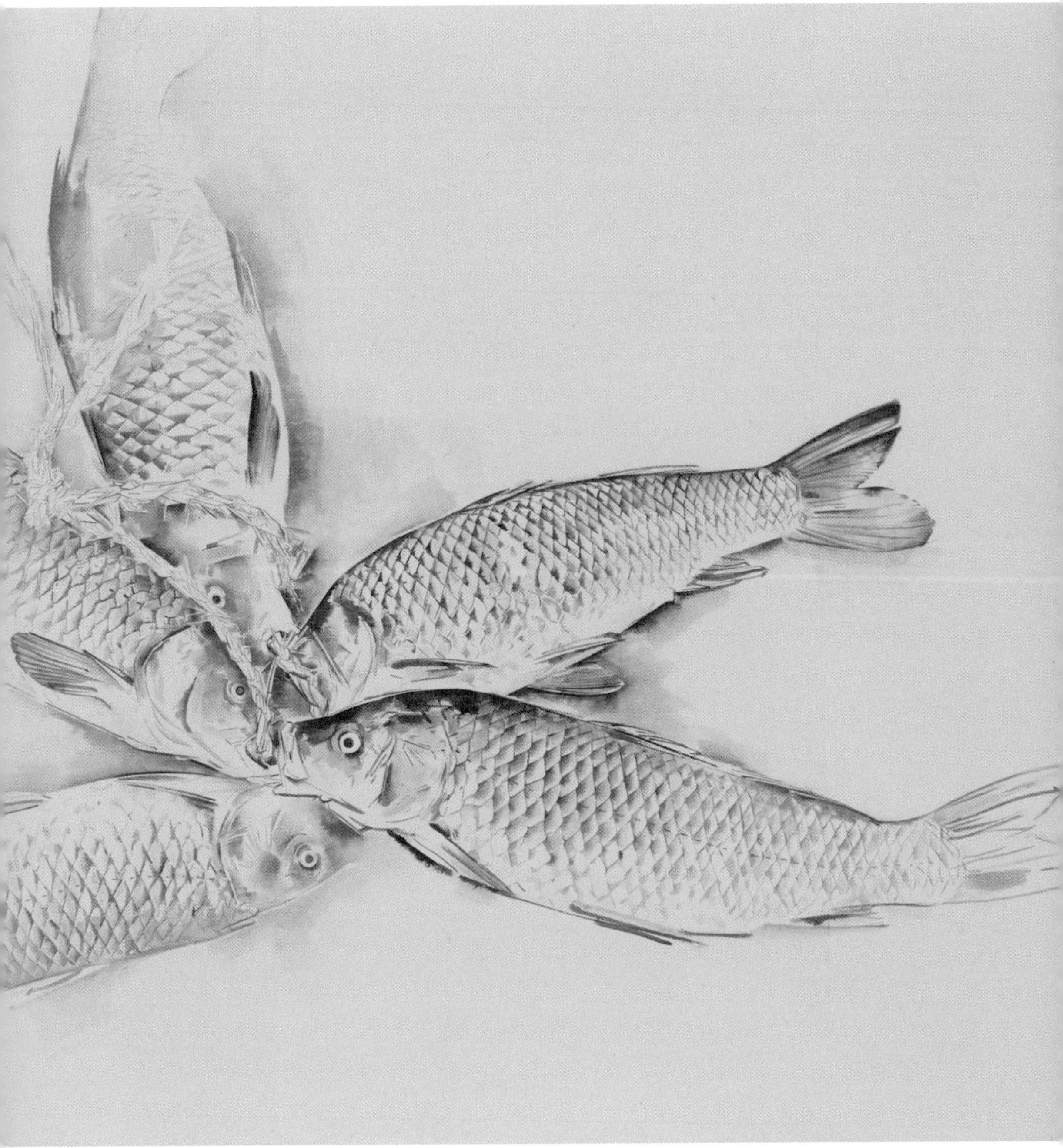

그늘 위의 그늘 | 144×143cm | 수묵 | 2018

그늘 위의 그늘

그늘이 없는 존재는 없습니다. 그늘이 없으면 존재도 아니지요. 태양 아래서 그늘이 없는 것은 존재가 아닐 수밖에 없습니다. 그리고 그늘 중에 가장 짙은 그늘은 아마 죽음일 것입니다. 뭇 생명은 언젠가 죽습니다. 그리고 이 죽음의 그늘이 그 존재의 여정을 극명하게 드러내 보여줍니다. 잉어에게도 죽음의 그늘은 있지요. 자신의 존재의 터전인 물속에서 목숨을 다하고 죽는가 하면 이렇게 인간의 손에 잡혀 나와 코를 꿰이기도 합니다.

어찌 보면 자연사 하는 것이 귀해 보이나 이렇게 코를 꿰어 다른 목숨을 위해 먹이가 되는 것이 그늘의 참된 의미일 수도 있습니다. 죽음이 고귀하면 그늘도 고귀하고, 죽음이 추하면 그늘도 추합니다. 그늘이 그 존재와 무관하지 않기 때문입니다. 코를 꿰어서도 다른 존재를 위한 생명 보시를 하는 존재가 있습니다. 다른 편에서는 온갖 것으로 치장하고 꽃으로 장식된 죽음이 있지만, 오직 자신만에 집착하며 죽음에 끝까지 발악하다 강제로 죽음에 넘겨진 존재도 있습니다. 그 그늘의 서늘함이야말로 견디기 힘든 것이겠지요. 자신에게나 타인에게나 어떤 생명도 건네지 못하는 그늘이지요.

지효 스님, 성철 스님

참 아름답습니다. 참 가난합니다. 그림에서 빛나지 않는 빛이 납니다. 그 사람 본래 지닌 빛이 저리 환한 것이겠지요. 누구에게나 있는 빛이지만, 그 빛은 몇 겹의 먹구름, 장막, 철벽, 오물 등으로 가려져 있을 뿐입니다.

그 빛을 믿고, 그 빛의 비추임을 따라 일생을 사신 분들의 빛이 저리 그림으로도 환히 드러납니다.

불교정화를 위해 조계사에서 단식하던 스님들을 정화운동을 반대하던 대처승들이 몰아내자 그 현장에서 3번 칼로 자신의 배를 그어 할복했던 지효 스님, 창자가 밖으로 나오고 피비린내가 진동했습니다. 사람들이 병원으로 실어가려 하자 살고자 이리 했던 것 아니라고 완강히 반대하던 스님을 경찰서장의 강제 명령으로 병원으로 실려갔던 분입니다. 이때 스님은 의식을 잃었습니다.

맑음을 유지한다는 것이 이리도 어려운 일임을 스님의 행적은 50년이 넘은 지금에도 우리에게 역설해 주고 있습니다.

성철 스님이야 무슨 말을 보태겠습니까. 종교를 넘어 그 맑음은 마음을 씻고 스며드는 힘을 지닙니다. 죽고 살고도 문제가 아닙니다. 참된 것은 영원하기에 죽은 후에도 그 빛은 스러지지 않지요. 두 분 모두 이 지상에는 없는 분이건만 살아있는 누구보다 힘찬 목소리, 힘찬 생명을 내뿜습니다.

그럼에도 고요합니다.

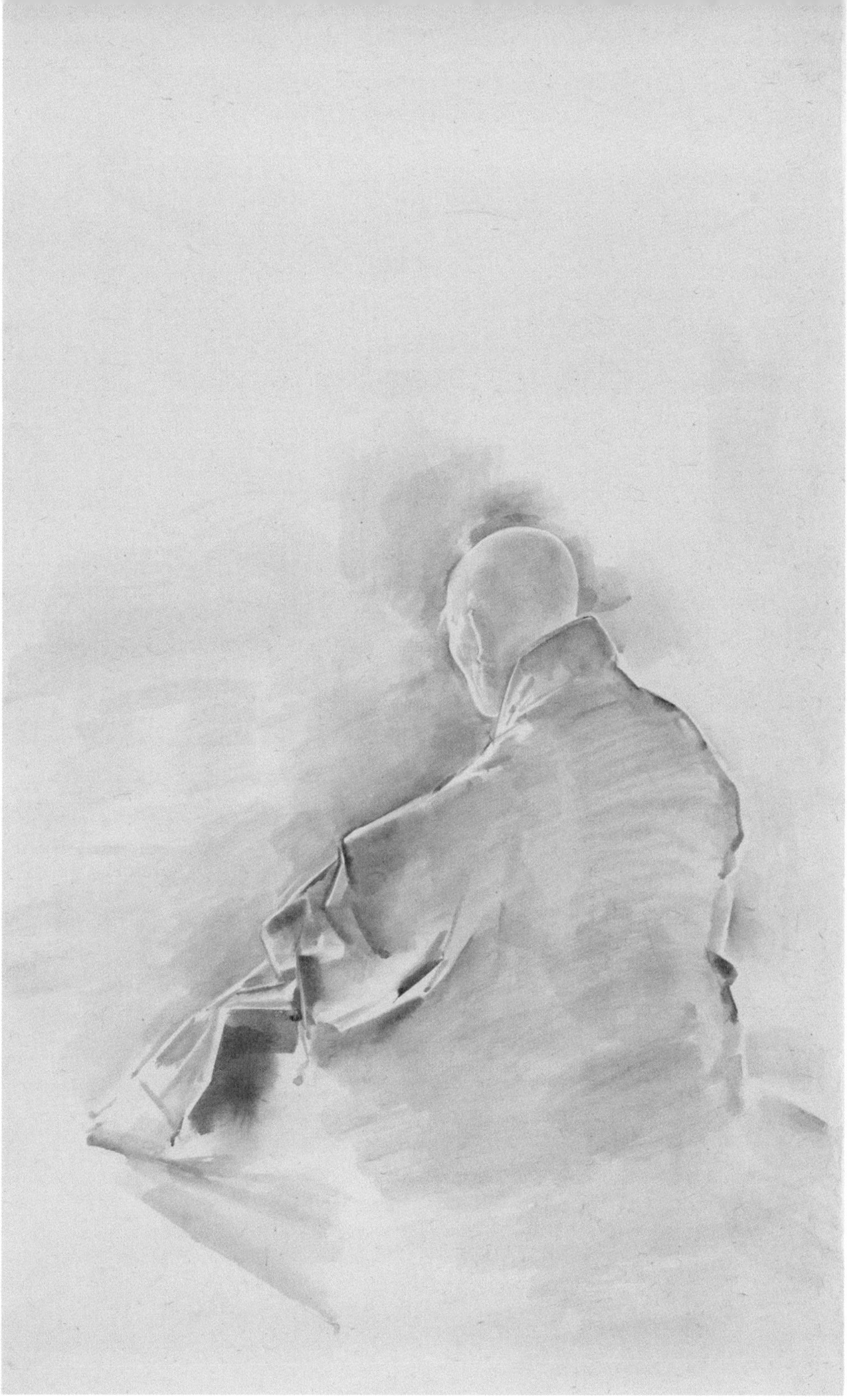

지효 스님 | 187×95cm | 수묵 | 2018

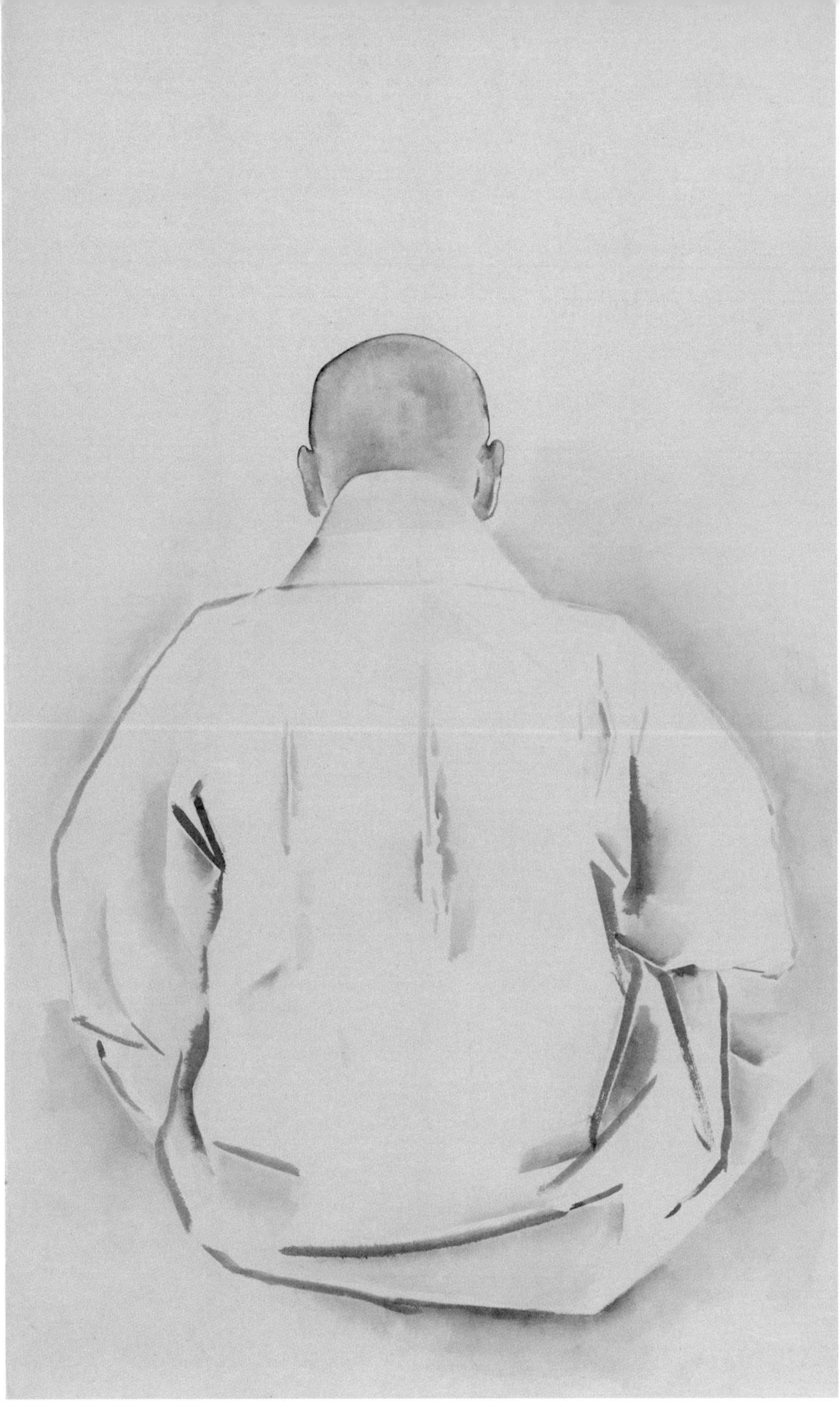

성철 스님 | 130×75cm | 수묵 | 2018

검은 성철 스님

참 강렬한 설명이었습니다. 생전의 성철 스님을 뵙자면 삼천 배를 했어야 한다는 것은 알고 있었지만, 사후에도 그러하다는 것은 봉쇄수도원 한구석에 있는 사람으로서는 알기 어려운 사실이라 할 수 있을 것입니다. 화백이 성철 스님의 진영을 그리게 되었을 때의 일화입니다. 누구나 해야 하는 삼천 배를 하지 않고 작업을 시작하자 당연히 볼멘소리가 나왔습니다. 특히 스님의 따님이신 불필 스님이 그러하였다고 합니다. 화백은 "삼천 배를 왜 하는지 그 정신이 중요하지 삼천 배를 하느냐 하지 않느냐는 중요하지 않다."고 대답하였습니다. 이에 불필 스님이 화백 대신 삼천 배를 했다는데, 거기에는 그만한 이유가 있었습니다.

화백은 스님이 남긴 모든 말씀, 스님에 관련된 책과 기사들을 모두 섭렵한 것은 물론이거니와 스님이 머문 장소나 관련된 장소는 모두 방문하고 직접 머물러 보고, 스님과 가장 닮은 제자 스님에게 스님의 생전 승복을 입히고 관찰하고 사진 찍고 대화를 나누었습니다. 한 마디로 화백은 어떤 사람의 초상화를 그릴 때 그의 정신이 자신 안으로 걸어들어 올 때까지 할 수 있는 모든 것을 합니다. 이 사실이 전제되지 않는다면 위의 대답은 오만하기 짝이 없는 것이 되어 버릴 것입니다.

그래서 이런 그림도 나올 수 있었지 않을까. 시커먼 배경은 보이는 그대로 어둠입니다. 어둠 속에서 어떤 사람은 스스로 모습을 바꿉니다. 사람들이 보지 않으니 편한 대로 행동하고 심지어 보지 않는 곳에서는 속이고 사기도 칩니다. 이런

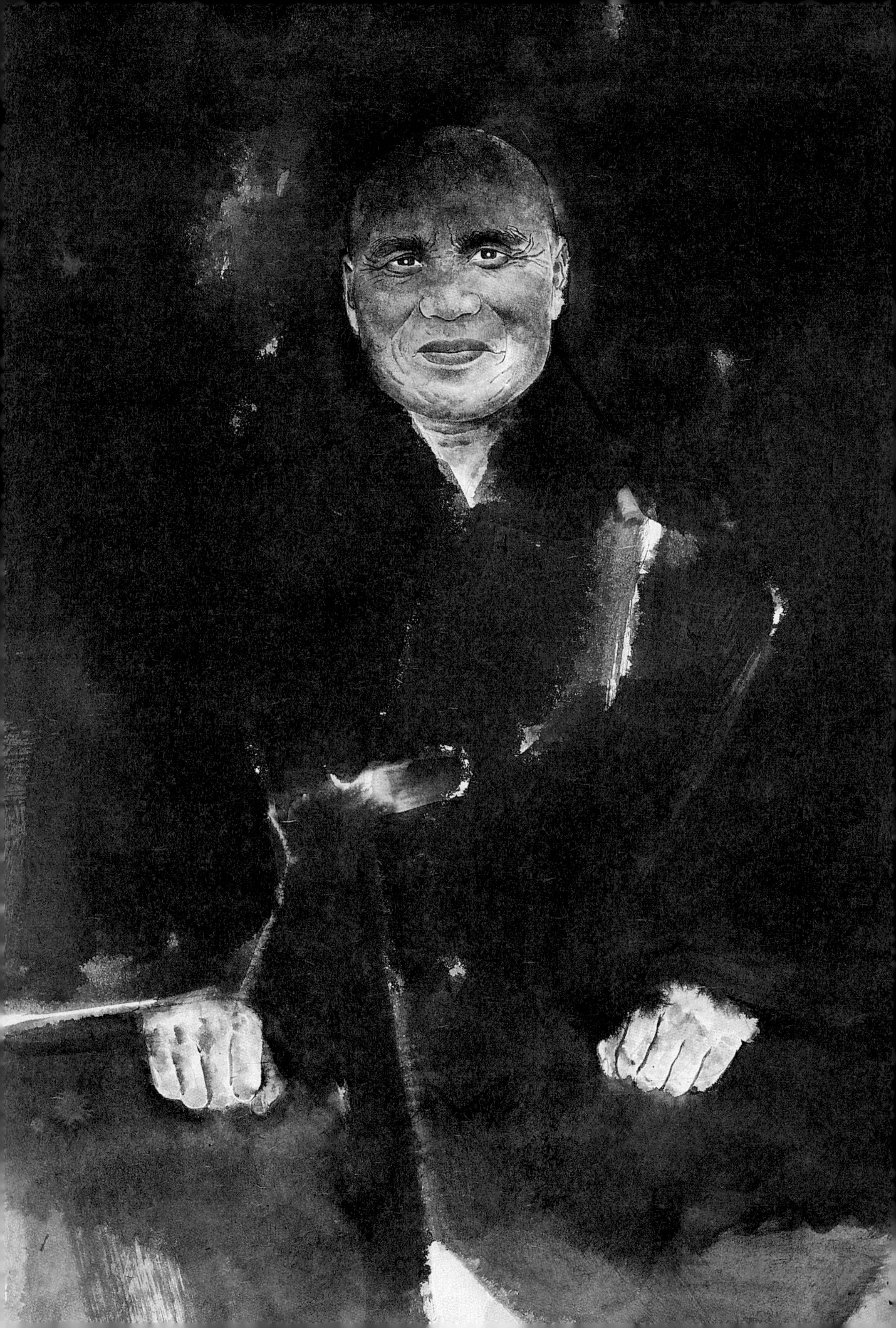

정도는 아닐지라도 어둠 속에서는 사람의 본모습이 잘 드러나지 않는 것은 일반적인 사실입니다.

그런데 성철 스님의 눈은 어둠 속에서도 마치 빛처럼 환합니다. 자기닦음의 결실은 빛 속에서보다 어둠 속에서 더 환한 법이니까요.

성철 스님을 주제로 한 작품들로 예술의 전당에서 전시회가 열렸을 때 여러 스님들이 이 작품과 다른 몇 점을 불편해하고 심지어 그림을 내려주기를 원하기까지 하였다 합니다. 시커먼 것이 어딘지 모르게 스님을 음험하게 느껴지게 하는 면이 없잖아 있기 때문이었던가 봅니다. 물론 작품을 대함에 있어 위와 같은 시각이 없다면 말입니다.

어둠이 있기에 빛은 빛일 수 있습니다. 이 시대가 혼탁했던 만큼 성철 스님의 인품, 자기닦음은 더 큰 빛이 되었습니다. 빛을 보지 않고 어둠만 보고 있을 이유가 없겠지요.

—

검은 성철 스님(부분) | 184×96cm | 수묵 | 1994

세수하는 성철 스님

화백과 인연이 닿게 해 준 것이 이 작품입니다. 화집에서 이 작품을 처음 접했을 때 그 놀라움은 아직도 생생하게 남아있습니다. 이런 정신세계를 이렇게 은유로 압축할 수 있는 화가, 그런 정신세계를 표현하면서도 아름다움을 잃지 않는 작품을 발견한 기쁨이 얼마나 컸던지!

화백의 설명과 내가 처음 봤을 때의 이미지 사이에 일종의 시간 차이 같은 것이 있는 것 같습니다. 나는 스님이 세수를 끝낸 후 자신의 얼굴과 대면하는 장면으로 보았습니다. 자신과 마주하면서 자기혐오도 자기도취도 아닌 그저 자신을 바라봄이 참 정겹게 다가왔습니다. 스님의 "산은 산이요 물은 물이다"라는 말씀과도 통한다고 할까요.

자신이 자신을 정겹게 보니 겨울 언 구름도 녹아 세숫대야에 놀러오고 옆 나뭇가지의 이파리들도 한몫 끼고 싶어하는 그런 장면이 연상되었습니다.

화백은 시간적으로 내가 본 장면 앞의 순간을 포착한 것 같습니다. 스님은 물로 얼굴을 씻고 있어서 그때마다 손으로 퍼 올린 물로 인해 세숫대야에 비친 스님의 모습이 흐트러집니다. 끊임없이 자신의 모습을 비우고 또 비우는 자기닦음의 은유이지요.

이렇게 시간 차이 하나로 상당히 달라지는 그림보기 재미있지 않나요? 이는 또한 은유의 매력이기도 합니다.

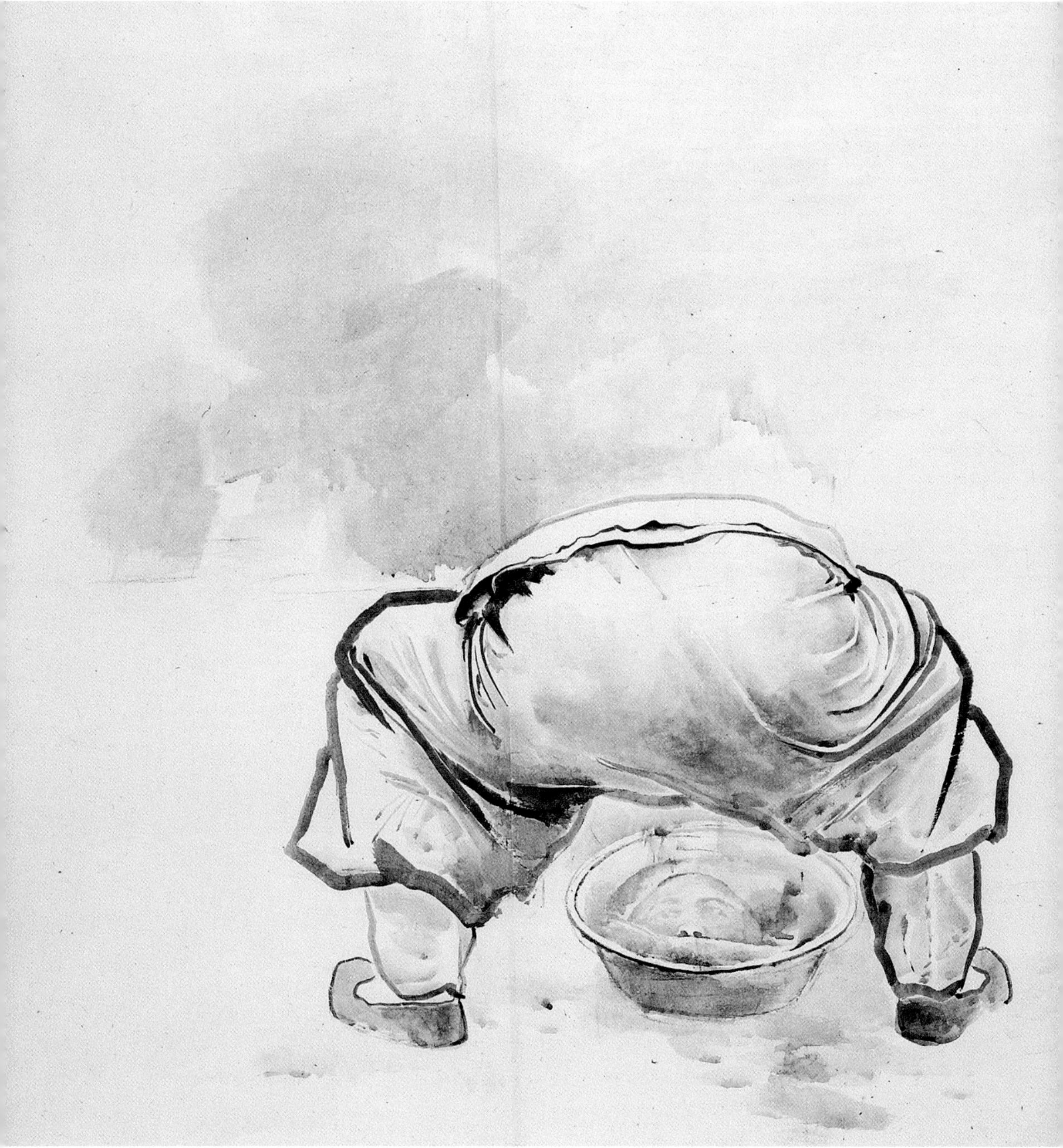

세수하는 성철 스님 | 116×142cm | 수묵 | 1994

내가 첫 수도생활을 시작했던 수도원은 일본 홋카이도 하코다테에 있는데 엄청나게 넓은 대지에 아름다운 풍광이 펼쳐지는 곳입니다. 넓게 펼쳐지는 목초지와 그를 둘러싼 우람한 삼나무들, 연못도 다섯 군데나 있어 봄 여름 가을 겨울 멋있지 않은 계절이 없었건만 그 속을 헤집고 다녀도 내 속은 뭉개진 듯 엉망이었습니다.

일본에서의 4년 수련 후 1989년 한국으로 귀국하여 수정에 정착하였는데, 나름 정겨운 곳이지만 풍광 면에서는 하코다테 수도원에는 훨씬 못 미친다고 할 수 있는 곳입니다. 초창기라 제대로 정비도 되지 않아 울퉁불퉁 야산의 평범함이 그대로 여기저기 드러나는 곳임에도 산보를 하거나 등산을 하면 그곳에서 펼쳐지는 자연의 아름다움에 걸음을 멈추곤 합니다. 4년이라는 수련 기간 자신의 모습을 바라보고 자신과의 화해의 여정이 어느 정도 이루어지니 자연도 자연 그대로 아름답게 보이게 된 것은 아니겠는지요.

사실 수도승에게 유일한 적은 자기 자신입니다. 자신과의 싸움이 시작되기 전에는 남과 싸움으로써, 자신뿐 아니라 자신이 속한 곳에도 풍파를 일으킵니다. 타인이 아닌 자신과의 내적 싸움을 통해서만 자신이라는 그릇이 터져 한계 있는 인간의 외연이 넓어지고 이 사람 저 사람, 이 일 저 일 골고루 수용할 수 있는 그릇이 될 수 있습니다. 화백은 이렇게 끝없이 자신과의 싸움을 하는 스님의 모습을 표현하고자 한 것입니다.

스님은 참으로 단정한 분이심을 이 그림을 통해서도 알 수 있는데, 바지 부분에 정강이를 감싼 각반이 이 사실을 짐작하게 해 주는 단서 노릇을 합니다. 한복이나 승복을 입으면서 이 각반을 하는 사람은 요즘에는 거의 드물다고 합니다. 스님의 삶의 결을 느끼게 해 주는 부분이지요. 실제로 스님은 노끈 하나, 종이 한 조각 허투로 버리지 않고 모았다 쓰고, 날아다니는 신문지 조각도 제자들이 읽지 못하게 하셨다 합니다. 그만큼 자신 안으로 집중하라는 강한 메시지요, 그런 삶을 당신이 먼저 사셨나 봅니다.

그런 분을 묘사하는데 엉덩이를 번쩍 쳐들고 있는 모습이 불경해 보였던지 전시회 때 스님들이 이 그림을 초반에는 못마땅해 했다 합니다. 그만큼 스님을 아끼는 마음이 다른 한 면을 못 보게 했을 수 있는데, 화백의 이런 의도가 들어 있는 작품임을 알고 오히려 아끼게 되었다 합니다.

마지막 기억

경건함이 묻어나는 작품입니다. 한 마리 짐승도 자신의 가족으로 보는 몽골인들과 짐승의 자기 몸 보시가 어우러진 그림입니다. 몽골인들의 양식인 짐승을 그들은 죽이기 전 안고 감사의 마음을 전한 후, 가장 아프지 않은 방법으로 숨을 끊어줍니다. 숨이 끊어지고도 한참은 눈이 감기지 않는데, 이 그림에서 한 쪽 눈은 감기고 다른 쪽 눈만 아직 감기지 않은 모습을 그리고 있습니다. 염소의 눈은 기쁨은 아닐지라도 죽음의 고통의 단말마 같은 것은 느껴지지 않습니다. 자신의 몸 보시를 받아들이는 모습입니다. 이런 설명을 듣지 않으면 살아있는 염소로 착각할 수도 있을 정도입니다. 머리에 묶여진 천은 나무에 달아 목에서부터 껍질을 벗기기 위한 것입니다.

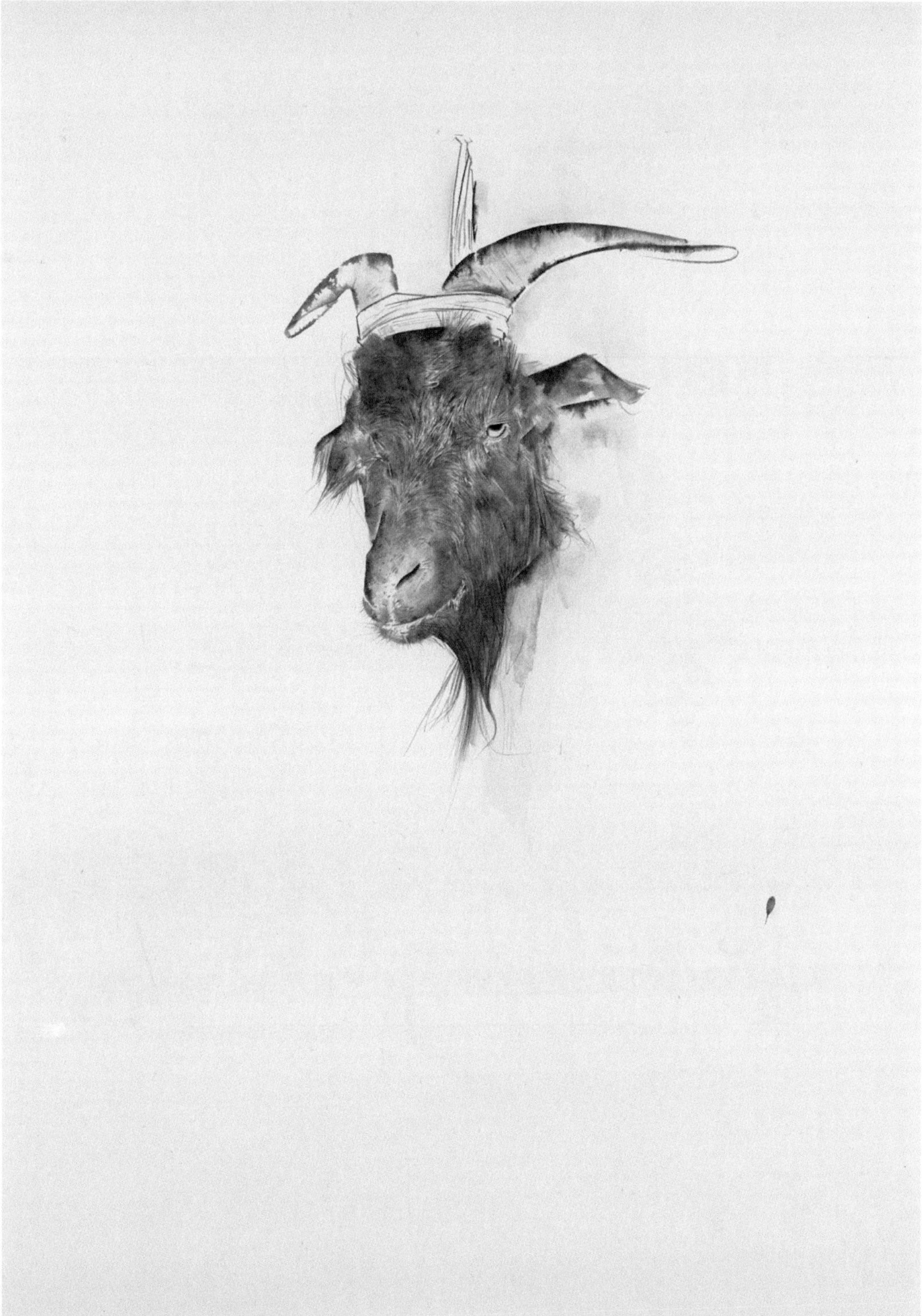

마지막 기억 | 144.5×143cm | 수묵 | 2018

스투파

탑을 쌓는 마음이야 시공을 초월해 그 지극함이 하늘에 닿습니다. 탑 쌓는 일을 두고 전설이 많은 것도 사실 지극함의 문제일 것입니다. 한 층 한 층마다 마음의 깊은 오점들을 씻고 생명의 물일랑 위에서부터 자신에게로 내려오기를 바라는 그 간절함이 담긴 탑 앞에서 종교를 불문하고 어떤 외경심을 느낍니다.

이 그림 속 탑은 조금 특별합니다. 몽골인들이 자신들이 타고 다니던 말을, 때가 되면 광야에서 자신들의 생명을 이어줄 양식으로 삼은 후 그 머리를 아무 데나 버리지 않고 차곡차곡 탑으로 쌓은 것입니다. 자신들의 발이 되어준 말, 형제와 같던 말, 이제 자신의 몸이 되어 준 말. 그 말의 머리를 한 층 더 쌓을 때마다 어떤 기도, 어떤 마음을 담을까요? 이들에게는 그 말의 머리가 먹고 남은 쓰레기가 아니라, 이 세상 저 세상을 함께 살아갈 형제요 동료인 것입니다. 그 동료의 몸을 빌어 자신의 몸을 지탱함에 대한 지극한 고마움이 절로 느껴져 옵니다. 지극함에 있어서는 세상 어떤 예술가의 탑보다 더 간절하고 더 순수하지요. 실제 몽골 광야에서 이 탑을 만난다면 전율이 일 것 같습니다.

스투파 | 187×95cm | 수묵 | 2018

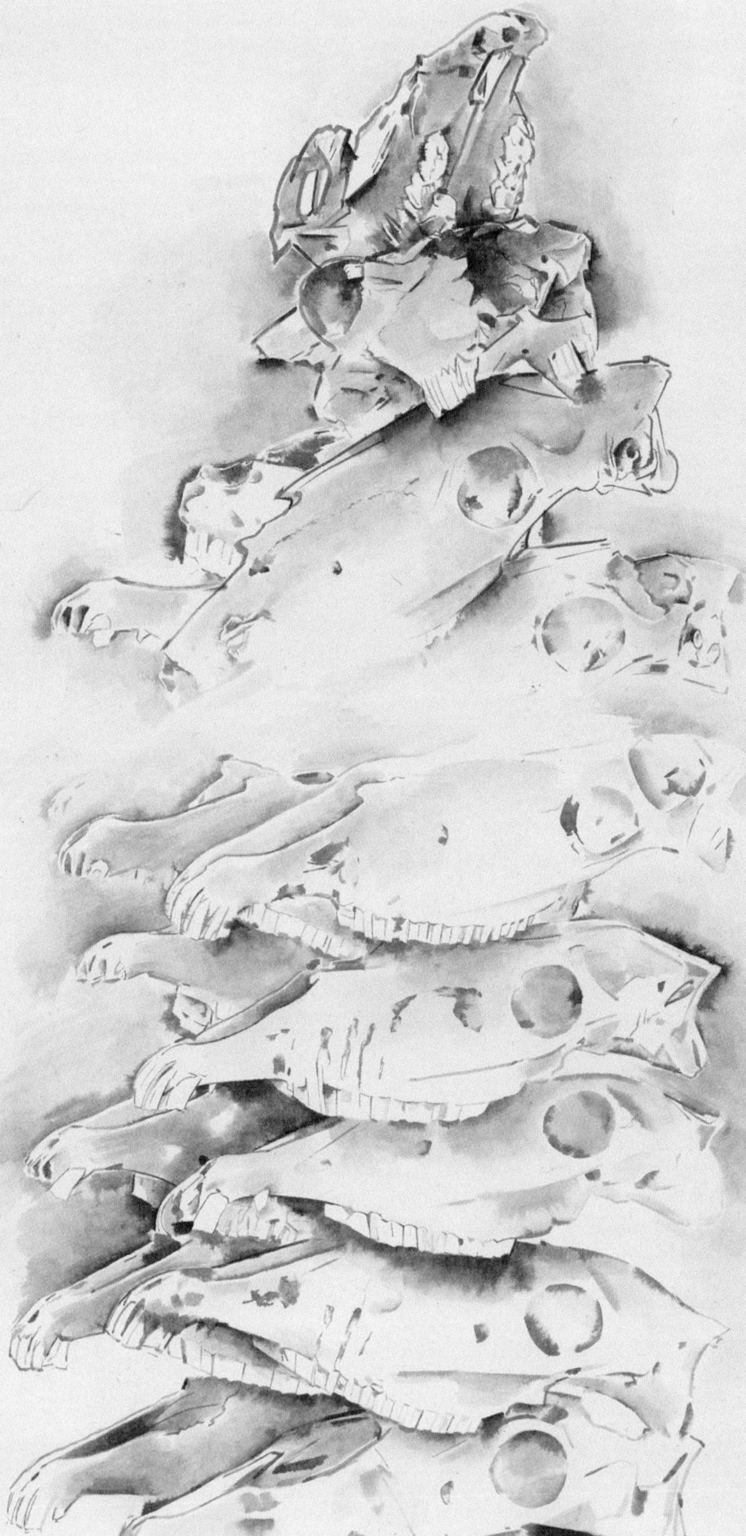

소가 웃다

이 작품의 상황에 대한 화백의 설명을 들었을 때 '픕' 웃음이 터졌습니다. 짚북더미 속에 있는 소가 웃고 있는 것인 줄 알았습니다. 이 착각은 작품을 보는 데 문화의 차이가 굉장히 중요하게 작용한다는 것을 보여 줍니다.

이 장면은 몽골에서 소를 잡는 장면의 마지막 컷입니다. 몽골에서 양은 양식으로 가끔 잡아먹지만 소는 귀하여 일 년에 한두 번밖에는 잡지 않습니다. 먼저 두 뿔을 잡고 망치로 뿔 사이를 때리면 바로 죽습니다. 그리고 심장 부위에 5cm 정도 금을 내고 심장을 끊어 주는데, 그림 속 살짝 붉은 부분입니다. 소의 고통을 최소화하기 위한 방법입니다. 유목민의 소에 대한 예의가 우리네 시대 어떤 사람들이 동료 인간을 대하는 자세보다 더 경건하게 느껴짐은 너무 지나친 것일까요?

그리고 살을 해체하고 가죽을 벗기는 데 걸리는 시간은 몇 십분도 채 걸리지 않습니다. 그리고 남는 가죽은 40-40-20cm밖에 되지 않습니다. 그리고 이 가죽도 인간에게 옷, 신발, 허리띠, 가방 등 귀한 재료가 됩니다. 그림은 이 소가 남긴 가죽입니다.

그런데 화백은 왜 제목을 〈소가 웃다〉로 정했을까요? 각자 나름의 해석이 가능하겠지만, 소는 죽기 전 눈빛이 파란 에메랄드빛으로 변한다 합니다. 자신의 죽

소가 웃다 | 115×94cm | 수묵 담채 | 2008

음을 아는 것이지요. 그 두려움을 보았음에도 제목이 그러한 것은 고통과 함께 마지막 자신의 목숨을 다함에 있어, 자신의 목숨과 사명을 귀히 여기는 인간에게 보내는 마지막 인사로 보기 때문입니다.

하나의 죽음이 있어야 다른 생명이 생겨나는 이 세상의 질서는 차라리 잔혹합니다. 우리 역시 이 잔혹함으로 우리의 목숨을 이어가고 있으니 우리 목숨으로 타인의 목숨을 구하는 것이 인간의 당연한 소명이 아니겠는지요. 하물며 소도 웃으며 자신의 목숨을 타자에게 건네주거늘 만물의 영장 인간이 자기 목숨을 자기만을 위해 쓴다는 것은 무엇을 의미하는지 생각하게 됩니다.

염소

염소 그림에서 우리는 느닷없이 "감사"라는 주제를 만나게 됩니다. 이 느닷없음을 함께 즐겨볼까 합니다.

세상에서 찾아보기 가장 힘든 것 중 하나가 "감사"라고 합니다. 가장 흔한 예로 자식이 부모에게 감사하는 마음을 지닌 경우를 보기가 쉽지 않습니다. 자식을 낳아봐야 부모의 마음을 안다는 속담 아닌 속담이 생긴 것도 이 때문이 아닌가 싶습니다.

감사란 그저 무엇인가 좋은 것을 얻었기 때문에 생기는 것은 아닌 것 같습니다. 좋은 것을 받는 것은 그 순간이고 세월이 흐르면 잊고, 자신에게 불리하면 좋은 것을 받고도 등을 돌리는 경우를 정치계에서만이 아니라, 주변에서도 흔하게 볼 수 있습니다.

감사는 존재의 바닥까지 이르는 사랑의 체험으로부터만 솟아나온다고 하면 지나친 과장이라 할지 모르겠습니다. 하지만 저의 경험으로는 그렇습니다. 부모에게서조차 인간은 온전한 신뢰를 경험하지 못합니다. 너무 지나친 판단일까요? 그리스도교에서는 이것을 인간의 원죄라고 부릅니다. 가족으로부터 상처를 받지 않은 사람이 과연 있을까요? 그래서 스님들이나 수도자들 사이에서는 한 사람이 수도자가 되면 삼대의 업을 끊는다는 말이 있습니다.

자신의 존재에 대한 불만과 상처로 인한 뒤틀림으로부터 해방될 때 사람은 모든 것에 감사하는 마음이 샘에서 물이 솟아나듯 자연스럽게 나옵니다. 나와 인연 있는 모든 사람, 모든 사건, 우주, 자연 심지어 고통을 주는 사람과 사건들에서조차 감사할 거리가 있음을 발견합니다. 그 고통들 없이 진정한 성숙이 없고 사람에 대한 진정한 연민도 어렵기 때문입니다.

우리가 내놓는 소변도 하늘로 올라가 비가 되고 강물로 들어가 물고기가 먹고 다시 그 물고기를 우리가 먹습니다. 이러니 감사하지 않은 것이 있을 수가 없는 것이지요.

화백이 몽골 탐사를 할 때 2주 동안 라면과 미숫가루로만 연명을 하다 거의 탈진 지경에까지 이르러 어느 게르에 가서 염소 한 마리를 잡아달라고 하였습니다. 그때가 저녁 6시 무렵이었는데 9시가 되어도 염소를 잡는 기색도 없길래 재촉을 했더니 "알았다"고 대답을 하고서는 10시 11시가 되었는데도 아무런 기척이 없었습니다. 그래서 염치 불구하고 다시 "왜 염소를 잡지 않느냐?"고 물었습니다.

그랬더니 주인이 "당신네 문명국에서 온 사람들은 이런 것도 모르느냐? 염소가 하루 종일 가파른 언덕에서 힘겹게 기어다니며 풀을 먹고 왔는데 그것을 소화시키며 즐길 시간은 주어야 되지 않겠습니까?"라고 대답하였습니다. 그리고는 다음 날 새벽에 염소를 잡아 요리를 해 주었습니다.

화백은 너무도 부끄러워서 얼굴이 벌게지고 말았습니다. 바위틈에 난 풀이 향기로워 염소는 지표면의 풀보다 그것을 더 선호해 절벽도 마다않고 기어 다닙니다. 두 갈래로 갈라진 발이 따로따로 놀아 절벽도 기어 다닐 수 있는 염소는 하루 종일 그렇게 중노동을 하고 다니는 것입니다. 유목민들은 이런 염소의 생리를 누구보다 잘 알고 있었고 죽기 전 그들에게 할 수 있는 마지막 예의 같은 것이었지요.

그 밑바닥에는 염소나 양들이 생명을 바쳐주어 인간이 목숨을 유지하는 데 대한 한없는 고마움이 들어 있는 것입니다. 화백에게는 정수리부터 발끝까지 꿰뚫는 듯한 강한 체험이었습니다. 그래서 그 집주인에게 염소 가죽을 장대에 꿰어 높이 들어 올려 사람에게 목숨을 바친 데 대한 감사를 그 염소와 신과 태양에게 바치고 싶다고 했더니 "그것은 우리의 방식인데 당신이 어떻게 알았느냐?"고 하면서 태도를 바꾸었다 합니다.

이 작품은 그렇게 우리 인간들의 감사를 안고 하늘로 오르는 염소의 모습입니다. 지치고 탈진한 자신에게 힘을 준 염소에게 절하는 심정으로 그리고 세상 만물, 인간사 모든 것, 심지어 안 좋은 일까지 그리고 자연과 우주에 대한 감사를 담아 그 염소를 화폭에 옮긴 것입니다.

염소 | 145×95cm | 수묵 | 2008

허공을 흔드는 두 위엄

새라는 존재가 없었더라도 인간은 비행기를 발명할 수 있었을까요? 새의 몸짓, 박쥐의 수신기호, 공기의 흐름 그리고 동력을 개발하고서야 인간은 비행기를 만들 수 있었습니다. 그 중에서 비행기 축에도 못 드는 앞뒤로 프로펠러가 달린 경비행기가 고비사막을 통째로 뒤흔들며 날아갑니다.

고비사막의 고요는 언어로 형용키 어려울 정도라고 합니다. 땅강아지가 땅을 파는 소리, 뱀이 기는 소리, 벌레가 잎을 갉아먹는 소리 등 땅에 귀를 대면 이런 소리들까지 들려올 정도입니다. 이런 고요 속에 이 경비행기의 경박스런 굉음은 마치 지구를 깨트리기라도 하는 것 같습니다.

화백 옆 10m도 되지 않는 곳에 새끼를 키우는 독수리 둥지가 있어 독수리의 반응을 생생하게 볼 수 있었습니다. 독수리는 마치 인간이 치를 떨듯 그렇게 뒷목의 깃털을 곤두세우며 몸을 떠는 반응을 보였습니다. 바람의 고향인 이곳에 하늘에 독이나 내뿜으며 천지를 뒤흔드는 너는 대체 무엇이냐? 이렇게 묻는 것 같습니다.

고비사막을 그저 구경이나 하며 빨리 지나가지 않고 그곳에 머물면 바람이 형성되는 과정도 볼 수 있습니다. 둥그렇게 바람이 일어나는 자리에 텐트를 치고 뜨거운 공기가 오는 쪽과 찬 공기가 오는 쪽에 각각 수박(고비사막에 수박이 자람)을 한 덩이씩 두었더니 한쪽은 차고 다른 쪽은 따뜻해졌습니다. 이런 바람의 고향, 우리들의 꽉 찬 기억과 탐욕이 맥을 추지 못하는 곳 그곳조차 텅 비워 두지 못하는 우리의 조급증이 향하는 끝은 과연 어디이겠는지요? 묻지 않을 수 없습니다.

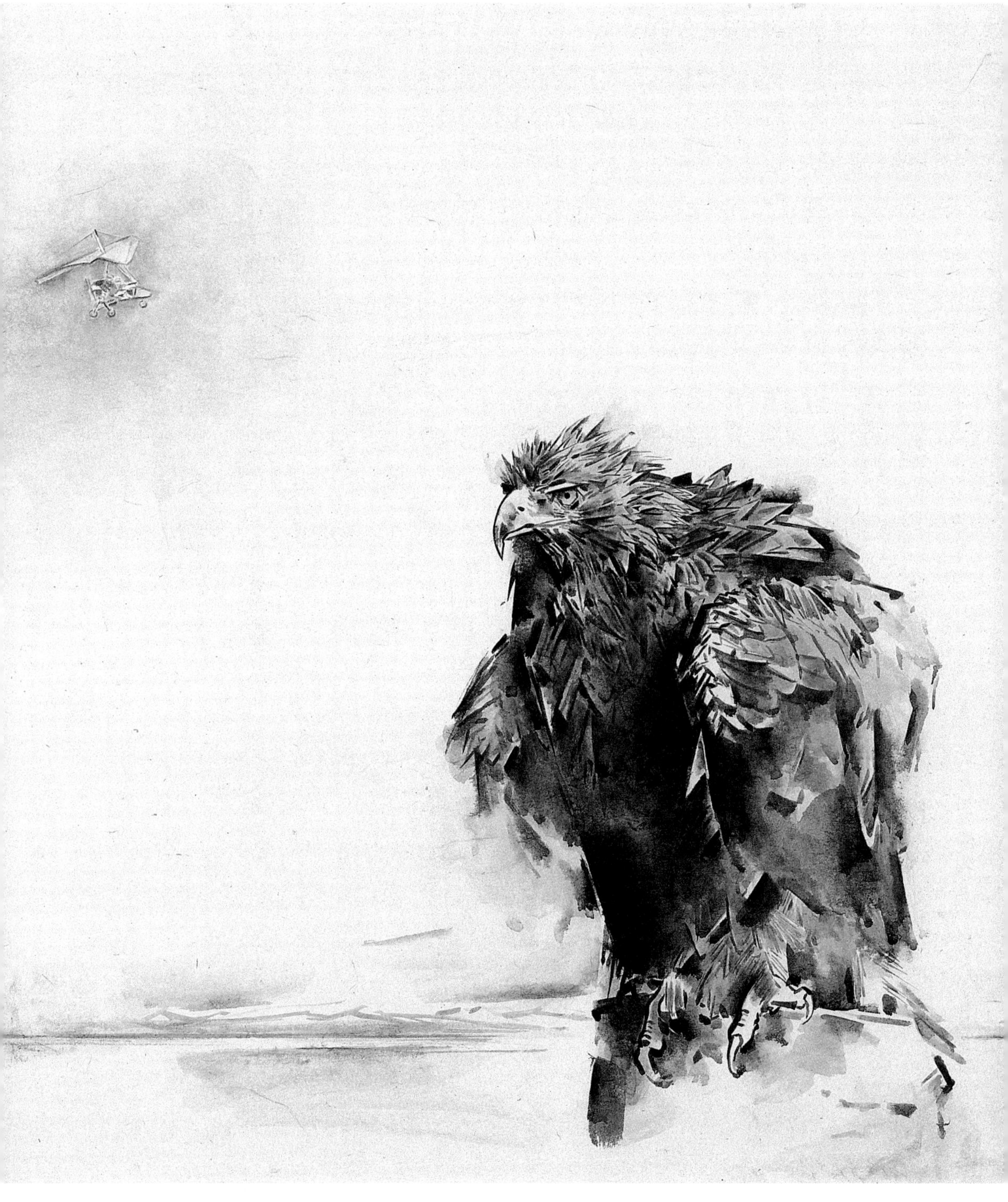

허공을 흔드는 두 위엄 | 68×66cm | 수묵 담채 | 2006

지나가니 새것이 되었다

—

1

"모든 것이 헛되다 헛되고 헛되다 태양 아래 새로운 것이란 없다."

이것은 구약성서인『전도서』의 첫 구절입니다. 첫 구절일 뿐 아니라 말끝마다 반복하는 구절이기도 합니다. 그리스도교의 성서라면 희망을 이야기한다고 다들 믿는데 이 염세적인 구절은 의외이며 이것이 성서 속에 포함된 것 또한 의외입니다.

신학적 고찰을 통한 전체 맥락의 의미는 저 문구의 문자적 의미에만 한정되지 않는 것은 분명합니다만, 이 책의 전체 맥락은 분명 모든 생명, 인간 삶의 헛됨이라는 것을 빼고는 이야기할 수 없는 것은 분명합니다. 어떤 성서 해석을 하더라도 이 사실이 기본에 있다는 사실은 누구도 부정하지 않습니다.

그것은 그리스도교가 희망의 종교라 하여 절망이나 삶의 헛됨, 스러짐에 결코 무관심하거나 더욱이 부정하는 것은 아니라는 것입니다. 인간 삶의 요소에 있는 이 절망에 대해 누구든 무시하고 갈 수 있는 사람은 존재하지 않습니다.

사랑은 식는 순간이 오고, 사랑하던 관계가 증오로 가득한 탁함으로 변할 수도 있고, 아끼던 물건도 낡아버리고, 건강하던 몸이 병들고, 세상 꼭대기까지 이를 것 같던 명예가 땅에 추락하는 것도 그리 드문 일은 아닙니다. 이런 맥락의 가장 끝머리는 아마도 모든 생명은 죽음에 이른다는 사실일 것입니다.

심리학자든, 종교인이든 모든 공포의 원인은 결국 죽음에 대한 공포라고 합니

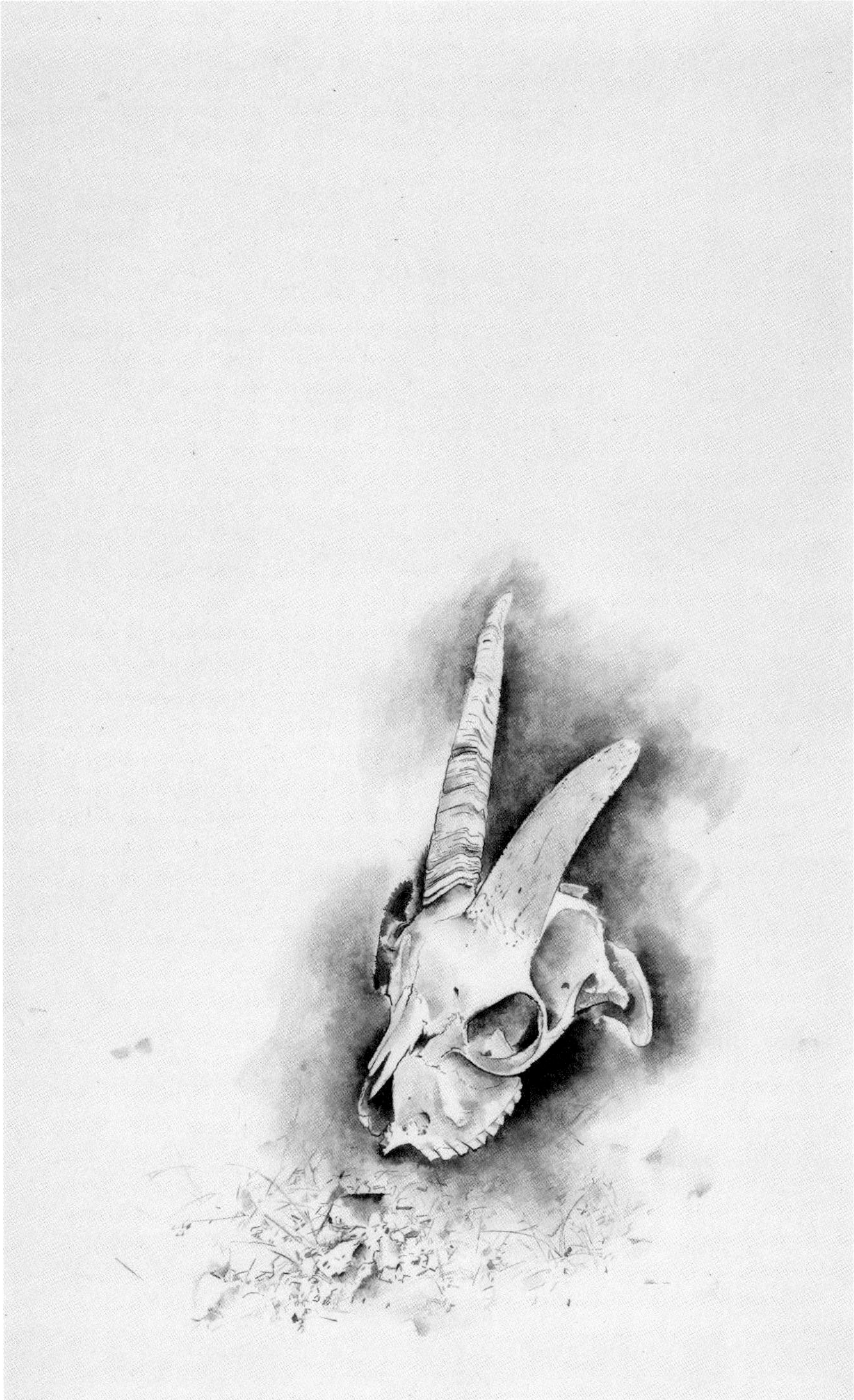

지나가니 새것이 되었다 | 143×74cm | 수묵 | 2015

다. 우리는 매일 매순간 죽음을 눈앞에 두고 있습니다. 아침에 자고 일어나면 가장 먼저 만나는 것이 듬뿍 빠지는 머리카락이요, 방 청소를 하면 발에서 떨어진 각질들입니다. 우리 몸은 이미 죽음을 매일 경험하고 있는데, 우리 의식은 죽음을 거부하고 있으니 내면에 모순과 충돌이 일어나는 것입니다.

이 그림은 화백이 몽골 광야에서 만난 양의 머리뼈입니다. 화폭에서 잘 보이는 얼굴면은 남쪽을 향해 있어 썩어서 떨어져 나갈 것은 떨어져 나가고 깨끗한 흰뼈를 드러내고 있습니다. 반대편 얼굴은 북쪽을 향하고 있어 썩다 만 채 말라붙어 있음을 묘사하고 있습니다.

죽음의 황량함이 몸이 으스스할 정도로 실감나게 느껴집니다.

모든 것이 부정되는 그 시커먼 구렁 앞에 서 본다면 누구도 나는 죽음 앞에 두렵지 않다는 말은 할 수가 없을 것입니다.

그러나 또 한 가지 우리가 결코 부정할 수 없는 것이 있습니다.

죽음이 없이는 생명도 없다는 것입니다. 몽골에서는 이 사실을 여기서보다 육감으로 훨씬 더 잘 느낄 수 있나 봅니다. 삭막한 사막, 짐승이 죽은 자리에서만 볼 수 있는 푸른 식물 앞에서면 제목 〈지나가니 새것이 되었다〉가 그리 낯설지만은 않을 것 같습니다.

2

저 양의 반대편 얼굴에 대한 힌트는 얼굴선을 따라 붙은 살짝 넓은 먹물자국입니다. 그 힌트만으로는 부족해 화백의 직접적인 설명을 요청했더니 그 반대편 얼굴은 10년도 넘게 북쪽 찬바람과 건조함 속에서 털이 그대로 붙은 미라 상태가 되어 있다 합니다. 털은 10년의 세월 거센 몽골사막 바람에 반 이상 닳아 있습니다. 그런데 우리 눈에 비친 쪽은 하얀 백골이 선명합니다.

자연이 남겨놓은 물결, 바람의 물결, 구름의 물결, 태양의 물결이 양 머리 하나에 새겨져 있습니다. 이것을 느끼기 시작하면 저 기이할 수밖에 없는 양머리가

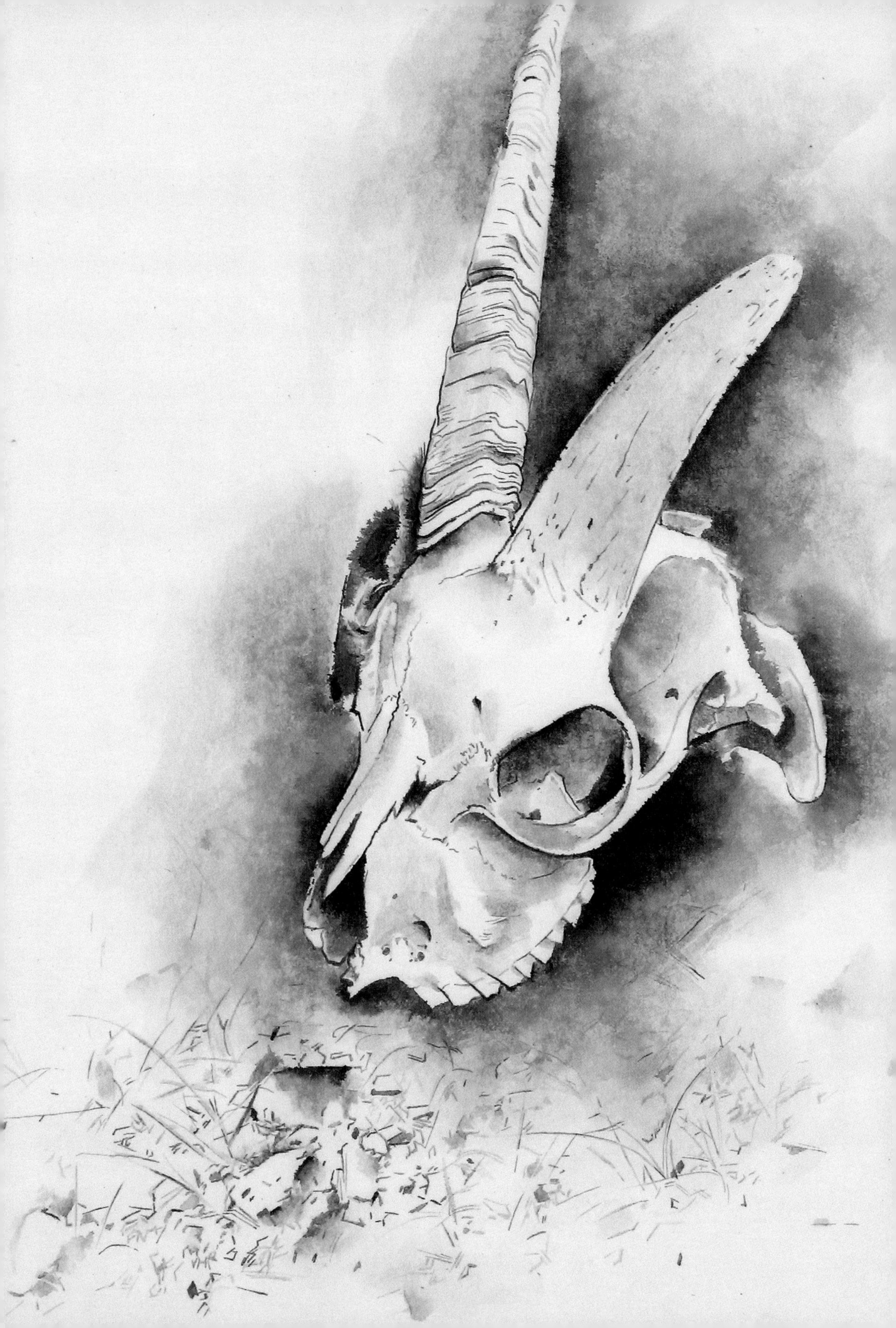

아름다워 보이기 시작합니다. 자연이 남기고픈 무늬에 자신을 넘겨준 양과 태양, 바람이 함께 놀고 그 함께 노는 과정은 부패와 건조라는 고통을 동반합니다.

양 머리 반쪽이 내어준 몸 덕분에 척박한 사막 가운데 양 주위에는 풀과 꽃이 하늘거립니다. 또 반쪽은 자연과 노느라 아직 땅에 온전히 몸을 돌리지 못했습니다. 그 어느 쪽도 더 낫고 더 못한 것이 없고 그냥 그대로일 뿐인 자연의 한 모습입니다.

이것은 이래서 아름답고 저것은 저래서 아름다우나 화백의 끊임없는 화두인 죽음과 생명의 공존, 서로에게 자리 내어줌이 여기서는 더 극명하게 거의 대조적인 모습으로 나타납니다.

죽음과 생명이 아무리 서로 연결되어 있다 할지라도 반대적인 요소를 띠고 있음도 분명하지요. 반대는 물리쳐야 할 적수가 아니라 함께 가는 것임을 자연은 자연스럽게 빚어나갑니다.

칼눈

한눈에 확 끌리게 하는 작품입니다. 칼의 부정적 기능이 아니라 칼이 가진 긍정의 힘과 소년 자신의 눈빛이 하나가 되어 다가옵니다. 날카로운 것은 상처를 주기도 하지만 날카로움이 반드시 필요한 때가 삶 안에는 얼마나 많은지 모릅니다. 하지만 이것은 그림을 제대로 보아야 느낄 수 있는 것이기도 합니다.

어떤 유명한 동양철학을 전공한 교수는 이 그림을 보더니 재기발랄하기는 하나 이 작가를 조심하라고 했다 합니다. 칼날이 소년 자신을 향해 있는 것만 보았더라도 이 말은 하지 않았을 터인데라는 생각이 들었습니다.

그래서 화백은 그 교수의 제자에게 다음과 같은 말을 교수에게 전하라 했습니다.

"칼이란 것의 성질은 가장 고통스런 불과 담금질, 두드림을 통해서만 태어납니다. 벌겋게 달군 후 두드리고 찬물과 얼음, 기름에 담그기를 여러 차례 한 후에야 칼이 됩니다. 그 강한 쇠를 엿 주무르듯 하니 그 쇠의 고통이 얼마만하겠습니까? 그렇게 태어난 것이 칼입니다."

같은 물을 독사가 마시면 독이 나오고 소가 마시면 우유가 나옵니다. 같은 그림을 보고 어떤 사람에게는 칼끝 같은 팽팽함이 나오고 어떤 사람에게는 칼에 찔리는 듯한 공포를 느끼게 할 수 있는 것이 사실입니다.

이 소년은 몽골아이입니다. 몽골 사람들은 칼 쓰는 기술이 탁월한데 곡식이

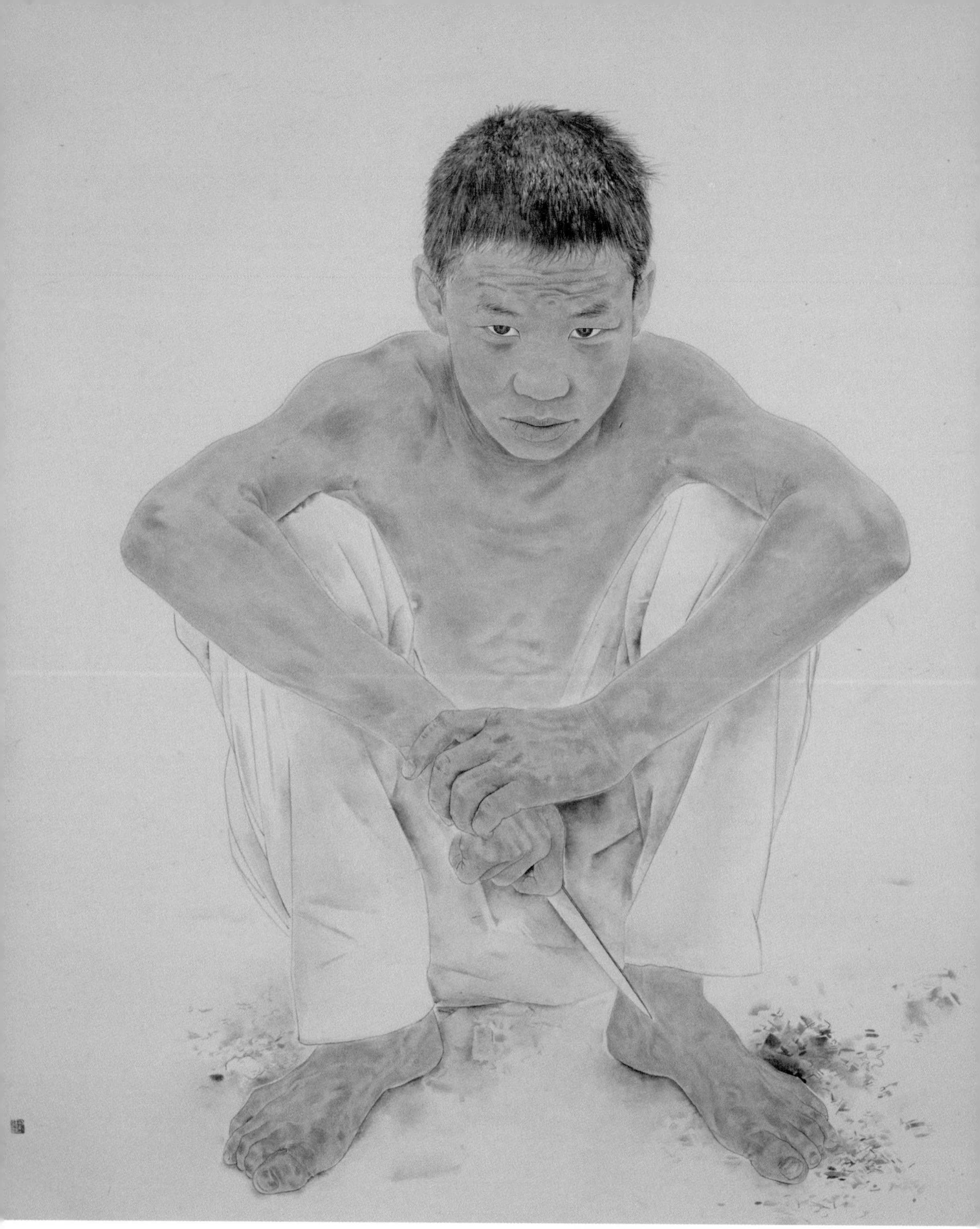

칼눈(부분) | 124×109cm | 수묵 채색 | 2012

없고 동물을 양식으로 삼기 때문에 삶에 없어서는 안 될 기술입니다. 작은 칼 하나로 피 한 방울 흘리지 않고 동물을 잡습니다. 강함이 타인을 향한 무기가 되지 않고 자신과 삶에 대한 힘이 될 때 날카로움은 참 편리합니다. 둔함으로는 해결할 수 없는 것을 날카로움이 해결하기 때문입니다.

저는 관상은 보지 못합니다만, 이 아이의 강한 눈빛이 크고 넓적한 코와 어우러져 폭력이 아니라 삶에 대한 강한 투지를 지닌 인상을 형성하는 것으로 보입니다. 입 또한 앙다문 것이 아니라 슬쩍 닫고 있습니다.

이것은 내적, 영적인 차원이 되면 더 필수적인 것이 됩니다. 영적인 둔함은 봐야할 것은 보지 못하게 만들고, 뒤집고 뛰어넘어야 할 순간에 주저앉게 만들어 버리기에 아주 심각한 병으로 간주합니다. 둔함을 온유함이나 부드러움으로 착각해서는 안 되며, 오히려 날카로움을 지닌 이가 온유할 수 있는 역설은 쉽게 이해될 수 있는 부분이리라 생각합니다.

타인을 향한 공격성이 아닌 내적 날카로움은 칼이 고통스런 단련을 통해 나오듯 힘겨운 과정을 거쳐야 합니다. 천성적인 부분이 있다할지라도 단련하지 않으면 영적인 힘을 발휘하지 못합니다. 이런 영적 날카로움은 자신을 찌르지 타인을 찌르지 않습니다. 이 그림에서 소년이 잡은 칼날이 자신을 향해 있다는 것은 이 그림의 참 중요한 요소 중의 하나입니다. 만약 타인을 찔러야 한다면 그 충분한 필요성과 절박함이 그것을 요구할 때 그리할 것입니다. 즉 타인을 향한 지극한 사랑으로만 타인을 찌를 수 있는 것입니다.

해 뜨는 곳에서 해지는 곳까지

—

1

속 내용을 알면 전율이 느껴질 그림입니다.

저 달리는 말들 한복판에는 담요 한 장 달랑 뒤집어 쓴 화백과 아들 가운이가 엎드려 있습니다. 그리는 대상과 하나 되기까지, 대상이 말을 걸어오기까지 결코 붓을 들지 않는 습관은 알고 있었지만, 이 사실을 들었을 때는 정말 소름이 돋을 정도였습니다.

몽골에는 매년 나담이란 말 달리기 축제가 열리는데 네댓 살 아이부터 열 살 정도의 아이들이 하는 경주대회입니다. 어떤 아이들은 말의 무게를 덜어 주기 위해 안장도 없이 달립니다. 그러면 허벅지가 말과 마찰을 일으켜 온통 피투성이가 됩니다. 30km를 말과 사람이 하나가 되어 달리는데 마지막 도착할 때쯤이면 달리는지 걷는지 모를 정도로 탈진 상태가 된다고 합니다. 그림에서 사람 없는 빈 말이 달리는 것을 볼 수 있는데, 이 달리는 과정에서 말에 떨어지는 아이는 죽기도 하고 심하게 다치기도 하지만 달리던 말은 수백 수천 마리가 달리는 그 관성에 따라 주인은 떨어져도 끝까지 달립니다.

힘든 1년의 준비 끝에 말과 사람이 일체가 되어 달린 후 아이들은 내가 잘 달렸다가 아니라 말에게 고맙다며 말의 온몸을 비벼줍니다. 결승선을 통과한 후 힘이 빠질 대로 빠진 말과 아이들은 환희심으로 가득 차 있습니다. 그 모습이 참으로 아름답다고 하는데 그 이유는 아마도 하나 됨 때문이 아닐런지요.

대상과 내가 분명 서로 다르면서도 둘이 하나가 되는 체험은 모든 예술과 종교의 근본일 것입니다. 이런 체험에서 그 대상을 소유물로 여기거나 돈으로 환산하지 않습니다. 나의 벗, 나의 생명, 나의 일부이지요.

이것이 또한 그 지역에 많이 분포되어 있는 수천 년 전 우리 조상들이 남긴 암각화의 정신일 것입니다. 동물과 자연, 인간과 사물이 별개의 대상, 소유물이 아니라 자연 안의 어우러진 하나로 인식하는 세계입니다. 우리가 잃어 버린 세계이기도 하고요. 화백은 그 정신이 그리울 때면 짐을 싸들고 몽골로 험한 여행을 떠납니다. 몽골여행을 70회 이상 했다 합니다.

바로 그 정신의 연장으로 아들까지 데리고 수천 마리가 달리는 말 한복판으로 뛰어든 것이지요. 대회가 있다는 날, 말들이 지나갈 곳 언덕에서 기다리다 저만치 뿌연 먼지와 함께 천지가 진동하는 소리가 가까워오자 담요를 쓰고 달려 내려가 땅바닥에 납작 엎드렸습니다. 수천 마리 말들의 소리는 화산이 폭발하는 듯, 지진이 일어난 듯 일상의 굉음으로는 형용될 수 없는 엄청난 것이었습니다. 열 살도 채 되지 않은 아들 가운이는 울음을 터트렸습니다. 말들은 다행히, 아니면 이들의 마음을 멀리서 먼저 읽었는지 밟지 않고 피해갔습니다. 그 이후 몽골에서는 그 대회 때 이렇게 뛰어들지 못하도록 경찰을 배치했다 합니다.

이제 청년이 된 가운이는 지금도 아빠의 그 큰 배려를 고마워한다니 참 부러운 부자입니다. 사물과 하나 되고자 하는 바람, 사물이 전하는 마음, 소리를 듣고 싶은 갈망은 화백 그림의 핵심 중 하나입니다.

그림 왼편 옆쪽을 보면 말꼬리가 보입니다. 여기 보이는 말이 전부가 아닌 게지요. 수천 마리의 말들이 아니라 우리의 마음 속, 상상 속에 달리는 말들을 놓아둡니다. 어쩌면 나도 저 말들 중 한 마리인지 모릅니다. 아니 그렇다면 행복하겠습니다. 인간과 하나 되어 대지 위가 아니라 하늘을 날듯 달리는 저 기분, 무엇과 바꾸겠습니까? 그 맛을 아는 아이들은 죽음이라는 희생이 따를 수 있음에도 불구하고 여기에 도전합니다.

제목 〈해 뜨는 곳에서 해지는 곳까지〉가 은유하듯 말들의 달리기는 30km 정도에서 그치지 않습니다. 저 먼 아득한 곳, 우리의 상상이 미치지 못하는 곳까지도 달릴 수 있습니다. 우리가 진정 원한다면…. 저 아이들이나 화백, 가운이처럼 우리가 마주하는 대상과 하나 되기를 원하는 그 마음 하나만이 아득한 곳, 해 뜨는 곳에서 지는 곳까지도 마다하지 않고 가게 합니다.

2

이 작품은 특이하게 화면이 아래 위 둘로 갈라져 있습니다. 위쪽은 사람과 혼연일체가 되어 역동적으로 날듯이 달리는 말들, 아래쪽은 놀란 듯 푸드덕거리는 새 한 마리 외에는 아무것도 없는 황량한 몽골 벌판입니다.

이것만으로도 많은 것이 연상되게 합니다. 우선은 말들이 휩쓸고 지나간 후 정적, 그 반대로 수천 마리 말들이 달려오기 전 이미 들려오는 천지 진동하는 소리와 저 멀리 모래 먼지와 팽팽한 긴장 속 정적. 정적에도 종류가 있음을, 가라앉는 고요함을 품는 정적이 있다면, 일이 일어나기 직전 역동성보다 더 팽팽한 정적도 있습니다.

이 두 정적은 우리 안에 묘한 회오리를 일으킵니다. 이 두 가지 정적을 건강하게 살아내는 사람

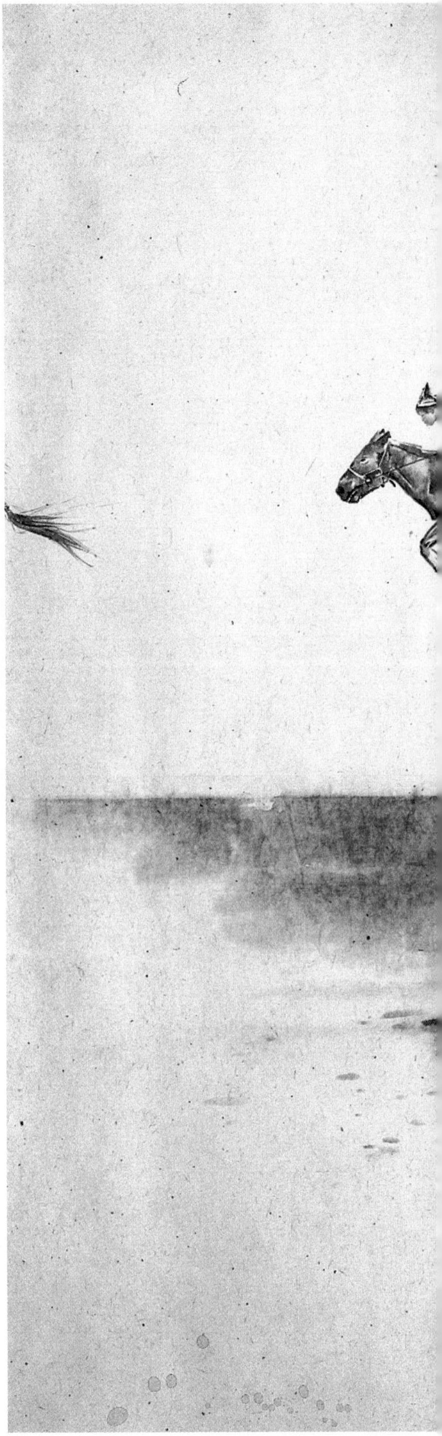

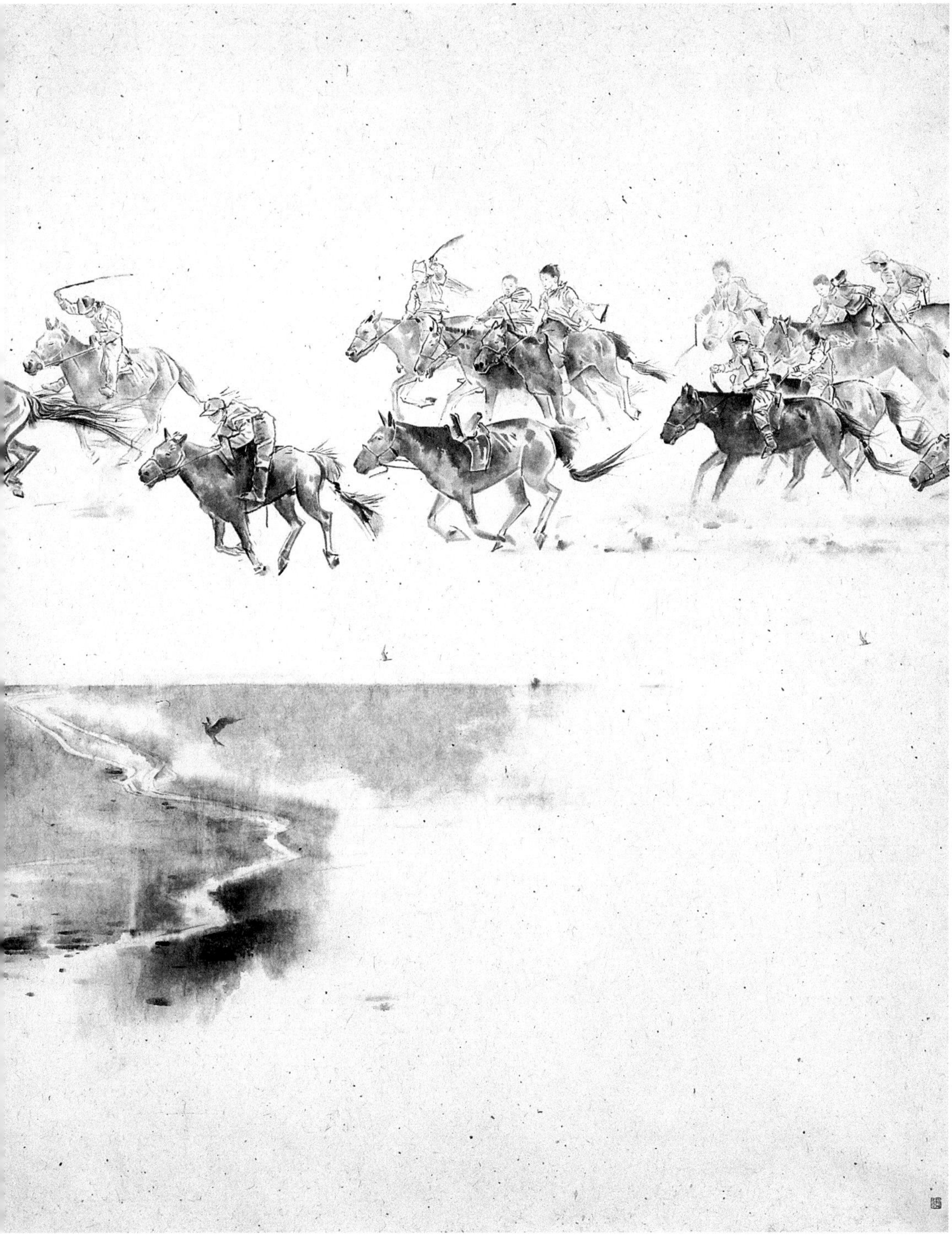

해 뜨는 곳에서 해지는 곳까지 | 158×189cm | 수묵 | 2004

이 그립습니다. 모든 것 지난 후 아무렇지도 않은 듯 일상으로 돌아가는 고요함, 달리기 경주 직전의 팽팽함에도 긴장으로 끈 끊어지지 않는 정신의 강함 이 두 가지가 함께 가는 것입니다.

자신의 업적만을 핥느라 참으로 하고 있는 일을 즐기지 못하는 사람이 있습니다. 어떤 업적이나 위대한 일도 모두 지나간 과거일 뿐입니다. 뒤의 것을 잊고 앞을 향해 다시 나가는 자신으로부터의 벗어남, 자아도취로부터 해방된 이의 고요함이 있습니다.

연상되는 다른 측면은 달릴 때가 있으면 멈출 때가 있다는 것입니다. 아무리 경주말인들 늘 달리기만 한다면 지쳐 경주말의 기능을 못할 것입니다. 아무리 선한 일이라도 손을 놓고 멍하니 있는 시간이 있어야 합니다. 어쩌면 선한 일일수록 멈춤이 더 필요합니다. 이것은 사랑이라는 측면에서도 그러합니다. 아무리 사랑이 지글지글 끓고 있는 젊은 연인들이라도 서로 멈추고 떨어지는 시간을 두지 않으면 언젠가는 헤어지고 맙니다. 멈출 줄 아는 것이 더 큰 힘입니다.

말이 달려간 후 혹은 말과 혼연일체가 되었던 그 황홀함도 내려놓고 자신만의 그 적막함 동굴 속으로 들어가 멈추는 일입니다. 그 동굴은 엄마의 자궁처럼 어둠 속에서 새 생명을 키워냅니다.

안간힘

화백의 몽골 여행은 여느 사람들의 여행이라는 개념과는 달라도 한참 다릅니다. 그를 따라 몽골 여행을 하면 고생문이 훤하고, 고생을 할 각오를 해야 함께 다닐 수 있습니다. 그 낯설고 문명과는 거리가 먼 지역을 먹을 것, 입을 것, 잠자리 등에 대해 어떤 특별한 배려도 없이 최소한의 것만으로 다니며, 많은 경우 잠은 텐트에서 자는데, 밤에는 먹을거리를 천막 밖에 두어야 합니다. 그것은 먹을 것이 안에 있으면 짐승들이 텐트 안으로 들어오기 때문이라는 매우 단순하나 소름이 돋게 만드는 이유 때문입니다.

화백이 이렇게 하는 것은 날 것의 몽골, 그 사람들, 그 자연을 문명이라는 틀을 벗고 있는 그대로 만나고 싶기 때문일 것 같다는 제 나름의 해석을 해 봅니다. 그런 여행에서 목숨의 위험을 겪은 적도 여러 번이요, 돌아와서는 병원에 입원을 해야 하는 지경에 이른 것도 몇 차례 된다 하니 그 여정이 어떤지 짐작이 가고도 남음이 있습니다.

그 여행 중 어느 때였습니다. 가던 길에서 재두루미 가족을 만났습니다. 깨어난 지 이틀 정도나 될까 아직 털도 제대로 나지 않는 새끼를 거느린 부부였습니다. 느닷없이 나타난 인간에 놀란 부부 재두루미는 생각할 겨를도 없이 두 마리가 정반대의 방향으로 날아가는 것이었습니다. 두말 할 것 없이 새끼를 보호하기 위해 자신들에게로 시선을 끌기 위함이었습니다. 그런데 새끼는 놀랍게도 마치

죽은 듯 꼼짝도 하지 않고 누워 있었습니다. 사진을 찍고는 가까이 다가가자, 죽은 듯 축 늘어져 있던 털도 채 나지 않은 새끼가 벌떡 일어나 화백의 손을 마구 쪼기라도 하듯 덤벼드는 것이었습니다.

화백은 이 상황에서 생명이란 얼마나 고귀하고도 위대한 것인지 온몸에 소름이 돋는 것 같았습니다. 그리하여 더 오래 머물 예정이었던 모든 계획을 취소하고, 아니 정확히 표현하면 더 여행할 필요성을 잃어버리고 돌아와 버렸다 합니다.

부모 재두루미야 이제 학습된 습성으로 자식을 보호하기 위해 행동했다 치더라도 새끼는 그 외진 곳, 인간이라고는 아직 보지도 못했을 터인데도, 본능적으로 상황을 느끼고는 그 빨간 몸으로 덤벼들었던 것입니다.

생명을 유지하고자 하는 생명체들의 그 장엄하리만큼 강한 생명력을 누가 감히 손댈 수 있겠습니까! 그 본능은 단지 그 개체 하나를 지키는 이기적 욕망을 넘어 대대손손 그 생명을 이어가는 하나의 생명의 찬가라고 해도 무방하지 않을런지요!

바로 이런 장엄함 앞에 화백은 거의 숨이 막힐 위대함을 보았고, 더 이상 그 여행을 지속할 이유가 없어져 버린 것이었겠지요.

그런데 하물며 자연, 아니 우주의 정점이라는 인간은 그 생명을 무참히 짓밟기를 예사로 하고 있습니다. 짐승은 자기를 먹이로 삼아 유혹하기까지 자신의 새끼, 미래의 새끼를 보호하고, 가르치지 않아도 스스로의 생명을 지키고자 어림도 없이 큰 인간에게 덤벼드는데, 우리 인간은 자신의 목숨도 함부로 버리고, 남의 목숨도 함부로 짓밟고 있습니다. 인간이 인간으로서의 존엄을 되찾기 위해서는 이 생명의 장엄함에 새롭게 눈 떠야 함을 가슴 서늘하게 느끼게 해 줍니다.

안간힘 | 96×66cm | 수묵 담채 | 2010

쥐

쥐에 대해 이렇게 할 말이 많은 사람도 많지 않을 듯합니다. 화백이 설명하는 쥐는 이렇습니다.

쥐는 온갖 병균 특히 페스트균을 옮기는 매개체이자 생산하는 것이 아무것도 없는 존재입니다. 그래서 탐욕스러운 대상, 탐관오리가 쥐라는 상징으로 묘사됩니다. 가을이 되면 쥐는 가을걷이 끝난 논의 벼 뿌리 부분을 갉아내고 그 아래 구멍을 만들어 거기에 쌀 등을 모아둡니다. 춘궁기가 되어 먹을 것이 없어지면 사람들이 이 쥐구멍을 찾아 돌아다니는데, 그렇게 쥐구멍에서 모은 쌀이 두 말 정도 되기도 합니다. 이렇게 자기 먹을 것 이상의 것을 모아두는 습성 탓에 쥐는 탐관오리의 상징이 되었나 봅니다.

그런데 뱀이 이 쥐를 잡아먹고는 그 구멍 속에 틀고 들어앉는 경우가 있어, 뺏긴 쥐의 쌀을 찾으려다 사람이 뱀에 물리는 경우도 있다 하니 돌고 도는 먹이 사슬의 구조는 신비롭기 그지없습니다.

예전 초가집 천정에서 쥐가 툭 떨어질 때면 이도 함께 떨어지는데 쥐에 붙은 이는 하도 작아 눈에 보이지 않기 때문에 손바닥에 물을 묻혀 방바닥을 훑듯이 닦아 잡습니다. 그래도 눈에 보이지 않는 놈이니 한 마리라도 사람 몸에 붙으면 눈에 보이지 않아 잡을 도리도 없고 하루 종일 그 가려움 때문에 다른 일을 할 수도 없을 지경이 됩니다. 심할 경우 빨아도 없어지지 않아 아예 옷을 태워 버리는 경우도 있습니다.

쥐 | 116×70cm | 수묵 담채 | 2008

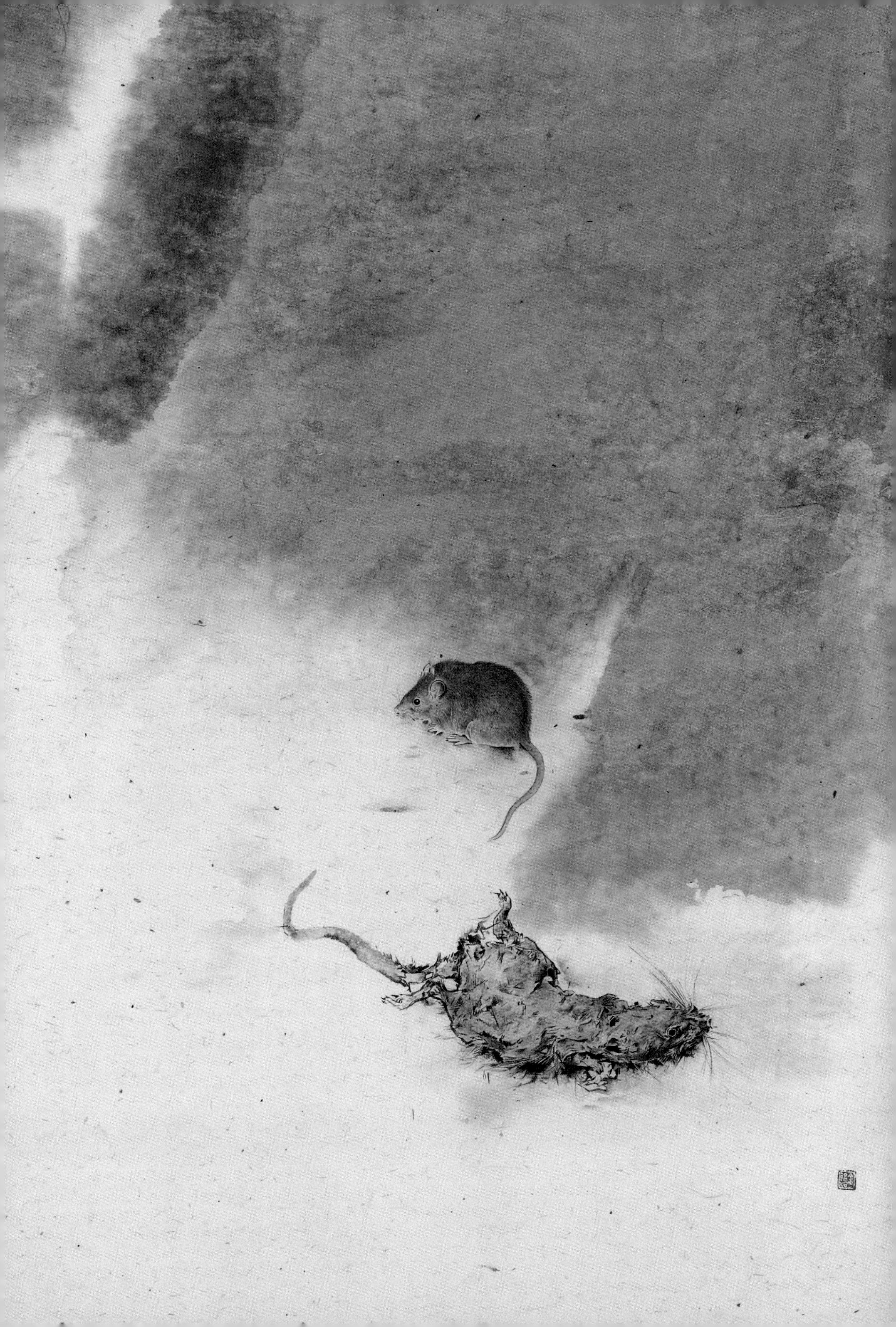

이런 쥐의 모습만이라면 처음 듣게 되는 정보에 신기함은 있을망정 우리의 예상을 깨트리는 일은 없습니다. 그런데 화백은 우리의 상식과는 전혀 다른 이야기로 우리의 사고를 한 바퀴 두 바퀴 회전시켜 줍니다.

북방아시아에서 쥐는 입으로 보석을 토해 내는 존재로 인식됩니다. 우선 이곳의 쥐는 우리나라에 서식하는 쥐와 모습이 상당히 다른데 긴 꼬리가 아니라 통통한 꼬리에 제법 귀염상이며 덩치도 커서 사람들에게 고기를 제공해 줍니다. 몽고 등지에서 이 고기는 별미 중 하나입니다.

화백의 관찰하는 습관은 경이롭다는 말로도 부족할 지경입니다. 그리는 모든 대상에 대해 질문을 하면 멈춤도 없이 그에 대한 생물학적 지식부터 쉽게 알 수 없는 그 대상들의 기이한 행태까지 줄줄 흘러나옵니다. 그렇게 관찰하고 관찰하다 보면 그 대상과 화백의 사고와 마음, 세상의 현상, 인간의 선악 등이 어우러지며 간명, 단순, 명쾌한 상징들이 은유로 드러나는 작품이 태어납니다.

참기름 병을 가져다 밥을 비벼먹는데 병 입구에 먼지 같은 것과 쥐털이 보였습니다. 쥐가 움직이는 시간인 한밤중 1–2시에 창호지에 구멍을 내고 기다리니 드디어 그놈이 나타났습니다. 놀랍게도 쥐는 앞발로 선반을 잡고 꼬리를 참기름 병에 집어넣더니 병에서 꼬리를 꺼내 힘차게 꼬리를 쳐올려 입으로 가져가 참기름을 먹는 것이었습니다. 그 순간에 화백은 그동안 쥐에 대해 가지고 있던 모든 생각이 뒤집히는 경험을 했다 합니다. 어떻게 함부로 어떤 존재들을 미물이라 할 수 있겠는지!

모르모트라는 쥐는 또 인간생명을 위해 희생되는 존재이기도 합니다. 지금도 수많은 연구실에서 온갖 약물, 실험에 시달리다 죽어가는 쥐들이 얼마나 많은지요.

그리고 마지막으로 이야기해야 할 것은 왕희지의 『난정서』입니다. 중국 사람들은 지금도 이 『난정서』를 무가지보(無價之寶)라 하여 국보로 여기지만 정작 원본은 없는 전설의 책입니다. 원본을 베껴 쓴 모본만도 500여 종이 넘으며 각 시대별 모본들도 여러 박물관들의 중요한 소장품 중의 하나일 정도입니다. 모본을 다시 베껴 쓴 모본조차 귀한 유물이요, 현대에도 붓글씨를 쓰는 사람은 한 번은 모사하고 싶은 최고의 행서입니다.

당나라 태종의 이 『난정서』를 어렵게 손에 넣은 이야기며, 그 귀한 책을 아들에게 왕위를 물려주는 대신 그 아들에게서 이 책을 자신과 함께 묻어 순장해 줄 것을 요청하여 왕위와 바꾼 책으로도 유명합니다. 이때부터 원본은 역사 속에서 사라지게 됩니다.

왕희지가 이 책의 글씨를 쥐수염 붓 즉 서수필(鼠鬚筆)로 쓴 것 또한 유명합니다. 쥐수염 붓으로 썼기 때문에 그렇게 힘찬 필체가 나올 수 있었던 것이지요. 쥐수염은 힘이 있으면서도 탄력이 있어 사람이나 짐승의 털과 머리카락을 묘사할 때 참으로 귀한 도구가 됩니다. 우리나라의 추사 김정희, 자화상으로 유명한 윤두서도 이 쥐수염 붓이 있었기에 그런 작품들을 낳을 수 있었습니다.

이렇게 극에서 극의 양면을 지닌 쥐의 모습은 화백의 작품에서 참 흥미롭게 풀려져 나옵니다. 앞으로 여러 편 연속으로 화백이 그린 쥐를 따라가 봅니다.

어느 가난한 암자에 사시는 서생

그림 속 상황 자체를 착각했던 작품입니다. 작품을 감상하는 데 있어 또 다른 재미를 선사하는 지점입니다. 당연하다 여겼던 것이 얇은 유리처럼 부서져 내리고 그곳에 서 있는 새로운 상황과 마주하는 것, 떡가래같이 주욱 이어지던 삶을 툭 끊고 들어온 새로운 것이 내 안에 새로움을 빚어냅니다.

암자에 사시는 스님이 집게 같은 것으로 쥐를 집어 올리는 장면인 줄 알았습니다. 살생을 하지 않는 스님답게 쥐에게도 자비로운 것은 그렇다 치고, 무슨 재주로 그리 빠른 쥐를 집게로 집었단 말인가라며 혼자 재미있어 했더랬습니다. 소림사 출신 신출귀몰 무술 달인 스님이 사시는 암자인가 했지요.

화백이 지리산 어느 암자를 방문했을 때 스님은 탁발이라도 나가셨는지 안계시고 서생원 한 마리님께서 앞발로 추녀 끝을 잡고 지리산 자락을 내려다보고 계신 장면을 목격한 것입니다. 지리산 자락 따라 늘어선 나무들을 바라보며 좌선에라도 빠진 것일까요? 스님 부재중인 법당을 쥐가 대신 지키나 봅니다.

재주도 용하지요. 아니면 운도 좋은 것인가요. 어떻게 이런 장면과 마주할 수 있을까요? 우리 수녀원에 어떤 수녀님이 새랑 동물의 세계에 빠져 도감을 샅샅이 훑는 것은 기본이고 산에 가면 산 오르는 것보다 그네들 노는 장면 보기를 더 좋아합니다. 그래서인지 멧돼지 가족 만나고서도 잘 살아 돌아오고 다람쥐, 곤줄박이, 오색딱따구리 등 온갖 종류의 작은 동물들의 재미난 이야기를 자주 물고 옵니다. 아마도 동물들은 인간보다 더 쉽게 자기들에게 흥미를 지닌 인간을 알아채

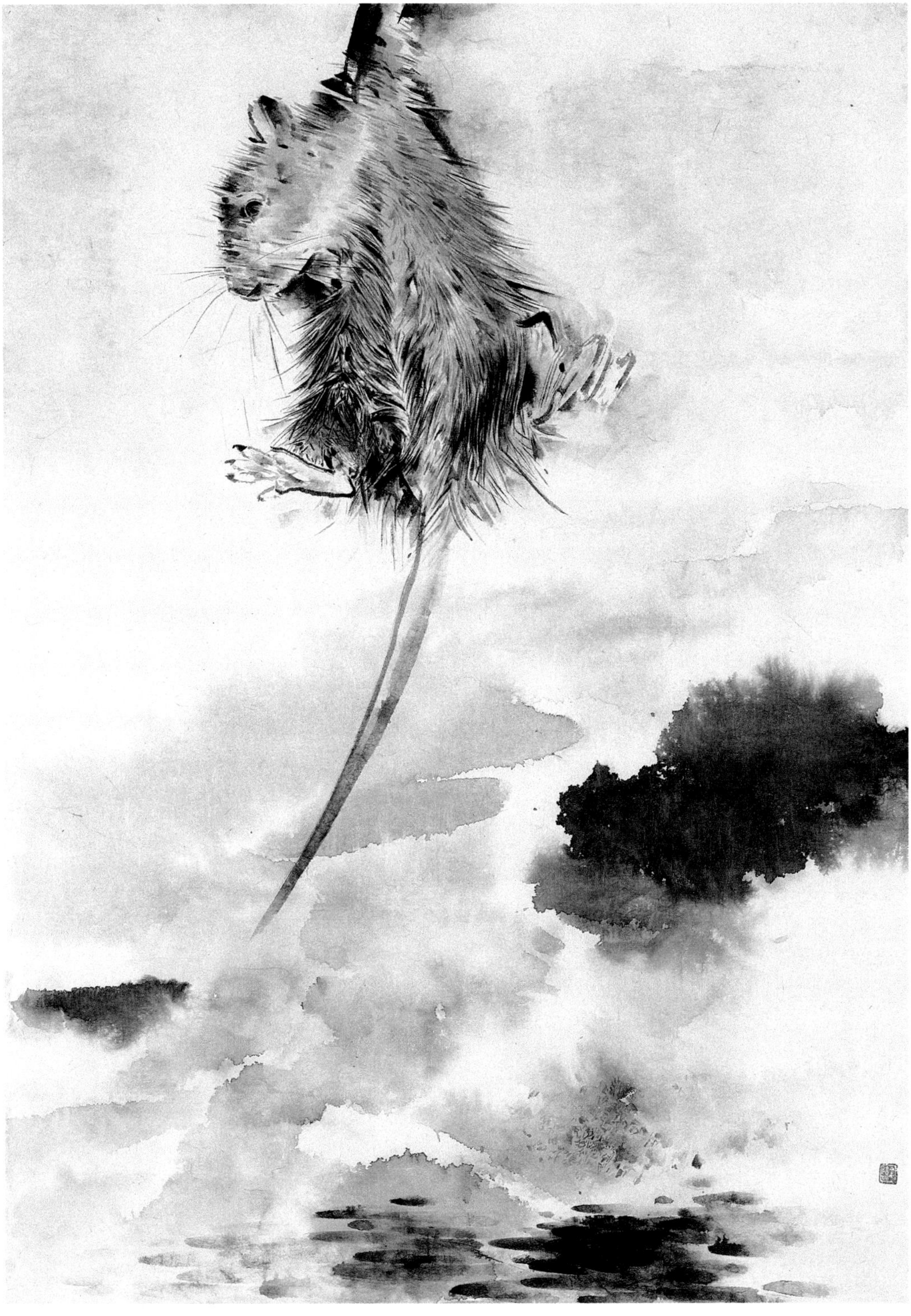

어느 가난한 암자에 사시는 서생 | 94.5×66cm | 수묵 | 2002

는지도 모르겠습니다.

정작 화백 본인은 서생원이 자신을 그곳으로 불렀다고 확신합니다. 만나려했던 스님이 암자를 비우지 않으셨더라면 이 쥐는 나타나지 못했을 수도 있을 것입니다. 따로 따로 분리된 혼자만의 이익 집단에 살아가지 않는 한 우리 모두는 생명의 그물망 안에 있습니다. 그 그물망 안에는 내가 모르는 구석, 내가 모르는 존재, 내가 모르는 현상이 있습니다. 이 그물망 안에서 우연이란 없는 것이지요. 어느 날 우연히 만난 것이 아니라 오랜 세월부터 만나지 않으면 안 될 인연으로 이 그물망 안에 함께 살아가고 있었던 것입니다. 눈에 보이지 않는 기도의 힘이 지구 건너편 세상까지 가닿는 것은 어려운 일이 아닙니다.

길고 긴 잠

—

쥐의 은유 중에 가장 부정적인 측면이 응축된 작품으로, 저는 이것을 완전히 거꾸로 보았습니다. 그 원인은 생물학적인 지식에 있어 저의 무지로 인한 것이었습니다. 저는 쥐가 저렇게 벌렁 배를 뒤집고 누웠다면 죽은 경우밖에 없으리라 지레짐작을 하였고, 저렇게 누운 쥐를 보지 못한 도시 사람의 무식함을 자랑한 경우입니다.

쥐가 죽으면 팔다리가 늘어져 버리고 배는 쏙 들어가며 몇 시간 만에 눈에는 쇠파리가 알을 슬어 구더기가 끓습니다. 이 쥐는 죽은 것이 아니라 배가 터지도록 먹고 엎드릴 수가 없어 뒤로 벌렁 누운 것이라네요. 엎드리지 못하니 움직이는 것은 더더욱 불가능한 일입니다. 이런 상태에서 할 수 있는 일은 하나뿐, 제목 그대로 길고 긴 잠에 드는 것입니다.

영혼이 없고 탐욕스럽고 나를 위해 다른 이를 희생시키는 것쯤 문제로 삼지도 않고 악한 짓을 들켜도 거짓으로 일관하는 우리 시대 언론에 자주 등장하는 온갖 권력형 비리의 주인공들, 탐욕의 바닥을 모르는 재계 인사들이 떠오르는 참 슬픈 시대입니다. 특히 세월호 당시의 온갖 일들이 저절로 영화 필름처럼 죽 지나갑니다.

모른 척, 아닌 척, 관계없는 척하던 인물들의 죄악이 조금씩 조금씩 그 흉측한 모습을 드러내고 있습니다. 일어난다 해도 깨어난 것이 아니니 길고 긴 잠 속에 깨어나지 못하는 멍한 정신으로 현실 파악도 못한 채, 꿩이 제 머리만 숨기면 모

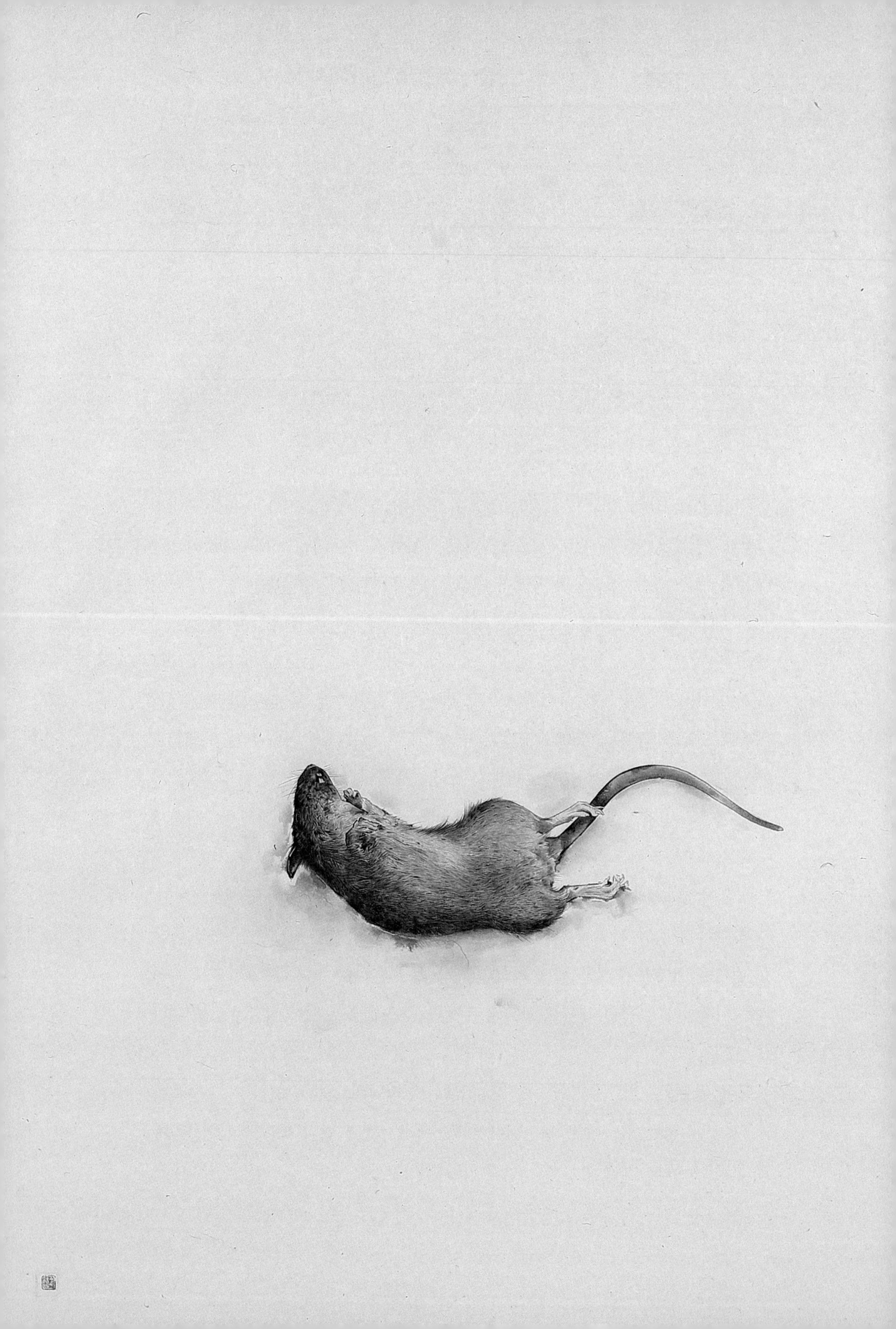

든 것을 숨길 수 있는 듯 덤불 속에 머리를 박고 현실로 돌아오지 못합니다.

저지른 짓을 부정하면 부정할수록 그 흉함은 더해갈 뿐입니다. 나만 모르고 타인들은 다 아는 잘못을 눈 가리고 아웅하는 이들을 언론이 비호해 주는 치욕스런 세대를 마감해야 할 때도 되었습니다.

이제라도 잘못한 것에 용서를 청할 수 있는 세대, 치졸스러움이 아니라 자랑스러움을 후대에 전해 줄 수 있는 세대가 되어가기를 기도하는 마음 간절할 뿐입니다.

길고 긴 잠(부분) | 186×94cm | 수묵 담채 | 2014

서(鼠) 1

명동거리 한복판에서 화백이 만난 쥐입니다. 새앙쥐가 참 곱다할까 귀엽다할까 털도 참 부드럽습니다. 〈어느 가난한 암자에 사시는 서생〉의 쥐와는 대비됩니다. 화백의 설명에 따르면 도시 쥐는 저렇게 털이 곱고 시골 쥐 혹은 야생 쥐는 털이 거칩니다. 동그랗게 뜬 눈은 흑수정인 듯 빛을 내며, 사람을 바라봅니다. 쥐는 사람의 눈을 마주 본다고 하는데, 눈동자가 꽉찬 듯 어딘가 허술하거나 허름한 구석이 없습니다. 심지어 귀한 티가 난다고 할까요. 화백은 어떤 존재도 함부로 때려죽여도 괜찮은 것은 없다는 것을 말하고 싶어 하는 것 같습니다. 그것이 쥐일지라도….

이 새앙쥐 앞에는 죽어 말라가는 어미 쥐가 있습니다. 아직 엄마 곁을 떠나기 힘든 어린 쥐입니다. 가끔 동물들의 새끼 사랑이 인간의 그것보다 더한 경우를 듣게 됩니다. 함부로 낙태하고 자기 뱃속으로 낳은 아이를 한겨울 길거리에 두거나, 비닐에 담아 화장실에 버리는 이야기를 접하면 비참하기 그지없습니다. 새끼 쥐는 죽어도 누구 하나 거들떠보거나 치워주는 사람 없는 어미 곁을 떠나지 못합니다. 우리 모두가 누군가의 아들, 딸이었듯이 이 새앙쥐도 이 어머니의 자식이었나 봅니다. 화백과 눈이 마주쳤는데 도망가지 않았다 하니 본능적으로 자신을 해할지 아닐지를 알아보는 미물이 아니라 영물입니다.

쥐가 나타나면 어떤 해도 입기 전에 무조건 때려잡아야 한다고 당연히 그렇게들 생각합니다. 물론 집에 들어와 헤집고 다니며 온갖 물건을 갉아대면 어떤 조

서(鼠) 1(부분) | 116×70cm | 수묵 담채 | 2008

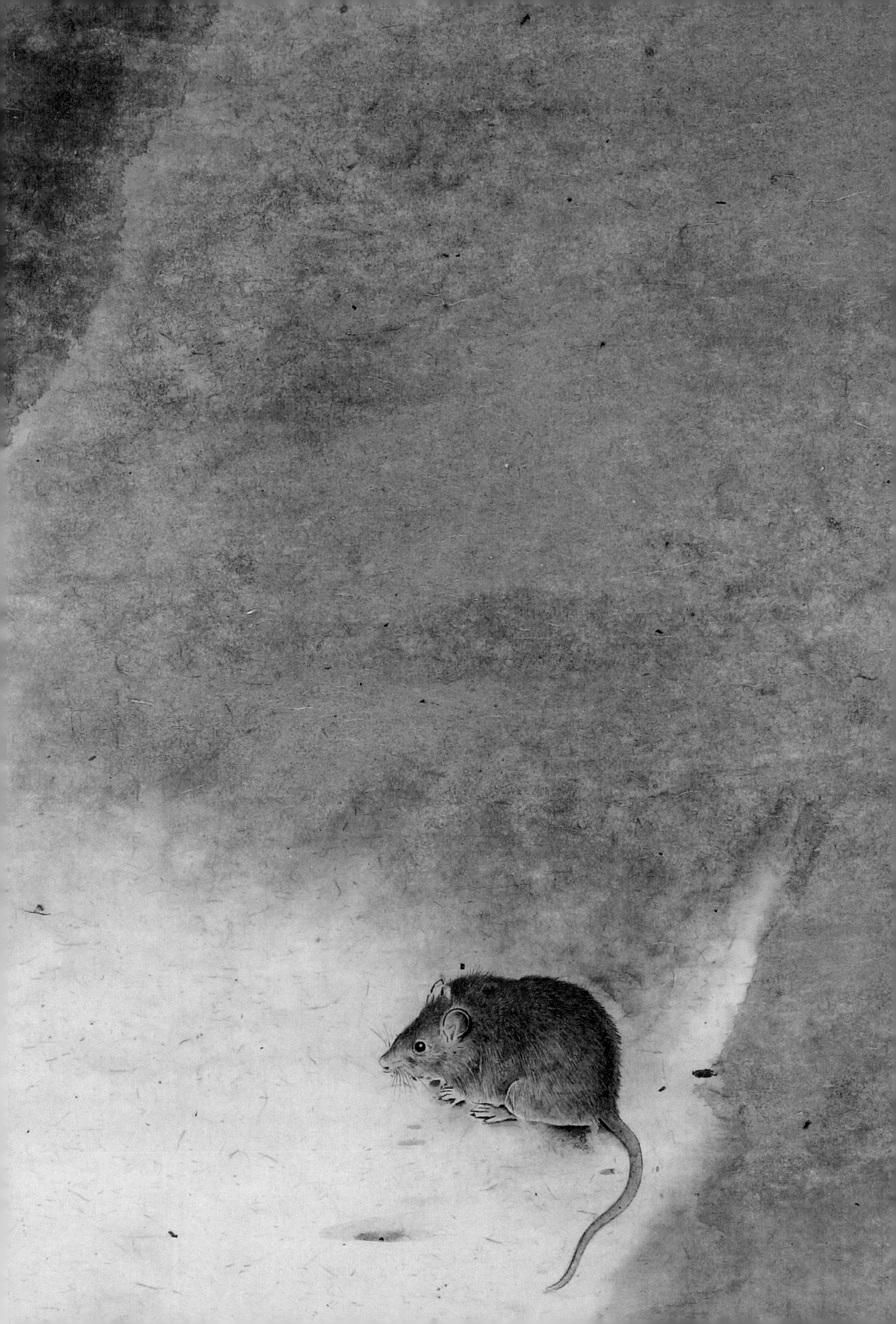

처를 취해야 하지만, 한 번쯤 뒤로 물러나 생각해 볼 필요가 있습니다.

왜냐하면 이 세상에 필요 없는 존재란 없기 때문입니다. 존재하는 한 그 존재의 의미가 있다는 것입니다. 자신에게 해를 입히는 것에 대해서 맹목적인 공격성을 부리는 것은 우리 인간성을 거칠게 한다는 것도 생각해 보아야 할 일입니다. 존재하는 것을 귀하게 여기는 것은 내 생명을 귀하게 여기는 것과 바로 연결되는 문제입니다.

미물이라 불리는 것을 귀하게 여기면서 내 생명을 함부로 다루지는 않으리라는 것은 너무도 명백합니다. 가장 작은 것에 대한 사랑 없이 우주를 사랑한다는 것은 거짓이거나 착각이요, 인간만을 위해 자연이나 작은 생명을 함부로 다루면 부메랑이 되어 우리를 친다는 것을 이미 우리는 지구온난화현상을 통해 경험하고 있습니다.

저 작은 쥐가 우리에게 주는 메시지를 잘 읽어야 하겠습니다.

서(鼠) 2

이 작품은 쥐만이 아니라 고양이에 대한 이야기이기도 합니다.

화백이 아직 시골에 살았을 때 들끓는 쥐를 감당 못해 고양이를 키운 적이 있었습니다. 물론 고양이는 쥐를 잡아먹었고요. 그런데 열이면 열 번 고양이는 이 그림처럼 쥐의 머리와 손발은 남겼습니다. 고양이에게 물어 보지 않고서야 알 수 없는 일입니다만, 북방아시아 쪽 어떤 습관이 이에 대한 이해의 실마리가 될 수도 있을 듯 합니다.

몽골 등 북방아시아에서 짐승을 잡아먹을 때면 머리와 다리는 먹지 않고 바위 같은 높은 장소에 올려둡니다. 그것은 그들이 죽어서 하늘에 갈 수 있게 하기 위해서라 합니다. 몽땅 먹어치우는 우리네와는 차원이 다른 삶을 사는 듯한 서늘함이 느껴집니다.

짐승을 미물이라 부르는 우리 인간이 과연 그들을 그렇게 부를 자격이 있는지 의심스러운 때가 참 많은 세대를 살아가고 있습니다. 퍼부어대는 폭탄에 초토화되어 가는 땅 시리아, 얼마가지 않아 사람이 살지 않는 곳이 될 것이란 예측들이 강하게 나오고 있습니다. 그곳에 공포에 질린 아이들의 눈빛. 어떤 존재를 미물이라 부르는 인간이 저지르고 있는 일입니다.

고양이가 이렇게 머리를 남겨준 탓에 화가들은 그 귀한 쥐수염 붓을 얻을 수 있으니 최소한 수묵화가들은 쥐를 미물이라 부르지는 않을 것입니다. 어쩌면 우리 인간들이 미물이라 부를 수 있는 것은 단 하나도 없을지도 모릅니다. 가장 혐

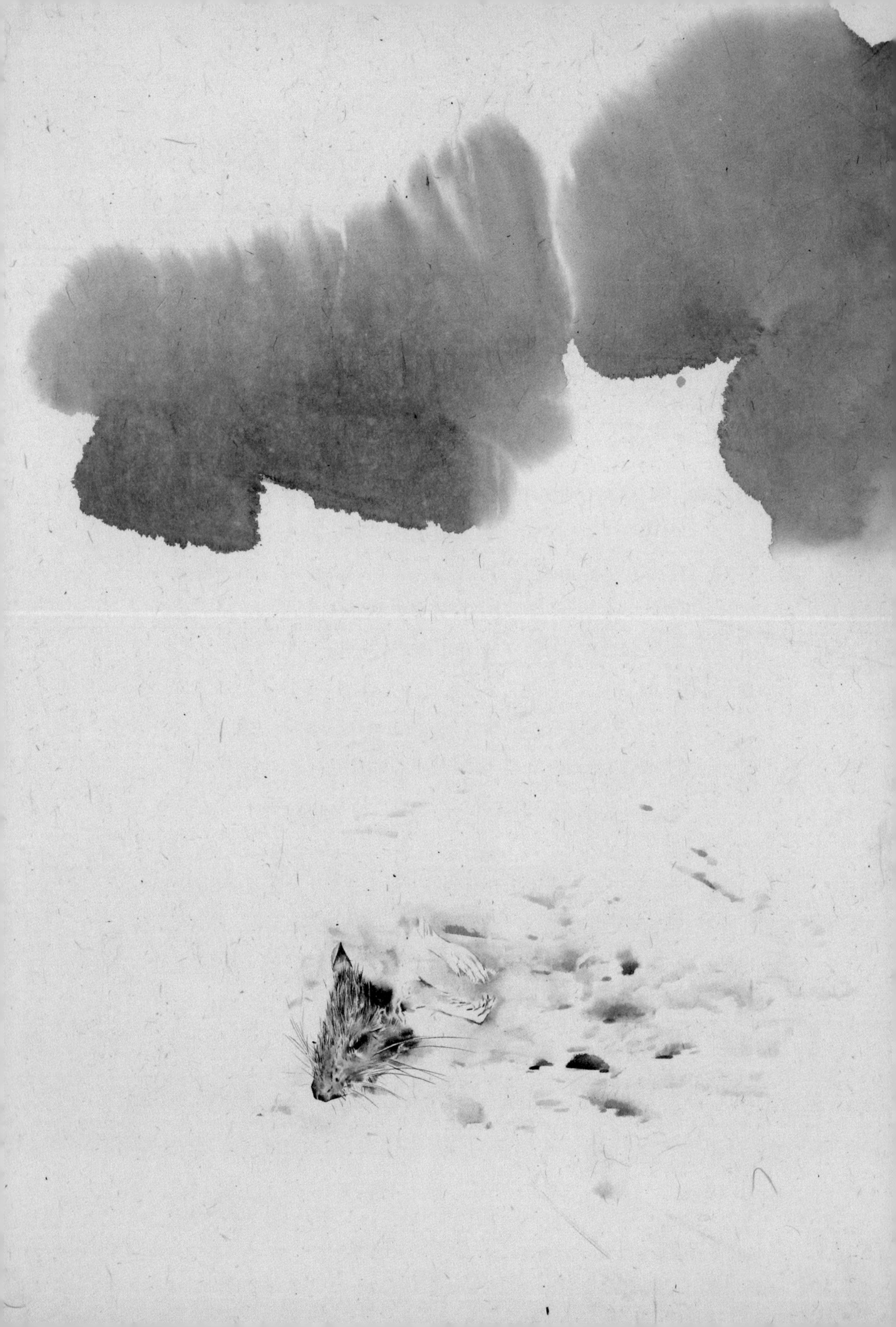

오스런 해충으로 분류되는 바퀴벌레도 최근 연구에 따르면 농작물을 먹어치우는 벌레 알을 먹는다 합니다. 우리가 모르는 부분, 혹은 우리 인간에게 해가 된다 하여 함부로 미물이라 부를 수는 없음을 인정할 수밖에 없습니다.

수많은 것들이 엮여져 이루어진 생명의 그물망에서는 미물도 특출한 존재도 없고 너 없이는 나도 없고, 네가 고통 받으면 나도 고통 받는 엮이고 엮인 세상입니다. 인간만이 모든 것 위에 우뚝 서 군림하는 세상은 진짜 세상과는 다른 인간이 만든 가짜 세상일지도 모릅니다.

서(鼠) 2 | 95×64cm | 수묵 | 2008

덫 1, 2

화백의 화실에 쥐가 들어온 지 한 달, 도무지 나갈 생각을 하지 않습니다. 화실 입구에는 여름 모기, 벌레를 막기 위한 쇠 그물망이 쳐져 있었는데 그것을 날카로운 이빨로 끊고 들어왔습니다. 어느 구석에 숨었는지 알 수도 없는데, 한지와 작품들을 쏠기 시작했습니다. 화백은 화실에 먹을 것은 물론 그 흔한 커피나 차조차 두지 않아 먹을 것이란 없는데도 쥐는 나갈 생각을 하지 않습니다.

잠깐 곁길로 들어서 보겠습니다. 화백은 화실에 한여름 선풍기나 추운 겨울 전기난로도 두지 않고, 매일 도시락을 가지고 화실에 들어앉아 하루 종일 좌선하듯, 기도하듯 화폭과 마주합니다. 삶과 작품은 별개가 아니고 하나이어야 하기에 담배나 술도 멀리 하고 맑고 단순하고 검소한 생활을 의도적으로 추구하는 어떤 의미로는 구도자적인 삶을 지향합니다.

이런 맥락 안에 작은 동물, 벌레 등 미물이라 불리는 것들에 대한 애정도 한 자리를 차지합니다.

한지로 된 작품들 때문에 더는 그대로 둘 수 없는 지경이 되어 쥐끈끈이를 놓았습니다. 그리고 일주일 후 저렇게 처참한 모습으로 끈끈이에 붙어 버렸습니다. 쇠 그물도 끊은 강력한 이빨이지만 말랑말랑 젤리 같은 끈끈이에는 속수무책이었습니다. 그렇게 발버둥치던 녀석이 어느 순간부터 아예 포기를 하고선 조용해져 버렸습니다. 화백은 가죽장갑을 끼고 녀석을 끈끈이에서 떼어 내어 아세톤으

덫 1 | 125×111cm | 수묵 담채 | 2011

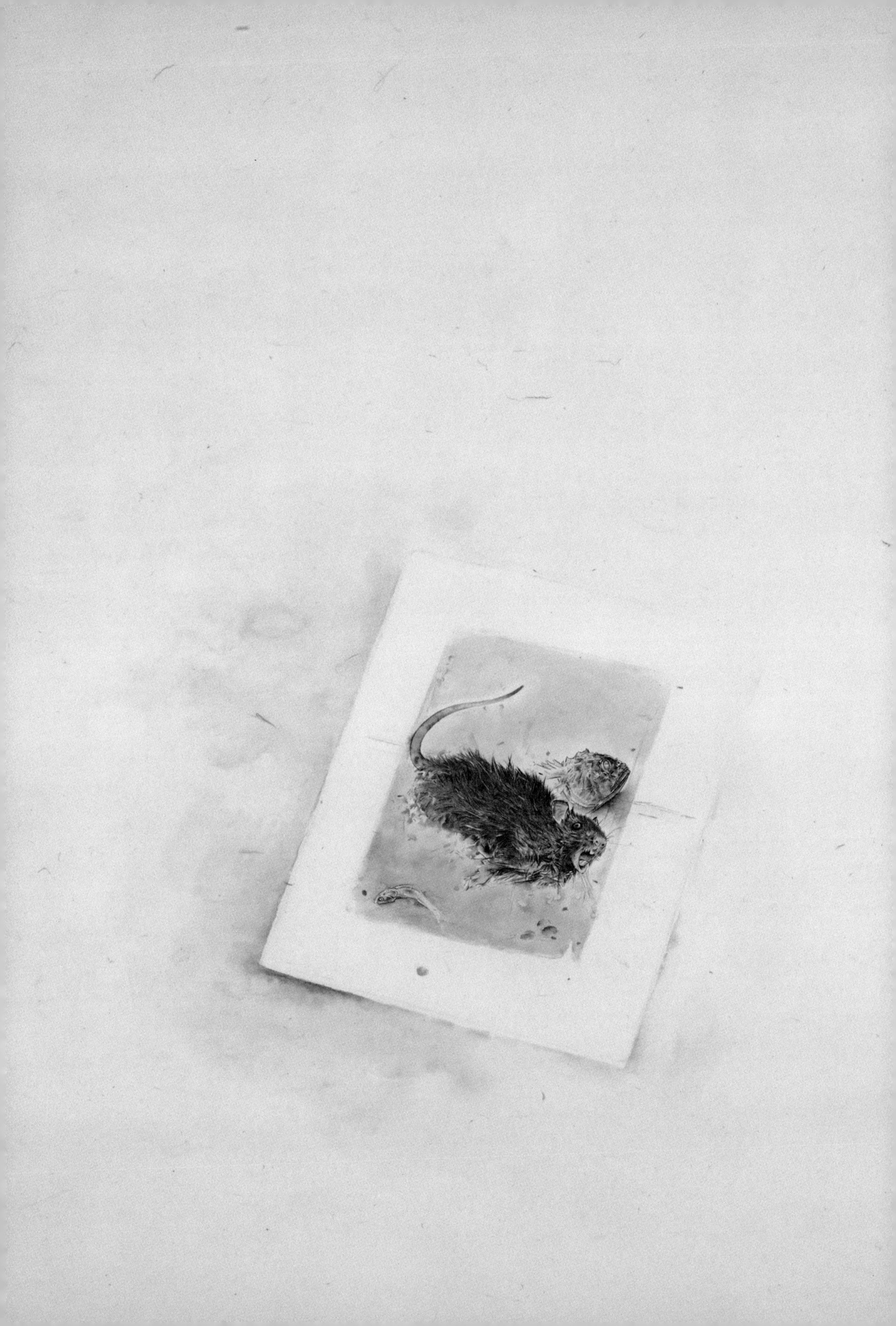

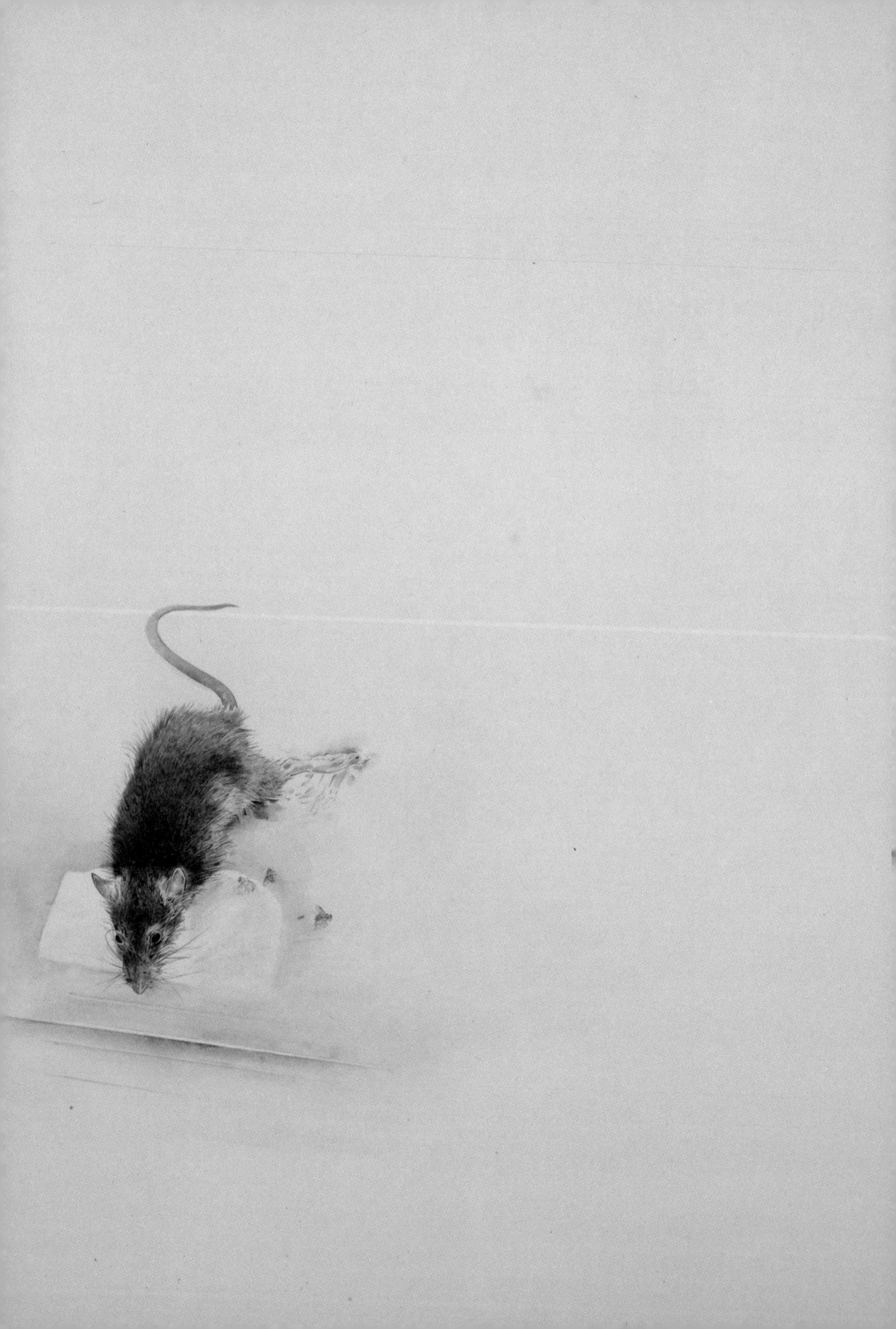

로 주둥이부터 털 전체를 깨끗이 닦고 내보내 주었답니다. 내 집에 온 손님이니 죽여서 보낼 수는 없었나 봅니다.

춤이든 그림이든 모든 예술의 출발은 사실 종교였다는 사실을 생각하게 해 주는 일화입니다. 왜냐하면 종교의 출발은 생명이기 때문이지요. 그래서 예술이 그저 아름답거나 특이하거나 남들과 다른 기교를 뽐내는 일에 그칠 수는 없다고 하는 것이겠지요. 인간 정신과 초월적 세계, 인간이 향해야 할 방향과 무관한 예술은 길을 잃게 마련이고, 그 시대 사람들에게 참된 영향을 주지 못합니다.

덫 2 | 141.5×73cm | 수묵 담채 | 2013

꽃뱀

—

뱀을 그리되 죽어가는 혹은 죽은 혹은 허물을 벗는 뱀으로, 뱀이 지닌 그 원초적 생명, 욕망의 모습을 훨씬 뛰어넘어 생명 그 자체를 지향합니다. 징그러움이나 관능의 상징이 아니라, 그저 태어나고 죽는 뱀이라는 한 생명을 보여주고 있는데, 이는 미당 서정주의 〈화사〉가 절로 떠오르게 만듭니다. 유사해서가 아니라 서로 대척점에 있기 때문입니다.

미당의 언어의 화려함과 절묘함이 화백의 스러져가는 것, 초라한 것, 죽음과 삶의 드나듦과 엇갈려 보이는 것은 저만의 관찰일런지요.

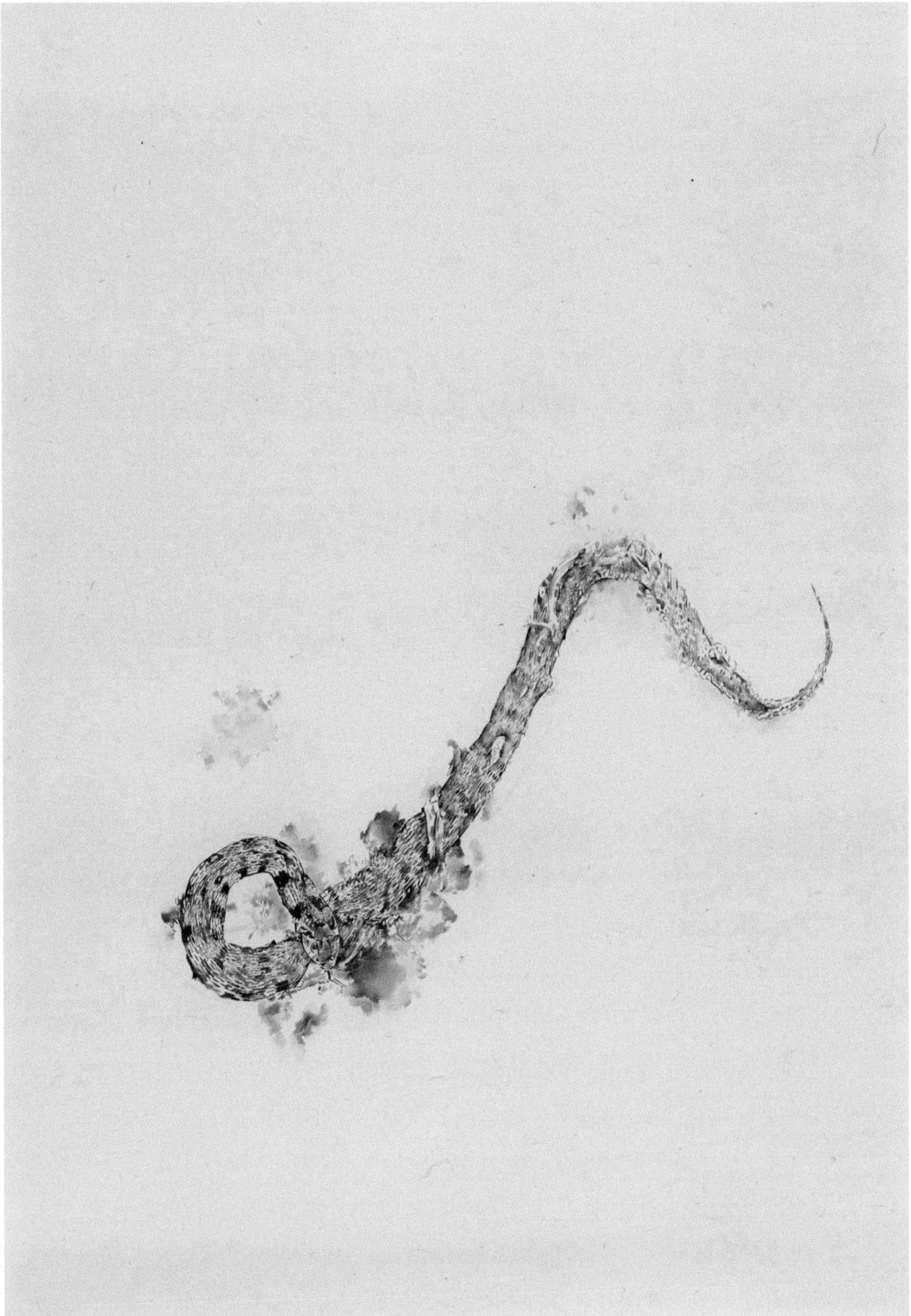

꽃뱀 | 127×112cm | 수묵 | 2018

벌레

저 큰 공백 혹은 여백? 95×63cm 종이 위에 1cm 벌레 한 마리.

사실 어떤 분들에게는 감당이 안 되는 느낌 앞에 서게 할 수도 있는 그림입니다. 감당이 안 되는 느낌! 이것이 사실 참 중요합니다. 당황해서 뒤돌아서며 말도 안 되는 그림이라 할 수도 있고, 그 감당 안 되는 느낌 앞에 가만히 서 있을 수도 있습니다.

화가의 도발인 셈입니다. 우리의 발을 걸어 넘어뜨립니다. 넘어져서 가만히 앉아 머물러 보게 합니다. 벌레는 꿈틀거림으로 살아있음을 말합니다. 그 꿈틀거림으로 먹이에 다가가고 위험한 것을 피하고 그래도 부족하면 색깔을 주변에 맞춰 변화시키거나 동물처럼 울긋불긋한 색으로 변하거나 뭐 이런 정도입니다. 아무런 힘도 없어도 꿈 하나는 야무져 그 꿈이 이루어지는 날 하늘을 훨훨 납니다. 곤충은 어떤 종류든 이런 성숙의 시간을 거칩니다.

이 꿈틀거림이 징그럽다고 혹은 아무런 이유도 없이 이 벌레를 밟아 죽이는 이들이 제법 많습니다. 그 꿈 한번 펼치지도 못하고 발 아래 깔려 허망하게 한 생을 마감해 버립니다. 벌레의 입장에서 보면 황당하기 그지없습니다. 자신은 최선을 다해 살고 있는데, 그 삶이 어떤 이유도 없이 뿌리째 뽑히는 것이지요. 만약 벌레를 화면 크기에 맞는 크기로 그렸다면 이런 느낌을 받기는 어려울 것입니다. 이것이 비단 벌레만의 이야기는 아닙니다. 같은 인간을 말 그대로 벌레 취급하는 이들이 우리 사회에는 많습니다. 주로 많이 가진 이들이 그러합니다. 꿈이 익기도 전에 송두리째 삶이 거두어진 305명, 쌍용차 해고노동자들이 절로 떠오릅니다.

벌레 한 마리와 함께 저 큰 공간 속으로 발 걸려 넘어지는 것도 그 텅텅 빈 공간에 주저앉아 보는 것도 괜찮지 않겠습니까? 그 공간이 무한히 확장되어 가는 것을 함께 보는 그런 순간이 올지도 모릅니다.

벌레 | 95×63cm | 수묵 | 2015

돈

이 벌레의 원래 이름은 "그리마"입니다만 본래 이름을 아는 사람이 그리 많을 것 같지 않고 대부분은 돈벌레라 부릅니다. 징그럽다고 나타나자마자 살충제를 뿌리거나 눌러 죽이는 것이 예사입니다. 얼핏 외국 이름 같기도 하고 어감이 별로 나쁘지 않은 이 이름은 잊혀지고, 어쩌다 돈벌레라 불리게 되었을까요? 정확한 유래는 알 수 없으나 떠도는 두 가지 이야기가 있습니다.

한 가지는 이 벌레가 축축하고 따뜻한 곳을 좋아하는데, 예전 겨울 부잣집이라야 장작으로 넉넉히 군불을 땔 수 있었고 부잣집에 이 벌레가 끓어 이런 이름이 붙었다는 것입니다. 또 하나는 이 징그럽게 생긴 벌레가 사실은 익충이라는 사실에서 출발합니다. 이 벌레는 우리에게 피해를 주는 3대 해충이라는 바퀴벌레, 모기, 파리의 알을 먹어치웁니다. 그래서 현명한 옛 어른들이 이 벌레를 죽이지 못하도록 집에 재물을 불러오는 돈벌레라 불렀다는 것입니다.

일리가 있는 이야기들입니다. 그러나 또한 소름 돋는 이야기이기도 합니다. 인간 실존, 인간 현실 속 돈 문제의 깊이를 환히 비춰주기 때문입니다. 이것은 또한 인간 탐욕의 깊이이기도 합니다.

돈이 결부되면 징그러운 것도 참을 수 있는 우리의 본성적 경향. 그 무서움에 눈 뜨지 않으면 어린아이도 돈에 팔고, 살아있는 사람을 잡아 장기를 적출하여 파는 일까지 일어나는 것입니다. 돈이 나쁜 것이 아니라 돈이라면 영혼도 파는 우리의 경향, 그것을 보려고도 하지 않는 우리의 무감각이 우리를 몰고가기 때문입니다.

돈 | 183×95cm | 종이에 수묵 | 2015

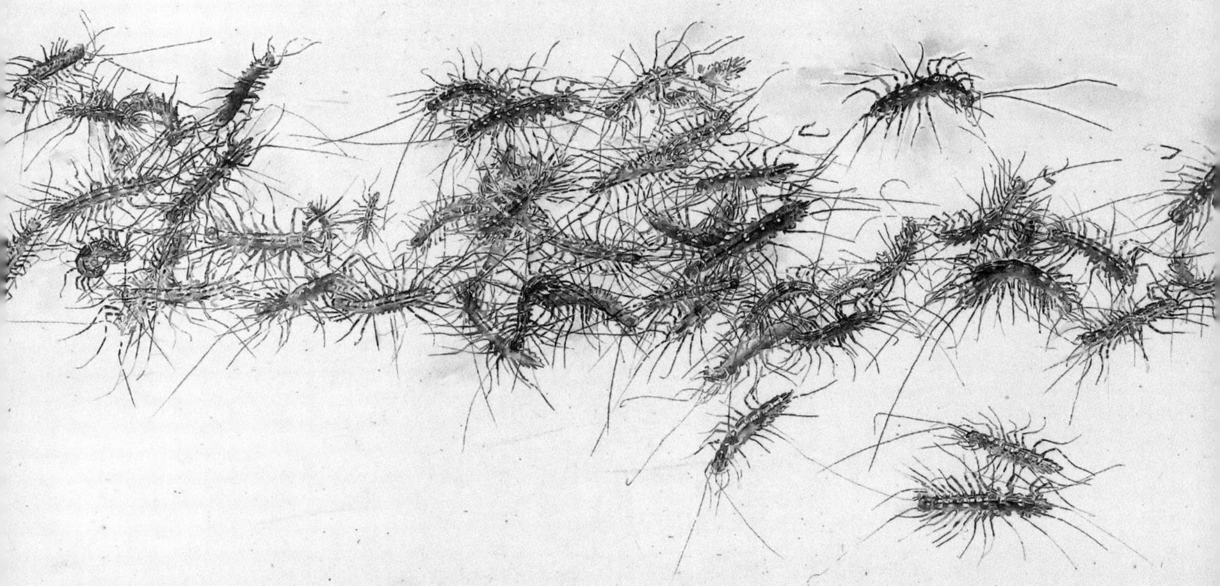

파리 목숨

고흐가 그린 낡은 구두를 두고 하이데거, 데리다 등 이 시대의 대표 철학자들이 자신들의 해석을 펼쳤습니다. 그만큼 그림 소재로 충격을 주는 것이지요. 단지 그림 소재로 드문 것이라는 이유만이 아니라 그 소재가 품고 있는 내용이 참으로 깊어 보는 이에게 다른 해석이 가능하게 해 주기 때문입니다.

소재의 독특함에 있어서야 현대 작가들의 기발함은 어느 시대보다 단연 돋보입니다. 그러나 정신의 깊은 성찰 없이 소재의 독특함만을 추구하는 작품은 우선 눈길을 끌 수 있으나 많은 이를 감동시킬 수는 없으며, 때로는 지나친 독특함으로 역겨움마저 느끼게 합니다.

이런 맥락에서 김호석 화백 작품세계의 폭은 무한히 넓습니다. 소재의 독특함과 자신의 대표 작품을 답습하지 않고 끊임없이 소재를 찾아나서는 부지런함, 그리고 끊임없는 사색과 자기성찰, 사회와 시대에 대한 깊은 애정이 녹아들어 빚어내는 작품세계의 다양함은 참으로 놀랍습니다.

우선 여기 놓인 파리부터 한번 살펴보아야 작가의 생각을 따라갈 수 있을 것입니다. 파리란 대부분의 사람들에게 보이면 무조건 때려잡고 흉한 끈끈이를 달아놓고서라도 잡아야 할 대상입니다.

이런 존재인 파리의 생태를 보면 그 자체로 감탄을 품게 합니다. 파리는 끊임없이 앞발을 부벼대는데 그것은 묻은 음식을 털어 내야 다시 빨대로 음식물을

파리 목숨 | 144×108cm | 수묵 | 2012

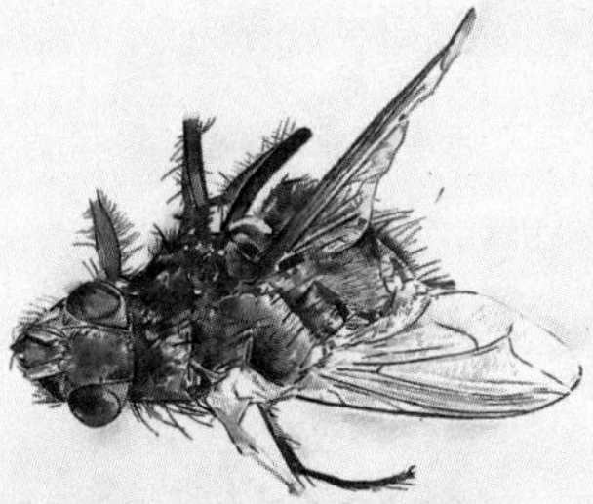

빨아들일 수 있기 때문입니다. 또 파리의 겹눈은 텔레비전 500대를 합쳐놓은 것 같아 자신의 뒤편까지도 볼 수 있습니다. 파리의 날개는 또 어떻습니까? 양쪽 두 개의 날개가 있어 하나로는 앞을 향하고 하나로는 공중에 떠 있거나 방향을 틀 수 있게 합니다.

하찮게 보는 파리 한 마리의 생태가 살펴보면 참 신비스럽습니다. 더 나아가 노란초파리는 면역체계를 연구하여 불치병을 없애는 데 없어서 안 될 존재이며, 오래 누운 환자들에게 생기는 욕창의 죽은 살을 파리 구더기에게 먹이고 새살이 돋아나게 한다 합니다.

다음 사실은 더욱 놀랍습니다. 파리 덕분에 생태계의 부패가 촉진된다는 것입니다. 모든 생물의 사체에는 구더기가 끓어 사체를 쉽게 분해하도록 도와줍니다. 한 마디로 지구가 사체 투성이가 되어 가스로 가득차지 않게 그 숨통을 트여주는 역할을 하는 것이지요.

한 번은 몽골에서 죽은 독수리를 발견하였는데 그 모습이 너무 아름다워 뒤로 뒤집자 거의 몇 백만 마리의 구더기가 들끓고 있었다 합니다. 여기서 화백은 파리의 위대함이 전율이 일도록 깊이 느껴졌고 이후로 파리가 집에 들어왔다 하여 두드려 잡지 않고 내보내 주고 있습니다.

이처럼 파리 한 마리도 그 존재에는 분명한 이유가 있습니다. 이 지상에 존재하는 것 치고 귀하지 않은 존재는 없다는 것입니다. 존재하는 모든 것에 대한 존중과 연민은 어쩌면 인간 깊이와 일치하는지 모릅니다.

그 파리가 여기 있는데, 눈은 튀어나오고 내장은 거의 나올 지경이 되어 누워 있습니다. 이 파리를 보면서 인간을 너무도 천박하게 만들어 버린 사건 세월호가 또 떠오릅니다. 사람의 목숨이 파리 목숨처럼 여겨진 씻을 수 없는 이 시대의 오점입니다.

그 일에 나는 관여한 바가 없다고 할 수 있는 이는 아무도 없습니다. 누구든 그 빚을 함께 갚고자 할 때 오점은 남더라도 우리는 그 일에서 앞을 향한 메시지를 얻게 될 것입니다. 그렇지 않고 남의 탓으로만 돌린다면 역사는 어느 순간 또 같은 일이 반복됨을 역사 스스로 드러내주고 있습니다.

탁주에 발을 씻다

—

한용운의 〈파리〉라는 시, 그분이 살았던 일제치하 혼돈의 시대, 화백이 살고 있는 시대, 화백의 생각.

이것들이 함께 어우러지는 광경을 함께 볼 때야 제맛이 나는 작품입니다. 물론 이것은 파리가 지니는 이미지를 매개로 전개됩니다. 먼저 한용운의 시 〈파리〉를 볼까요.

작고 더럽고 밉살스런 파리야.
너는 썩은 쥐인지 饅頭(만두)인지 분간을 못하는 더러운 파리다.
너의 흰옷에는 검은 똥칠을 하고
검은 옷에는 흰 똥칠을 한다.
너는 더위에 시달려서 자는 사람의 단꿈을 깨워 놓는다.
너는 이 세상에 없어도 조금도 不可(불가)할 것이 없다.
너는 한눈 깜짝할 새에 파리채에 피칠하는 작은 생명이다.

그렇다. 나는 작고 더럽고 밉살스런 파리요, 너는 고귀한 사람이다.
그러나 나는 어여쁜 여왕의 입술에 똥칠을 한다.
나는 황금을 짓밟고 탁주에 발을 씻는다.
세상에 寶劍(보검)이 산같이 있어도 나의 털끝도 건드리지 못한다.

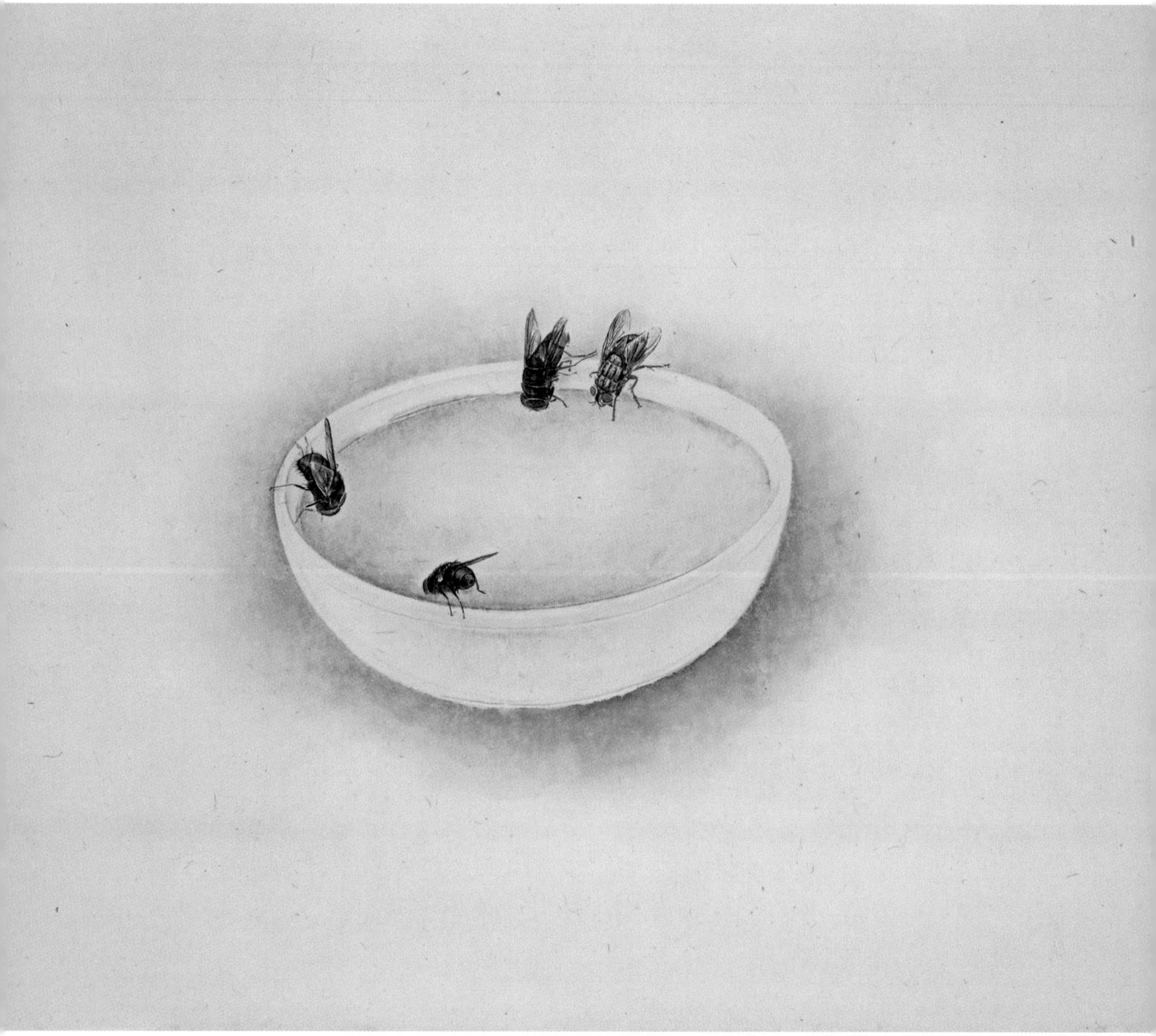

탁주에 발을 씻다 | 65×94cm | 수묵 | 2013

나는 설렁탕집으로 宮中宴會(궁중연회)에까지
上賓(상빈)이 되어서 술도 먹고 노래도 부른다.
세상 사람은 나를 위하여 궁전도 짓고 음식도 만든다.
사람은 貧富貴賤(빈부귀천)은 물론하고 파리를 위하여 생긴 것이다.
너희는 나를 더럽다고 하지마는
너희들의 마음이야말로 나보다도 더욱 더러운 것이다.
그리하여 나는 마음이 없는 죽은 사람을 좋아한다.

한용운이 살았던 시대는 배신과 굴욕이 난무하는 시기였습니다. 3·1 운동 시 민족대표 33인에 이름을 올렸던 이가 친일로 돌아서고, 세상 구석구석 치사하고 비열한 행위들이 버젓이 난무해 시대를 살아감에 울분을 참기 어려운 난세였습니다.

이런 시절 한용운은 "파리"에게 말을 시킵니다. 한용운 스스로 파리도 되었다 파리의 똥에 묻히는 사람도 되었다 하며 배신과 굴욕을 밥 먹듯 하는 세태를 질타합니다. 너희가 나를 작고 더럽고 밉살스럽다한다. 그렇다, 내 모습은 그러하다. 그런데 이런 내가 여왕의 얼굴에도, 너희가 먹는 음식에도 너희보다 먼저 손을 댄다. 깨끗한 너희 흰옷에 똥칠하고 여왕의 얼굴도 황금도 내게는 별 볼일 없다. 무엇이 더럽더란 말이냐? 너희 마음이 더러운 것 아니냐? 차라리 나 파리는 마음 없는 죽은 사람을 좋아한다.

참으로 통쾌하고 시원합니다. 황금도 부귀도 나 파리에게는 똥 쌀 자리밖에 되지 않는다니! 한때 잘 나가던 애국지사도 후대에는 오욕을 씻지 못하는 매국노가 될 수 있습니다. 그 바닥을 꿰뚫어본 한용운은 스스로 파리의 자리에 앉습니다.

화백 스스로도 파리의 마음에 깊이 공감하며 이 작품을 그렸습니다. 이런 마음이 아니고서는 촛불이든 극우집회든 파리가 똥이나 싸는 황금 자리가 될 수도 있습니다. 배신과 굴욕은 남의 이야기가 아니라 누구에게나 올 수 있는, 당할 수 있는, 저지를 수 있는 위험입니다.

먹파리

쇠파리, 똥파리, 쉬파리, 금파리 등 파리도 종류가 천차만별이요 파리면 무조건 똥파린 줄 알았더니 똥 먹는 것이야 같다지만 각각 나름의 개성이 있더라구요.

이 말의 배경에는 파리라는 것에 대한 인간의 시각, 정확히는 편견 같은 것이 있는 것이지요. 하지만 파리가 지닌 생태로 인해 많은 경우 좋지 않은 상황, 사람에 대한 은유로 쓰여지는 것도 사실입니다.

쇠파리, 쉬파리의 경우에는 살아있는 소나 돼지, 심지어 사람의 피하에 알을 슬어 구더기가 나오고, 죽은 시체면 무엇이든 공기 중에 방치하면 1–2시간 이내 온갖 종류의 파리가 알을 슬고 구더기가 나옵니다. 이런 모습에서 인간성의 참으로 비루한 면을 바라보게 되는 것은 무리가 아닌 성 싶습니다.

화백은 예의 그 주도면밀함과 끈기로 파리를 관찰하며 자신을 성찰하게 되었습니다. 파리가 먹물에 앉아 먹물을 먹는 것을 알게 되었고 그것을 관찰하다 보니 금파리같이 푸른색이 영롱한 놈도 먹물을 뒤집어쓰고 먹파리가 되더라는 것입니다. 그리고는 다른 곳으로 날아다니며 먹물을 찍어대는 것이었습니다. 똥을 먹고 똥을 묻히고 다니던 파리가 먹물을 먹고 먹을 묻히고 다닌다 하여 선비가 되는 일은 물론 없지요. 당연하고 당연한 일입니다. 그런데 우리 자신이 무엇인가 조금 배우고 조금 닦고 조금 비웠다 해서 무엇인가 되는 양 자신을 대단하게 여긴다면 먹파리와 다를 것이 무엇이겠느냐는 것입니다.

무엇인가 이룬 듯한 자만심은 마음을 닦고 삶의 참됨을 추구하는 이에게는 치명적인 독이 됩니다. 그도 그럴 것이 이 자만감 자체가 자신이 추구하는 것을 역으로 거스르기 때문입니다.

우리는 잘난 존재도 못난 존재도 아닌 그저 자신일 뿐입니다. 수행의 삶을 사는 이에게는 우월감도 열등감만큼이나 경계해야 할 것입니다. 우리는 누구보다 더 낫거나 더 못한 존재가 아니라 그냥 그대로 천하의 가장 귀한 존재들입니다. 존재가 아니라 존재들입니다.

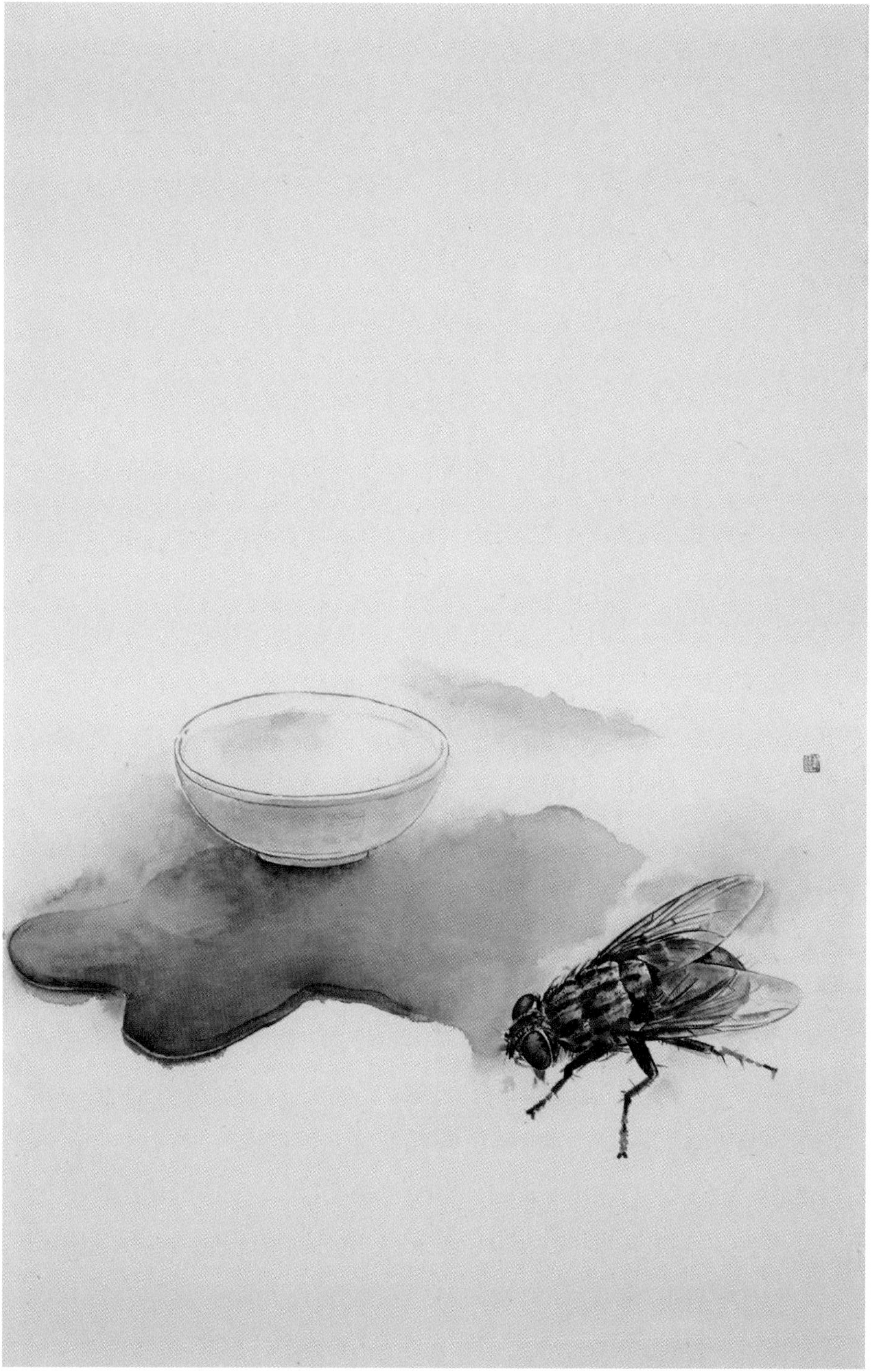

먹파리(부분) | 141.5×73cm | 수묵 | 2012

한밤의 소

사물과 자연은 우리 인간에게 자신을 마음껏 맡깁니다. 자신은 그대로 있되 우리가 그 안에서 무엇을 보든 탓하지도 우쭐하지도 않습니다. 그런 자연의 넓음을 느낄 때 우리는 자연과 우리가 서로 상하 관계라거나 종속 관계가 아니라 서로 하나이고 서로 스며들며, 서로가 서로에게 내주는 관계임을 오히려 배우게 됩니다.

그런 자연과 하나 될 때 내 안에 있던 어떤 정신, 철학, 체험, 사회에 대한 고민, 아픔, 현상, 개인적 역사 이 모든 것들을 그 안에 집어넣어 볼 수 있는 틀을 얻게 되고, 여기서부터 예술의 은유나 알레고리가 태어납니다. 자연을 이질적인 것으로 여기지 않고 하나가 될수록 이 은유의 세계는 더 깊은 의미를 지니고 보편성을 띠게 되어 많은 이들이 공감할 수 있는 표현들이 나옵니다.

화백의 작품들 안에서는 이런 은유의 세계가 널려 있다고 해도 과언이 아닙니다. 그 이유는 화백의 삶의 태도 혹은 방식 안에서 절로 나오는 듯합니다. 일단 어떤 대상이 마음을 비집고 들어오면 그 대상에 접근할 수 있는 모든 방법을 강구합니다.

이 여왕벌의 경우, 그는 3년 동안 파주, 논산, 원주, 전라도 해남에서 강원도 두메산골까지 벌통을 찾아다닙니다. 그리고 결코 싼값이 아닌 여왕벌만 10마리에 소형 벌통까지 사서 집에서 기릅니다. 결국에는 벌이 화백의 손 위에서 잠자고 노는 경지에까지 이르렀다니 소위 벌도사가 된 것입니다. 이렇게 상대와 일체가 된 상황에서 그 벌들과 작가 안의 정신이 어떤 이질적인 틈이 없이 자연스럽게 하나

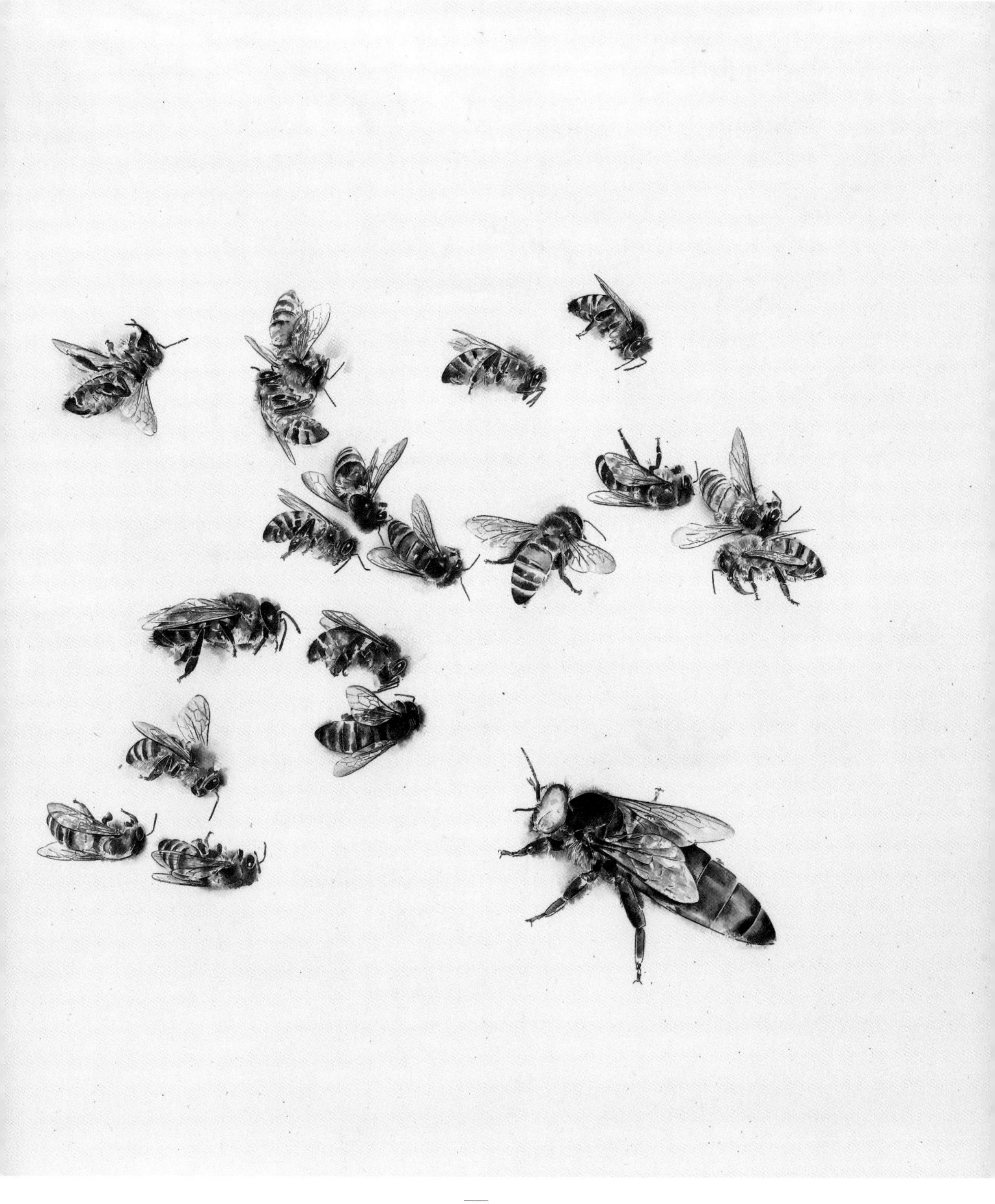

한밤의 소 | 141×141cm | 수묵 | 2014

가 되어 자연의 여왕벌이면서 세상의 다른 현상들을 담아낼 수 있는 예술의 세계가 빚어집니다.

여왕벌의 생물적 특성이 현실의 여성독재자와 몹시 닮은 데서 출발합니다. (여왕벌의 생리에 대해서는 『수녀님, 서툰 그림읽기』의 100쪽을 참조하시기 바랍니다.) 권력과 하위 권력과의 관계의 최악인 복지부동의 상황을 이보다 더 생생하게 그려낼 수 있겠는지요? 덩치만 큰 여왕벌은 머리가 허옇게 텅 비어 있습니다. 그런데도 하위 권력들은 알아서 깁니다. 두려워 눈도 마주치지 못합니다. 아예 뒤로 벌렁 누워 자 버립니다. 무엇을 하시든 이 몸은 태평세월이오니 그대 여왕께서는 하시고 싶은 대로 하소서. 말보다 그들의 몸이 먼저 그렇게 이야기하고 있습니다. 이런 권력의 세계의 생리를 말로 해 봤자 식상하고 식상한 어디서나 흔한 삼류 이야기일 뿐이지만 여왕벌과 만나 던지는 메시지는 참 생생합니다. 이것이 은유의 힘입니다.

그림자에 덧칠하다

세 가지 관점에서 이 작품을 바라보고자 합니다. 다른 많은 관점들이 있을 수 있겠으나 모든 것을 파헤치는 것이 이 글의 목적은 아닐뿐더러 읽는 이의 몫으로 남겨질 부분 역시 고려함이 마땅하고 옳다고 생각하기 때문입니다.

첫째는 수박을 저리 똑같은 크기로 자르는 것은 함께 있는 사람들이 어느 정도는 골고루 먹기 위해서입니다.

둘째는 저 벌은 뒤엉벌, 즉 호박벌의 여왕벌입니다. 여왕벌이 수박을 먹는다는 것은 여간 비상상황이 아니고서는 있을 수 없습니다. 일벌들이 자신들이 먹은 꽃가루로 로열젤리를 만들어 내어 평생 여왕벌을 먹여 살리기 때문이지요.

이 로열젤리는 보통 벌꿀과는 달리 동물성 성분이 포함된 특별한 것이며 일벌은 평생 한 번밖에는 먹지 않고 생산만 하는 것과 달리 여왕벌은 손 하나 까딱하지 않고 일생 이 꿀만 받아먹습니다.

그런 여왕벌이 서민들이 먹는 수박에 입을 댄다는 것은 치사하거나 치명적으로 곤란한 상황이거나 둘 중의 하나이겠지요.

셋째는 모든 이가 어느 정도로는 공평하게 먹을 수 있도록 또각또각 썰어놓은 수박을 여왕벌은 침을 꽂아 맛있는 수액만 다 빨아먹어 버린다는 것입니다. 요즘 과일들은 대체로 하우스 재배를 하기에 꽃가루 수정을 위해 하우스 안에는 벌을 둡니다. 딸기와 같이 꽃이 작은 것들은 일반 벌을 두나 수박이나 호박같이 꽃이

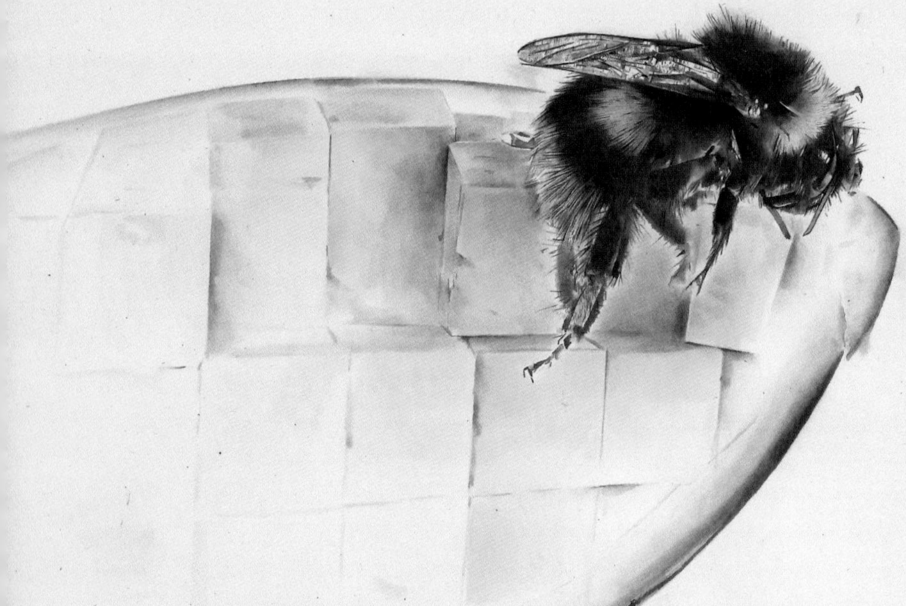

큰 것은 이 호박벌을 둡니다. 그만큼 힘이 강력하다는 것이니 혼자서 저 시원한 단물을 다 빨아먹겠다는 기세입니다.

이렇게 세 가지 관점만 나열해도 이미 어떤 그림이 그려집니다. 은유 가득한 작품은 그것을 보는 실마리가 되는 관점을 하나 잡아내는 것이 중요해집니다.

이를 위해 보는 이는 작품이 다루고 있는 생물에 대한 지식을 먼저 보는 것도 중요합니다. 대부분의 경우 이 기초적인 지식과는 완전히 별개로 작가 자신의 개인적 생각만을 전개시키지는 않기 때문입니다. 화백이 3년 동안 벌을 기르고 관찰하였으니 당연히 관찰한 내용이 바탕이 되었을 것은 너무도 분명합니다.

이 실마리를 잡으면 화백이 걷는 여정을 함께 할 수 있게 됩니다. 이 작가와의 공감은 화가의 생각을 아는 것에서 그치지 않고, 감상하는 이의 창조적 영역을 더 넓혀주어 심지어 작가는 보지 못한 요소까지도 볼 수 있게 해 줄 수 있습니다.

위의 세 가지 관점을 따라가면 자연스럽게 이 시대 가장 큰 비극인 여성 대통령의 모습이 떠오릅니다. 그리고 그를 둘러싼 대기업의 염치를 모르는 처사들이 연달아 떠오릅니다.

참말이지 벌에게 미안함을 느끼지 않을 수 없습니다.

그림자에 덧칠하다 | 170×143cm | 수묵 담채 | 2014

나는 너다

세상이 말하지 못하는 것 혹은 말할 수 없는 것을 예술가는 말할 수 있어야 한다고 화백은 단호한 발언을 합니다. 이 단호함과 〈나는 너다〉라는 제목과는 무슨 상관이 있는 것일까요? 공감과 연대의 세계를 표현하는 제목과 단호함은 사뭇 어울리지 않을 것 같아 보입니다만 과연 어떨런지요? 화가의 안경을 끼고 한번 따라가 봅시다.

이 시커먼 벌은 세숫대야 물에 빠져 허우적거리는 여왕벌입니다. 벌, 잠자리, 매미는 아침 이슬에 젖어도 날개가 무거워 잘 날지 못해 아이들이 아침에 잠자리나 매미를 잡습니다. 물속에 빠져 허우적거리자 좁은 세숫대야에 파문이 일고 그 파문에 스스로의 몸이 점점 빠져 들며 주위에 그림자를 남기고 있습니다.

'그림자' 하면 이제 쉽게 '세월호' 아이들이 연상됩니다. 세월호 사건이 터지고 온갖 설들이 설설 끓고 있던 시절, 공직에 있는 사람들은 함부로 말하지 못하던 것이 바로 이 세월호 이야기였을 터입니다. 그 유명한 7시간, 정부는 아무것도 하지 못했을 뿐 아니라, 하지 않았다는 경악할 사실이 드러났지만, 어떤 이들은 공개적으로 이야기하는 것조차 불이익이 두려워 피하는 상황이었습니다. 이유가 되지 못하는 이유로 골든타임을 놓쳐 버리고서는 국가안전보장회의를 아무런 권한도 연유도 없는 최순실이라는 인물이 개최했다는 듣도 보도 못한 삼류극이 우리 역사의 한 현장이었습니다.

나는 너다 | 70×143cm | 수묵 | 2014

작가든, 공직자든 이 엄청난 사실 앞에 나는 몰랐다는 핑계로 책임을 면할 수 있는 사람은 없습니다. 직접적인 책임은 없다 할지라도 최소한 그 사건에 대한 역사적 빚은 누구도 모면할 수 없습니다.

바로 그 당시 화백은 이 그림을 그렸습니다. 아이들이 허우적거린 그 물보다 더한 심연에서 지도자인 여왕벌이 허우적거리고, 자신이 일으킨 파문에 자신이 서서히 잠겨드는 모습인 것입니다.

자신이 일으킨 파동에 무고한 어린 생명이 빠졌으나 자신을 비롯한 주위 사람들 역시 그 파동으로 같이 침몰했음을 우리는 이미 너무 잘 알고 있습니다.

그렇게 공적으로 말하기 어렵던 시절, 예술은 그것을 표현할 장이 있습니다.

이것은 예술가의 특권이요 어떤 면에서는 의무이기도 합니다. 하늘의 열정과 땅의 생기를 잊게 되면 기술만 남고 정신은 흐려진 통속적인 무리 속에 남을 뿐이기 때문입니다. 이런 연유로 인해 화백은 사회 현실에서 결코 눈을 떼지 않고 역사화들을 많이 남겼습니다.

사회 불의에 대한 올바른 인식과 행동 그리고 사람 특히 가난한 이들에 대한 따뜻한 연대는 둘이 아니라 하나임이 분명해집니다. 이를 넘어 이 두 가지는 하나입니다. 이 두 가지가 하나일 때 우리는 인간 본연의 모습에서 멀어지지 않음을 세월호를 통해 통렬하게 배웠습니다.

아포토시스

저 두 벌이 하나의 존재임을 알아채셨는지요? 그 힌트는 보일 듯 말듯 살짝 그어진 빗금입니다. 거울입니다. 거울에 비친 노란띠 두른 호박벌이 몇 배나 큰 괴물벌로 투영되었습니다.

거울에 비친 모습, 혹은 사진을 볼 때 대부분의 사람들은 실제보다 못생겼다고 느낀다 합니다. 자신이 지닌 자신에 대한 상이 대부분 확대, 팽창되어 있다는 이야기지요. 크기는 한데 자신의 매력인 노란 띠도 없어지고 자그마해서 아담한 모습은 어디 가고 다른 이에게 공포심을 줄 크기로 둔갑해 버립니다. 그래도 큰 것이 좋다는 분이 계실지 모릅니다.

그런데 또 한 가지 놓치지 말아야 할 점이 있습니다. 뽀송뽀송한 호박벌과 달리 시커멓게 큰 벌의 목 주위가 물기를 머금은 듯 털이 뭉쳐져 있습니다. 그렇다고 몸 전체가 습기를 품고 있지도 않습니다. 실제에선 말이 안 되지만 여기서 벌이 식은땀을 흘리고 있는 것입니다. 사람의 경우 긴장하거나 거짓말을 하거나 무서운 상황에서 식은땀을 흘립니다.

여기서 다시 제목 〈아포토시스〉와 연결시킬 필요가 있습니다. 아포토시스는 제 수명을 다한 세포가 죽어야 새 세포가 생성되는데, 세포가 죽지 않을 때 그것이 암으로 변하는 현상을 말합니다. 한 마디로 죽음을 거부한 결과로 자신의 몸을 죽음에 이르게 하는 것이지요.

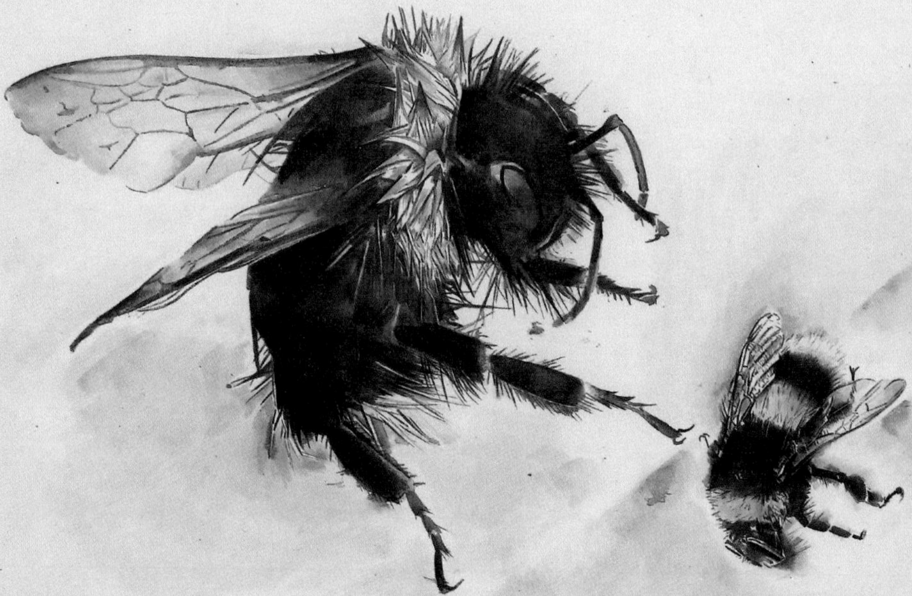

화백이 택한 이 주제는 사회 현상, 개인의 실존문제, 인간의 초월적 차원, 우주의 신비에 이르기까지 적용되는 보편적 문제입니다. 죽음을 거부하는 것이 진짜 죽음인 것이지요. 죽음은 생명으로 연결되고 그 생명은 다시 죽는 순환을 거부할 자유는 있지만, 실제로는 우리가 거부한다 하여 결코 그 연결고리에서 벗어날 수는 없습니다. 죽음을 거부하는 것이 더 기괴한 죽음을 불러냅니다. 암세포처럼….

곱던 호박벌의 시커멓게 변한 모습이 아포토시스 상황을 실감나게 보여 줍니다. 오히려 죽을 수밖에 없는 존재의 상태와 일상에서의 죽음을 인정하고 선택할 때 참생명이 펄펄 살아난다는 것을 경험은 이야기해 줍니다. 죽음이 깃들지 않은 생명은 없습니다.

이런 주제를 그림의 소재로 택하는 용감함과 이 주제에 걸맞은 소재 선택을 향한 그 뜨거움에 대한 감탄이 저로 하여금 이 글들을 쓰게 하는가 봅니다.

아포토시스 | 142×74cm | 수묵 담채 | 2016

이성의 법정에 세우다

옛날부터 전해오는 전설 같은 이야기, 많은 분들이 알고 있을 이야기가 하나 있습니다.

「어느 동네에 혼례식이 있었고 부부가 첫날밤을 보내게 되었는데, 긴장한 탓인지 새신랑이 갑자기 오줌이 마려워 뒷간에 가려고 방을 나서자 새색시가 가지 말라고 잡아당겼습니다. 새신랑은 여인네가 이렇게 뻔뻔스러울 수가 있나 싶은 생각이 들어 뒤도 돌아보고 싶지 않았더랍니다. 그래서 진짜 뒤도 돌아보지 않고 멀리 길을 떠나 버리곤 다시 돌아오지 않았습니다. 그리고 50년이란 세월이 흐르고 우연히 그 지방을 다시 지나가게 된 예전의 새신랑은 그래도 첫 인연이 궁금했던지 그 집 쪽으로 발길을 옮겼습니다. 그리고는 폐허가 되어 버린 집을 발견합니다. 궁금한 마음에 첫날밤을 보내려 했던 그 방으로 향했고 심장이 두 방망이 치는 소리를 들으며 문을 열자 빨간 치마에 초록 저고리를 입은 여인의 모습이 먼지처럼 삭은 채로 고스란히 그대로 앉아 있었습니다.

사실은 새색시가 잡아당긴 것이 아니라 문고리에 옷자락이 걸렸던 것인데 새신랑은 음탕하다고 단단히 오해를 했던 것입니다. 턱없는 오해를 받은 여인은 "그래도 돌아오겠거니" 일어서지도 않은 채 얼굴도 모르는 자신의 남편 될 사람을 하염없이 기다렸습니다. 돌아오는 순간까지 식음도 전폐하였으니 하루 이틀 시간이 지나자 그만 앉은 채로 숨을 거두어 버렸습니다. 눕지도 못한 채 죽은 새색시, 신랑을 기다리는 새색시를 사람들은 차마 무덤에 묻지 못하였고 그렇게 그 집은 폐가가 되어 버리고 말았다 합니다.

이성의 법정에 세우다 | 143×74cm | 수묵 | 2016

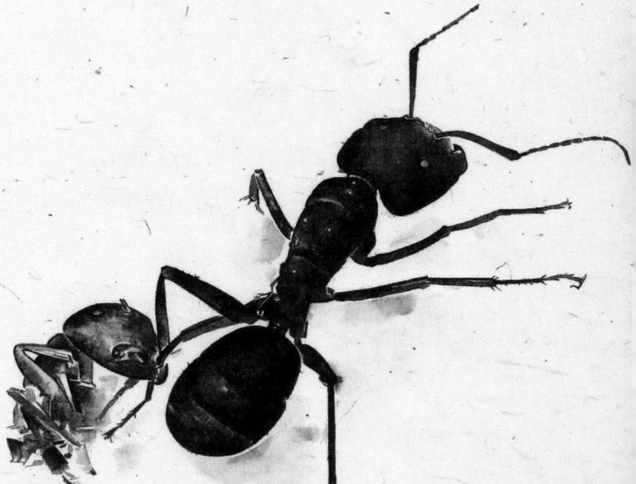

예전의 새신랑이 그날의 상황을 깨닫고선 초록 저고리 어깨를 어루만지자 그제서야 삭고 삭은 시체가 폭삭 내려앉았다는 아픈 이야기입니다.」

이 개미 그림의 사연은 『수녀님, 서툰 그림읽기』에 자세히 나와 있습니다만, 다친 동료 개미를 살리려 필사적인 줄 알았더니, 사실은 반쯤 잘려 죽어가는 개미가 죽자사자 매달리자, 거기서 도망치기 위해 필사적이었다는 것은 다시 생각해도 소름끼치는 내용입니다.

오해와 편견 혹은 어떤 꼬인 일이 닥칠 때 중요한 것은 객관적 사실을 확인하는 것입니다. 내가 보고 있는 것이 사실인지 확인하는 것입니다. 내가 느끼는 감정, 즉 분노 슬픔 우울 이런 것들을 잠시 옆에 둘 수 있는 힘은 절로 길러지는 것이 아니요, 마음먹는다고 쉽게 되는 일도 아닙니다. 끊임없이 진리를 추구하는 닦고 비우는 길을 걷지 않고서는 얻을 수 없는 덕목입니다.

내가 좋아하는 사람, 내가 좋아하는 상황에 따라가지 않고 우선 객관적 사실부터 확인하고 거기서 실마리를 풀어나가는 사람을 찾아보는 것은 참 쉽지 않은 일입니다. 특히 조직, 단체, 공동체와 같이 힘과 권력, 관계와 위계질서가 거미줄처럼 얽힌 곳에서는 이것이 더 쉽지 않습니다.

객관적인 명징함과 힘에 휘둘리지 않는 꼿꼿함, 관계에 좌지우지되지 않는 자신만의 삶의 철학을 지니지 않고서는 A인 줄 알았던 것이 B로 판명될 때 자신의 원래 판단을 내려놓고 새로운 사실을 인정하는 것은 거의 불가능합니다. 사람은 누구나 나름의 생각, 가치기준, 판단기준을 가지고 있기에 잘못 보고 판단할 수 있지만, 중요한 것은 사실 혹은 진실이 드러났을 때 그것을 수용하는 힘입니다.

이것은 명확한 판단력보다 더 중요한 것이라 할 수 있습니다.

위의 새신랑이 한 번만이라도 사실을 확인할 여유가 있었더라면 아니 뒤를 돌아보기만 했더라도 한 사람의 삶이 저렇게 허망하게 끝을 맺지는 않았을 것입니다. 우리의 생각, 판단, 가치, 느낌이 잘못될 수 있다는 것을 아는 것이 진정으로 자신을 아는 것입니다. 우리는 모두 미완성이요, 부족함을 지닌 존재들이니까요.

부족함을 채우는 것이 삶의 충만이 아니라, 부족한 그대로 행복한 것이 참 충만입니다.

겨울 매미

화백의 벌레나 동물 시리즈 대단원의 막을 내리는 것이 이 겨울 매미입니다. 막을 내린다는 말은 맞지 않을 것 같네요. 왜냐하면 화백의 작품 여정은 60이라는 나이를 넘은 지금 더 활발하게 진행형의 곡선을 그리고 있기 때문입니다. 아마도 동물, 벌레 시리즈의 클라이막스라고 하는 편이 맞을지도 모르겠습니다.

화백의 동물 시리즈들은 대부분은 이 사회의 모순과 병폐, 인간의 존엄성을 무시하는 국가 지도자와 그들의 정책으로 인한 희생과 그 피해자들 그리고 남은 이들의 아픔에 대한 은유입니다.

미술의 사회적 역할에 대해 끊임없이 고뇌하는 화백은 예술 이전에 삶이 먼저이니 정신과 마음을 맑게 닦고 그렇게 길러진 맑은 눈으로 사회현상을 바라보아야 함을 끝없이 강조합니다.

끝없이 현장을 찾고 이 시대 사람과 화백 자신의 마음과 몸을 누르는 고뇌를 표현하기에 걸맞은 대상을 찾아 발품을 팝니다. 누구에게나 통하는 보편성을 지니되 예술적 아름다움이 함께 어우러져, 전하고자 하는 바가 땅만이 아니라 하늘마저 움직이기를 바라는 갈망은 때로 보는 이로 하여금 소름이 돋게 할 정도입니다. 그리하여 그 고통에 무심한 이들도 그 작품에 접할 때 마음이 움직일 수 있게 되기를 바라는 것입니다.

이러한 옹골진 갈망은 화백의 삶의 형태를 거의 수도승과 비슷하게 만들었는지도 모릅니다. 술도 담배도 하지 않고 값비싼 옷은 아예 거리가 멀고 언제 단종

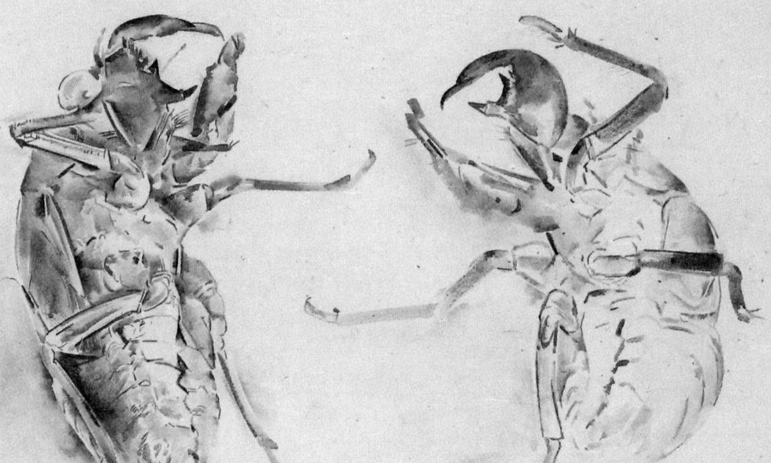

된지도 모르는 "르망"이라는 자동차를 아직 굴리고 매일 도시락을 싸들고 화실에 칩거하다시피 하는 삶은 오직 그림에만 집중하고자 하는 자신의 삶의 소명의식에서 비롯된 것이 아닌가 여겨집니다. 화가라는 것 외의 어떤 외도도 허용하지 않고 오직 그림 하나에 모든 것을 거는 집중력은 철판마저 뚫을 기세입니다.

그러나 또한 그 현상과 원인들을 너무 그로테스크하게 즉물적으로 묘사하는 것에 대해서도 거리를 둡니다. 사회 참여 예술가들이 현장에서 고통받는 이들과 함께 삶을 나누는 모습은 감동입니다. 하지만 그들이 표현하는 예술이 직설적이다 못해 혐오감을 주기도 하고, 현상을 곧바로 묘사한 것은 고개를 끄덕이게는 하나 깊은 사색으로 이끌어가지는 못하는 경우도 많습니다. 너무 즉각적으로 표현된 작품들은 "이것이 무엇일까?"라는 깊은 물음을 던져주기 어렵습니다.

예술은 어디까지 예술로서의 자리가 있어, 사회적 모순과 고통을 묘사함에도 사람의 마음 깊은 곳까지 닿는 아름다움이 있어야 한다고 생각합니다. 그렇다고 예술가가 현장과는 아무 관계없이 세상의 고통, 아픔과는 머나먼 거리에서 자신만의 예술세계를 쌓는 것은 예술 그 자체가 지닌 가장 깊은 뜻과 배치됩니다.

이 둘 사이의 긴장 어느 쪽에도 의지함이 없이 예술의 길을 걷는다는 것은 참 고독하고 고독한 길인가 봅니다.

이 매미는 겨울 매미, 즉 껍질만 나무에 붙은 매미입니다. 힘이 있을 리 없지요. 이렇게 사람들이 보기에 죽어 있는 듯하던 가장 힘없는 민중들이 하나 둘 촛불을 켜들자 혁명보다 더한 일이 일어났음을 우리는 2017년 경험하였습니다. 촛불이 밝혀진 광화문은 우리 선조들이 그리도 바라던 대동 세상이었습니다.

매미 소리는 맑고 청아하여 우리 조상들은 죽은 사람의 귀와 눈에 옥으로 매미 형상을 새긴 것을 놓고 묻어 주었습니다. 죽어서도 맑은 소리에 맑게 깨어나라는 뜻을 담았겠지요. 그 맑음은 한 사람의 맑음이 아니라, 매미들의 춤, 겨울 매미들의 춤으로 피어날 때 진정 맑음을 띠게 됩니다. 나의 맑음이 아니라 우리의 맑음이어야 세상을 맑게 할 수 있으니 말입니다.

그래서 광화문 촛불의 춤은 아직 이루어지지 않은 춤입니다.

겨울 매미 | 142×142cm | 수묵 | 2017

기는 장사, 나는 장사를 잡다

이 말은 사실일까요? 이런 경험을 하신 적이 있나요? 고개를 흔드시는군요. 그렇습니다. 인정합니다. 세상 논리에서 저런 일은 일어나지 않습니다.

누군가는 이런 절망론을 슬쩍 유포시킵니다. 게다가 기는 것은 낮은 것, 나는 것은 높은 것이라는 순위마저 매겨놓습니다. 기는 부류는 세상의 바닥을 담당하는 것이니 당연히 거기 있으라고 합니다. 개천에서 용 나는 것도 어렵지만, 개천에 있는 많은 이들이 아니라, 용이라는 아주 드문 존재만 날 수 있다는 논리는 세대를 거듭하면서도 사그라지지 않고 우리를 세뇌시켜 왔습니다.

그런데 물어봅시다. 기는 것이 왜 나쁜가요? 나는 것이 나쁘지 않듯이 기는 것도 나쁘지 않습니다. 그리고 나는 것이 기는 세상으로 왔을 때는 당연히 기는 놈에게 밀릴 수밖에 없는 것이지요. 기는 것과 나는 것을 대비시키고 우열을 정하는 것 자체가 욕망에 뿌리를 둔 우리 인간의 어리석음이지요. 기는 것은 기는 것으로, 나는 것은 나는 것으로 그저 그뿐인 세상, 세상 끝나는 날까지 포기할 수 없는 꿈입니다.

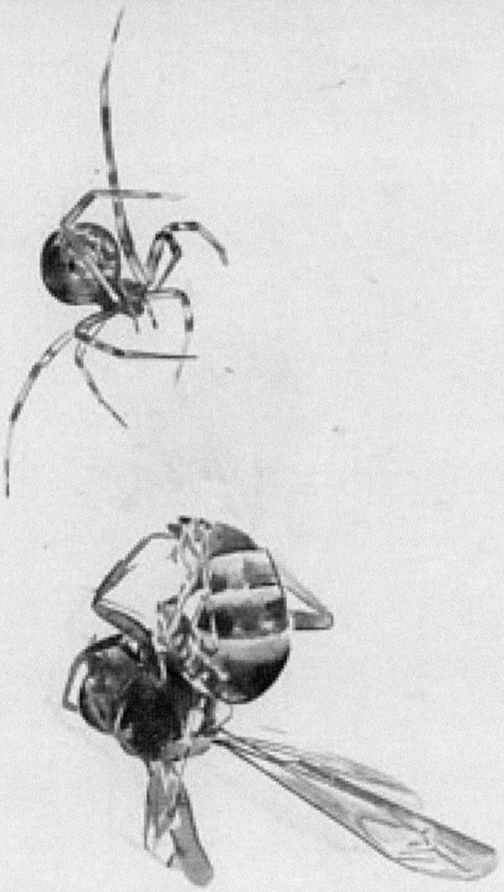

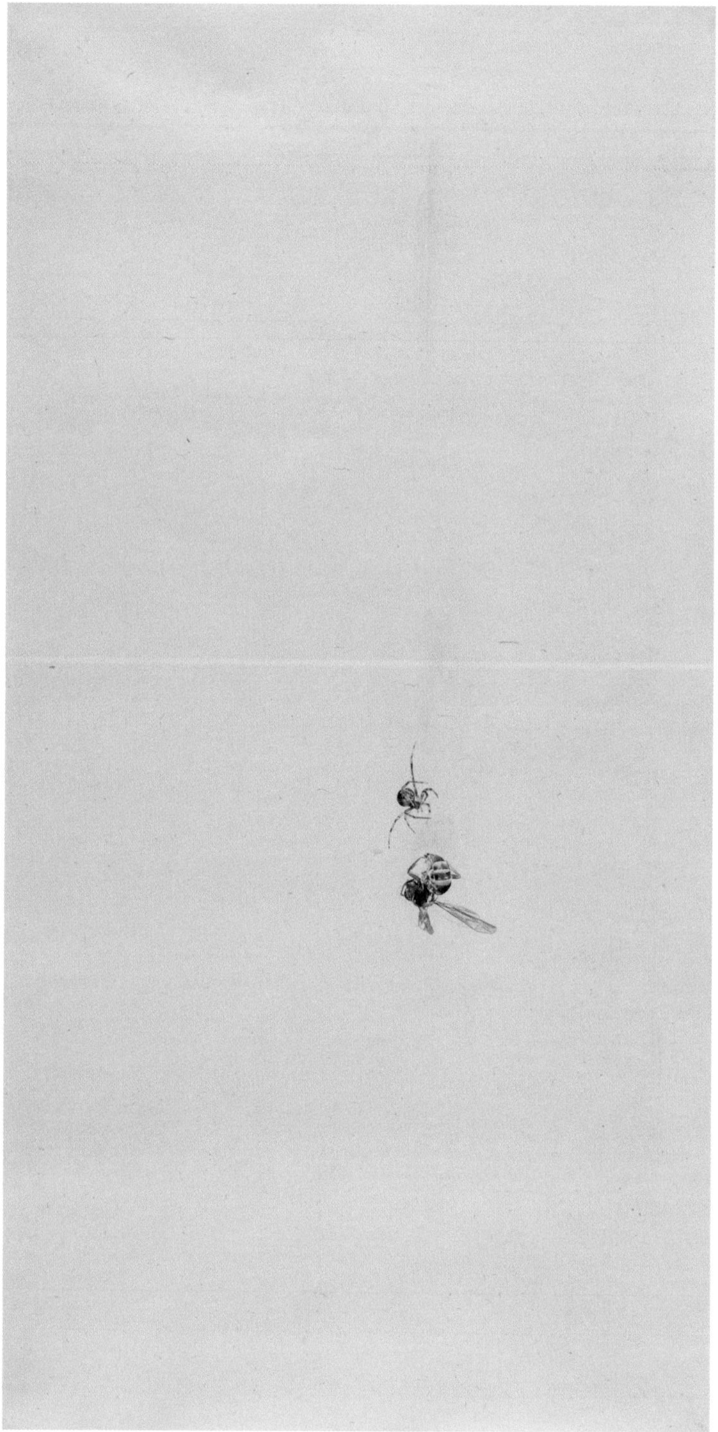

기는 장사, 나는 장사를 잡다 | 187×95cm | 수묵 | 2018

달빛도 부끄러워

—

화백이 이 작품을 그릴 때는 6월 항쟁, 광주 5·18 민주화운동 등 믿기 힘든 일들이 계속 일어나 온 나라를 어둠으로 물들이던 때였습니다.

어둠이 자신들을 우두머리라 외치며 그 방향으로 따라오라 하니 어둠을 따를 수 없는 이들이 생명의 위협을 무릅쓰며 그 어둠에 저항하던 시절이었습니다. 이 어둠은 경악스럽게도 국민을 지켜야 할 국가나 지도자, 정치인, 언론인들이었으며, 어둠으로 잡은 정권을 유지하기 위해 저지르는 일들은 차라리 짐승이 더 부끄러움을 안다는 생각이 들 정도였습니다.

무고한 민중에게 발포명령이 내리고 적들에게보다 더 잔인하게 살육을 벌였으며, 전라남도 도청은 총탄으로 쑥대밭이 되었고, 광주시내는 시체들로 가득하였습니다만, 정부는 이들이 전부 빨갱이거나 그들의 사주를 받은 사람이라 하였습니다.

역사에 길이 남을 죄인들은 멀쩡하게 그것도 떵떵거리며 잘 살고 어둠에 항거했던 이들은 감옥에 있거나 피해 다니는 삶을 살아야 했습니다.

달빛 아래서 암캐 한 마리가 자신의 성기를 핥고 있습니다. 개는 일 년에 두 번 암내를 풍겨 수컷을 끄는데 몇 km까지도 그 냄새가 닿습니다. 그렇게 딱 1번 관계를 가지고 새끼를 낳습니다. 그런데 수컷을 만나지 못한 암캐의 성기에서는 액이 분비되어 암캐는 그것을 자신이 핥아 먹습니다. 그 장면을 화백이 보고 있

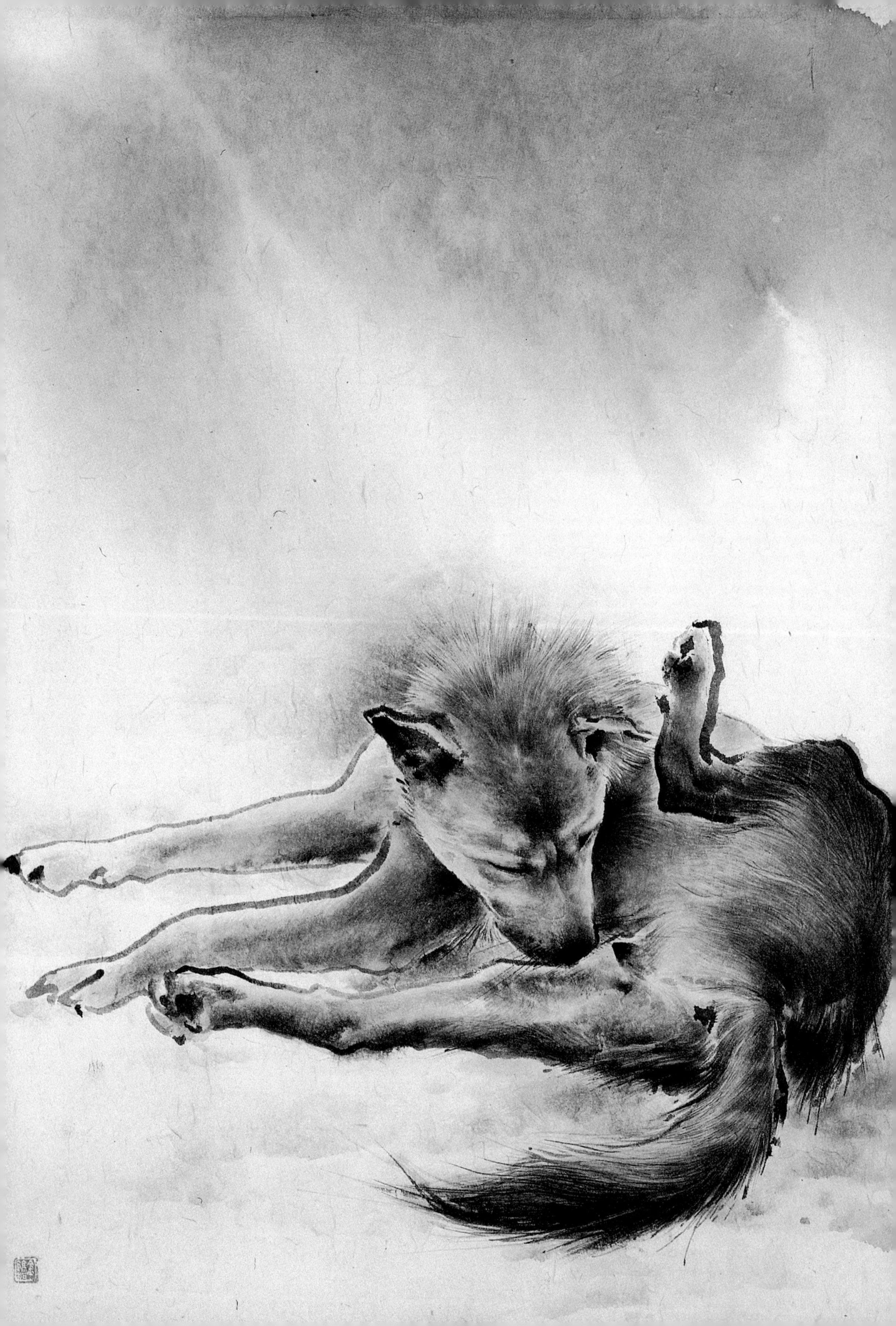

자니 성은 거룩한 것이지만 또 남에게 보여서는 안 될 숨겨야 할 것이기에 개도 부끄러워 달빛 아래서 고개를 숙인 채 핥고 있는 것으로 보였다 합니다.

부끄럼을 모르는 동물보다 못한 속성을 지닌 인간의 추악함은 역사 이래 늘 반복되어 왔습니다. 그러나 이런 큰 사건, 지도층의 인물들이 저지르는 일들만 성토하는 것으로 우리는 면죄부를 받을 수 있을까요?

일상의 사소한 일들 안에서 인간성의 야비함은 그냥 묻어도 되는 것일까요? 상황이 복잡해지거나 어떤 책임을 져야 할 일이 생기면 거의 대부분의 사람들은 발언 자체를 회피하고 꿀 먹은 벙어리가 됩니다. 같은 공간에 살면서 거북한 일, 더러운 일은 가능한 피하고 이익이 되는 일이라면 바로 옆 사람도 지그시 눌러 버립니다. 권력을 쥔 이에게 아부하기 위해서는 가장 친한 사람도 멀리 해 버리기 일쑤이고, 돈을 위해서는 거짓말과 사기도 마다하지 않습니다.

이런 현상들을 영화 속의 한 장면으로 생각하는 이는 순진할지는 몰라도 인간성이 참으로 선한가 하는 것은 별개의 문제입니다. 복잡하고 희생이 요구되는 상황에서 부끄러움을 알고 자신의 바닥에서 일어나는 욕망이나 공격성에 따르지 않기 위해서는 수행과 자기 비움이 반드시 필요합니다. 자신의 미래도 상관치 않고 학생운동, 노동운동에 몸 바친 사람들 가운데 지금까지 사람들의 존경을 받는 사람들은 손에 꼽을 정도로 적은 것은 바로 이 이유 때문이 아닐까 싶습니다. 자기희생으로 보이는 행위 자체가 부끄러움을 모르는 욕망의 또 다른 이름일 경우가 있습니다.

사람이 개보다 못하다는 말이 예사로 들리지 않는 시절이 다시는 없기를….

달빛도 부끄러워 | 74×55.5cm | 수묵 채색 | 1996

통일을 꿈꾸다

〈은유의 세계〉

은유의 세계는
언제나 활짝 열려있어도
그리로
들어가는 이 많지 않음은

반짝이는 재능으로
그 세계
들어가고자 하기 때문이리

자기비움과
생명에 대한 지극함
없이

은유의 세계로 들어간들
기괴하고 비틀린
상들만
솟아날 뿐이네

은유는 어떤 기발함이나 깜짝쇼가 아니라, 그 은유를 빚은 사람의 전체 차원을 아울러 나오는 것입니다. 일종의 종합예술, 교향곡 같은 것입니다. 그 사람이 살아온 일생의 여정, 그 여정에서 형성된 정신 그리고 지금 관심을 가지고 대하는 어떤 대상, 이 뿐만 아니라 자신이 살고 있는 사회나 공동체, 단체의 현상들 여러 요소들이 어우러지며 많은 이들이 공감하고 무엇인가를 깨닫게 하는 은유의 예술이 태어납니다.

무엇보다 중요한 것은 생명에 대한 지극한 관심과 사랑입니다. 이것이 빠지면 솜씨 좋고 기발한 예술이기는 할지언정 세기와 시대를 넘어 호소력을 지니는 작품이 되지는 못합니다.

은유는 또 지나친 상징화, 스타일화 속에 갇히면 타성에 젖어 생명력을 잃게 됩니다. 한 번 쓴 은유를 다른 정신세계에 적용시키면 김빠진 맥주도 이보다는 맛있을 것 같은 작품이 되어 버리기 십상입니다.

이런 면에서 김호석 화백의 은유의 세계는 참 다양하고 폭넓고 생동감이 넘칩니다. 이 작품에서는 저 작은 꼬마라는 은유가 가장 중요합니다. 이 꼬마의 은유 없이는 그저 "통일은 좋은 것이지뭐" 그리고 끝, 이런 감상이 되어 버리고 맙니다.

여기서 저 작은 정령 같은 꼬마는 누워서 꿈을 꾸고 있는 저 실향민의 손자입니다. 실향민의 후손인 저 작은 꼬마가 은유하는 어마어마한 내용을 알아들을 귀가 있어야 합니다.

1950년에 발발한 6·25 전쟁은 한 형제가 총부리를 서로에게 겨눈 비극 중의 비극으로, 남북이 합하여 250만 명이 죽고 45%가량의 공업시설이 파괴되는 등 그 피해도 엄청났습니다. 하지만 이보다 더 큰 비극은 그 이후입니다. 세상에 원수도 이런 철천지원수가 또 어디 있겠는지요? 남한은 남한대로 온갖 정치 위기만 오면 종북, 빨갱이, 좌파를 들먹거립니다. 빨갱이 가족이라는 이름이 씌워지면 취직은 물론 사회의 정상 구성원이 아니게 되어 버립니다. 북한은 북한대로 세상의 가장 큰 대마귀 이름은 다 갖다 붙이며 으르렁거렸습니다.

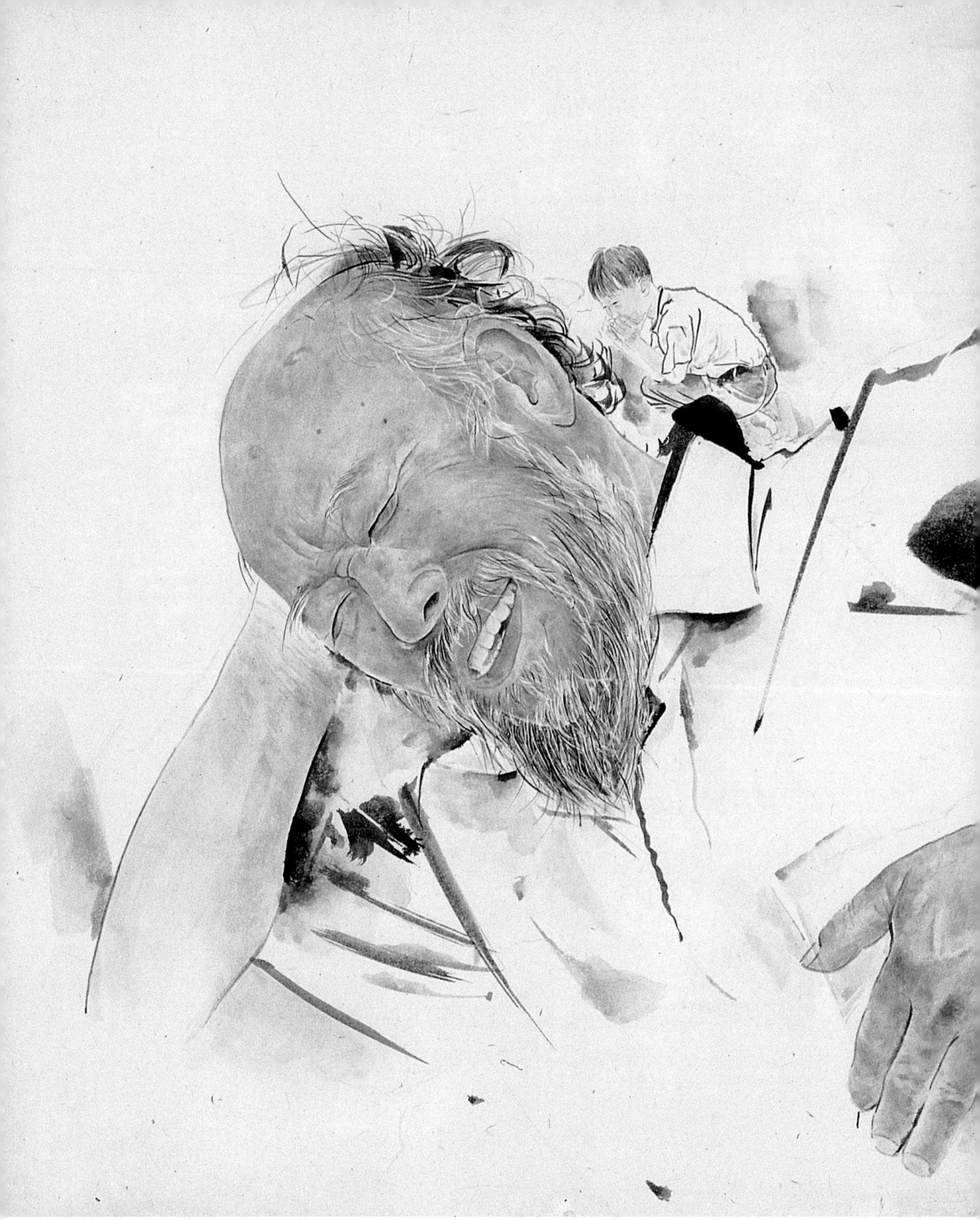

통일을 꿈꾸다 | 60×100cm | 수묵 채색 | 2000

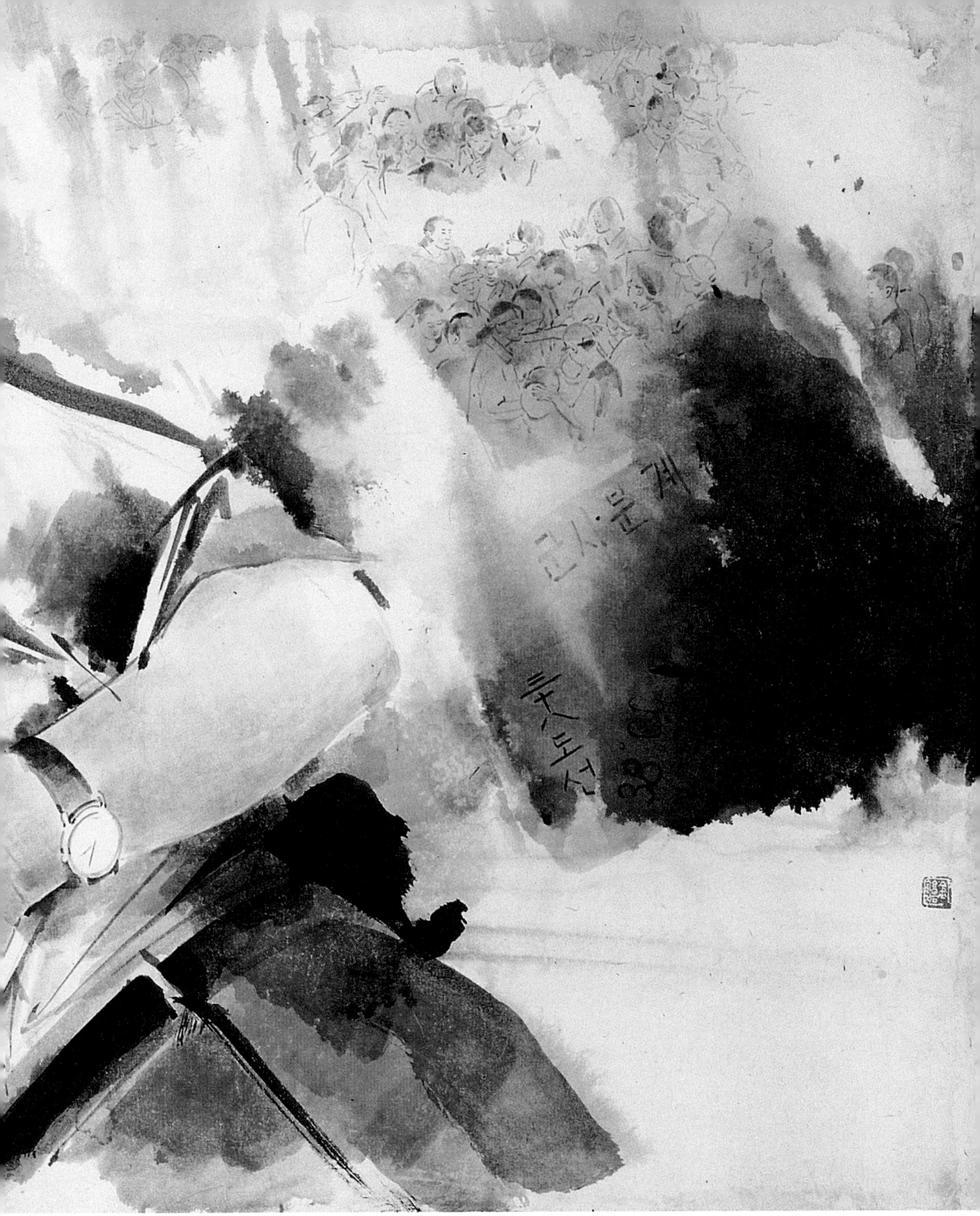

이렇게 서로 으르렁거리는 와중에 남과 북은 서로 한 형제라는 사실조차 잊어버린 것같이 통일은 도대체 이루어질 수 없는 사건처럼 멀어져만 갔습니다. 천안함사건, 금강산, 개성공단폐쇄 등 나쁜 표징들만 연달아 일어났습니다.

이 와중에 남과 북으로 헤어져 버린 가족들의 눈에서 눈물이 마를 날이 없었습니다. 남한에서는 존재감조차 없는 이 실향민들의 눈물이 하늘에 닿았던가요! 이런 흐름 속에서도 깜짝 햇살이 들기도 했습니다. 김대중 대통령이 햇볕정책의 일환으로 북한을 방문한 적이 있습니다. 이 작품은 바로 그때 한국일보에서 화백에게 요청하여 그린 그림입니다.

경제발전으로 북한 없이도 잘 살 수 있는 나라가 된 남한에서는 남북통일이란 실향민들, 사회저변에서 이 땅의 정의와 공정, 평화가 설 수 있도록 자신의 삶을 던진 이들, 이런 작은이들만이 갈망해마지 않는 일이 되어 버리지나 않았나 염려가 될 지경입니다. 북한을 방문한 김대중 대통령과 노무현 대통령은 좌파대통령이라 불립니다. 통일을 염원하는 것 자체가 좌파 비슷함을 자처하는 극단에까지 이르렀으니, 통일을 염원하는 이는 이 땅에서 저 그림의 꼬마처럼 작은 사람인 것이지요.

저 실향민의 복장을 보면 한낮에 잠시 낮잠을 자고 있다가 꿈을 꾼 것임에 틀림없습니다. 밤에 꾼 꿈이 아니라, 환한 대낮에 꾼 꿈입니다. 아이는 할아버지 귓속에 "할아버지, 통일이 되었대요. 어서 일어나세요!"라고 속삭입니다. 작은 사람답게 외치지 않고 속삭입니다. 아마도 통일도 그렇게 속삭이듯 어느 순간 우리에게 다가올지 모릅니다. 그리고 저 뒤편에는 이미 축하하는 풍물소리 잔치소리 흥겹습니다.

저 잔치에 초대받고 싶습니까?

마지막 농부의 얼굴

강남은 우리 현대사에 깊은 자국을 새긴 이름입니다. 그 이름은 선망의 대상 혹은 욕망의 대상이라 보아도 무리가 없을 것입니다. 사실 설명의 여지가 별로 없는 그 이름만으로도 하나의 브랜드가 되는 곳이지요. '강남스타일'이란 노래와 춤이 세계적으로 히트를 친 것만으로도 이 사실은 충분히 긍정하고도 남으리라 여겨집니다.

1960-70년대에 이 강남이 있다면 80년대에는 분당이라는 또 하나의 이름이 현대사에 클로즈업됩니다.

개발이 시작되자 논과 밭, 야산이었던 곳이 뭉개지고 엎어지고 새 건물의 기초가 군데군데 놓여질 무렵, 화백은 카메라를 메고 분당이라는 땅 이곳저곳을 헤매고 다녔습니다. 개발의 포클레인 그 괴물의 손 앞에 조상들의 묘인들 예외일 수 없었습니다. 파헤쳐진 묘들, 묘 이장비를 아끼느라 경유를 들이붓고 유골을 불태우는 장면도 여러 번 보았고, 경찰에 신고를 하자 "뭐 그런 일로 귀찮게 하느냐"고 핀잔을 받았다니 개발이라는 우상 앞에는 극진하던 조상에 대한 의식조차 설자리가 없어지고 말았던 우리네 현대사가 맨살을 드러내는 현장이 되었습니다.

그렇게 파헤쳐진 땅에서 만난 이가 이 〈마지막 농부의 얼굴〉라는 작품 속 어르신입니다. 이 어르신께 반쯤 뭉개져가는 밭둑에 좀 앉으시라 했더니 저런 표정이 저절로 나왔다는 이야기를 듣는 순간, 전율 같은 것이 온몸을 관통하며 지나갔습니다.

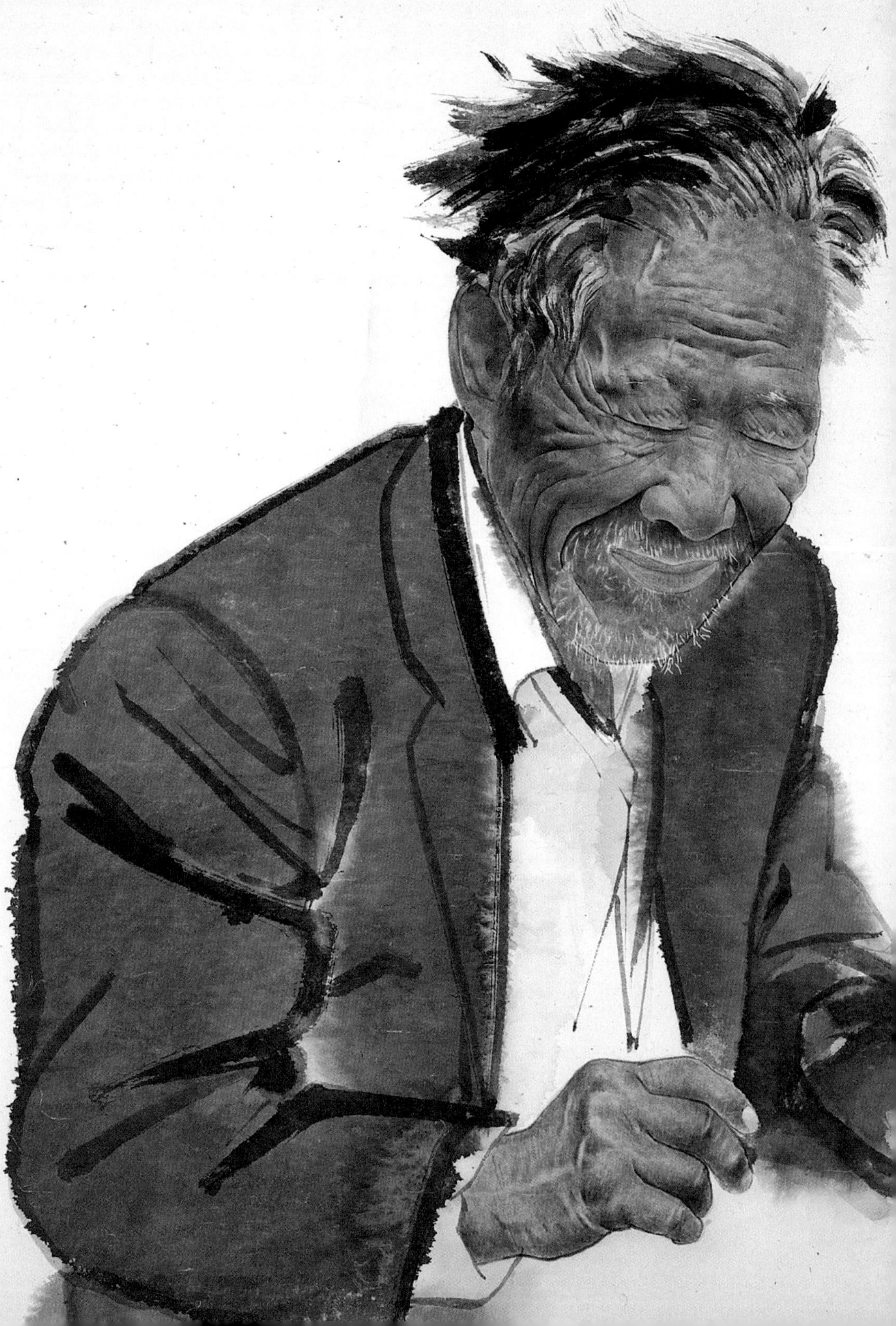

여기서 중요한 몇 가지를 짚을 필요가 있는데, 조선시대에는 초상화란 임금이나 양반들의 전유물이었다는 것, 개인 초상화에 눈을 감은 모습은 찾기 어렵다는 것, 이 작품은 배채법(종이 뒷면에 수백 번 채식을 하여 색을 내는 우리나라 전통화법)만이 아니라 앞쪽에서도 그렸다는 점입니다. 분당이라는 땅에서 매 같은 화백의 눈이 포착해낸 인물, 그는 그 어르신에게서 왕보다 결코 덜하지 않은 귀함을 볼 수 있었습니다.

눈을 감는다는 것은 보통 과거를 돌아보거나 명상을 하거나 무엇인가 성찰, 숙고를 할 때 자연스럽게 나오는 동작입니다. 그 농부는 화백의 말에 쭈뼛거림도 없이 자연스럽게 눈을 감고 자신의 세계 속으로 들어갑니다. 이제 자신의 땅이 아닌 남의 것이 되어 버린 산천에서, 그 지긋지긋했던 한여름 땡볕 막노동마저도 그리움으로 다가오는 듯한 표정입니다. 속 시원하게 팔고 나도 이제 팔자 한 번 고치겠다는 그런 생각 따위 읽을 수 없는 얼굴, 참 드문 얼굴입니다. 그런 어르신이지만 햇볕에 타고 흙에 찌들어 검게 변한 손과는 대조적으로 몸에 걸친 옷은 양복이라는 사실이 역설적으로 다가옵니다. 이 땅의 고유한 것을 지키지 못한 어떤 아픔 같은 것이 다가옵니다.

그런 어르신의 얼굴을 그 땅의 흙을 가져다 물감으로 그리는데, 전통적인 배채법만이 아니라 앞에서도 그렸다 합니다. 그것은 햇볕에 타고, 농약에 찌든 이 땅의 농부를 표현하고자 한 화백의 이 땅 수천 년 살아온 농부들에 대한 어쩌면 '찬미가' '감사가'일지도 모르겠습니다.

저 농부를 귀하게 여기지 못한 우리 현대사, 수천 년 이어오던 것들의 맥이 끊어져도 아쉬운 줄 모르는 우리네 정신에 어떤 것들이 대신하고 있을까라는 질문이 절로 솟아납니다.

마지막 농부의 얼굴 | 128×83cm | 수묵 채색 | 1991

눈인사

—

엄마와 아들이 쌓은 탑입니다. 아마도 미국서 공부하던 화백의 아들, 가운 군이 돌아온 모양입니다. 아들로 인해 온통 보름달, 부처의 얼굴이 된 엄마와 아버지 얼굴을 보고 환해진 아들의 보름달 얼굴이 아버지의 외출에 아파트 문밖으로 탑을 하나 쌓습니다. 말보다 눈이 먼저 인사를 건넵니다. 아무리 입에 발린 말로 공치사를 해도 눈은 속이지 못해 마음을 건드리지 못합니다. 옷차림이 아직 밖으로 나올 만하지 않아 빼꼼 얼굴만 내밀었어도 아버지와 남편을 향한 그 마음을 한눈에 알아보게 합니다.

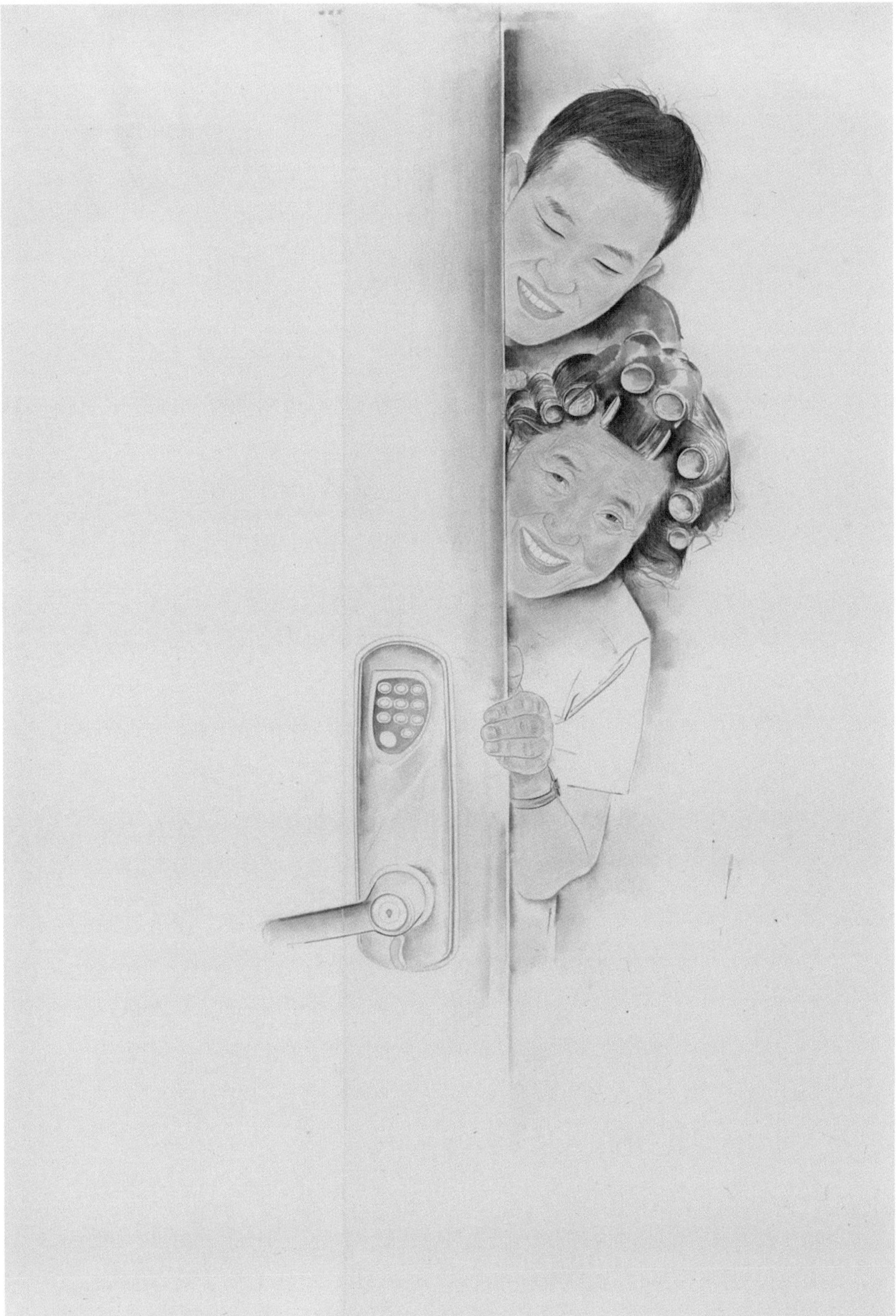

눈인사 | 136×139cm | 수묵 채색 | 2018

세상으로 들어가는 문

—

아기란 수도원에서 가장 귀한 존재인지라 가장 환영받는 존재이기도 합니다. 아기가 오면 응접실에선 가장 귀한 손님이 되지요. 온갖 관심과 물질 공세가 퍼부어집니다. 그래도 가끔은 어른들끼리 할 이야기가 있어 관심이 옅어지면 대부분의 아기들은 자신에게 시선을 다시 집중시키기 위해 굉장히 엉뚱한 일을 벌입니다.

이런 반응은 어른이라 해서 예외는 아니지요. 많은 할머니 할아버지들이 보아주는 이가 없어지는 고립으로 인해 고통스러워하는데, 이것이 바로 이 바라봄의 뒷면이지요. 남녀가 서로 좋아하게 되면 가장 먼저 드러나는 일이 서로를 바라보고 싶어지는 일입니다. 아무리 보아도 싫증이 나지 않습니다. 심지어 보고 있는데도 보고 싶어집니다.

그런데 이 바라봄이 즐겁기는커녕 고통을 주는 바라봄이 있습니다. 민주화운동으로 지명 수배가 내려져 도망자의 신세가 된 이에게 누군가 자신을 뒤따라오거나 자신을 바라보고 있다는 느낌은 온몸이 얼어붙게 만드는 일입니다. 이렇게 잡혀간 이들을 가두던 남영동 대공분실, 역사의 아이러니겠지만 한국을 대표하는 건축가 김수근이 고문에 최적화된 이 건물을 지었다고 합니다. 이곳에 감금당한 이들을 위한 방에 '외시경'이라는 것이 달려있습니다. 아파트에서는 안에서 밖을 보게 되어 있는데 이것이 거꾸로 달린 것이라 생각하면 됩니다. 즉 누군가 나를 보고 있어도 나는 그것을 알지 못하는 것입니다. 사람을 얼어붙게 만들지요. 아니 이 정도를 넘어 그 사람의 생명을 파먹는 것이요, 피를 말리는 일입니다.

이 피를 말리는 희생을 치른 이들 덕분에 세상은 거꾸로 돌아가지 않으니 〈세상으로 들어가는 문〉이라는 제목은 참 지당합니다. 이 외시경은 이탈리아 수입품인데 정말 웃기게도 어머니의 젖꼭지를 본떠서 만들었다고 합니다. 사람의 생명을 파먹는 도구를 생명의 원천인 젖꼭지에서 아이디어를 따왔다는 그 설계자의 마음을 들춰보고 싶어집니다.

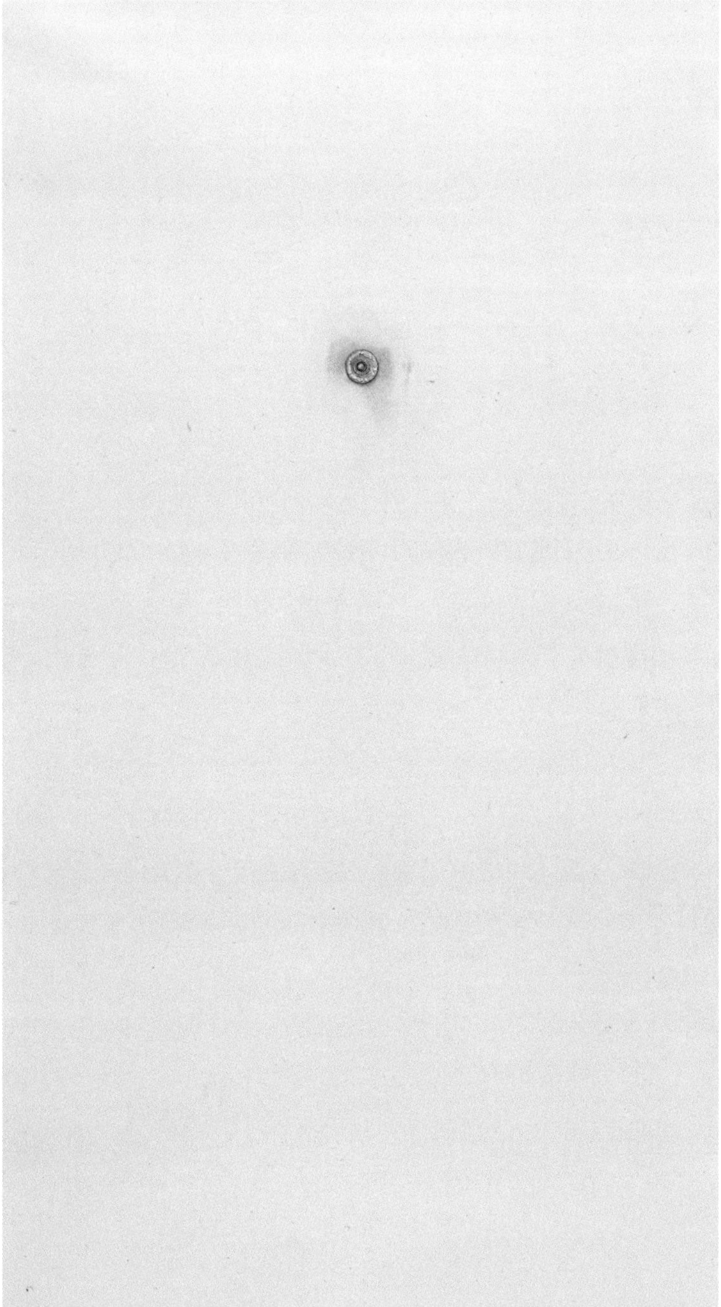

세상으로 들어가는 문 | 184×96cm | 수묵 | 2018

똥꽃

쓰레기 중에서도 쓰레기, 아니 쓰레기에도 속하지 못해 따로 분류되는 똥, 오수처리장으로 따로 내버려져 약품처리 되어야 할 똥이 몽골에서는 귀한 존재입니다. 음식을 익힐 연료요, 자연을 살릴 귀한 비료입니다. 풀만 먹고 자란 이곳 짐승 똥은 우리네 잡식성 똥 마냥 냄새가 지독하지 않다고 합니다. 사람이 똥을 누면 개가 뛰어와 얼른 주워 먹는다고 합니다.

이 귀한 똥을 길가다 짐승이 누면 이곳저곳 흩어줍니다. 삭막한 광야에서 그 흩어준 자리마다 똥을 중심으로 곱게 풀이 돋아났습니다. 세상 어느 곳에서는 우리네가 지켜내지 못한 순수함이 그대로 살아있는 곳이 있습니다. 이곳이 세상의 중심, 우리 생명에 참 생명의 기운을 보태주는 생명의 통로일지도 모릅니다.

똥꽃 | 187×95cm | 수묵 | 2018

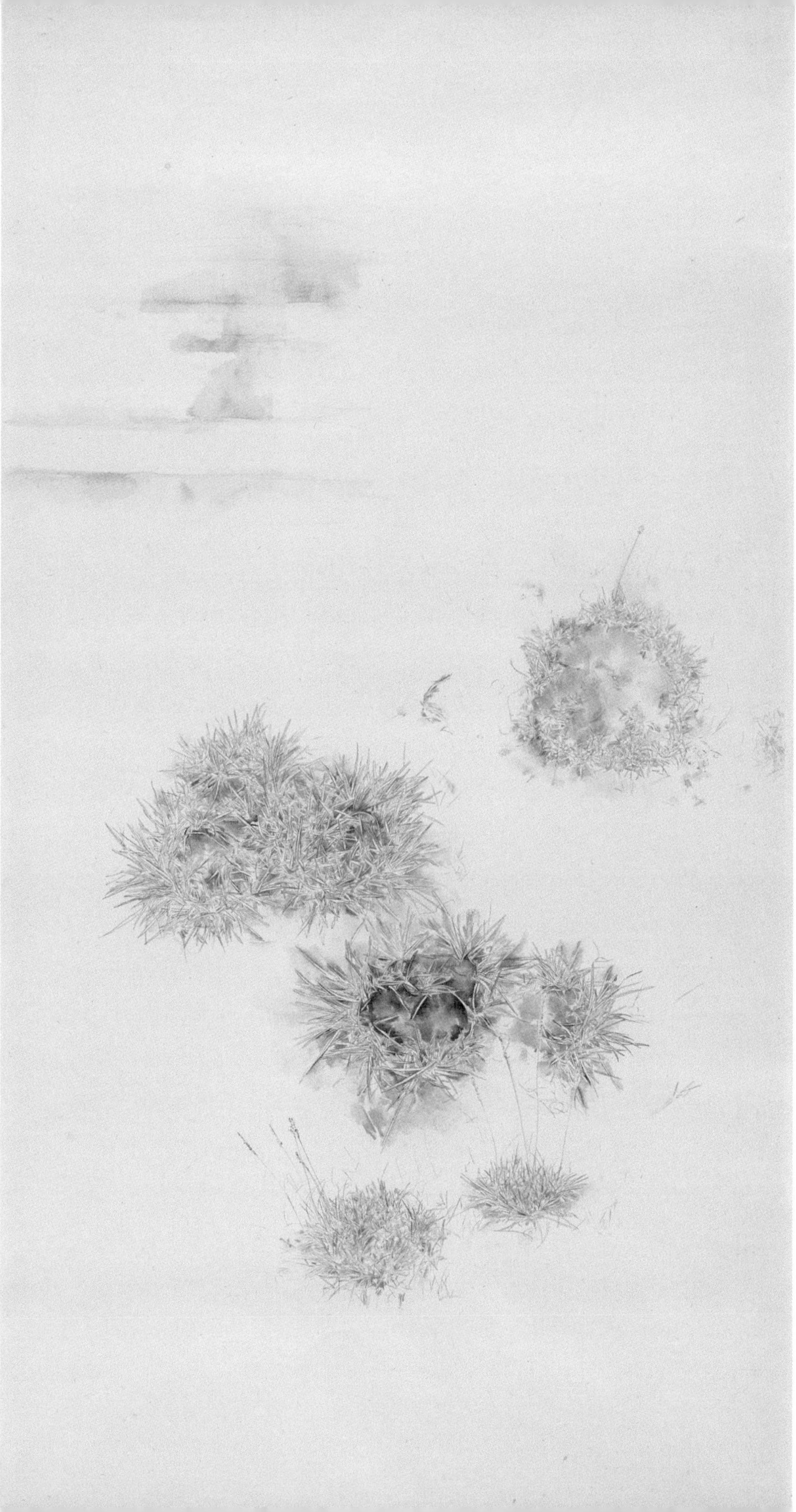

개죽음

이 그림을 대영박물관 측에서 사고 싶다고 찾아왔었습니다만 화백은 이 귀한 기회를 아쉬움도 없이 박차버렸습니다. 그 이유는 유럽인들이 우리 한국인들을 개고기를 먹는 미개인으로 보고 있는데 이 그림이 박물관에 걸림으로 인해 미개인의 낙인을 더 확실하게 찍는 데 일조하게 될 것이 분명하기 때문이라 합니다.

이 그림은 화백의 작품 중 가장 거칠고 분노가 이글거린다 해도 틀리지 않는 것으로, 차마 입에 담고 싶지 않은 두 가지 이야기가 얽혀있습니다. 사실 처음 이 작품을 대했을 때 얼른 그 페이지를 넘기고 싶었습니다. 그 거북함으로 인해 오히려 한참 머무는 작품이 되었고, 강경대라는 구체적인 인물은 아닐지라도 민주화 투쟁의 희생양이 표현되고 있음을 느낄 수 있었습니다.

화백이 아직 개발되기 전의 분당, 즉 신갈 지역에 살고 있었을 때 이웃 사람이 몸이 허약하다며 개를 잡았습니다. 그림에서 보듯 저렇게 나무에 매달고 몽둥이로 때려잡아야 맛있다며 살아있는 개를 마구 두들겨 패는데 눈에서 에메랄드빛이 퍼렇게 번득이고, 목이 매달려 있으니 소리도 못 지르는 그 광경은 끔찍함을 넘어 전율이 일게 하였습니다.

그런데 그 다음 이어지는 상황은 사람의 바닥을 의심하게까지 만들었습니다. 갑자기 개를 묶은 끈이 끊어지자 개는 사람을 물거나 덤벼들기는커녕 마루 밑으로 숨어 버렸습니다. 그러자 개 주인은 생선토막을 손에 들고 마루 밑에 숨은 개를 꾀어 내어 다시 잡아서는 죽여, 끓이고 구워 몸보신을 했습니다.

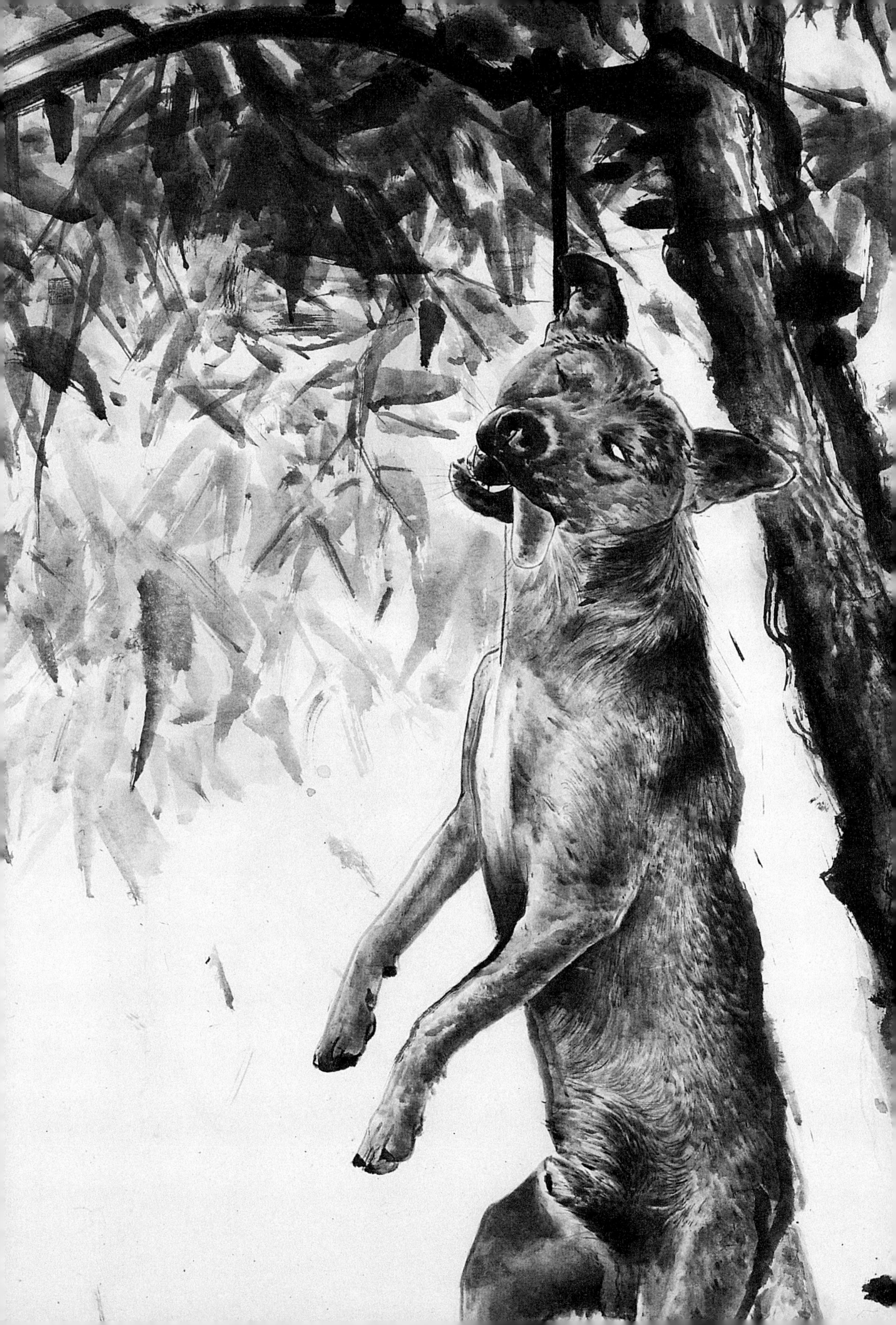

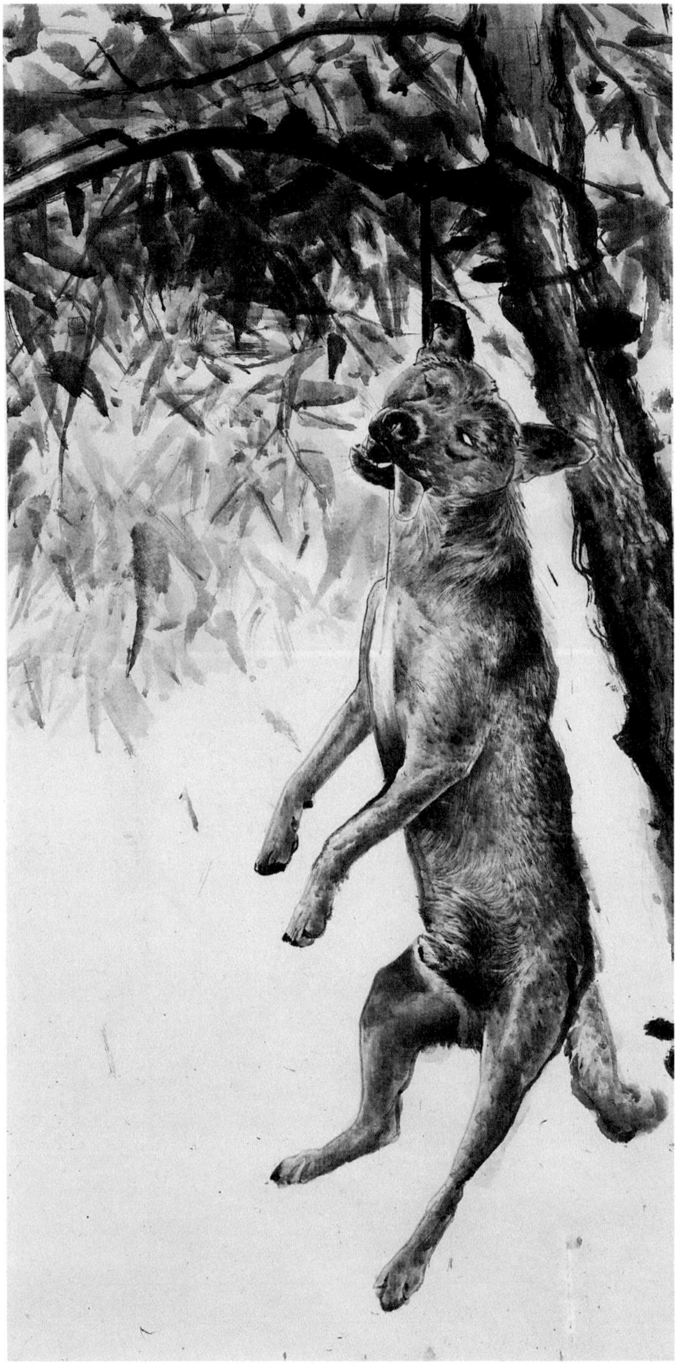

개죽음 | 170×81cm | 수묵 | 1991

이 시기에 명지대학교 앞에 화백의 화실이 있었습니다. 보리 이삭이 패기 시작하는 어느 날 아침 작업을 하러 화실로 가는 길이었습니다. 대학 앞에는 학생들이 데모대를 형성하고 있었으며 경찰들은 학생들을 막고 서 있었습니다. 둘 사이의 대치가 풀리고 경찰이 학생들을 쫓기 시작하는 상황이 되었는데, 우리가 이제 잘 알고 있는 이름, 강경대라는 학생이 담장을 넘어 도망을 가다 다리 한 쪽이 담에 걸린 상황이 되었습니다. 소위 백골단이라는 이름이 붙은 이들이 달려들어 끌어 내려서는 몽둥이로 이 그림에서처럼 개패듯이 패서 이제 막 대학에 발을 디딘지 한 달밖에 안 된 젊은 생명을 싹둑 잘라버리고 말았습니다.

화백은 바로 이 역사적인 자리에서 그 장면을 목격한 증인이 되어 버리고 말았고 그 책임으로 인해 이 그림 이외에도 강경대의 죽음과 당시 시위 장면, 장례를 위해 광주로 진입하는 과정의 난투극 등의 거대한 역사화를 3점 더 남깁니다. 두 경우 모두 밤에 잠을 이룰 수 없는 고통과 분노가 들끓었고, 죽어가는 개와 개 같은 취급을 당하는 민중, 어린 목숨들이 희생되는 시대의 고통을 자신의 소명인 그림으로 표현하지 않고서는 견딜 수 없는 심경이었습니다.

그리고 이 작품들은 화백의 교사로서의 길을 막는 걸림돌이 되고 맙니다. 대학에 이력서를 내면 '좌파, 민중작가들은 학교를 시끄럽게 만든다'는 이유를 숨기지도 않은 채 교수채용이 번번이 거절당하게 됩니다.

한 시대의 증인이 된다는 것은 단지 이름만으로 그치지 않습니다. 그 시대 가장 여린 목숨에 대한 연민과 공감 그리고 동참은 부정을 저지르는 권력가들에게는 가장 두려운 것이기 때문입니다. 이 연민과 공감이 큰 무리를 이룰수록 부정적인 권력은 위험에 처할 것이 분명합니다. 그래서 권력을 쥔 이들은 그 힘을 총동원하여 그 힘을 지니지 못한 무력한 이들을 뿌리에서부터 자르려 합니다.

그러나 식물의 뿌리는 그 생명력이 너무도 왕성하여 한 조각만 땅에 남아도 거기서 다시 새싹을 냅니다. 이것마저 절멸시킬 수 있는 권력은 세상 어디에도 없습니다. 민중의 힘도 그러합니다. 부서지고 또 부서져도 어디선가 또 샘솟듯 솟아납니다. 화백은 그 무력한 민중을 부수는 세력에 대한 분노와 결코 스러질 수 없는 민중의 힘을 이 화폭 뒤에 숨기고 있습니다.

서울 2001 여름, 서울 2001 가을

두 그림은 한 가지 주제가 연속으로 이어지는 컷입니다.

가족들이 공포영화라도 보고 있는 것일까요? 사실은 공포영화보다 더한 9·11 테러 발생 순간이요, 세상 건너편 사건이 1, 2초 만에 실시간으로 우리에게 전달됩니다.

감수성 예민한 아이들이 먼저 반응을 보입니다. 믿기지 않는 상황에 눈만 빼꼼 내놓고 신음 소리인지 비명인지 모를 소리를 내자 한여름 어느 가정에서나 볼 수 있는 런닝 패션 낮잠 모드에서 엄마가 눈을 게슴츠레 뜹니다. 얘들이 대체 뭘 보고 저러는지 궁금하지만 늘어진 몸은 말을 듣지 않습니다.

그 다음 그림은 채색에서 흑백으로 넘어가고, 아이들 뒤편으로는 먹물이 으스스한 분위기를 한껏 돋우고 있습니다. 건넌방에 있던 아빠까지 텔레비전 앞으로 소환되었고, 엄마는 끔찍한 상황에 몸을 움츠립니다. 화백이 자신의 모습을 작품 속에 묘사한 것은 이 그림이 유일합니다만, 저런 공포 장면 속에 등장시키는 것도 어떤 뜻을 지니고 있을 듯합니다.

온 세상을 뒤흔들었던 공포와 불안, 세기말적 종말의 으스스함이 잘 표현되어 있습니다. 사람이 상상할 수 있는 모든 것을 초월하는 방식의 테러가 발생한 것입니다. 범인이 밝혀지고도 무수한 음모론이 아직까지 사람들의 마음속을 떠나지 않을 정도로 믿기지 않는 사건이었습니다.

그 이후 세상은 테러의 연속으로 특히 유럽은 공포 영화 같은 사건들이 줄줄이 이어졌습니다. 이스라엘과 미국, 유럽이라는 한 통속과 아랍, 소련이라는 또 다른 한 패가 무기와 돈을 주고받으며 테러를 일삼을 뿐 아니라 자국민마저 난민으로 세상 곳곳을 떠돌게 만들었습니다. 테러는 어떤 이유로든 정당화될 수야 없지만 테러가 생기는 원인을 제공한 유럽과 미국은 이제라도 자신들의 행위의 심각성을 깨닫고 새로운 공생의 길을 모색해야 합니다.

고대 유럽은 당시 이민족이었던 게르만족이 남쪽으로 내려오면서 세상 끝까지 갈 줄 알았던 대로마제국이 멸망으로 끝을 고하고, 게르만족이 그 땅의 주인이 되는 중세를 맞게 됩니다.

그런데 지금 상황은 역으로 이슬람을 믿는 중동인이나 아프리카 난민들이 유럽을 향해 한 발씩 들어오고 있습니다. 여기에 공포를 느낀 유럽 각국들은 문을 닫고 난민을 바다 위에서 떠돌게 만들고 있습니다.

유럽인들이 역사를 보고 배운다면 지금처럼 난민을 수장되도록 몰아낼 것이 아니라 문을 열고 자신들 중의 한 사람으로 정착하도록 도와주어야 합니다. 그렇게 함으로써 오히려 그들을 자신들 중의 한 사람으로 만들어야 합니다. 수없이 밀려드는 난민들이 거꾸로 자신들을 밀어 낼 수도 있음을 역사는 말해 주고 있습니다.

종교는 또 어떻습니까? 하느님의 이름으로 저쪽 세계 사람을 무차별로 죽이고, 내 하느님이 아닌 다른 하느님을 섬긴다는 이유만으로도 죽이기에 충분하다 여깁니다. 이 시대 최강대국 전직 대통령과 한 종파는 테러를 일으킨 이들을 "악의 축"이라 불렀습니다. 그들 자신도 알 터이지만 세계 곳곳에서 그들이 악의 축이라 부른 그룹들이 생기게 한 원인을 바로 그들이 제공했음을 세상은 다 알고 있습니다.

이슬람과 그리스도교가 종교라는 영역에서 대립된다면, 사회에서는 여러 가지 극단적 사고가 서로 대립합니다. 보수를 부르짖는 이들과 진보를 부르짖는 이들은 서로 상대방을 악이라 진단하고 어느 쪽이든 화해와 평화를 부르짖지만 실제로는 자신들의 이익을 위해 대립과 분열, 긴장과 충돌을 일으킵니다.

9·11 테러는 어느 한 미친 집단이 일으킨 사건이 아니라 우리 시대의 서로 대립하는 사고들의 총집합이 낳은 사건, 우리를 향한 경고일 수 있습니다. 화백이 자신을 화면에 등장시킨 것도 이런 이유에서 아닐까 짐작해 봅니다. 그의 손에는 붓과 종이가 들려있는 것을 봐서도 그렇습니다.

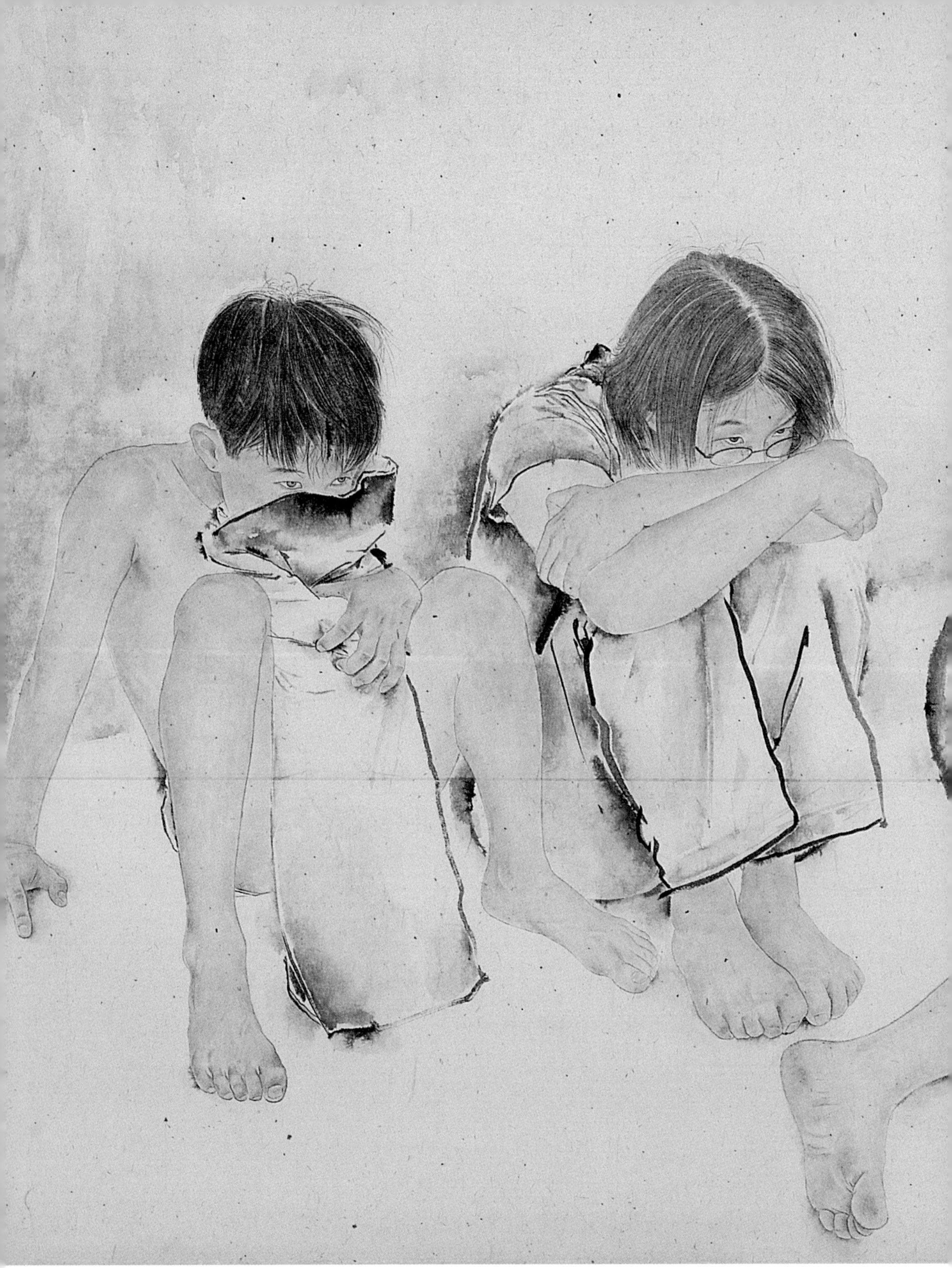

서울 2001 여름(부분) | 143×253cm | 수묵 채색 | 2001

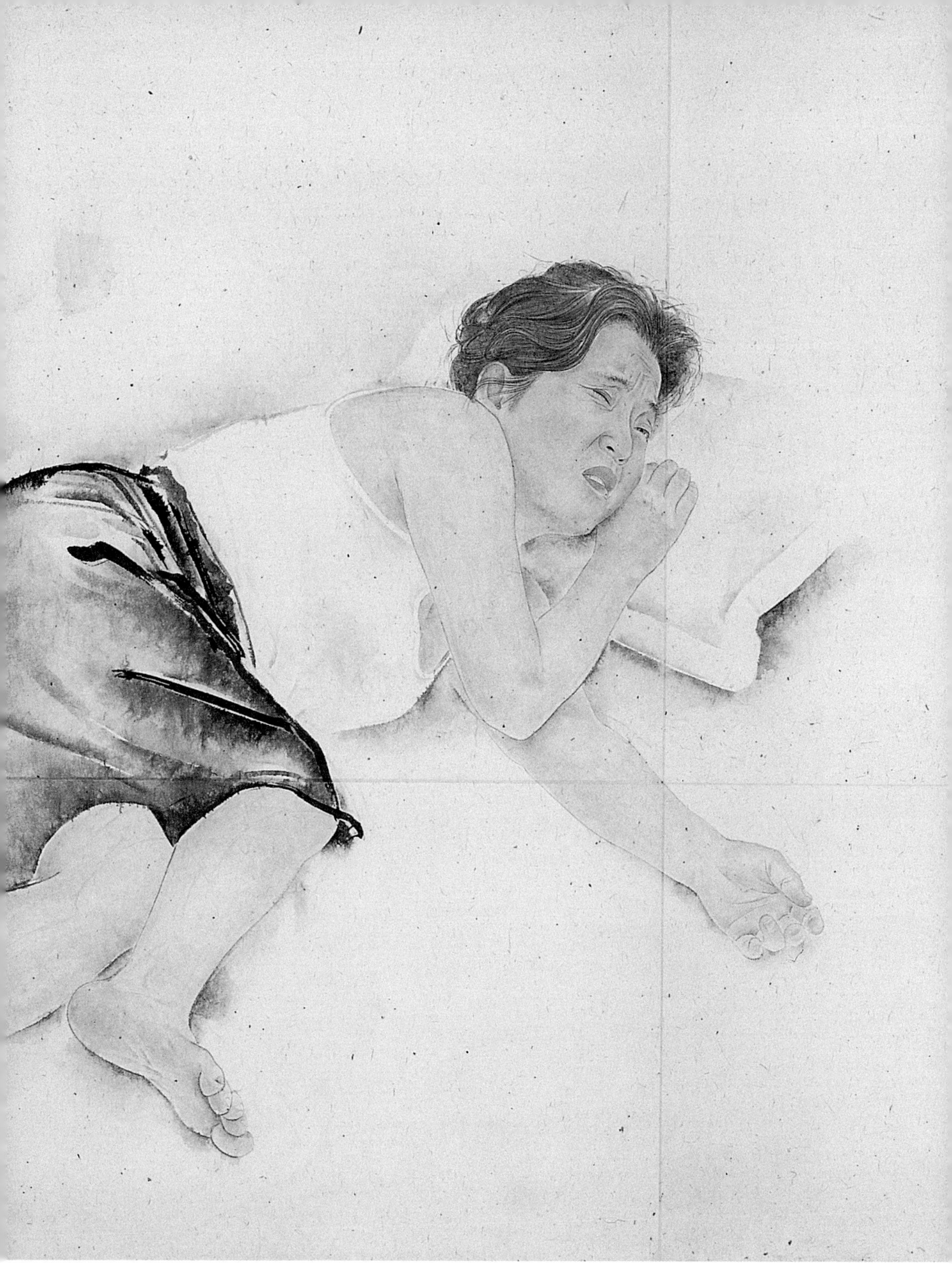

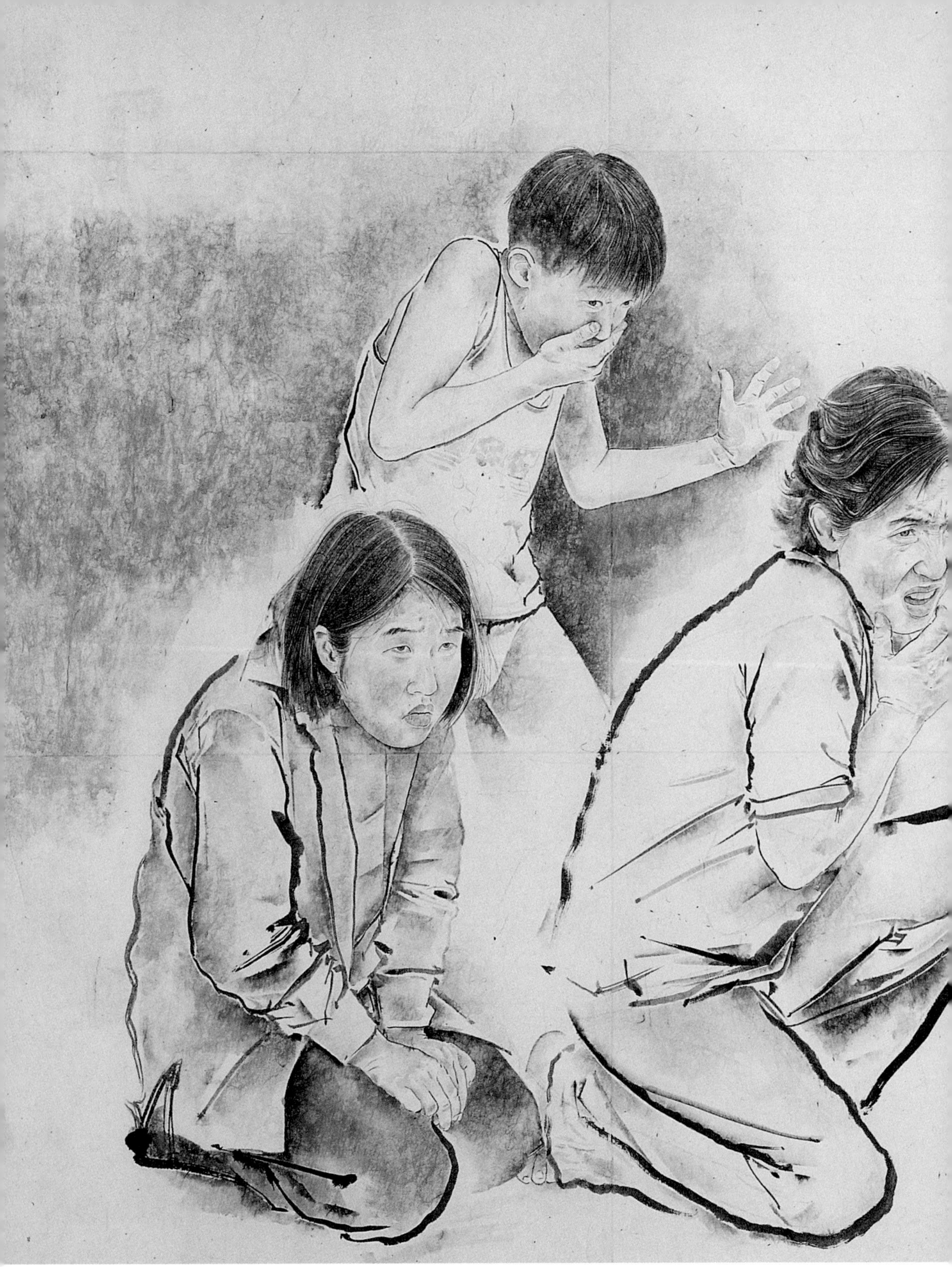

서울 2001 가을 | 170×247cm | 수묵 | 2001

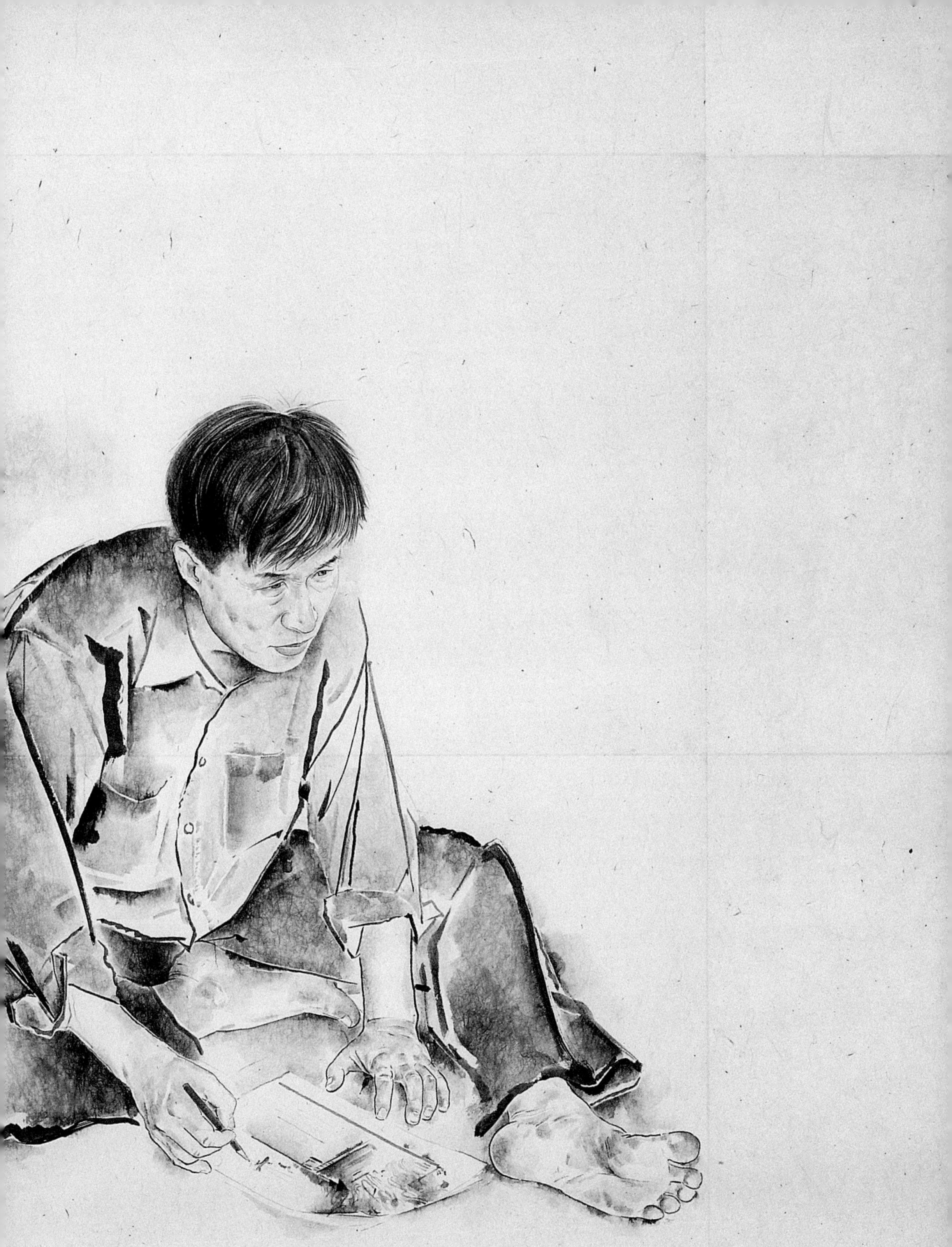

아직 오지 않은 공포

어떤 상황인지 저로서는 감이 오지 않은 작품이었습니다. 논산훈련소 앞 수도 없이 일어나는 일이라 합니다.

남북으로 갈라진 우리의 현실에서 나라를 지킬 의무는 다른 어떤 나라에서보다 절박한 문제인 것은 틀림없습니다. 그런 만큼 우리나라의 병역은 말 그대로 의무입니다. 한국의 젊은 남자라면 누구라도 군인의 의무에서 면제될 수 없다는 말입니다. 아까운 재능과 젊은 시절을 2년 동안 이 임무를 위해 포기해야 하기에, 공부하는 학생, 운동이나 예술을 하는 사람들에게 이 중단의 기간이 자신의 전공분야를 연마하는 데 치명적인 해를 끼칠 수밖에 없습니다. 그럼에도 나라의 기반이 흔들리면 이 모든 재능도 쓸모없기에 모두가 예외 없이 이 의무에 종사합니다.

그러나 어떤 제도에도 예외는 있는 법이라 여러 면제 사항들이 있나 봅니다. 그런데 여기서 보통 사람들을 분통터지게 하는 특권층의 요리조리 치고 빠지기가 있습니다. 힘 없는 사람들이나 군대 가지라는 자조적인 말이 있을 정도이니 말입니다. 고위직 공무원들의 국회에서의 자신과 자녀의 군 면제 문제가 심심치 않게 올라오는 것도 빼놓을 수 없는 우리 사회의 한 단면입니다.

여기에 더하여 "군의문사"라는 말까지 생겨나게 하는 지독한 군대 풍토가 있어, 군대 가야 하는 젊은이들은 논산훈련소 앞에서는 반쯤 패닉 상태에 빠지나 봅니다. 이 그림에서 몸 주위에 살짝 검게 칠해진 것은 떨고 있는 아이의 모습입

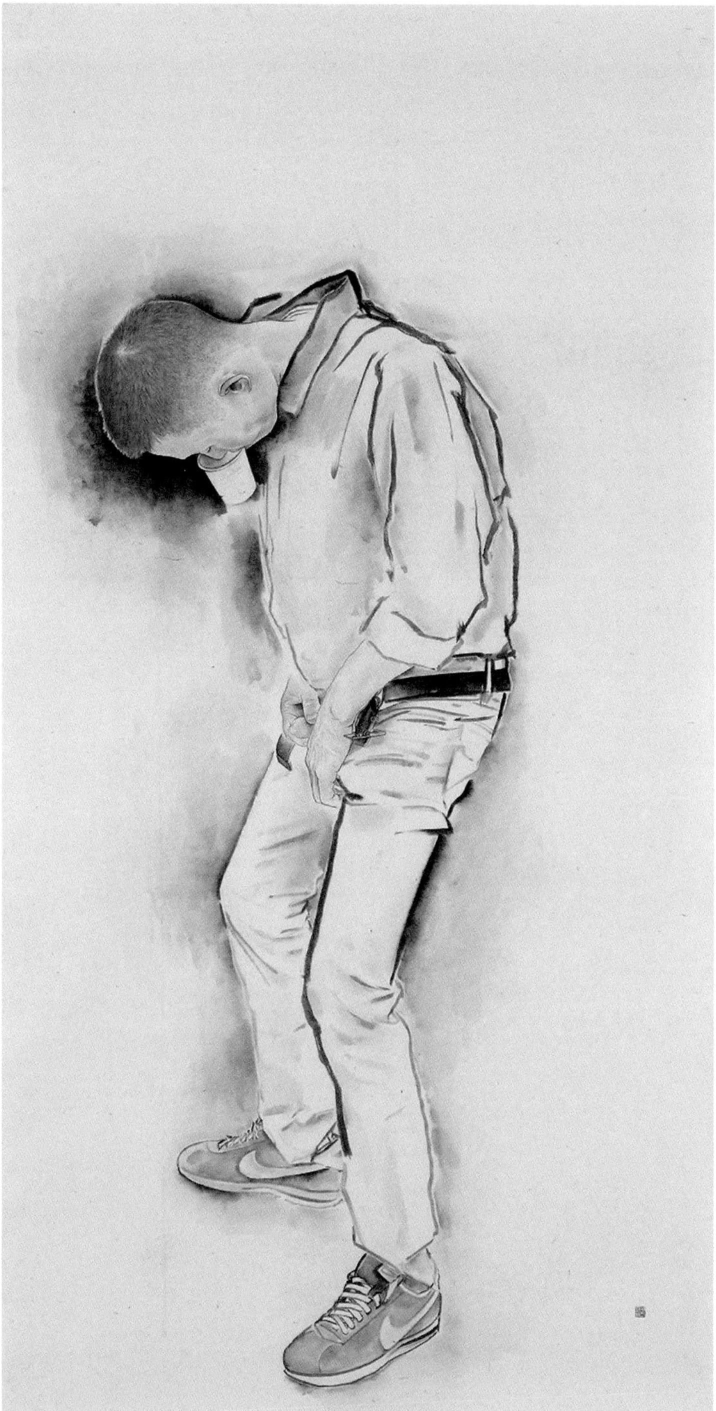

아직 오지 않은 공포 | 186×94cm | 수묵 | 2014

니다. 군대 것은 자판기 커피조차 맛이 없다며 들어가기 직전 저렇게 커피 한 잔을 빼들고 소변을 봅니다. 긴장하면 누구나 그렇듯 소변이 마려워지는 법이라 마시다 만 커피 잔을 입에 물고 소변을 보고 있습니다.

누가 우리의 아이들을 저렇게 떨게 하는 것일까요?

윤 일병 사건을 통해 드러난 군대 문화는 묘사하기에도 끔찍합니다. 젊은 아이들이 2년이란 기간 동안 자신의 젊음과 재능을 잠시 희생하더라도 이 나라와 국민을 위해 자신을 헌신한다는 자부심을 심어줄 수 있을지 의심스럽습니다. 이런 자부심이 있다면 요즘 나약한 젊은이들에게는 육체적 훈련을 동반하는 군대생활이 2년 동안 희생된 것 이상의 정신적, 심리적 이득이 될 수도 있을 터인데요.

문재인 정부가 들어서고 적폐청산이라는 말이 신문지상을 떠나는 날이 거의 없을 지경입니다만, 무엇보다 먼저 해결되어야 할 것이 군부대 적폐인지 모르겠습니다. 도대체 심연을 알 수 없는 국방비리, 군납품비리와 함께 젊은이들을 궁지에 몰고 가는 군부대 문화는 언젠가는 투명하게 드러나야 할 오래된 우리나라의 적폐 중 한 가지임을 논산훈련소 앞 떨고 있는 수많은 젊은이들이 우리에게 던지는 숙제입니다.

법

“도끼”라는 상징이 중요하게 작용하는 작품입니다. 우선 도끼에 대한 화백의 설명을 요약해 봅니다.

첫째, 말할 필요도 없이 나무를 쪼개는 도구인데, 나무의 나이테는 북쪽은 잘 자라지 않아 촘촘하고 남쪽은 성장이 빨라 성깁니다. 나무를 쪼갤 때 성긴 쪽을 겨냥하여 찍으면 한 방에 쪼개지지만 촘촘한 곳에 날이 닿으면 다리 쪽으로 튀어 뼈가 부러질 수도 있습니다.

둘째, 양날도끼는 임금을 상징하는 것입니다. 임금의 곤룡포에는 도끼가 새겨져 있고 임금의 행렬 앞에 늘어선 깃발 중에도 이 도끼를 새겨 넣은 것이 있는데, 주목할 것은 이 도끼에는 자루가 그려져 있지 않다 합니다. 그것은 절대 권력을 가진 임금이지만 나는 그것을 사용하지 않을 것이며 백성에게 자비를 베풀겠다. 그러나 너희가 그 권위에 대항하면 그때는 도끼에 자루가 끼워질 것이라는 의미를 함축하고 있습니다.

셋째, 상징적으로 이 도끼는 판사, 검사, 변호사, 국회의원, 공무원 등 법에 관련이 있는 모든 이들에게도 적용될 수 있습니다.

넷째, 평범한 사람들 역시 손에 도끼를 쥘 수도 있습니다. 소위 여론재판이라는 것입니다. 언론에서 쏟아내 놓는 뉴스에 확 쏠려 자칫 억울한 사람을 궁지에 몰리게 할 때 도끼를 손에 쥐게 되는 것입니다.

잘못된 것은 분명 밝혀져야 하지만 그 사람의 인격의 바닥까지 훑어 그 사람

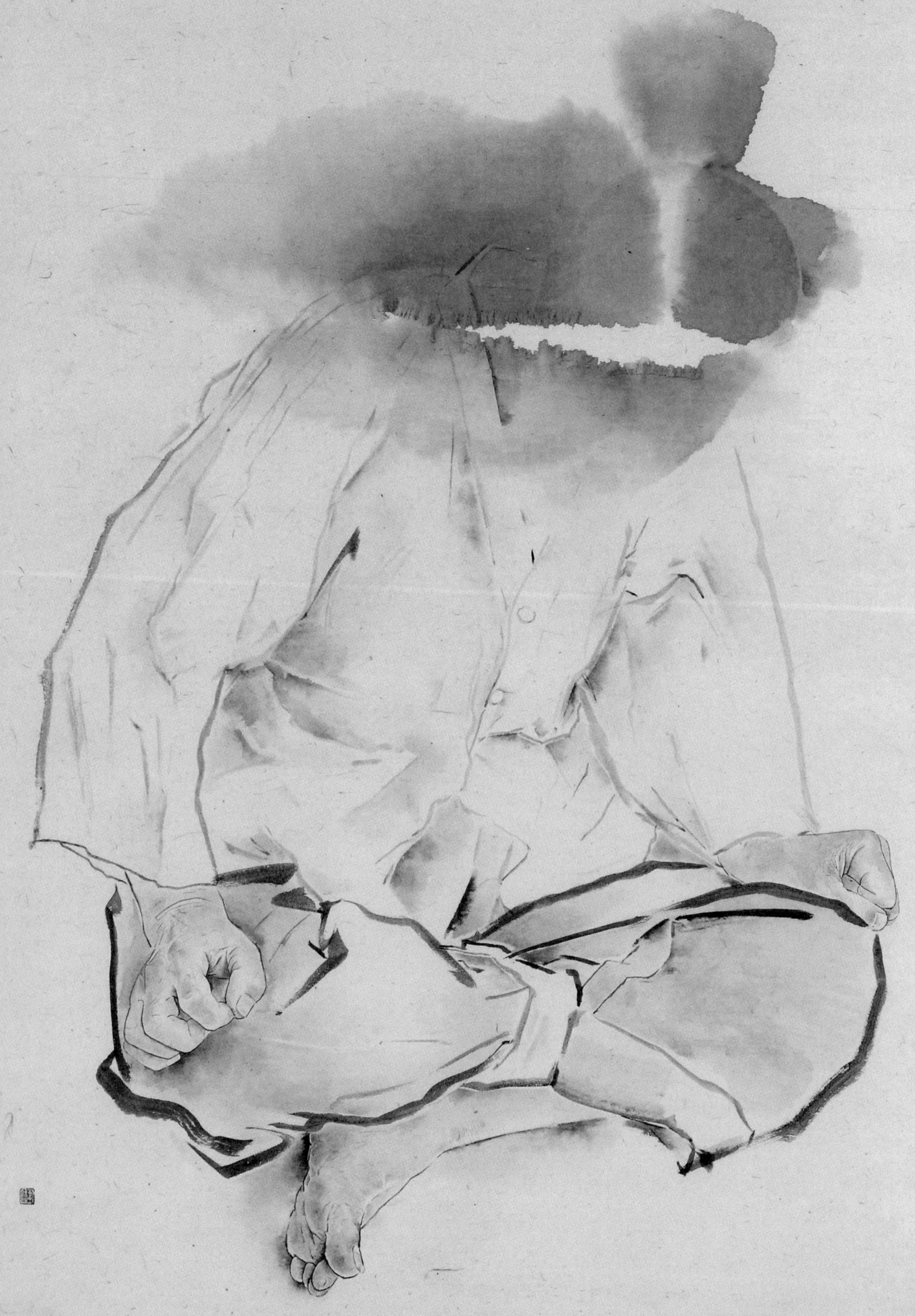

에게 참회의 기회와 다시 재생할 수 있는 여지마저 박탈해서는 심판하는 쪽이 다시 죄인이 될 수 있는 것입니다. 더구나 잘못되지 않은 것을 언론만 믿고 잘못된 것이라 여론심판한 경우들이 적지 않게 있었음을 상기할 때 인간의 이성의 힘이 얼마나 미약한지 새겨들어야 합니다.

이 도끼라는 이미지는 무엇인가를 결정, 심판하는 권한을 지닌 사람, 혹은 법과 관련이 깊습니다.

이 작품 속 인물 위의 구름 같은 것이 사실은 도끼입니다. 그러니까 한 방으로 사람의 인생을 좌지우지할 수 있는 도끼질이 머리에 가해진 상황입니다. 도끼의 씀씀이의 능숙함에 따라 의도치 않게 사람을 다치게 할 수 있고, 심지어 악의를 지니면 살인도구로도 변합니다. 법을 다루는 옛날 임금과 판사, 검사들이 법을 잘못 적용하면 한 사람의 인생을 망칠 수도 있고, 치명적인 손실을 입힐 수도 있습니다.

이 시대의 판사, 검사들이 자신의 판단에 맡겨진 법 적용이 이렇게 도끼날이 될 수 있음을 깨닫고 있을까요? 근대 이래 우리나라 현실에서는 이것을 긍정하기 쉽지 않습니다. 그런 도끼날을 맞고 인생이 엉망이 된 간첩 조작 사건의 피해자들만 보더라도 그렇습니다. 세월이 흘러 진실이 드러나도 사과조차 하지 않습니다.

화백 개인의 삶에 내려진 도끼날 앞에 그는 모든 것을 걸고 법적 투쟁을 하면서도 이런 싸움 속에 자기싸움, 마음 내려놓음에서 실패한다면 법정에서 이긴다 하더라도 의미가 없음을 생생히 느꼈다 합니다. 내려쳐진 도끼날도 사람의 가장 고귀한 것을 부술 수는 없기 때문입니다.

그리하여 그 도끼날은 오히려 역설적으로 옛것을 깨부수고 새것이 태어나게 하는 생명의 자루가 되었습니다.

법 | 193×95cm | 수묵 | 2012

법의 한가운데서

미꾸라지를 그려놓고서는 〈법의 한가운데서〉라는 제목을 붙였으니, 한 두 세 번은 도는 은유와 역설의 풍자놀음임이 분명합니다.

미꾸라지처럼 법망을 잘도 빠져나간다는 말은 우리가 흔히 쓰는 말입니다. 물고기들이 대부분 미끌거리기는 하지만 지느러미가 제법 걸리기도 하는데 미꾸라지는 지느러미마저 그림에서처럼 생겨먹은 데다 손가락처럼 좁고 장어처럼 길지도 않아 손으로 잡으려 하면 한 번도 잡아본 경험이 없는 사람조차 여간 어려운 것이 아님을 짐작할 수 있게 합니다.

그러다보니 우리 시대에 참 슬픈 말 "법꾸라지"라는 말이 생겨났습니다. 아예 미끌거리며 빠져나갈 필요조차 없이 법속을 미끌미끌 잘도 돌아다니는 모양새입니다. 법 한가운데를 휘저으며 그림자를 남겨놓고는 도망도 가지 않습니다. 우리가 지금까지 쓰던 "법망을 잘도 빠져나간다"는 말은 이 앞에서는 무색해집니다. 그냥 법속에 미끌미끌 노는 것이지요.

법속에서 이리저리 법을 뚫고 법을 제치고 법을 무시하고 법을 흔들어 놓고 심지어 법을 바꾸어도 누구 하나 뭐라는 사람도 없는 형국인 것입니다. 혼탁한 속에서야 살아가는 미꾸라지의 생리와 법꾸라지들은 닮기도 참 무던히 닮았습니다. 미꾸라지는 깨끗한 물은 흐려 놓고서야 산다니 말입니다.

이렇게 이야기 하고 나니 왠지 미꾸라지에게 미안해지는 것은 저만은 아닐 것 같습니다.

법의 한가운데서 | 142×74cm | 수묵 | 2017

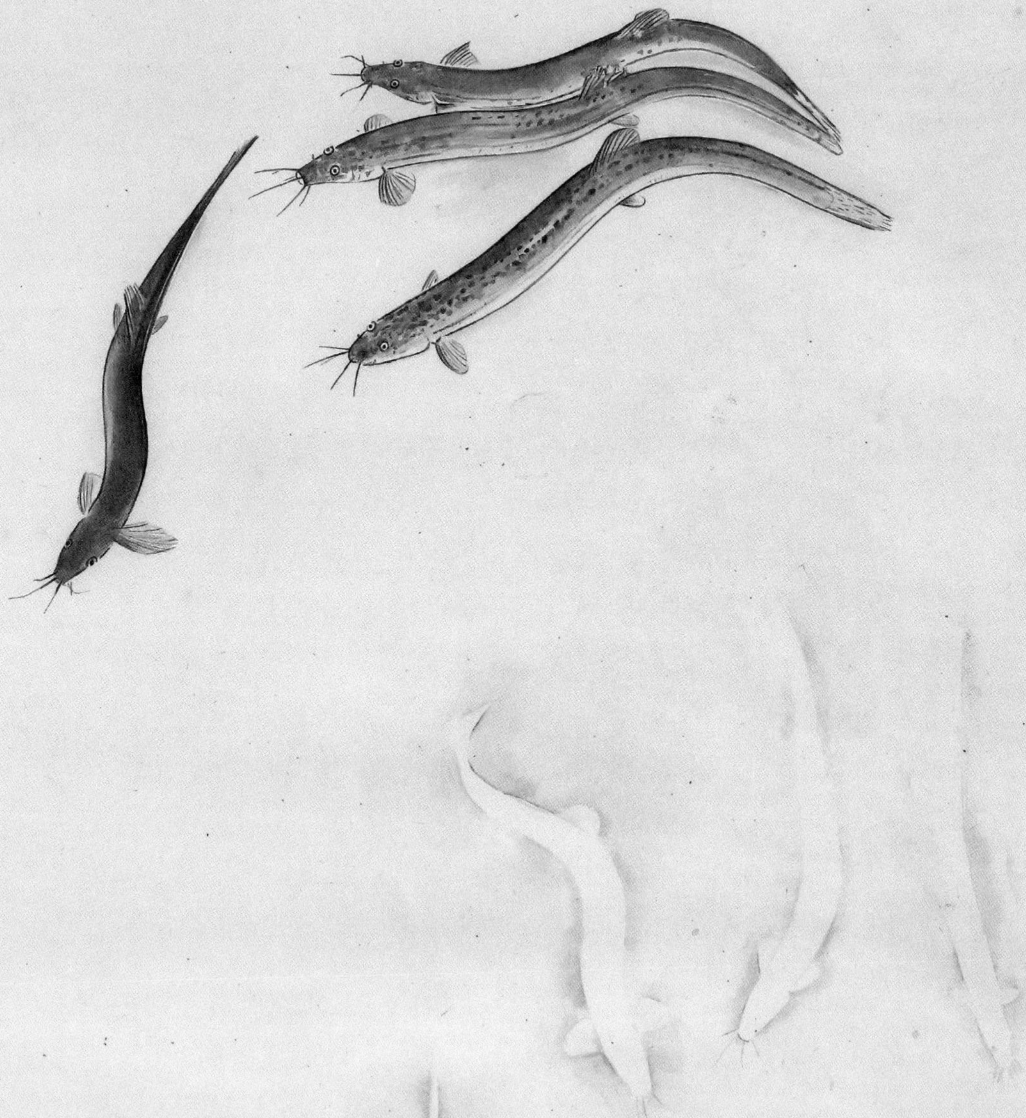

늑대의 춤

이 물체는 무엇일까요? 제목이 늑대의 춤인데 늑대인가요? 살아있는 늑대인가요? 아니면 가죽인가요? 춤을 추고 있는 것이 맞기나 한가요?

일련의 질문들을 죽 나열하게 만드는 작품입니다. 물음을 던져주는 것. 이것부터 한 번 생각해 보기로 하겠습니다.

구약성경의 창조 이야기에는 하느님이 천지창조를 마치고 마지막 안식일에 쉬셨다는 것이 나옵니다. 그래서 유대인들은 안식일에는 아무 일도 하지 않습니다. 그런데 유대인 전통에서는 엉뚱한 발상인 듯하지만 찬찬히 뜯어 보면 구약성경의 핵심을 알게 해 주는 것이 하나 있습니다. 안식일 바로 직전 하느님이 급하게 만든 10가지가 있는데 그 중 하나가 "물음표" 곧 질문이라는 것입니다.

죽음에 가까운 노인들은 물음이란 것이 없어집니다. 별로 새로울 것도 없고, 알고 싶은 것도 없고 인생이란 다 그렇고 그런 것이 되어 버린 것이지요. 또 다르게는 모든 물음이 가닿는 실체 혹은 모든 물음의 답이신 분을 알기에 모든 물음의 답을 굳이 다 알아야 할 필요가 없어졌기 때문일 수도 있습니다.

어쨌거나 싱싱하게 펄펄 뛰는 생명력을 지닌 사람은 물음이 많습니다. 또 멋진 예술 작품은 대체로 사람들에게 물음을 던져줍니다.

이 물체의 정체부터 밝혀야 이야기가 풀려나가겠지요. 이것은 노루의 껍질입니다. 늑대의 꼬리는 저리 짧지 않지요. 노루이면서 제목에 따르면 늑대의 춤을 춘다는 것은 대체 무엇을 의미하는 것일까요?

늑대의 춤 | 181×93cm | 수묵

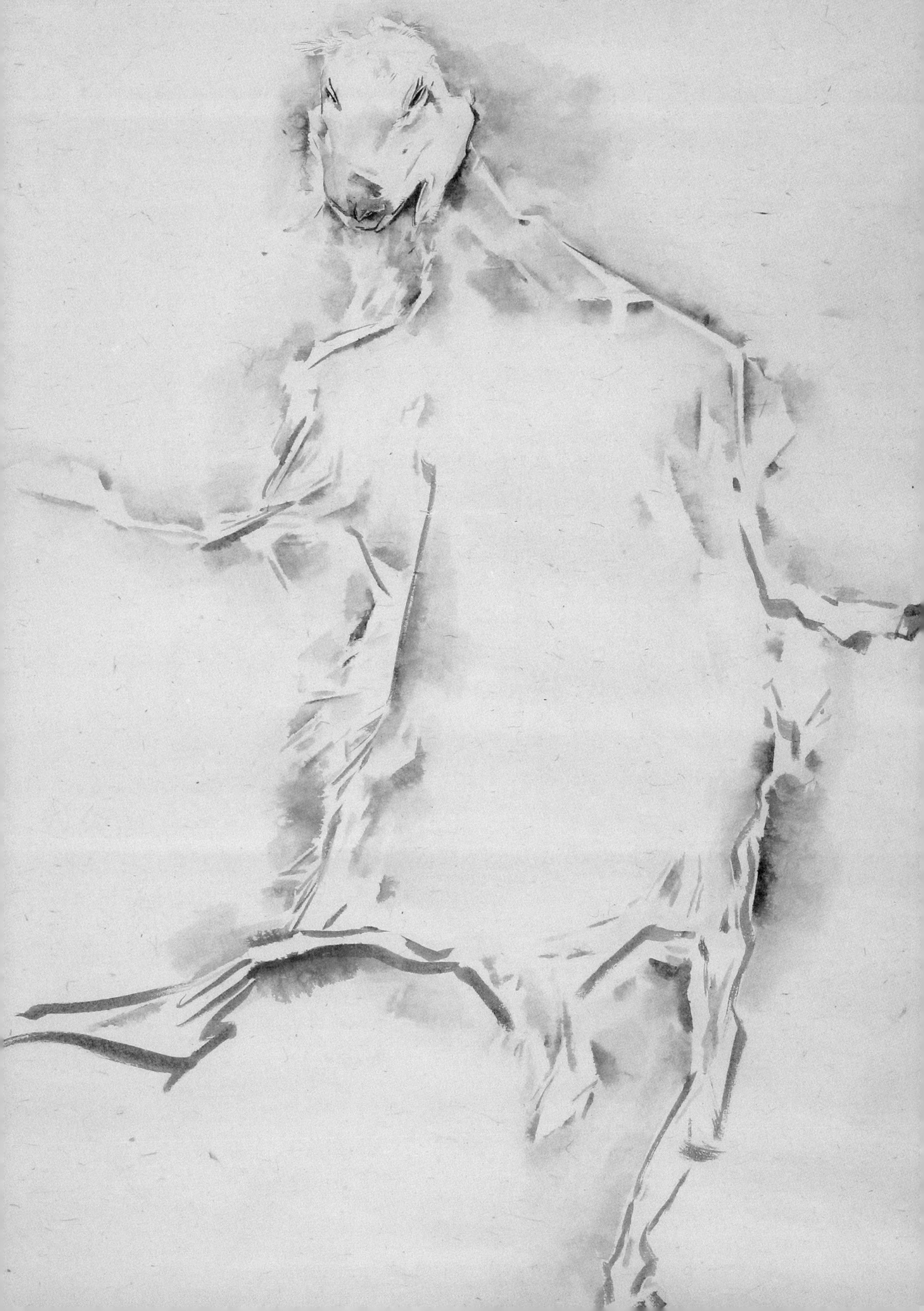

껍질뿐인 노루가 늑대인양 춤을 춥니다. 알맹이는 없고 껍질만 훌렁훌렁 허청허청 바람결에 휙 날려갈 듯 춤을 추는데 그 모습이 참 가관입니다만, 정작 노루 자신은 늑대의 춤을 추고 있다고 착각합니다.

실체는 없고 형상, 껍질만 춤을 추니 생겨나는 것이라곤 바람밖에는 없을 것이 분명합니다. 그러나 그 허접한 바람에 얼마나 많은 것들이 휩쓸려 가고 부서지고 폐허가 되어 버렸는지요.

화백은 가장 가까운 이 시대의 초상으로 최순실 혹은 최순실 현상을 염두에 두고 이 은유 가득한 작품을 그렸습니다. 권력을 등에 업고 한 시대를 마음대로 간 크게 주물럭거린 여인을 한 번은 표현해 내야 했나 봅니다.

그러고 보면 늑대의 춤이 맞지요. 늑대는 결코 혼자 사냥하지 않고 2-30마리 떼거리로 몰려다닙니다. 최순실 현상도 그렇습니다. 온갖 인물, 온갖 계층, 온갖 직업의 사람들을 끌어들였습니다.

서서히 그 전모가 드러나고 있기는 하나 그 춤바람에 얼마나 많은 사람들이 비루해지고 인간성을 잃었는지 또 그들에게 얼마나 많은 사람들이 희생되었는지는 하느님만이 아실 것 같습니다.

그러나 이 표상은 누구에게나 적용될 수 있습니다. 나 자신일 수도 있습니다. 노루이면서 그것도 노루의 실체는 없이 껍질만으로 사방을 휘저으며 춤을 출 수 있습니다. 노루는 노루 그 자신일 때 아름답지 껍질만으로 늑대처럼 행세한다면 노루의 아름다움도 늑대의 당당함도 모두 잃고 말 뿐입니다.

자, 여기에 껍질, 노루, 가볍다 못해 한 입김에 훅 날릴 것 같은 가벼운 움직임이라는 은유가 있습니다. 이런 은유로 함축되기까지 화백의 세상을 향한 안타까움, 동시대인으로서의 아픔이 느껴집니다.

그리고 화백은 또 다른 은유 하나를 보는 이들에게 던집니다. 노루의 웃음입니다. 이 웃음이 어떻게 해석되는지는 각자의 몫으로 돌려도 좋을 듯합니다. 또 각자 다를 수밖에 없는 은유이기도 합니다.

이 각자 다른 해석을 모으면 이 시대상이 그려지지 않을까요?

180도가 넘는 삼각형

180도가 넘어도 삼각형이 될까요? 말이 안 되는 것을 말이 되게 하는 기막힌 예술의 한 장르가 우리 시대에 생겨났는지 모르겠습니다.

삼각형은 가장 안정적 모양새입니다. 그래서 카메라를 고정시키는 것이 삼각대입니다. 옛날 그 옛날 불피워 음식할 때는 솥에도 발이 있어 그 모양이 삼각형이었습니다. 신에게 제사를 드릴 때 음식을 이 솥에 담아 올리기도 하고 불 위에 얹어놓기 위해서도 안정적 형태인 삼각형을 잡았습니다. 세 발 중 하나가 찌부러지면 솥이 기울고 불에 직접 닿아 솥이 녹아내리게 됩니다.

이 솥 안에는 불과는 반대되는 물이 들어 있어 불의 기운과 물의 기운은 우리 몸속으로 음식을 통해 함께 들어옵니다. 삼각형이 서로 다른 방향과 조화를 이루듯 서로 다른 불과 물도 솥이라는 매개를 통해 조화를 이루어 우리 몸속으로 들어옵니다. 역사에서도 삼한시대, 삼국시대가 가장 안정적이었지요. 반대하는 둘만이 아니라 서로 견제하거나 조화를 추구하는 또 하나의 세력이 있으니까요.

그래서 동양에서는 3이 가장 길한 숫자요, 3에서 하나가 남는 4는 가장 흉한 숫자로 여겨집니다. 삼각이 기울어지면 와해되고 찌그러져 반대되는 속성이 서로 밀고 당길 수 없게 되어 버립니다. 한쪽이 다른 쪽을 먹어 버리거나 흉하게 일그러져 함께 무너져 버리거나 하게 됩니다.

이런 현상은 사회구조 안에서는 아주 치명적인 결과를 가져올 수 있습니다. 반

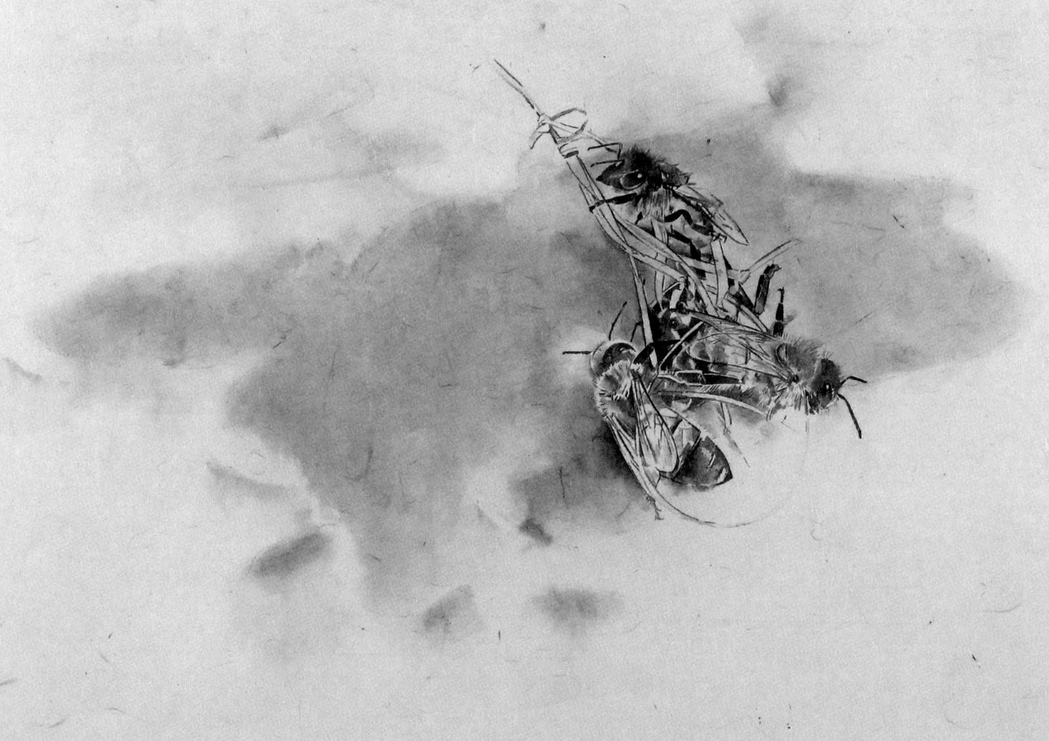

대되는 세력은 무조건 짓밟게 되면 사회 전체가 혼란에 빠지게 되고 결국에는 치명적인 상황으로 치달을 수도 있습니다. 화백은 아직 박근혜 정부가 겉으로 보기 건재하던 시절 그 유명한 삼인방을 이 은유를 통해 그려냈습니다.

수벌 세 마리가 한 줄기 실에 얽혀 풀려고 하면 더 얽힐 수밖에 없는 이상한 삼각형을 형성하고 있습니다. 이들을 하나로 얽는 그 줄보다 더 큰 그림자가 이들 위를 으스스 덮치고 있습니다. 아마도 여왕보다 더 실세였던 최순실의 그림자일 것입니다. 삼각형의 한쪽이 없으면 삼각형이라는 존재가 사라지듯 다른 쪽을 없애는 권력 또한 스스로 그 결과를 빚음을 우리는 이미 잘 알고 있습니다.

반대되는 힘, 세력, 요소, 방향은 결코 나쁜 것이 아니라 이것이 있기에 저것이 있고 저것은 이것 덕분에 유지할 수 있도록 우주는 형성되어 있습니다. 옛 어른들은 이 생각, 철학을 태극이라는 문양으로 나타냈습니다.

내 주위, 내 가족, 내가 몸담고 있는 조직이나 공동체 안에 몹시 걸리는 사람이 있다면 틀림없이 그 사람은 나를 있게 하는 다른 방향일 것입니다. 이 믿음이 한 사람의 신념이 될 때 주위는 참 따뜻해집니다.

180도가 넘는 삼각형 | 143×143cm | 수묵 | 2015

신체 없는 정신은 가능한가

나란히 나란히 접시 위에 누운 덜 죽은 활어들입니다. 신선함의 끝판을 보고자 살을 덜어낸 후에도 아직 눈 껌뻑이는 놈들을 보기 좋게 진열해 놓습니다. 그래서 입맛이 더 돋우어진다니 신기할 뿐입니다.

끔찍해 보이는 이 장면 앞에 다음과 같은 질문이 생깁니다. 몸이 다 없어지고 나서도 눈 껌뻑이며 살아있는 저 아이들은 아직 살아있는 것일까요, 아니면 죽은 것일까요? 이 작품의 제목대로 신체가 없는 정신이 가능할까요, 아닐까요?

사람들을 위해 몸을 보시한 아이들이 몸 없이 쟁반 위에 누워 있다 해서 몸이 없이는 물고기도 무엇도 아니라고 하기에는 너무 미안합니다. 고통으로 눈을 껌뻑이는데 우리들은 싱싱하게 살아있어 맛있다고 입맛을 다십니다.

어디 물고기뿐이겠습니까? 몸을 앗긴 것이나 다름없는 경우들이 이 사회에는 흔하디흔합니다. 죽 늘어놓을라치면 이 한 페이지를 채우고도 남을 정도로 주마등처럼 여러 이름들이 지나갑니다. 이들은 모두 몸을 앗기고 정신만 남은 것 같습니다. 왜냐하면 그들의 존재는 지난 정부 통치자들의 입장에서는 없어졌으면 좋을 사람들이었으니까요.

그렇게 궁지에 내몰린 이들에게서 우리는 놀라운 현상을 목격하였습니다. 돈돈돈, 돈이면 무엇이든 통하는 이 세대에서 돈에 넘어가지 않는 정신을 눈앞에 보고 있는 것입니다. 몸을 빼앗겨도 정신이 더 펄펄 살아있는 기이한 현상인 것입니다.

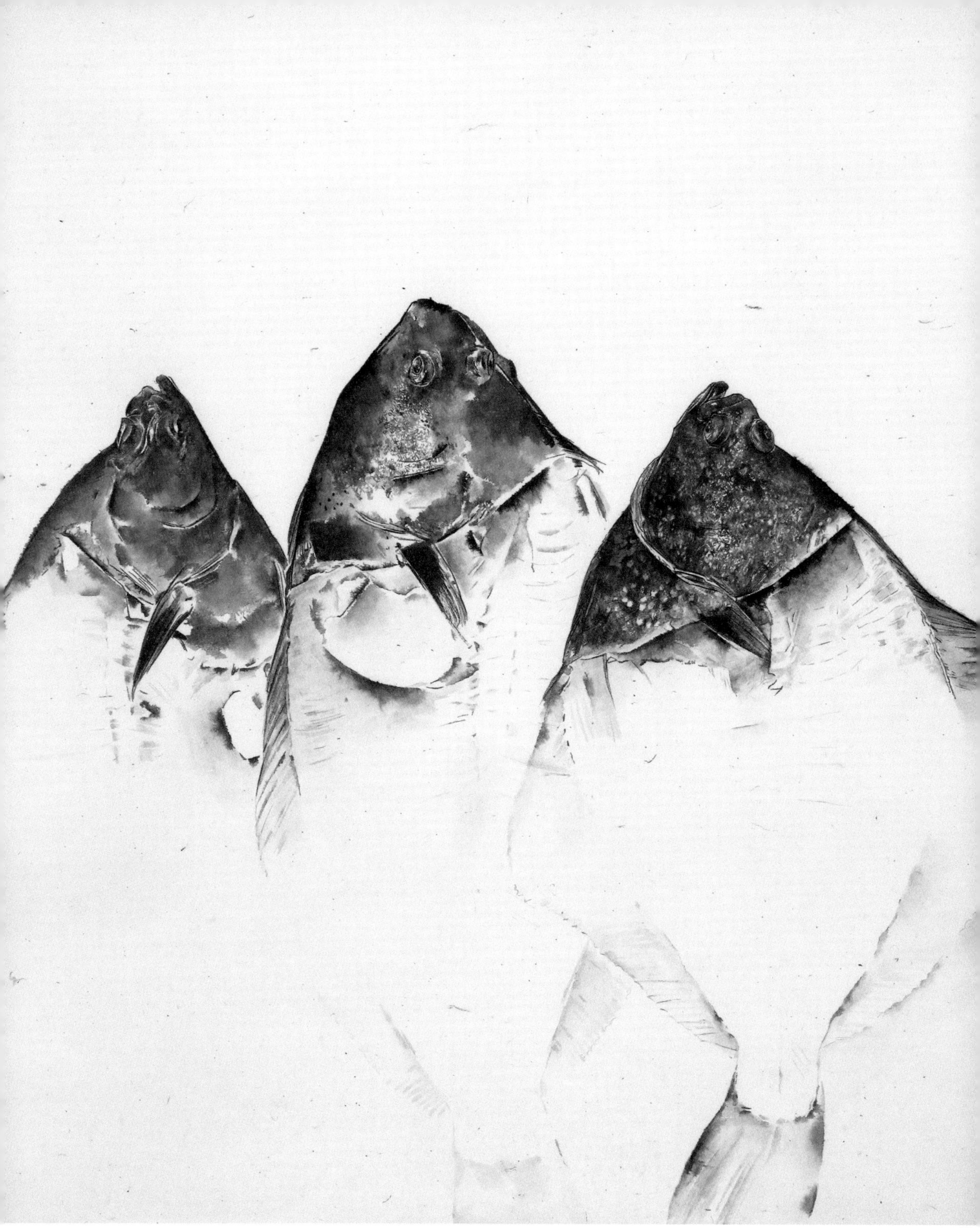

신체 없는 정신은 가능한가 | 126×112cm | 수묵 | 2016

시간이 지나고 가족의 생계가 문제 되어도 억울하게 죽은 아이들의 진상규명을 위한 부모들의 움직임이 끊어지지 않습니다. 수많은 이들이 블랙리스트에 오르면서도 세월호를 위해 함께 동반하고 노래를 짓고 시를 짓고 그림을 그리고 노란리본을 만듭니다. 그 물결이 드디어는 촛불집회가 열리게까지 만들었다는 사실에 이의를 제기할 사람은 없을 것입니다.

이런 이들에게서는 몸을 탈취당하고도 정신은 더 생생하고 드높아지는 역설을 보게 되는 것은 몸 안에 깃든 정신, 정신 안에 있는 몸의 요소가 분리될 수 없이 한 인간을 형성하기 때문일 것입니다. 또한 그들이 아무리 용을 써도 결코 없앨 수 없는 몸도 있다는 것을 우리 눈으로 보고 있습니다.

두 개의 눈

사람에게 팔이 하나뿐이라면 균형이 맞지 않아 빨리 달리지 못합니다. 팔을 빨리 움직이면 다리도 같이 빨리 움직입니다. 팔은 빨리 움직이는데 다리는 늦게 움직이면 넘어지기 쉽습니다. 자연의 모든 것은 균형을 이루며 생명을 유지하고 유기체가 원활하게 돌아가게 되어 있습니다. 물고기 지느러미의 기능도 그렇습니다. 회전하고 좌우로 방향을 트는 것은 지느러미와 꼬리가 있기 때문입니다.

이상한 그림에 이상한 설명을 하고 있다고 느끼실 분도 있을 것입니다. 사실 이상한 그림입니다. 아니 이상한 그림이 나오게끔 하는 현실 앞에서 고뇌와 아픔을 겪으며 나온 작품이기에 이상하게 보입니다. 이 그림 역시 수많은 세월호 관련 작품들 중 하나입니다.

이 지느러미는 팽목항 바다까지 날아온 안산에 사는 민물 붕어의 지느러미입니다. 붕어가 그것도 안산에 사는 놈이 어찌 팽목까지 왔느냐고 묻는다면 다음과 같이 대답해야 할 것 같습니다.

이상한 나라, 이상한 세상에서 이상한 일이 일어난 것이 무어 그리 이상하냐고요. 사람이 눈 뻔히 뜨고 있고 배 뜨고 헬리콥터가 떠 있어도 생목숨 304명을 구하지 못한 것이 더 이상하지 않냐고요.

팽목까지 날아온 붕어는 두 지느러미가 붙어 나비를 이루었습니다. 물속에 머물 수 없어 나비로 날아오르고 싶은 아이들을 태우고 있나 봅니다. 물고기 시절

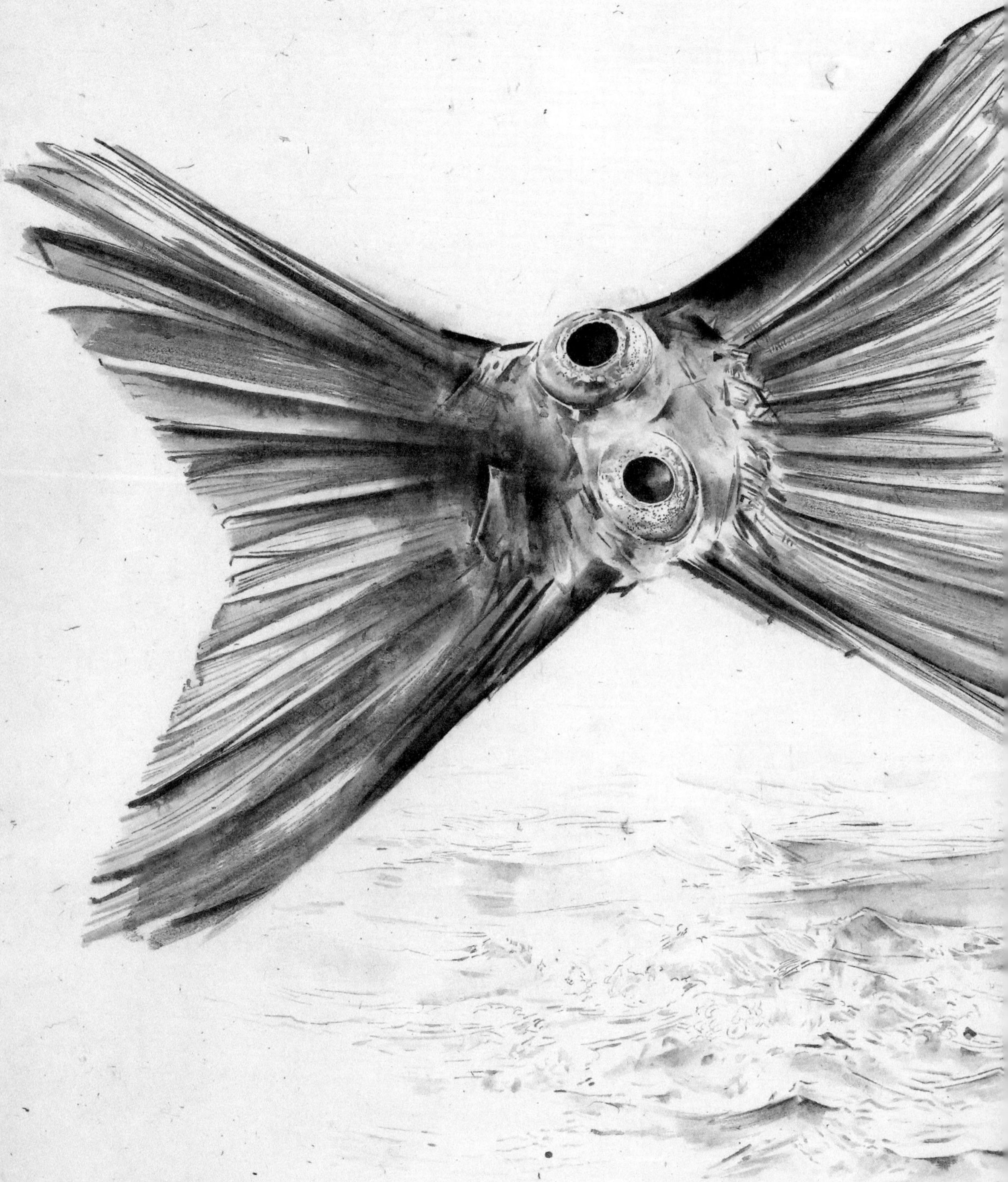

하나의 지느러미였던 때와 마찬가지로 두 지느러미를 좌우로 흔들면 운동이 반대되어 정지 상태가 될 것입니다. 그런데 상하로 움직이면 날아오릅니다. 붕어의 꿈이요 우리의 꿈입니다. 세월호 엄마 아빠들의 간절함입니다.

그 꼬리에 눈이 붙어 있다는 것도 이상한 일은 아닙니다. 어디라도 눈을 만들어 진실을 밝히고 싶으니까요. 눈 없는 곳에도 수없는 눈은 있을 수 있습니다. 눈에 보이는 것만 믿겠다는 이에게는 대책이 없는 말들의 연속일지 모르겠습니다. 한국에서 드리는 기도가 아프리카나 미국에 닿지 않는다고 믿는 이들에게는 그럴 것입니다.

이런 은유의 세계가 태어나기까지 화백의 세월호에 대한 절절함이 느껴져 옵니다. 아직도 세월호 이야기를 하면 눈물을 글썽이는 이들이 제 주변에도 있습니다. 시리아, 이스라엘과 팔레스타인의 수많은 눈동자들도 떠오릅니다.

두 개의 눈(부분) | 126×112cm | 수묵 | 2016

잘못된 선택, 올바른 선택

화백은 닭의 모성애를 관찰하고 싶어 전국 곳곳을 돌아다니며 진짜 토종닭을 구했습니다. 양계장에서 기계로 부화된 닭은 알은 낳아도 그 알을 품지 않기에 그리고 기를 바에야 진짜 토종을 기르고 싶어 시골 구석구석을 누비고 다닌 끝에 진짜 토종닭을 구했습니다. 그래서 수십 마리나 되는 닭을 기르고 있었는데, 어느 날엔가 삵이 침입하여 모든 닭들의 목을 물어 싹 다 죽여 버리고 수탉 한 마리는 저렇게 머리만 남기고 발까지 다 먹어치운 상태였다 합니다.

수탉의 모습을 보면 거의 찢어질 지경으로 입을 벌리고 죽었습니다. 짐작건대 이것은 삵이 침입하자 다른 암탉을 살리고자 자신의 몸은 생각지도 않고 있는 대로 소리를 질러댔기 때문일 것입니다. 삵과 같은 맹수들은 악을 쓰는 놈에게 먼저 달려들어 먹어치운다 합니다. 수탉은 암탉들을 살리기 위해 마지막 죽음의 순간에조차 소리 지르기를 멈추지 않고 저리 장렬한 모습을 남겨주었습니다.

물론 죽음으로조차 암컷들을 지키지 못하였으나 화백의 눈에 발견되고 우리 인간들에게 가슴 뭉클한 어떤 것을 남겨줍니다.

이 장면은 저를 다른 이야기로 이끌어갑니다. 2001년 서울 홍제동 연립주택 화재를 진압하다 순직한 김철홍 소방장은 다음과 같은 말을 남겼습니다.

"누군가를 위해 기꺼이 목숨을 내어놓을 수 있는 것은 얼마나 아름답고 숭고

잘못된 선택, 올바른 선택 | 126×112cm | 수묵 | 2016

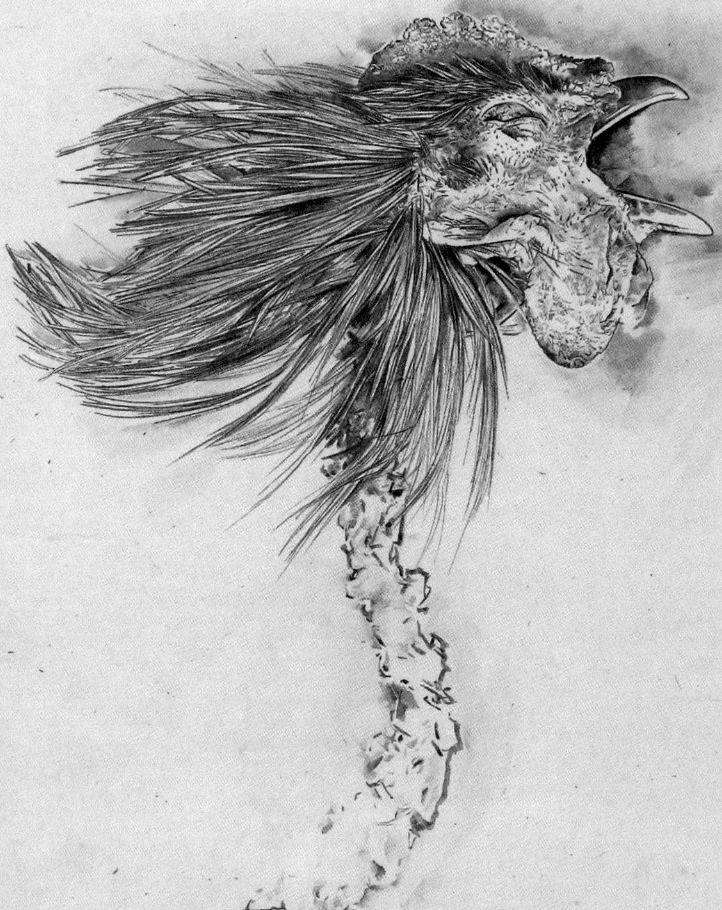

한 것인가? 그래서 나는 이 직업을 성직으로 여긴다."

지도자란 어떤 존재인가를 이 두 이야기는 보여 줍니다. 한 마디로 자신이 죽어 남을 살리는 위치라는 것을 설명할 필요도 없이 우리 가슴 한복판에 실어다 놓습니다.

우리 주변, 우리 사회, 우리 시대 지도자들의 모습은 누군가를 위한 존재라기보다 그저 자신이 높은 자리에 있음을 향유하고 있다는 생각이 들게 만듭니다. 그 높은 자리에서 얻어 누리는 것들이 많다보니, 누구나 할 것 없이 그 높은 자리에 앉고 싶어 안달을 합니다. 높은 자리는 한정되어 있고 그 결과 우리 사회는 무한경쟁의 전쟁터가 되었습니다.

만약 우리 사회의 진정한 지도자상이 위의 두 경우와 같다면 그래도 그 지도자의 자리를 탐할 사람이 많이 나올까요?

지도자가 되고 싶은 은밀한 욕망을 지닌 모든 이들은 우선 무엇보다 먼저 이 질문을 자신에게 던져보아야 합니다. 자신과 타인 모두를 위해….

콩 심은 데 콩 난다(?)

〈콩 심은 데 콩 난다(?)〉

이 작품의 제목입니다. 처음 이 작품과 만났을 때 당연한 이야기에 붙은 물음표가 무엇을 의미하는지 물어 보아야 할 것 같은 느낌을 받았습니다. 콩 심은 데 콩 나는 것, 그 당연한 것에 물음표를 붙이는 것이 무엇인지 보아야 하겠지요.

이 장면은 어지간히 무감각하고 무정한 사람들도 전율을 느끼기에 충분한 닭 살처분 장면 그 후입니다. 살처분이 아니라 생매장이지요. 살처분이란 말은 뭔가 위생상 어찌할 수 없이 수행하는 작업인 듯한 느낌을 줍니다. 이 아이들은 인간을 위해 길러지다 인간 때문에 병들고, 인간에게 해를 입히지 않도록 산 채로 매장당한 목숨들입니다.

인간 모질기가 어디까지인지 가늠이 되지 않는 자리입니다.

그렇게 묻힌 닭들이 살아보겠다고 땅을 뚫고 발들을 내밀고 있습니다. 작가의 상상력이지요. 아니 상상력이라기보다 살아있는 생명을 향한 화백의 경외심이 맞을 것입니다. 그 닭들의 발이 오히려 지구를 버티고 있는 것은 아닌지 모르겠습니다.

여기가 콩 심은 데 콩 나는지 물어 보아야 할 자리입니다. 우리는 그 아이들을 우리 먹고 싶다고, 그것도 먹고 싶을 때 마음껏 마음대로 먹고 싶다고 잔인하디 잔인한 방법으로 키우다 우리에게 해가 된다고 잔인하다는 말로는 통하지 않을 방식으로 묻어 버렸습니다. 그런 아이들이 우리에게 원한을 품는 것! 이것이 콩

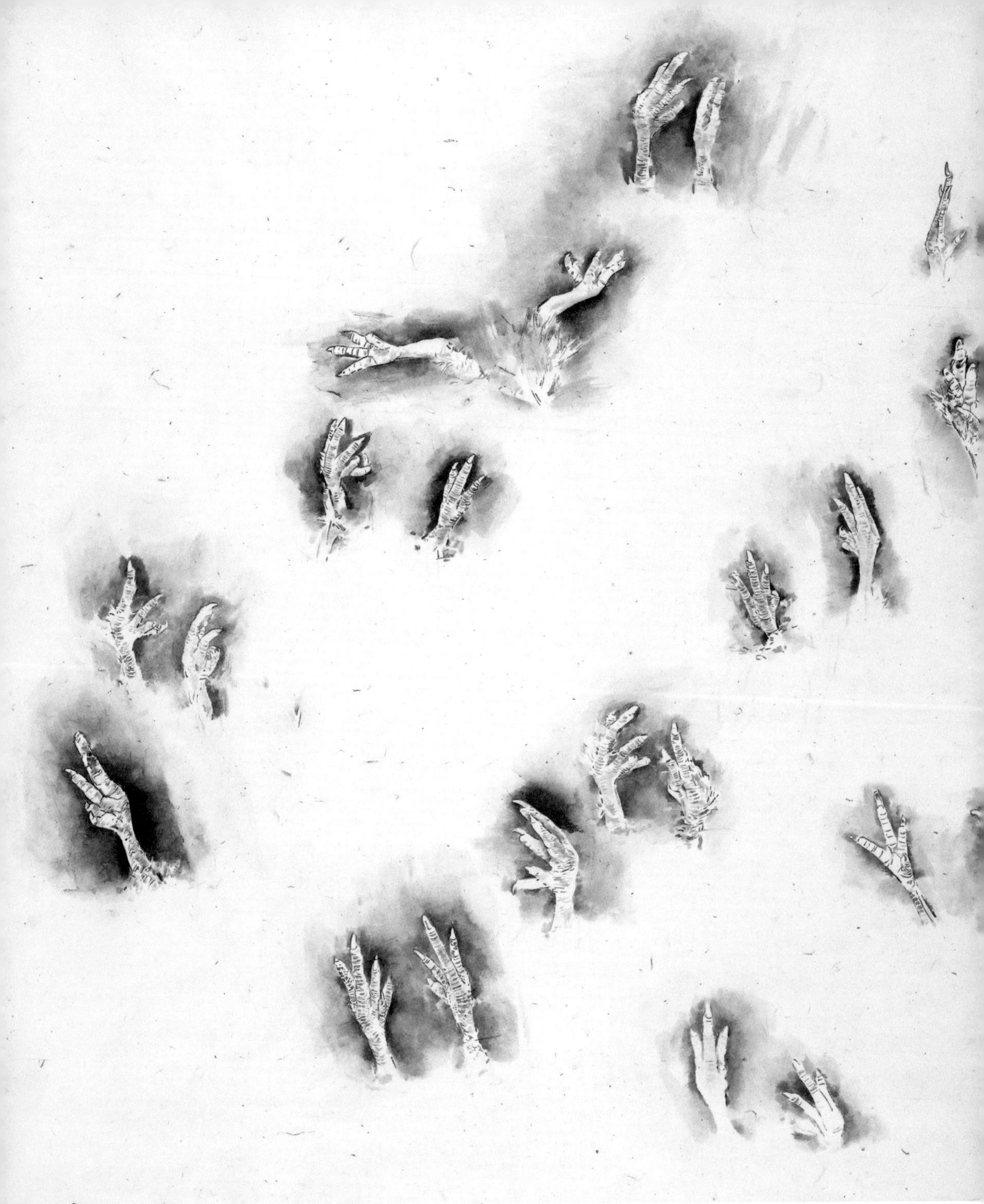

콩 심은 데 콩 난다? | 126×112cm | 수묵 | 2017

심은 데 콩 나는 일이겠지요?

그런데 화백은 그 아이들의 마음을 읽기를 그 반대라는 것입니다. 그래서 저는 이 아이들의 발이 마치 하늘에 별이 되어 총총 빛나는 것처럼 느껴졌습니다. 콩 심은 자리에 콩이 아니라 별이 달린 것이지요. 우리가 이리 악해도 지구가 망하지 않는 것은 이렇게 희생당하는 수많은 생명들의 마음 무너지는 기도로 버티고 있는 것입니다. 이 눈에 보이지 않는 기도가 나를 살리고 있음을 가슴 아프게 느낍니다.

팥 심은 데 팥 난다(?)

앞의 것과 아주 비슷한 그림에 비슷한 제목이라구요? 그렇다면 더 깊이 들어가 보아야지요.

두 그림에서 닭들의 발 주위를 살펴보면 〈콩 심은 데 콩 난다〉에는 마구 땅을 뚫고 나오는 듯 주위가 검습니다. 그런데 이 그림에서는 땅속으로 꺼져 들어가는 듯합니다.

아이들이 죽어 이제 땅과 하나가 되어 가고 있습니다. 발들이 살아 꿈틀거리는 것이 아니라 변형되어 가고 있습니다. 이 미세한 차이를 발견해야 작가의 세계 속으로 여행할 수 있습니다.

그 아이들이야 죽어 별이 되고 몸은 땅과 하나 되지만 이제 우리에게는 재앙이 됩니다. 스스로 판 재앙이지, 그 아이들이 퍼붓는 재앙은 결코 아닙니다. 썩어 들어가는 땅, 오염되는 지하수! 이보다 더 무서운 오염되어 냄새나는 우리 인간들의 양심입니다.

이제 저 물음표는 우리에게 말합니다. 팥 심은 데 팥 나는 것, 그것이 당연한 결과 아니냐구요?

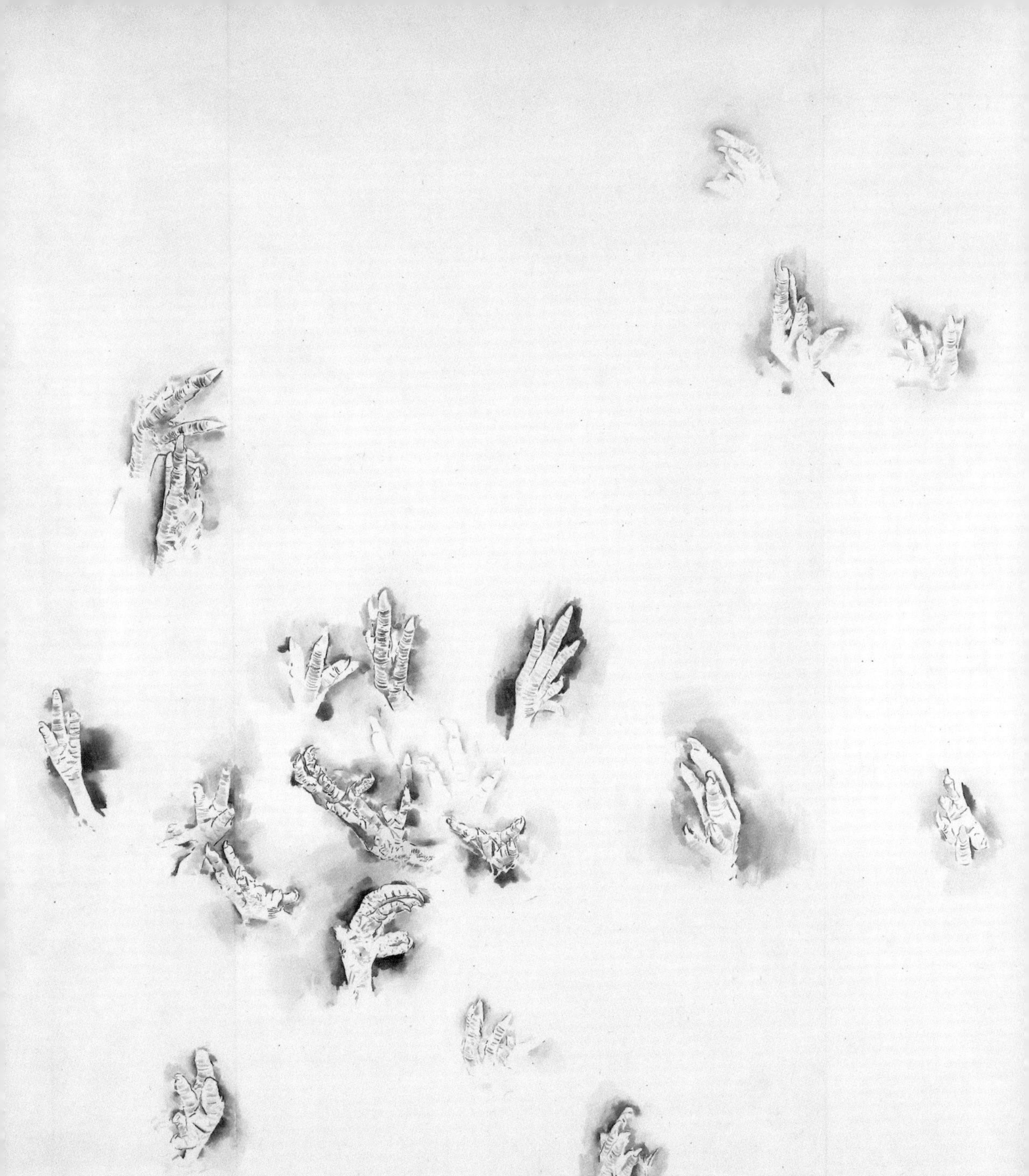

팥 심은 데 팥 난다? | 142×142cm | 수묵 | 2017

익숙함의 두려움

서툰 몸짓, 서툰 도구 사용, 서툰 솜씨에 편한 사람은 없습니다. 그럼에도 서툼의 불편함이 사람을 밀어붙여 운동, 음악, 예술 등에서 전문가가 나오게 합니다. 피아노를 치는 사람이 초보 바이엘과 같은 것들을 지겹도록 쳐서 익숙하게 하는 과정 없이, 원하는 곡을 원하는 대로 칠 수 있는 경지에는 도달할 수 없습니다. 익숙해지는 과정은 작은 몸짓에도 노력이 필요합니다.

익숙함은 편안합니다. 무심하게 동작을 해도 무리없이 목적하는 바에 이를 수 있고, 서툰 상태에서는 제대로 된 것이 나올 수 없는 것도 큰 노력 없이 술술 해낼 수 있습니다. 그러나 익숙함을 얻고 난 후 그 익숙함에만 머문다면 예술에서는 기교만 뛰어난 작품만 낳을 수 있고, 삶은 나태와 무미건조함으로 빠질 수 있고, 인간관계는 어떤 생동감도 없는 기계적인 만남으로 그치게 되어 버립니다.

여기에 또 한 가지 다른 익숙함, 세상의 소식에 대한 무감각함이 있습니다. 아프리카의 식량부족, 시리아의 참상, 정치인과 경제인들의 부정부패도 지속적으로 언론에서 대하다보면 익숙한 소식, 저 나라는 원래 그러려니, 정치인 경제인들은 부정을 행하지 않고서는 그 역할을 할 수 없다는 이상한 의식에까지 이르게 됩니다. 일종의 마비상태이지요. 언론이 전하는 것 이상의 것을 알려고 하지도 않고 알고 싶어 하지도 않습니다.

세월호 사건 때 우리는 그 극단을 경험했습니다. 304명의 목숨이 수장된 과정이 너무나 의심스럽고 여러 가지 의심스런 부분들이 언론에 노출되어도 좌파들의

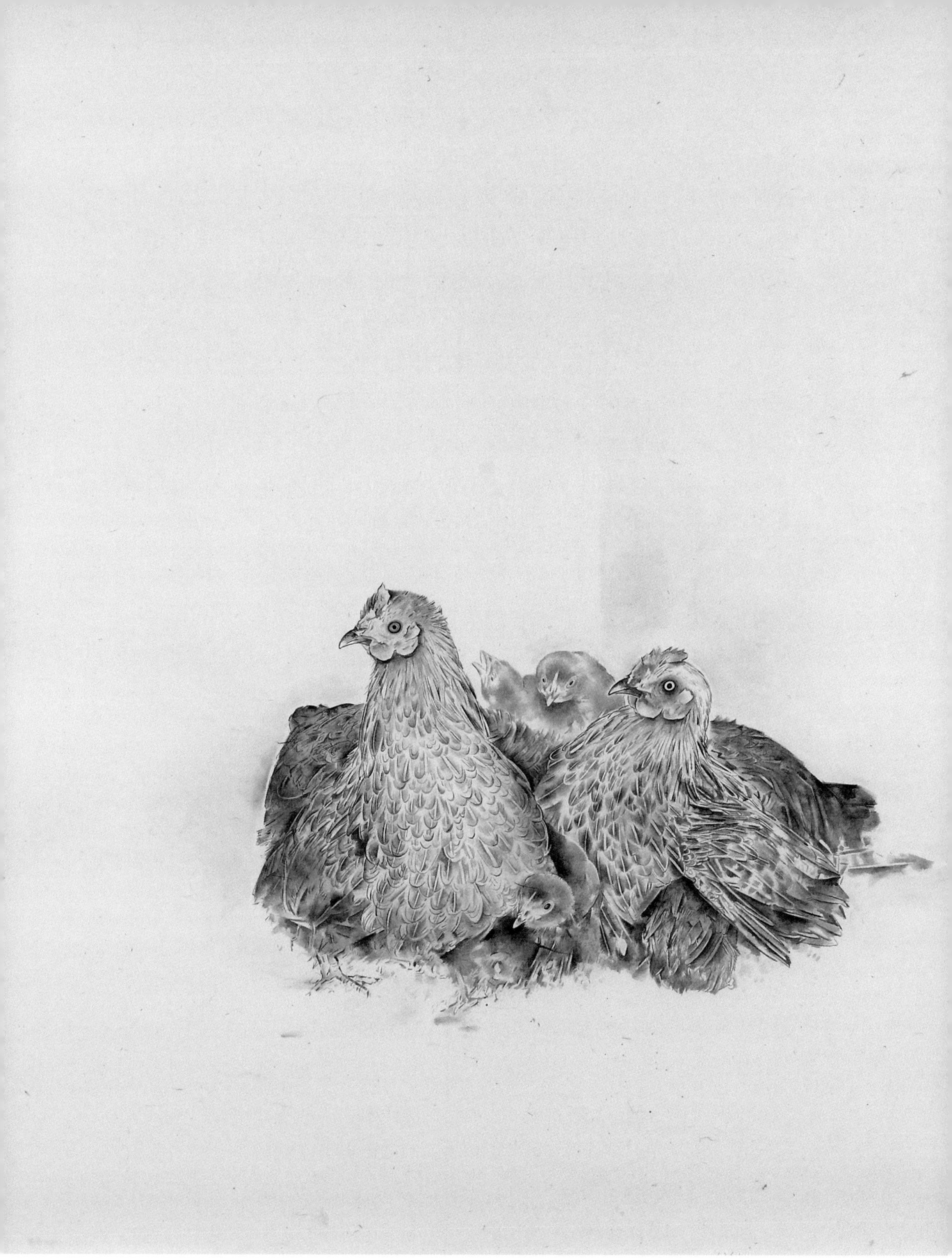

익숙함의 두려움 | 125×110cm | 수묵담채 | 2014

음모, 심지어 북한의 소행이라고까지 매도하고, 진실을 밝히고자 단식을 하는 아이 아빠 옆에서 삼겹살을 구워 먹고 조롱하고 여기서 글로 옮기고 싶지도 않은 기괴한 비유로 세월호 희생자들을 조롱하는 비정상적인 일들이 여러 해 동안 반복되었습니다. 그렇게 조롱하는 이들의 표현에는 어떤 양심의 가책도 느낄 수가 없었습니다.

정부가 아니라는데, 정부가 할 도리를 다했다는데, 언론도 그렇게 이야기하는데 믿지 뭘 어쩌라는 것이냐고 반문들을 했습니다. 수십 년 동안 언론이 던지는 뉴스만 덤썩 덤썩 받아먹다 그 언론에 익숙해 버리고 만 것입니다. 민간잠수부들이 온갖 수모를 겪으면서 아이들의 몸이라도 건지고자 생명을 거는 과정에서 경찰이나 공직자들이 오히려 잠수부들의 일을 방해했다고 증언해도 주요 언론들은 다루어 주지도 않았습니다.

이제 서서히 아이들이 수장되는 과정에서 정부와 공직자, 해경들은 어떤 노력도 하지 않았고, 그 유명한 7시간을 여러 명의 고위 공직자들이 문서를 조작하며 감추려 하였으며, 배의 침몰 원인에 대한 정부의 주장도 거짓이라는 것이 드러나고 있습니다.

화백은 여주에 있는 화실에서 토종닭을 기른 적이 있습니다. 알을 품어 병아리들이 깨어났습니다. 닭은 부화가 끝나면 온몸에 진이 빠져 닭 벼슬이 옆으로 누워버린다 합니다. 그런데 이 닭들의 벼슬이 제대로 선 것을 보면 한 달은 지난 것 같습니다. 병아리들이 엄마 품, 옆구리, 아무 곳이나 파고들고, 엄마 닭은 고개를 쳐들고 사방을 쉼 없이 두리번거립니다. 왼쪽 닭은 발이 반쯤 들려있습니다. 이상한 놈이 나타나면 언제라도 튀어나가 그 발로 덤벼들 태세입니다. 수탉은 병아리들이 나오거나 말거나 아무 관심도 없는데 암탉은 한 달이 지나도 새끼들을 보호하는 데 익숙함이란 없는 듯 생생하고 탱탱하게 기가 서 있습니다. 이런 시기에는 심지어 주인인 화백이 들어가도 덤벼들 태세를 취한다 합니다. 병아리들을 돌보는 데 익숙하면서도 지키는 데 있어서는 늘 촉이 서 있습니다.

이런 닭들 옆에서 라디오를 틀어놓고 일을 하는데 300명 이상 탄 배가 침몰하게 되었다고 하더니 조금 후에는 전원 구조했다는 방송이 나왔습니다. 그리고 이 뉴스는 사실이 아니었음이 드러났습니다. 아직 왜 그 시간에 그런 방송을 하였는지도 밝혀지지 않았습니다만, 이 문제에 심각하게 의문을 제기하는 사람이 우리나라 인구에 몇 퍼센트나 될까요?

익숙함은 때로 크나큰 범죄를 묵인하여 억울한 이들을 더 억울하게 하고 범죄를 인정해 주는 우를 범할 수 있습니다.

익숙함은 가끔 우리의 판단력 자체를 마비시켜 버립니다. 내 친구 내 가족은 잘못을 해도 잘못으로 보이지 않고, 나를 거스르거나 나에게 걸리는 사람은 잘하는 일도 위선으로 보이게 만듭니다. 익숙함에 묻혀 진실 혹은 다른 측면은 전혀 보지 못하는 반봉사가 될 수 있습니다.

익숙한 관계, 익숙한 몸짓, 익숙한 기술에 편할수록 우리의 정신은 날을 세워야 합니다. 의도적으로 날을 세워 삶이 늘어진 고무줄처럼 되지 않고 팽팽하게 하는 것은 인생의 예술입니다.

자신이 키우는 닭, 늘상 봐오던 어미닭이라는 평범한 것에서 세월호 사건이라는 이 시대의 비극을 우연한 사건으로 치부해 버리는 우리 사회의 익숙함이 화백에게는 너무도 큰 대조를 이루며 다가왔나 봅니다.

평범한 것을 놓치지 않고 그 평범함 안에서 늘 정신의 깊은 샘물을 길어올리는 화백의 날카로운 눈이 빛나는 작품입니다.

뒤를 보다

누구나 뒷모습은 어느 정도 슬픔이 배어 있는 것 같습니다. 그래도 이 그림은 슬픔이 화면 전체에 일렁입니다. 그런데 묘하게 그 슬픔이 줄줄 새지 않고 고여 있습니다. 아직 풀지 못한 노무현 전 대통령과 권양숙 여사의 아픔이겠지요. 역사를 함께 걸어가는 이들의 아픔이겠지요. 그러면서 슬픔만이 아닌 어떤 단단함 또한 느껴집니다. 붉은 고름, 대통령의 낮은 의자, 화려함이 배제된 소박함이 빛는 대통령 부부의 행적과 아픔을 수용하며 고요히 삶을 다져가는 권양숙 여사의 현재의 삶이 그대로 전해집니다. 사람에게 아픔을 전염시키고 공유케 하는 그림입니다.

뒤를 보다 | 143.5×74cm | 수묵 채색 | 2018

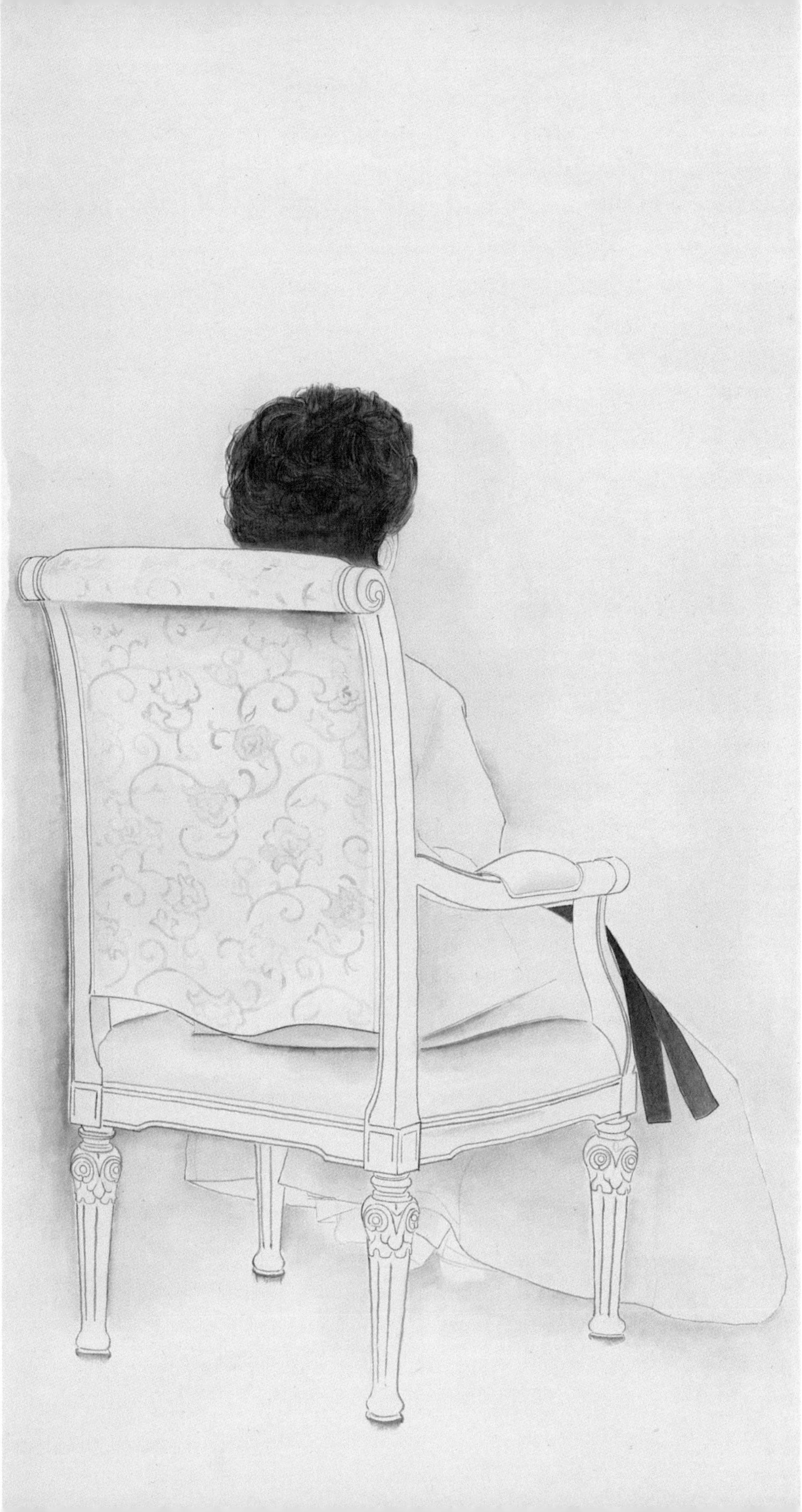

하늘을 가르다

밤장어 한 마리의 몸 보시 앞에 붙은 제목이 〈하늘을 가르다〉입니다. 뱀장어의 입장이 되어 보지 않고는 나올 수 없는 제목입니다. 남에게 몸 보시하는 일이 뱀장어에게는 하늘이 갈라지는 일이지요. 그리고 하늘이 갈라지는 만큼의 일이 또한 자신을 남에게 보시하는 일이기도 합니다.

하늘을 가르다 | 136.5×69.5cm | 수묵 채색 | 2018

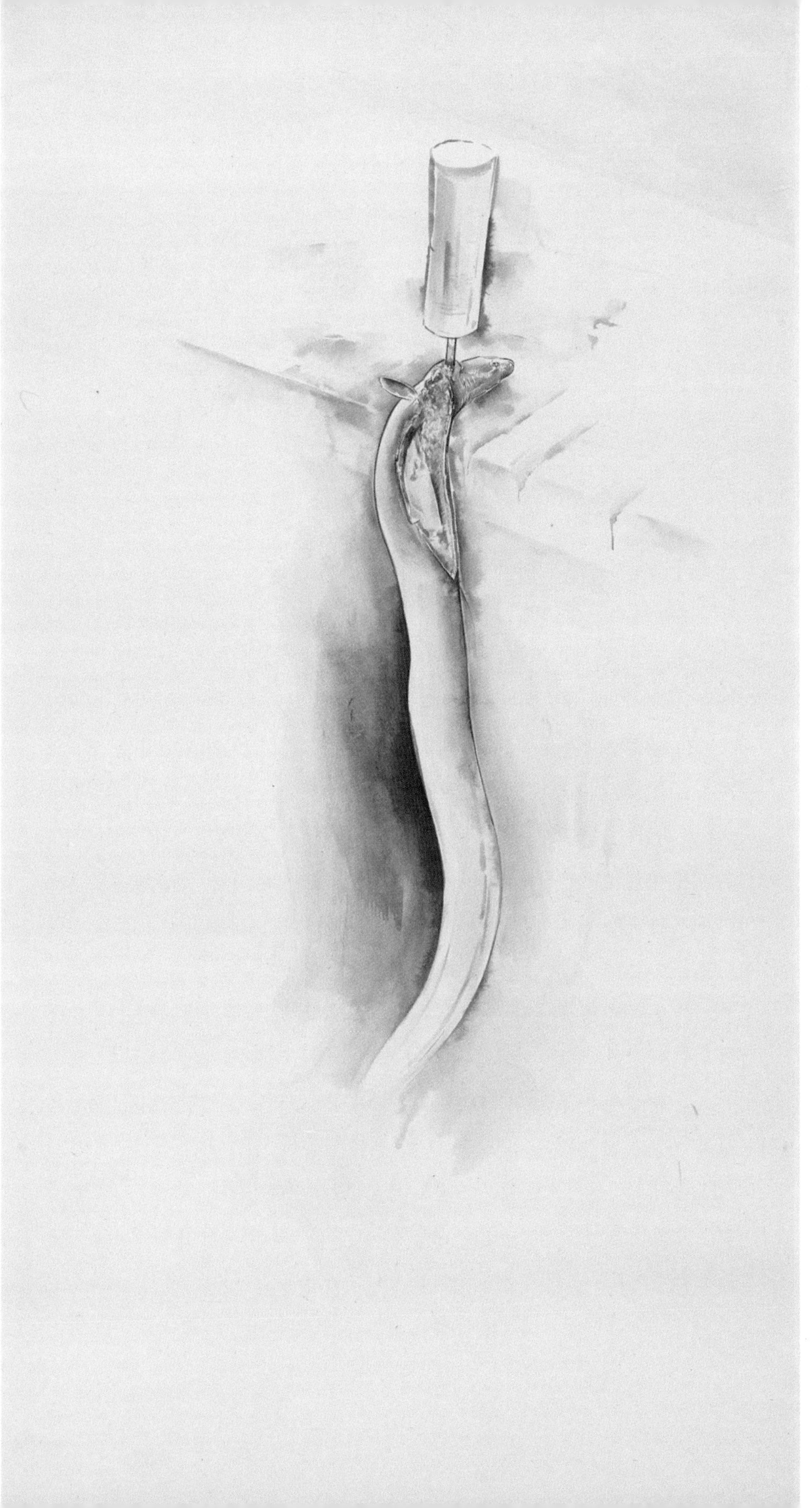

논오리

논오리에 대해 좀 알아야 하겠습니다.

집단생활을 하는 논오리는 저렇게 떼를 지어 다니며 애교가 상당히 많아 주인을 만나면 꼬리를 좌우로 흔들어 대고 주인의 발에 살포시 기대기도 합니다. 먹이 있는 곳을 향해 저렇게 일사불란하게 한 방향으로 떼 지어 다니기도 하지만 동물적인 맹목성이 가장 두드러지게 나타날 때가 짝짓기를 할 때입니다. 수컷의 숫자가 많으면 수컷끼리 죽이기도 하기 때문에 10마리 당 수컷 1마리가 적당합니다. 서로 사랑을 나눌 때는 수컷이 암컷의 관심을 끌 수 있도록 모든 새들의 수컷은 깃털이 암컷보다 월등히 아름답습니다. 깃털만 아름다운 것이 아니라 새들마다 독특한 행동을 하는데 오리는 암컷 등 위에 앉아 이마를 부리로 쪼기 시작합니다.

이러한 동물적 생태 내지 행동은 무조건적입니다. 같은 부류에 속하는 것들은 예외 없이 똑같이 그렇게 행동합니다. 맹목적이고 무조건적입니다.

인간은 동물이면서도 동물과 다른 점이 여기서 드러나야 마땅합니다. 사람은 동물적 본능과 본성을 지니면서도 그것을 뛰어넘을 수 있습니다. 동물보다 우위여서가 아니라 인간이란 존재는 그렇게 생겨먹었기 때문입니다. 그런데 그렇게 생겨먹은 초월적 특성을 망각하거나 내팽개치고 동물처럼 맹목적 본능에 따른다면 스스로 인간이기를 포기한다는 말을 들을지 모릅니다.

그리고 논오리는 물이 없으면 생명을 유지할 수 없습니다. 그래서 옛 어른들은

논오리 | 125×111cm | 수묵 | 2011

세월의 무상함이나 권력의 무상함을 빗대어 논오리 같다고들 했습니다.

화백이 이 그림을 그린 것은 고 노무현 전 대통령이 봉화로 내려가 오리농법으로 농사를 짓겠다고 한 그 후였다고 합니다. 그리고 노 전 대통령은 여러 의문을 남긴 채 스스로 저 세상으로 떠났습니다. 고단했던 삶, 변호인으로서 용기 있는 삶, 정치인으로서의 극적인 등장, 상상하기 어려운 대중들로부터의 인기, 이 모든 것에도 불구하고 마지막 삶은 우리를 가슴아프게 합니다.

동물적 본능으로만 움직이는 세대의 물결 속에서 인간이고자 했던 그 뜨거운 노력이 이 땅에 새로운 물결이 일어나는데 역사의 긴 눈에서 어떻게 자리매김할지는 아직 이 세대는 모르는 듯합니다.

죽음, 또 다른 삶

늑대 대여섯 마리가 개 한 마리를 덮쳤으니 아무리 용맹한 몽골의 개도 당할 수가 없었나 봅니다. 온몸을 뜯기고 머리만 남았습니다. 입을 봐야 합니다. 짐승들은 보통 먹이를 먹을 때 머리는 먹지 않고 남기는 경향이 있다고 하는데, 개가 오죽 짖어댔으면 머리를 먹지 않으면서도 입만 물어뜯어 이가 허옇게 다 나왔습니다. 덕분에 양이나 소들은 단 한 마리도 잡아먹히지 않았습니다. 화백이 직접 몽골에서 체험한 이야기입니다. 삶을 바친 헌신은 아무리 작은 미물일지라도 깊은 감동을 줍니다. 삶을 바친 헌신은 다른 생명에게 생명을 줍니다.

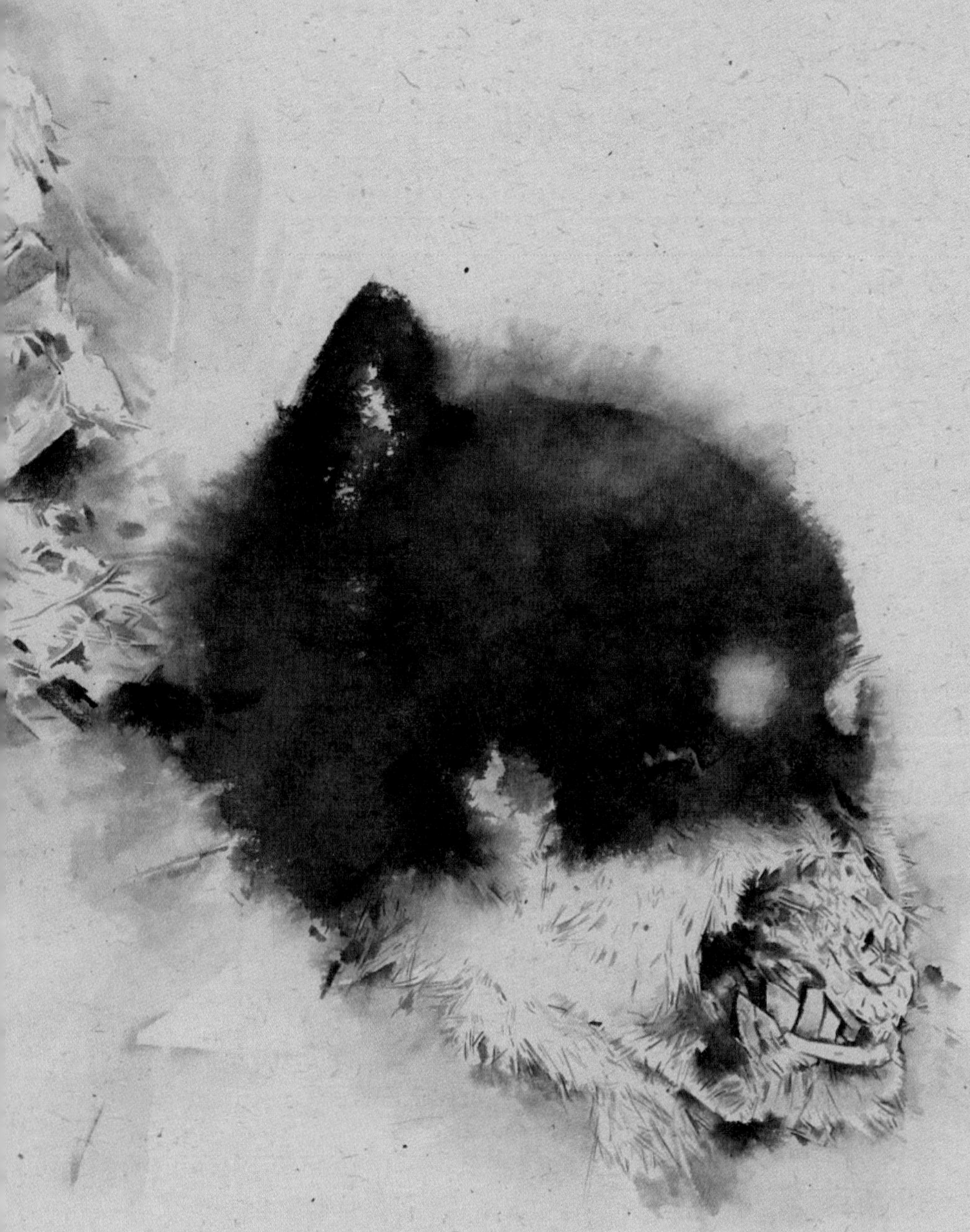

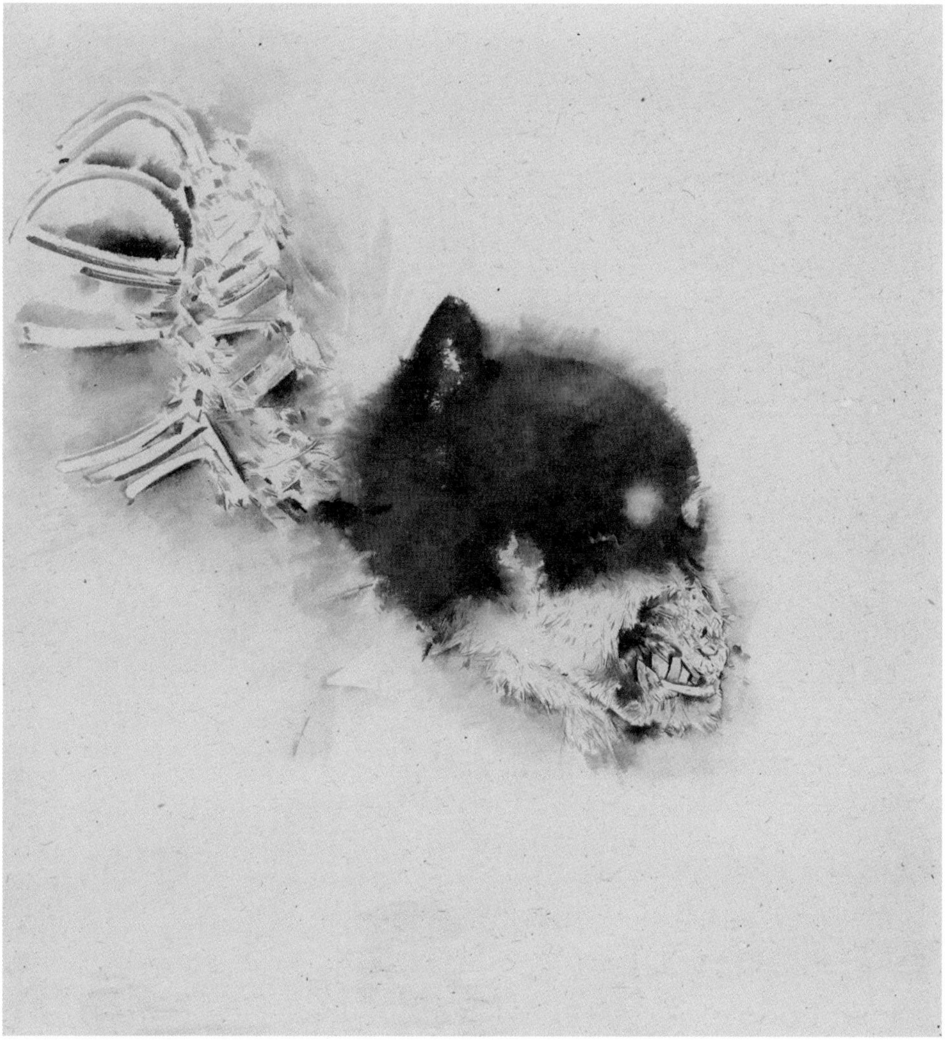

죽음, 또 다른 삶 | 96.5×103cm | 수묵 | 2018

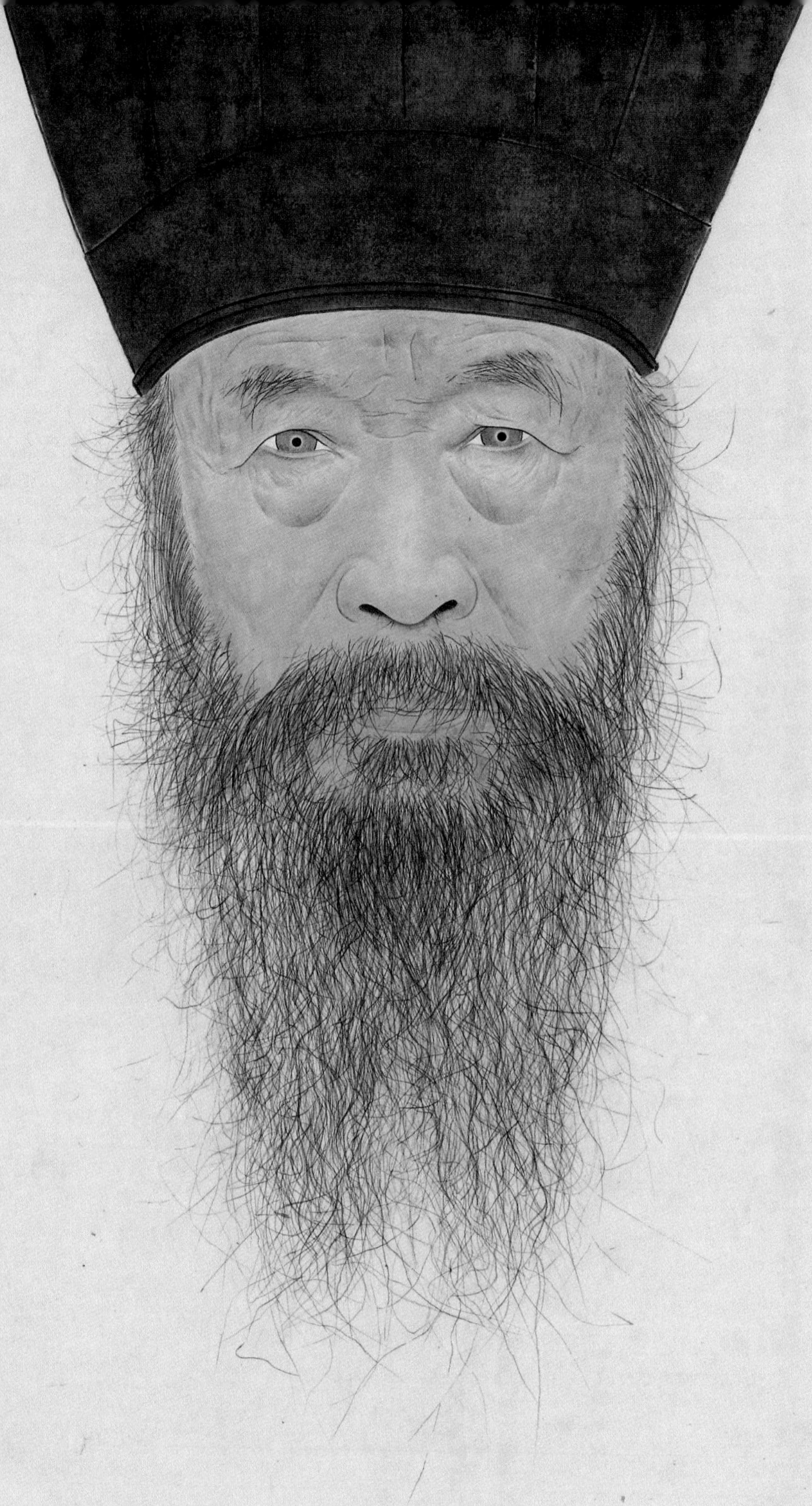

선비 초상

우리나라 전통 초상화를 좀 아는 사람이라면 이 작품을 볼 때 즉시 그 유명한 윤두서의 초상화를 떠올리게 될 것입니다. 두건이 위쪽으로 잘린 것 하며 몸은 물론 목도 없이 얼굴만 있는 강렬함도 꼭 그대로입니다. 더구나 형형한 눈빛은 정말 그대로 닮았습니다.

우선 윤두서에 대해 이야기를 하려면 우리나라 전통 초상화에 대해 알아야 합니다. 우리의 옛 화가들은 터럭 하나, 점 하나, 주름살도 놓치지 않고 그 사람의 외모를 그대로 그립니다. 그러나 이것뿐이라면 뭐 그다지 신기할 것도 없습니다. 현대의 극사실화나 사진은 그보다 더 자세히 드러내 주니까요. 그러나 옛 초상화는 그 사람의 정신과 내면을 마주보듯 드러내어 주며, 성격이나 인품까지 볼 수 있습니다. 그 중에도 대표적인 작품이 윤두서의 자화상입니다.

윤두서는 남인 출신으로 정철, 박인로와 함께 조선 3대 시인으로 불리는 윤선도의 증손입니다. 윤선도는 당쟁의 휘몰이 속에서 여러 차례 귀양을 가게 되는데 실제 죄를 지은 것이 아니라, 정쟁의 소용돌이 속에서 선비의 꼿꼿한 기개를 꺾지 않고 옳음을 주장하다 그리된 것으로 보입니다. 물론 역사적으로 여러 면이 있겠지만 전반적으로 그리 보는 데는 이견이 없을 듯합니다. 이후 그 후손들은 중앙 정치무대에 나서지 못하며 학문과 예술을 닦는 초야에 묻힌 삶을 살아갑니다. 윤두서는 그 중에서도 여러 면에서 두각을 드러낸 분입니다.

선비 초상 | 94×64cm | 수묵 채색 | 2009

그러다보니 초상화에는 형형한 눈빛 가운데서도 어떤 비애감이 묻어납니다. 옛 선비들이 학문을 갈고 닦음은 결국 임금을 보필하여 백성들을 위해 올바른 정치를 펴나가는 것을 목표로 한 것이기에 그 길이 아예 차단된 명문가의 자손의 비애감은 우리가 상상할 수 없는 것이었으리라 짐작됩니다. 그럼에도 그의 표정에는 불의와는 결코 타협하지 않을 것 같은 서릿발 같은 기개가 느껴집니다.

그런데 또 한 가지 묘한 것은 이 초상화를 자꾸 보고 있노라면 어떤 따뜻함이 전달되어 옵니다. 그것은 아마도 윤두서가 조선에서 서민들의 모습을 그린 첫 화가라는 데서도 연유할 것 같습니다. 후대에 이르러 김홍도가 서민의 모습을 많이 그렸지만 개혁군주인 정조에게 백성들의 모습을 보여주기 위한 것이었습니다. 누구도 그리지 않았던 백성들의 모습을 처음으로 그린 그의 심성의 따뜻함이 어디선가 배어나옵니다.

화백은 이런 윤두서의 초상화를 염두에 두고 자신의 부친을 모델로 선비의 초상을 그렸습니다. 화백이 억울한 일로 재판을 거듭하느라 엄청난 돈을 쏟아 붓고 있을 때였습니다. 가까이 있는 많은 이들이 "그대의 결백을 다 알고 있으니 그렇게 가산을 탕진해가면서 대법원까지 갈 필요가 있겠느냐?"고 할 때, 부친은 "내 집을 팔아서라도 끝까지 재판을 하라. 정의를 밝힐 수 있도록 싸우되 정신이 썩으면 안 된다. 싸우느라 마음 상하여 몸이 망가진다면 싸움에 이기더라도 아무 소용이 없다. 우선 정신이 푸르러야 한다."고 말씀하셨는데 그때 부친의 형형한 눈빛과 수염에 윤두서의 초상화가 오버랩되었다 합니다.

사림의 계통을 잇는 가문에서 독립투사로서 자신의 목숨을 바친 고조부와 중국 사대사상에 물든 천자문이 아니라 우리 정신이 감도는 '대동천자문'을 만든 조부의 정신이 부친에게서 그대로 드러나는 순간이었습니다. 촛불집회가 한창일 때, 부친은 척추수술을 하여 광화문까지 갈 수 없게 되자, 촛불 집회가 열리는 같은 시간에 동네 놀이터에서 촛불을 밝혔다 합니다.

그러나 꼿꼿한 기개만 있고 유연함이 없다면 양극단으로 분리된 인격적 결함을 지닐 수 있습니다. 민주화운동에 자신을 헌신한 사람들의 권력욕과 배신, 개인적 폭력성이 드러난 부분이 이를 잘 설명해 줍니다. 이들은 누구보다 푸른 정신의 소유자들로서 꼿꼿하기로는 감옥생활도 고문도 뚫고 나갈 정도이지만 유연성이 없어 심한 경우 개인적 도덕성의 결함마저 지닐 수도 있습니다. 때로는 그 기개마저 어디로 가버린 것인지 정치적 이권을 따라 이념마저 뚜렷한 명분 없이 바꾸는 경우도 있습니다. 이들이 민주화에 투신한 그 푸름이 개인적 인격의 성숙을 가져오는 유연함과 결합될 때 참으로 멋진 사람, 때로는 "큰바위 얼굴" 같은 시대를 비추는 인물이 나올 수도 있는 것입니다.

이 초상화는 그런 의미에서 화백의 부친을 넘어 이런 인간상을 보여주고자 하는 의도를 담고 있다고 볼 수 있습니다.

조(祖)

윤두서의 자화상과 일부러 유사하게 그린 듯한 〈조祖〉 또한 흥미롭습니다. 비슷하되 비슷하지 않습니다. 처음 보면 윤두서의 앞에 있는 사람을 관통할 듯한 이글거리는 강렬함이 없습니다. 자신의 조부를 그리되 육탈이 되어가는 노경의 끝자락에서 위엄찬 선비의 모습도, 일생 노동에 헌신해 온 강골의 모습도 내려놓은 모습을 그리고 있습니다. 여기서 끝나지 않고 위엄을 내려놓아도 위엄이 있는 역설을 표현해 내고 있습니다. 아니 위엄과 강렬함을 내려놓음으로써 비로소 얻을 수 있는 위엄과 힘이 고요한 파장을 내뿜습니다. 역설적 표현에는 통상적으로 힘이 넘치는데, 이보다 더 힘찬 고요한 눈빛이 육탈된 육체의 힘없음을 넘어 번져옵니다.

조(祖) | 127×113cm | 수묵채색 | 2018

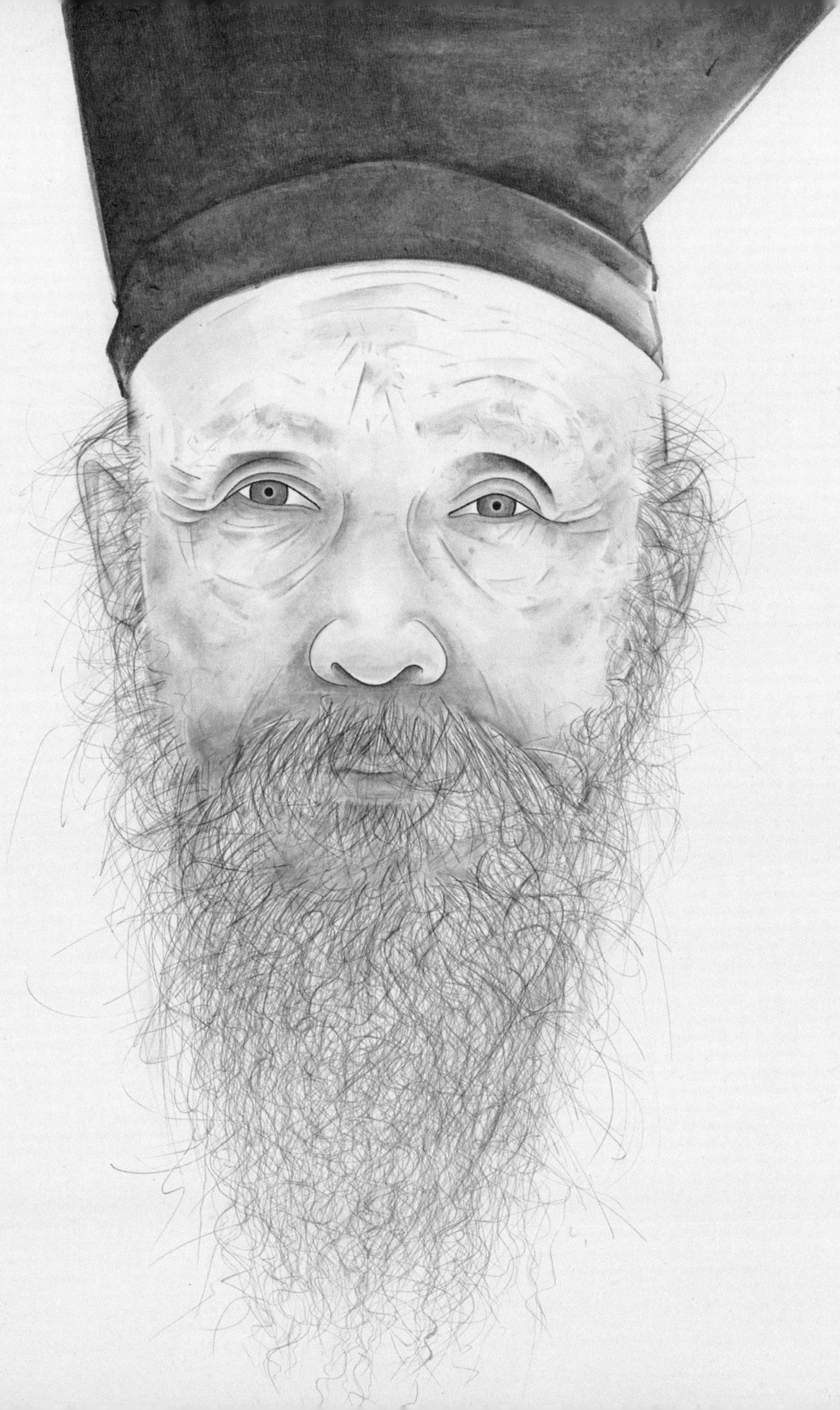

나무꾼 선사

화백의 부친이나 조부께서는 선비로서의 깊은 자긍심과 함께 노동에 대한 경외심을 지니고 사셨습니다. 화백 역시 지금도 자신의 화실 옆 공터에 고추, 배추, 무 등 야채를 심어 가꿉니다. 이 그림은 부친이 콩깍지를 한가득 지게에 지고 가는 모습입니다. 복잡한 듯 정적인 콩깍지 더미와 단순한 듯 동적인 다리가 묘한 조화를 이룹니다. 복잡하다 하여 반드시 움직임이 있고 단순하다 하여 정지된 것이 아닌 것이지요. 노동을 귀히 여기듯 다리는 단순히 계속 움직이나 머리는 다양한 지식, 지혜로 채워도 저 콩깍지가 복잡해도 고요하듯 머릿속 역시 그러해야 합니다. 지식만을 채워 복잡하게 헝클어진다면 지식을 얻는 방향에 문제가 있는 것이지요.

나무꾼 선사 | 187×95cm | 수묵 채색 | 2018

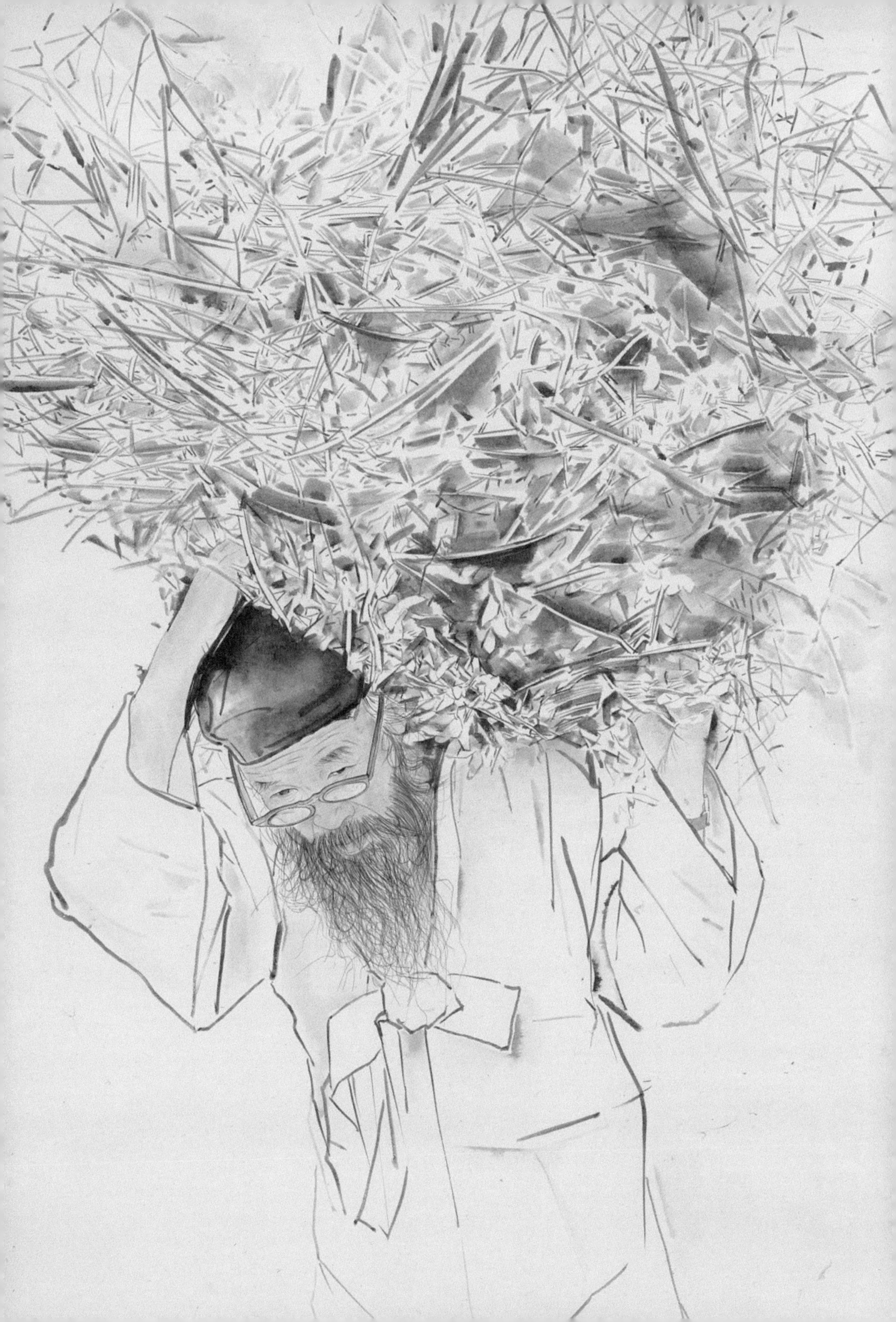

선비정신 1

(역사극 속 유물?)

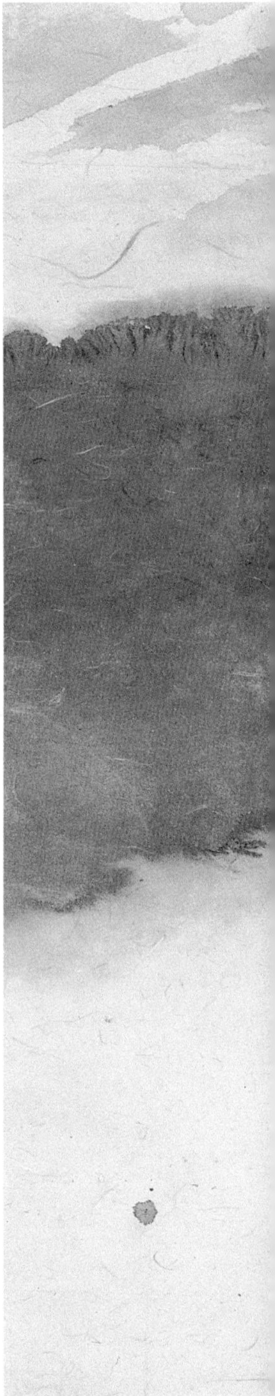

우리나라 사람 치고 "선비정신"이란 말을 들어 보지 않은 사람은 없을 것입니다. 하지만 막상 설명하라면 제대로 할 수 있는 사람은 그다지 많지 않습니다. 화백의 그림 중 같은 제목 시리즈로 7번까지 그린 것은 이것이 유일합니다. 그만큼 자신에게 중요한 것이겠지요. 자신의 아버지, 할아버지, 대대로 선조가 조선 초기부터 이 선비정신의 맥을 이으며 살아온 가문이기 때문입니다.

화백의 집안 '강진 김씨'는 벼슬자리와는 아예 담을 쌓고 수백 년을 선비의 정신을 살고자 했던 소위 사림파에 속하는 집안으로, 이 정신을 제대로 후손에게 전달해 주는 것을 명예와 자부심으로 삼고 살아온 가문입니다. 특히 연산군, 광해군 시절을 거치며 세상의 시류에 도저히 함께 할 수 없는 한계에 부딪치게 되자, 정읍에 거처를 잡고 은거에 가까운 삶을 살게 되었습니다.

특히 화백의 조부는 '대동천자문'을 만들고, 고조부는 한일합방을 겪으며 매천 황현 등과 같은 유학자들처럼 배운 사람으로서의 책임을 다하지 못함을 탓하며 자결로 구국의 강한 뜻을 전하고자 하였습니다. 고종의 어진을 그린 것으로 유명한 화가 채용신이 고조부 김영상의 초상화와 구국의 강한 표현이었던 모습을 〈김영상 투강도〉로 묘사한 것으로도 잘 알려져 있습니다.

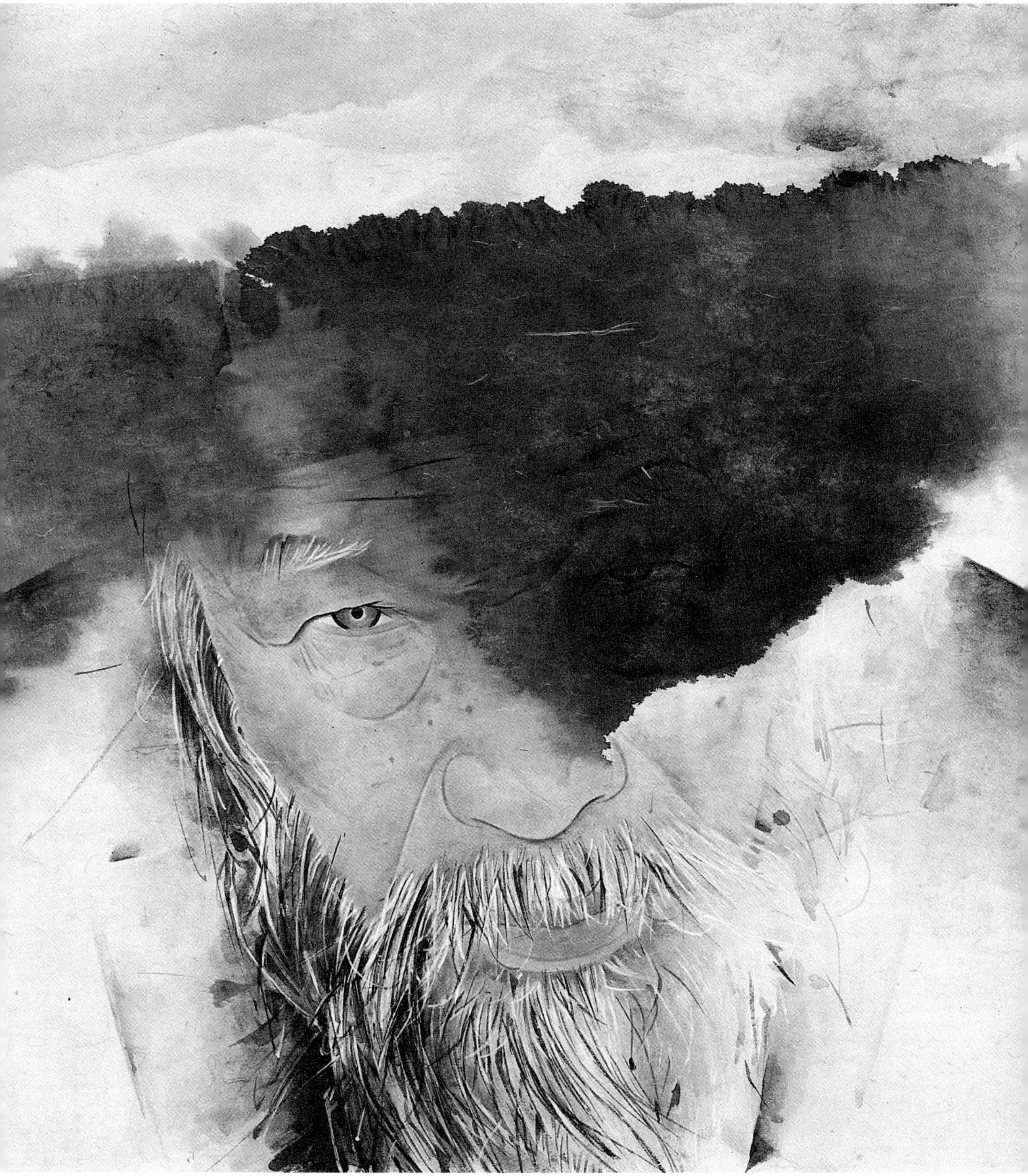

선비정신 1 (역사극 속 유물?) | 44×66.5cm | 수묵 채색 | 2002

저의 어린 시절 어른들로부터 들었던 이야기 중에 다음과 같은 것이 있습니다. 저는 뵌 적도 없는 저희 할아버지가 어느 늦여름 툇마루에 앉아 있었는데, 갑자기 폭우가 쏟아지자 뒷마당에 널어 두었던 고추가 폭우에 둥둥 떠내려가는 참사가 벌어졌습니다. 그런데 할아버지는 "헛 그참, 헛 그참"만 연발하면서도, 마당으로 내려가 고추를 거둬들이지 않았다는 전설 속 이야기입니다. 이 쓸데없는 자존심은 후대에도 이어져 후손들의 정신이 급변하는 현대 속에서 제대로 적응하지 못하고, 그렇다고 어떤 희생을 치르더라도 지켜내야 할 정신으로 남지도 못한 채 엉거주춤 흐려져 버리고 말았던 것은 어쩌면 너무도 당연한 결과였다고 생각합니다. 저는 이 이야기가 사실 참 창피스러웠고 이렇게 공개적으로 고백하는 것은 처음인 것 같습니다.

그런데 화백이 명백하게 전하는 선비정신은 이와는 한참 다릅니다. 다른 정도가 아니라 다른 세상인 듯합니다. 우리 대부분은 선비정신과 양반 정신의 차이를 잘 구별하지 못합니다.

화백의 설명에 따르면 선비는 정치에 참여하거나 행정업무를 맡지 않고 평생 공부에 열중하는 사람입니다. 이 공부에는 끊임없는 자기도야, 인격연마가 반드시 포함됩니다. 단순히 이론에만 그치는 공부는 선비의 공부가 아니며, '선비의 공부'라고 할 때는 반드시 이 두 가지가 동반됩니다. 벼슬에 올랐던 이들 가운데에도 정치의 허무함을 느끼고 시골에 칩거하며 선비 생활을 한 이도 있습니다. 그런데 또 놀라운 것은 국가가 위기에 처했을 때 양반이라는 계급들은 자기 이익 챙기느라 편 가르기에 더 바빠지는 반면, 평소 정치와 행정에 무심했던 선비들은 자신의 목숨을 내놓고 국가를 위해 나섭니다.

그뿐 아니라 임금이나 조정의 대신들이 잘못된 정치와 판단을 하여 국가와 백성이 위험하게 될 때는 도끼를 앞에 놓고 목숨을 건 직언을 합니다. 진실과 목숨을 맞바꾸는 것이지요. 선비들이 평소 갈고 닦은 정신, 스스로를 반성하고 되돌아보며 자신의 인격을 끊임없이 키워나가던 그 정신이 세상 안에서 위태롭게 될 때 이들은 자신의 목숨마저도 아까워하지 않을 기개를 품고 살았습니다.

이 선비들의 평소의 삶의 모습은 참 아름답습니다. 이들은 단지 앉아서 공부만 하지 않습니다. 제 먹거리는 제 손으로 벌어먹습니다. 낮에는 노동하고 밤에는 책을 읽는 "주경야독"이라는 말이 이들에게는 일상이었던 것이지요. 자신이 배웠으니 배운 것을 어린 학생들에게 무상으로 나누는데 이에 대해 마을에서는 땅을 기증합니다. 이 땅은 향약 혹은 두레를 형성하는 밑바탕이 되어 함께 일하고 함께 공부하며 함께 나누는 마을 공동체를 형성하기까지 합니다. 이 마을 공동체 안에서 선비는 직접 농사짓고 양반 남성들은 고추 떨어진다며 절대 기피했던 부엌일도 큰 행사에서는 도왔다고 합니다. 자녀들을 훈육함에 있어서도 이론에만 그치는 법이 없으니, 함께 들길을 걸으며 벼이삭의 낟알을 세어 보게 하여 작년보다 수확이 더 나은지 어떤지를 확인하게 하며, 걷는 길에 만나는 모든 것을 함께 살피고 모르는 것은 알려줍니다. 산교육인 것이지요. 이론을 열심히 공부해서 과거 급제하는 방식과는 전혀 다름을 누구나 느낄 수 있을 것입니다.

이 놀라운 정신이 어찌 조선에서 살아나지 못하고 양반만이 득세하여 조선 말에는 세도가들이 온 나라를 말아먹는 내리막길로 달렸는지 참 안타깝고 가슴쓰린 역사라 하지 않을 수 없습니다. 일본이 호시탐탐 노리는 그 슬프고 쓰린 역사 속에서 대부분의 양반들은 세태의 흐름 어느 쪽에 편승할지 주판을 두드리는 동안, 선비정신을 지닌 이들은 힘없는 백성, 나라로부터 받은 것 없어도 내 나라 지켜야겠다는 그 대의명분 하나만 지닌 이들과 함께 이 나라를 위해 이름도 없이 사라져갔습니다. 그들의 목숨을 바친 희생에도 불구하고 한일합방은 이루어지고 말았습니다.

하지만 참으로 고귀한 것, 진실은 역사 속에서 사라지지 않음을 목격합니다. 물론 지금도 그들의 이름이 결코 세상의 주류라는 흐름 속에 있지는 않습니다. 그 이유는 아마도 그 정신 자체가 지향하는 것이 주류라든가 비주류라든가 하는 것이 문제가 아니라 참된 것, 고귀한 것을 지향함이 그 본바탕이기 때문일 것이라 짐작해 봅니다.

이 선비의 정신이 오늘에는 어떻게 이어지고 있을까요? 아니 이어지기나 하는 것일까요?

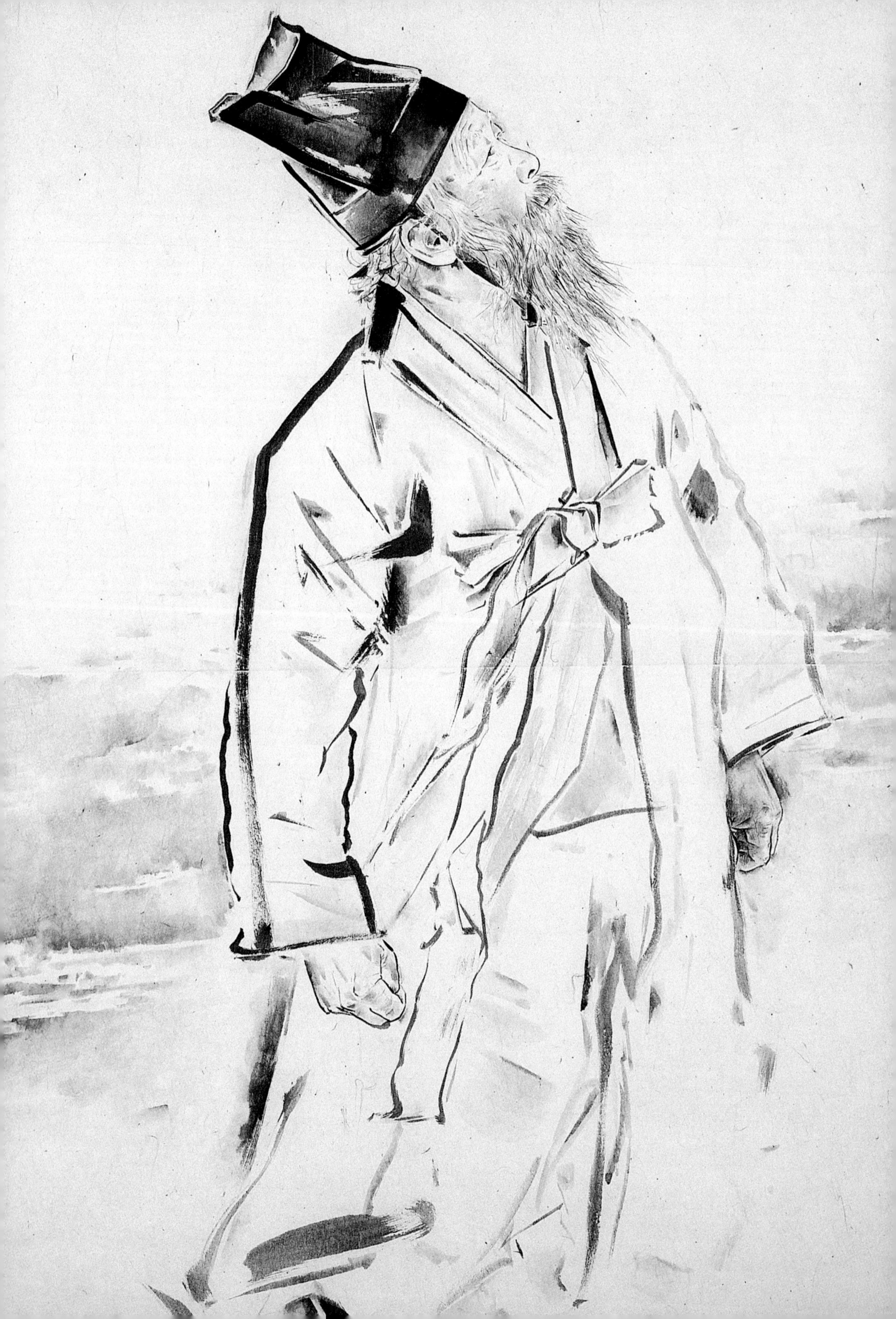

선비정신 2
(이 시대에 선비정신이 차지할 자리가 있는가?)

이 선비의 정신이 오늘에는 어떻게 이어지고 있을까요? 아니 이어지기나 하는 것일까요?

화백은 민주화운동에 자신의 일생을 건 이들에게서 이 옛 정신의 계승을 봅니다. 화백은 그 이유를 다음과 같이 설명합니다. 선비정신은 고정된 것, 언제나 그렇게 정의내릴 수 있는 화석화된 것이 아니라, 시대의 요청에 따라 그 모습이 언제든 바뀔 수 있고 바뀌어야 하는 것이라 합니다.

태평성대에는 자신을 연마하고 학문에 전념하며, 후세들을 가르치고 향약을 통해 마을 공동체를 일구었다면, 일제치하에서는 독립운동의 모습으로, 군사독재 아래서는 민주화운동으로, 남북한 문제가 첨예한 지금에는 통일을 향하는 모습으로 혹은 지구적, 우주적 문제인 환경이나 시대의 어둠을 드러내는 세월호, 쌍용차 사건 같은 일에 자신을 헌신하는 이들 안에 그 정신이 드러난다는 것입니다.

화백이 민주화운동, 일제 때 항거사 등을 다루는 군중화나 세월호 그림을 많이 그린 것은 그 정신을 그림으로 표현해야 한다는 화가로서의 신념도 있겠으나 더 깊은 바탕에는 자신이 이 선비의 맥을 잇고 있다는 자각 때문이라 할 수 있습니다.

향약을 형성하여 마을 공동체를 이끌고 노비들의 자녀들을 불러 함께 학문을 가르쳤던 화백의 조부는 손자를 앞에 앉히고 잘 사는 것만이 중요한 것이 아니라

선비정신 2 (이 시대에 선비정신이 차지할 자리가 있는가?) | 129×75cm | 수묵 | 2002

어떻게 죽느냐가 더 중요하다는 것을 가르쳤습니다. 세상에 얼마나 많은 부모, 조부모가 자신의 자손에게 죽는 법을 가르치고 있을까요? 선비정신의 날카로움과 기개의 드높음을 엿볼 수 있는 장면입니다.

그러면서도 결코 과거의 영화나 선조들의 정신의 드높음에 갇혀있지 않았던 것은 참으로 놀라운 일입니다.

그런데 우리 시대는 이 선비문화, 수묵화, 우리의 온갖 예술을 어떻게 받아들이고 있는지 생각해 볼 필요가 있습니다. 국내 유명한 예술대학의 교수는 "행위예술을 해야 세계적으로 유명해지지, 고리타분한 수묵화를 누가 알아주느냐?"고 했다는 것입니다. 또한 국립현대박물관 관장은 화백이 몇 년 동안 그린 작품들을 전시할 기회를 주면 좋겠다는 제안에 시대에 뒤떨어진 예술이라는 둥 왜 이런 사회적 주제로 그림을 그리냐는 둥 이해할 수 없는 답변만 늘어놓았다 합니다.

어떤 예술이나 문화, 정신이 뛰어나도 그것을 시대에 맞는 방식으로 새롭게 해석하지 않으면 보편성을 띠기 어렵습니다. 그런 면에서 화백의 수묵화의 새로운 시도는 참으로 이채로운 것입니다. 가장 한국적인 것이 가장 보편적인 것이 될 수 있음을 화백의 작품에서 확인합니다. 이 선비정신만 보더라도 저는 그리스도교 정신이 곳곳에 구체화되어 있는 것을 발견하며 놀라움을 감출 수가 없습니다. 참된 것에 대한 헌신, 이론에만 그치지 않고 실천이 따라야 하는 자세, 노동의 고귀함, 생명에 대한 존중, 역사적 감각, 백성과 나라를 위해서는 자신의 목숨이라도 내놓을 그 각오 속에서는 순교자들이 저절로 떠오를 수밖에 없었습니다.

우리 시대는 이 고귀한 것을 알아볼 눈이 있을까요?

선비정신 3

〈선비정신 ①〉은 선비정신의 유연함을 잘 보여주고 있습니다. 화백의 조부는 손자를 앞에 앉히고 선비정신이 아무리 소중해도 자신이라는 존재를 잊어서는 안 된다며 손금과 지문은 그 누구도 흉내 낼 수 없지 않느냐고 가르쳤습니다. 즉 선비정신은 각 개인에 흡수되어 개인의 개성에 따라 다른 모습으로 체현되어야 비로소 진짜라는 것이겠지요. 진리가 산더미처럼 쌓여 있어도 자신 안에서 자신의 것이 되지 않으면 진리는 빛이 되지 못합니다. 진리가 앉을 자리는 저 높은 하늘이 아니라 바로 구체적 인간 자신이기 때문입니다. 그래서 참된 스승은 제자가 자신을 능가하기를 진심으로 바랍니다.

이와 동시에 물려받은 것, 변하지 않는 것의 소중함을 〈선비정신 ②〉에서 표현하고 있습니다. 그림에서 선비는 자신의 수염을 돌돌 말아 입에 물고 있습니다. 폭정을 일삼는 임금에게 직언을 하다 변을 당하는 것인지, 이제 막 휘광이가 칼을 휘둘러 목을 치려는 순간입니다. "내 목은 쳐도 내 수염만은 손대지 마라" 이렇게 외친 후 조용히 자신의 목을 내놓고 있는 결연한 모습입니다. 즉 조상으로부터 물려받은 것은 나의 것이 아니니, 나는 치더라도 물려받은 것은 손대지 못한다는 것입니다. 즉 자신은 죽여도, 자신 속에 품은 정신만은 세상의 손으로 죽일 수 없다는 것입니다.

정신의 참된 계승은 이렇게 피를 동반하는 경우가 많습니다. 자신이라는 그릇

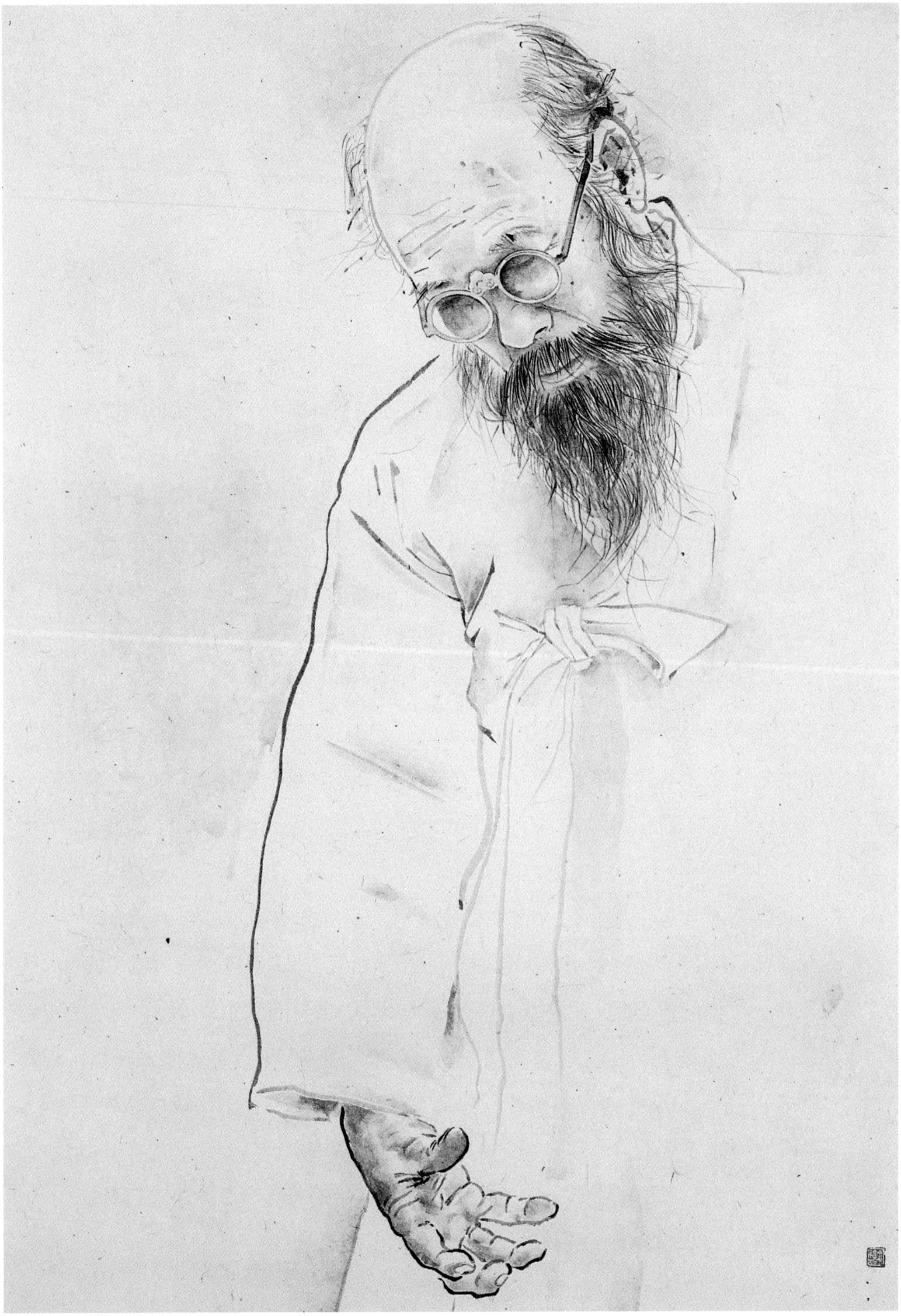

선비정신 ① | 129×75cm | 수묵 | 2008

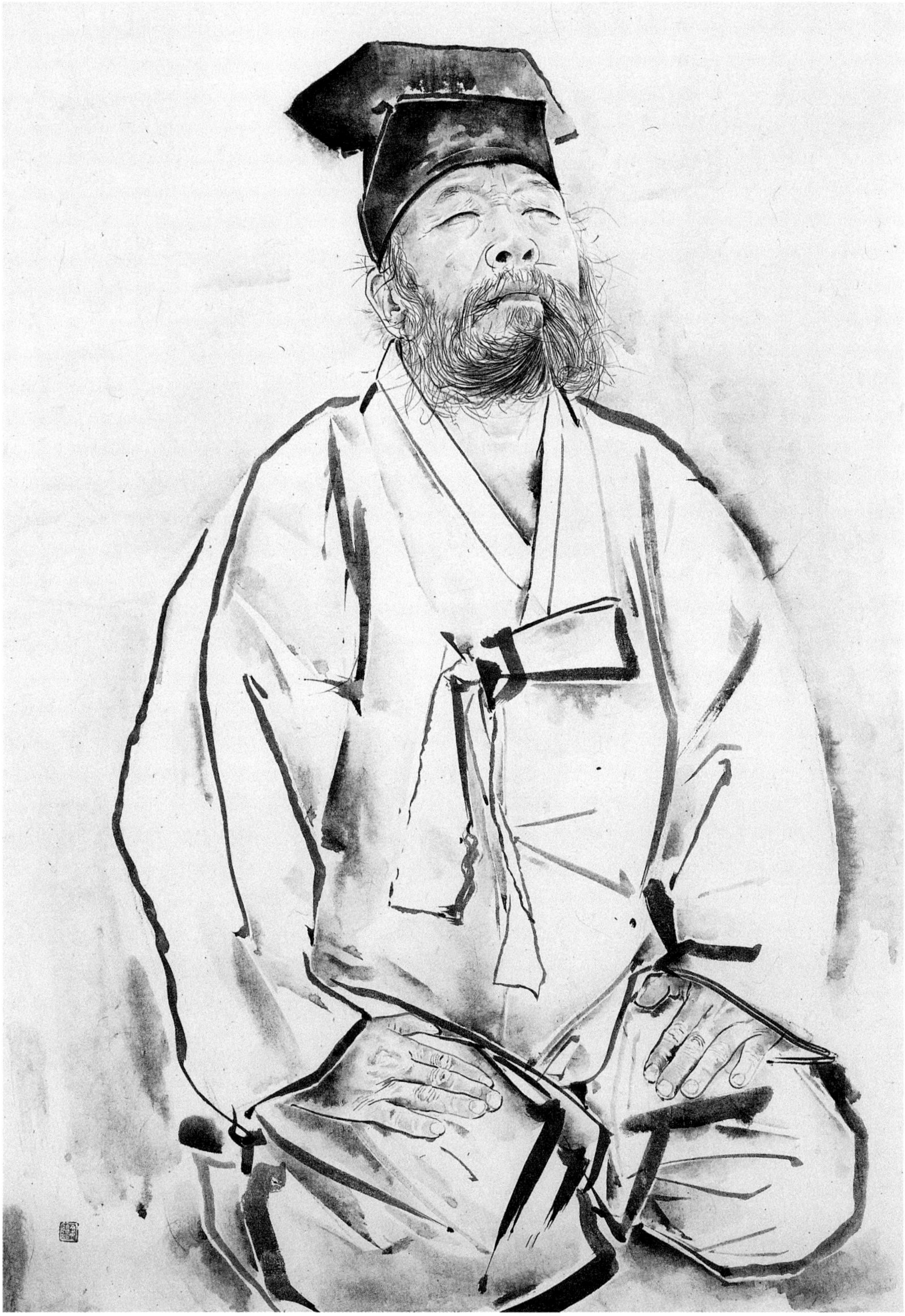

선비정신 ② | 129×75cm | 수묵 | 2008

에 따라 모양을 달리 할 수 있으려면 그렇게 담기어도 변하지 않을 무엇인가가 있어야 그 정신이 대대로 계승되는 것이지 단지 이리도 저리도 쉽사리 변하기만 한다면, 한 시대를 넘기기도 힘이 듭니다.

〈선비정신 ③〉은 앞서 설명한 그 정신의 고귀함은 어떤 것과도 바꿀 수 없음을 주먹을 쥐고 온몸으로 표현하고 있습니다. 일생을, 온 존재를 바칠 수 있는 어떤 것을 찾은 사람은 복됩니다. 적당히, 형편에 따라 해야 할 것이 있고, 삶을 바쳐야 할 것이 있습니다. 삶을 바칠 만큼 고귀하고 소중한 것을 발견하면 그 사람 자신이 변합니다. 그 고귀한 것에 자신이 흡수되어 그 고귀함을 닮아갑니다. 이 고귀한 것을 대충 설렁설렁한다면 겉멋에 찌들어 허영과 건방만 하늘을 찌를 것이 분명합니다.

〈선비정신 ④〉는 만물, 만인 앞에서의 겸손과 존중의 정신을 표현하는 것입니다. 인간을 천한 사람과 귀한 사람으로 구분하지 않을뿐더러, 세상 모든 것의 질서와 각 존재의 고유함을 인정하고 그들 앞에 자신도 결코 더 나은 존재가 아님을 드러내는 자세입니다. 그래서 화백의 조부는 서당을 경영하며 노비의 자식들도 함께 불러 공부를 가르치고, 대학에 가면 학비까지 대주었습니다. 불쏘시개로 사용하는 소나무 갈비조차 한 그루에서 왕창 긁어오는 것이 아니라, 이 나무 저 나무 아래서 골고루 긁어오게 할 정도였습니다.

〈선비정신 ⑤〉는 땀 흘려 일하는 모습입니다. 선비는 양반과 달리 손수 일해서 먹고 살았습니다. 노동을 천하게 여기지 않고 스스로 몸을 움직이는 사람은 건강합니다. 노동의 힘겨움을 알기에, 노동 없이 사람의 생명도 유지되지 못함을 몸이 알기에, 시대의 가난하고 버림받은 이들의 고통도 외면하지 않습니다. 더 나아가 몸을 움직여 노동하는 사람은 변화의 주체들이라 할 수 있습니다. 이론으로 무장한 높은 신분의 사람들이 아니라, 삶의 가장 저변을 이루는 이들에게서 진정한 변화가 일어납니다. 그리고 이런 이들은 노동하는 이들입니다. 촛불 혁명이 이를

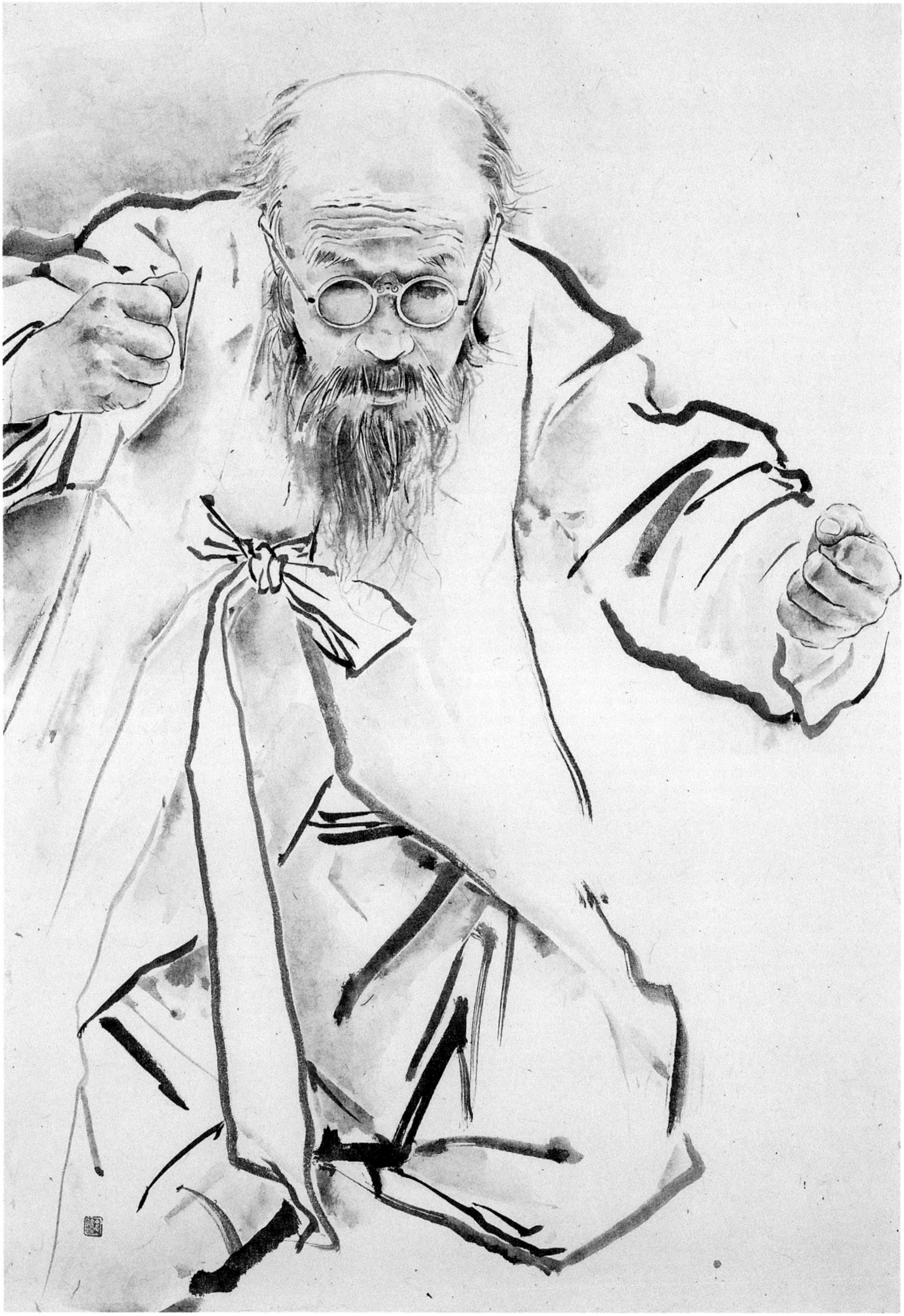

선비정신 ③ | 96×66.5cm | 수묵 | 2008

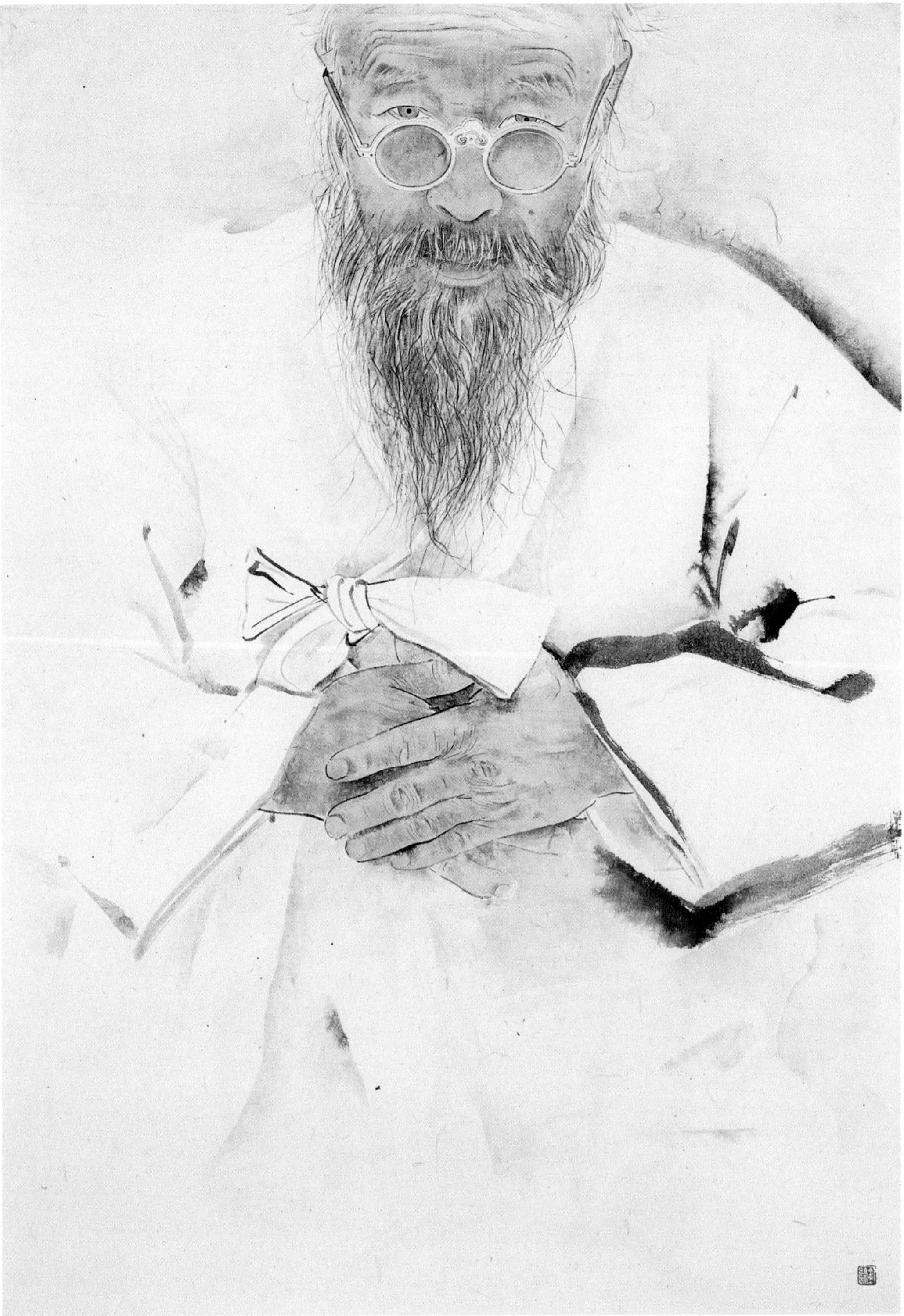

선비정신 ④ | 96×66.5cm | 수묵 | 2008

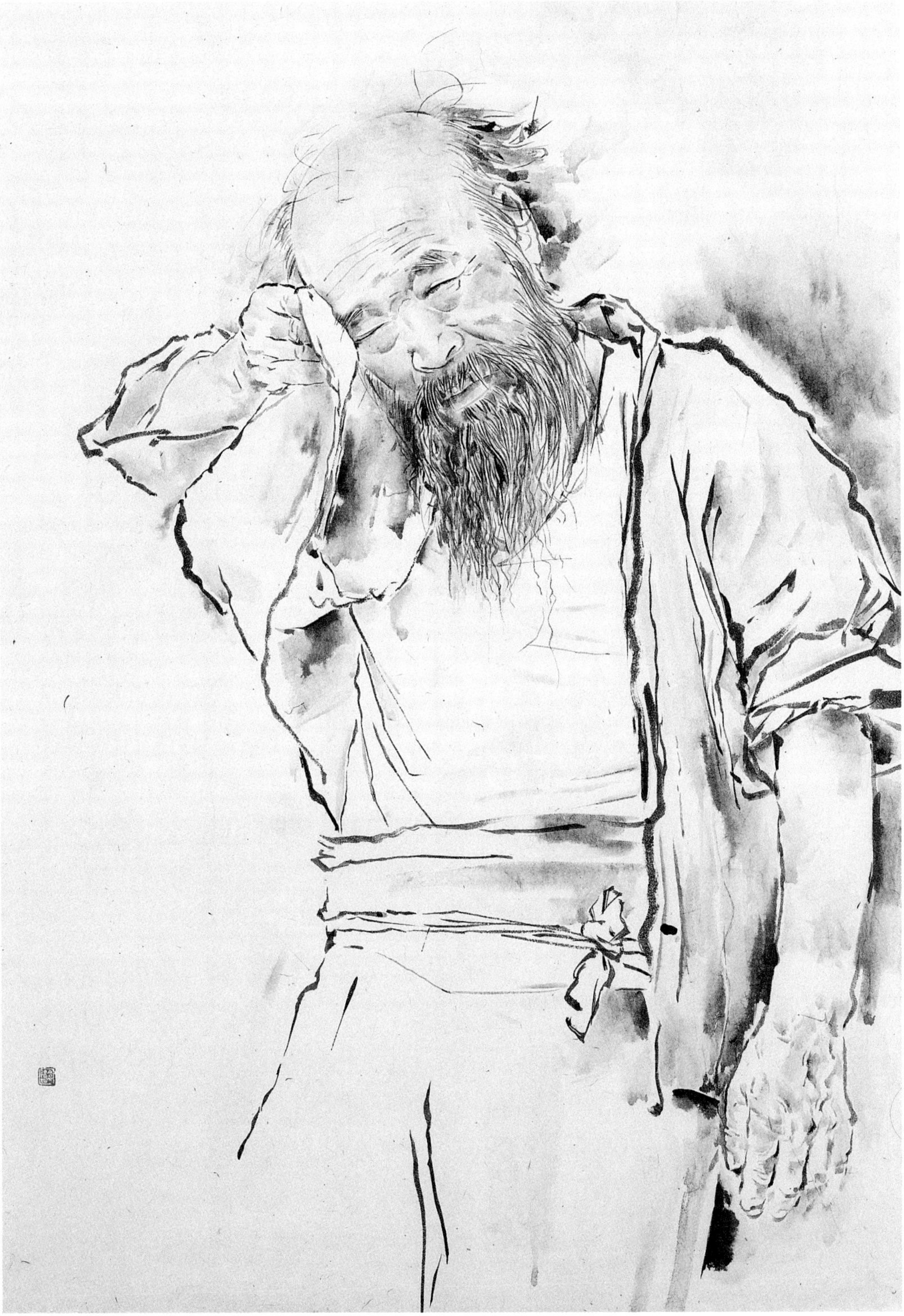

선비정신 ⑤ | 129×75cm | 수묵 | 2008

잘 설명해 줍니다.

〈선비정신 ⑥〉은 선비정신에 반하거나 해할 수 있는 것들을 물리치는 모습입니다. 어떤 고귀한 일에도 반드시 그것을 추구하기를 방해하는 요소, 힘들이 있기 마련입니다. 세상의 시류나 풍조 안에도 있으나 그 무엇보다도 자신 안에 있는 이기심, 자기중심성, 욕망이 가장 큰 삿된 것일 수 있습니다. 어떤 순간에도 나는 그 정신을 전부 체현했다고 할 수 있는 사람은 없습니다. 죽기 직전까지도 우리는 우리를 잡아당길 수 있는 무정형의 힘을 무서워할 줄 알아야 합니다. 인간의 나약함, 자신의 나약함을 아는 것이 자기를 닦는 가장 큰 목적임도 바로 이 이유 때문이겠지요.

〈선비정신 ⑦〉은 사람이 이 정신과 하나 되었을 때 어떤 모습으로 살아가는지를 보여 줍니다. 거꾸로 서 있는 모습, 삶과 세상을 반대의 자리에서 볼 수 있는 모습을 뜻합니다. 내가 알고 있는 저 반대의 자리에서 사물을 보는 것, 말은 참 쉬운데 이것이 사실은 실제 상황에서는 죽기만큼 어렵습니다. 내 뜻, 내 이상, 내 관점만큼 소중한 것이 있을까요? 일상 안에서 싸움은 다 이것들을 내려놓지 못함에서 비롯된다고 할 수 있을 것입니다. 자기 뜻 하나 버리지 못해 주위를 진흙탕으로 만들어 놓고 또 그런 자신을 쥐어뜯는 모습은 얼마나 흔한지요.

베네딕도회와 시토회 그리고 그리스도교 모든 수도회가 빚을 지고 있는 "수도승의 아버지"라 불리는 베네딕도 성인은 자신이 쓴 규칙서 안에서 "자신의 뜻을 미워하라"고 말합니다. '자신의 뜻을 내려놓아라'도 아니고 미워하라니요, 어찌 이것이 가능한가요? 이 말을 오직 자신이라는 한 사람에게만 고정시켜 놓으면 당연하게도 이런 반응이 나옵니다. 그러나 생각을 바꿔보면 쉽게 이해됩니다. 미워하는 것이 있으면 좋아하는 것도 있는 법이지요. 즉 자신의 뜻을 미워하면 타인의 뜻을 좋아하는 것이 됩니다. 이렇게 동양의 진리와 서양의 진리는 만나는 자리가 있습니다.

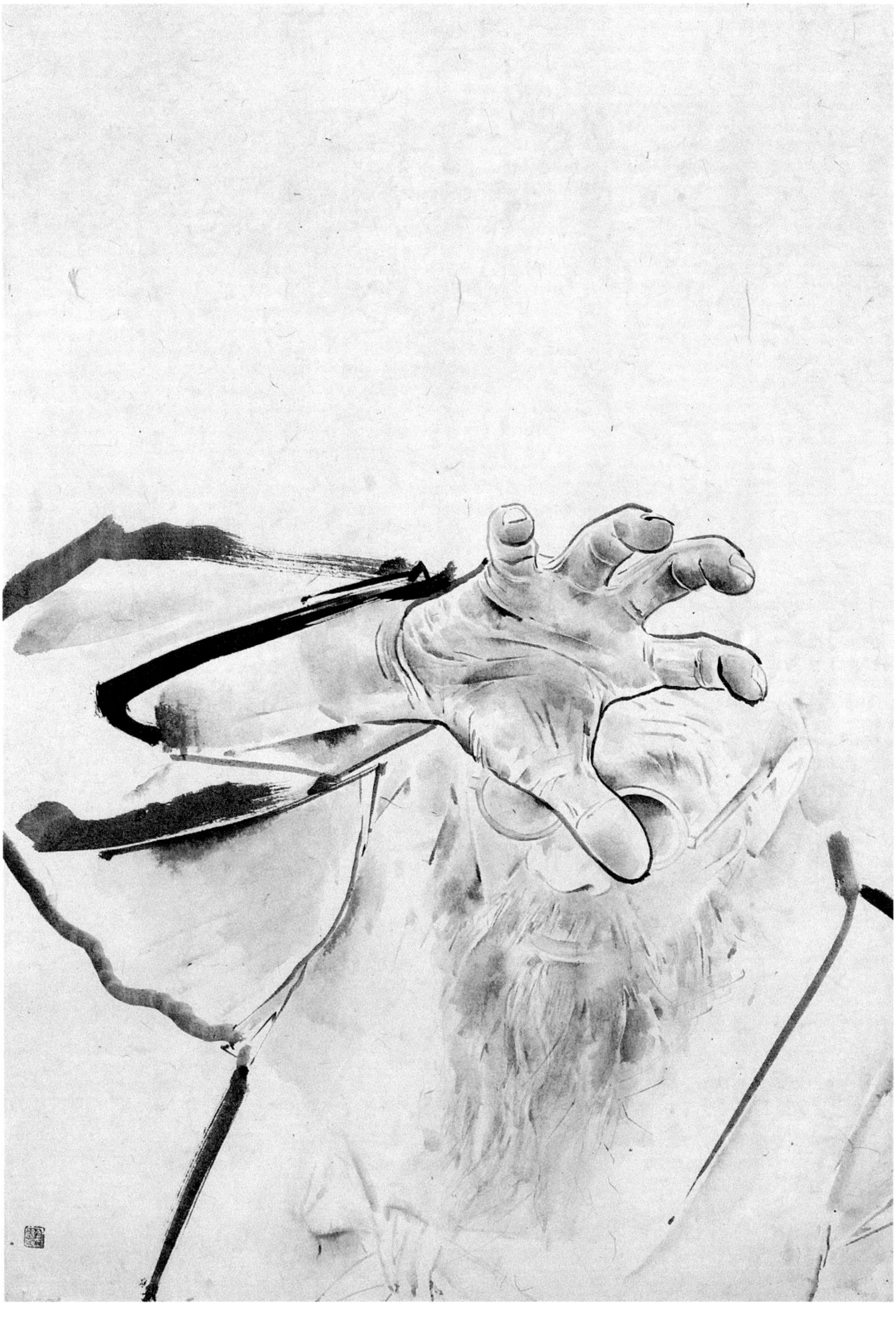

선비정신 ⑥ | 129×75cm | 수묵 | 2008

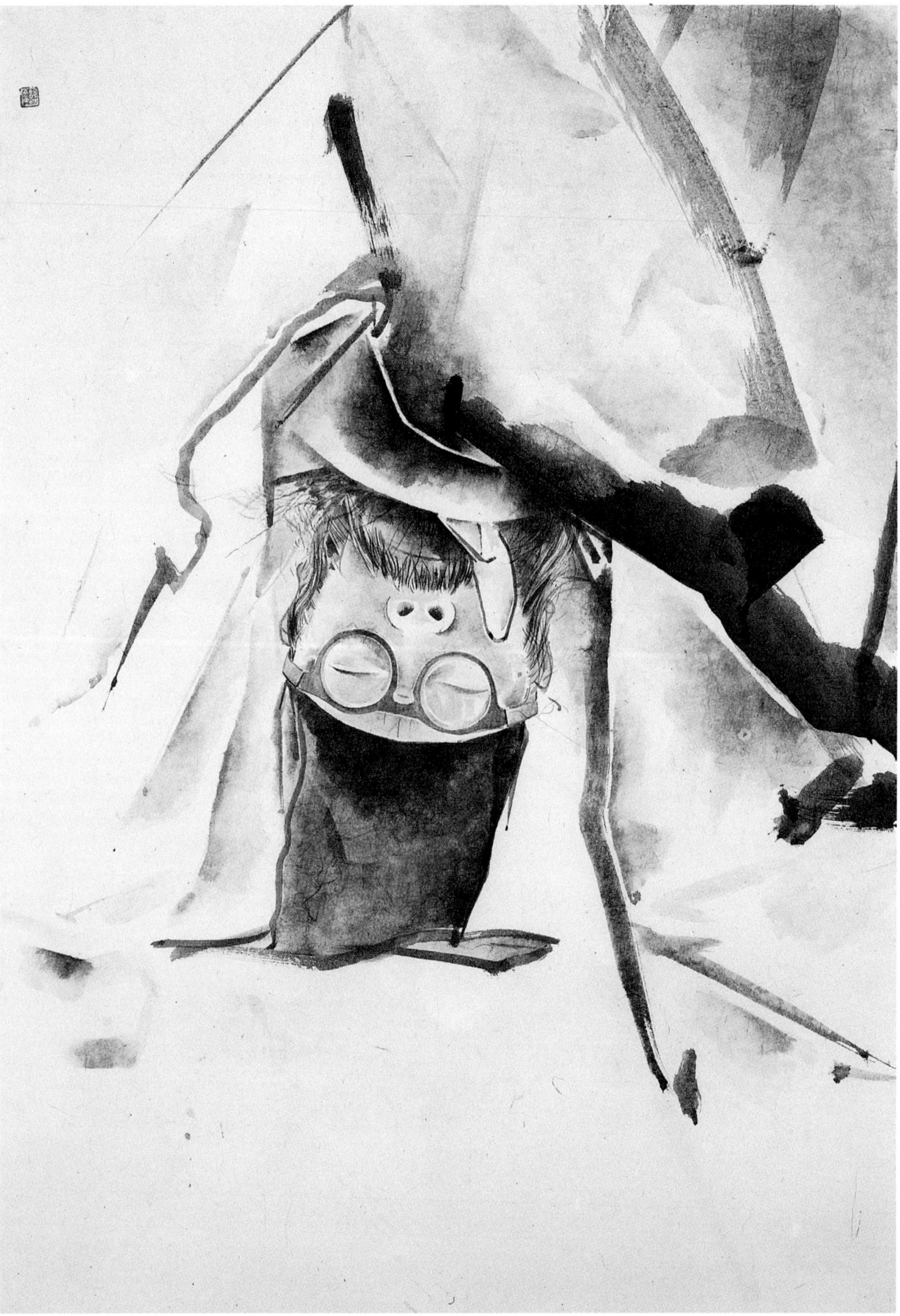

선비정신 ⑦ | 96×66.5cm | 수묵 | 2008

선비정신이라는 제목은 붙지 않았으나 이 그림들과 같은 선상에 있는 〈도끼 상소〉도 있습니다. 소나무의 곧음과 도끼의 단호함, 이 정신에 대한 이해 없이는 섬뜩해질 수도 있는 장면입니다. 그러나 〈선비정신 7〉에서처럼 이 정신이 체화된 사람은 참된 진리를 위해 자신의 생명을 내려놓을 수 있게 됩니다. 순간적 의협심이 아니라, 무엇이 참되고 삿된지를 명백히 알기에, 무엇이 사람을 위하는 것이고 해하는 것인지가 선명하기에 이를 위해 생명을 바친 헌신을 하게 되는 것이지요. 명예와 권력을 탐하지 않기에 임금 앞에서도 임금의 잘못을 말해 줄 수 있게 되는 것입니다. 명예와 권력으로는 얻을 수 없는 참된 것을 보고 있는 사람은 자유롭습니다. "진리가 너희를 자유롭게 하리라."는 예수의 말씀이 새롭게 와닿습니다.

화백은 우리 선조들의 선비 문화 안에 깃든 이 좋은 것들의 전도사로 나선 듯합니다. 좋은 것은 함께 나누고 싶은 법이니까요. 그 좋은 것을 함께 나누고 싶은 갈망이 솜사탕처럼 뭉글뭉글 제 안을 채우고 있습니다. 우리 문화 안에서 그리스도교 정신이 얼마나 질펀하게 깔려있는지를 흠뻑 누리는 그 복된 순간들을 함께 나누고 싶습니다.

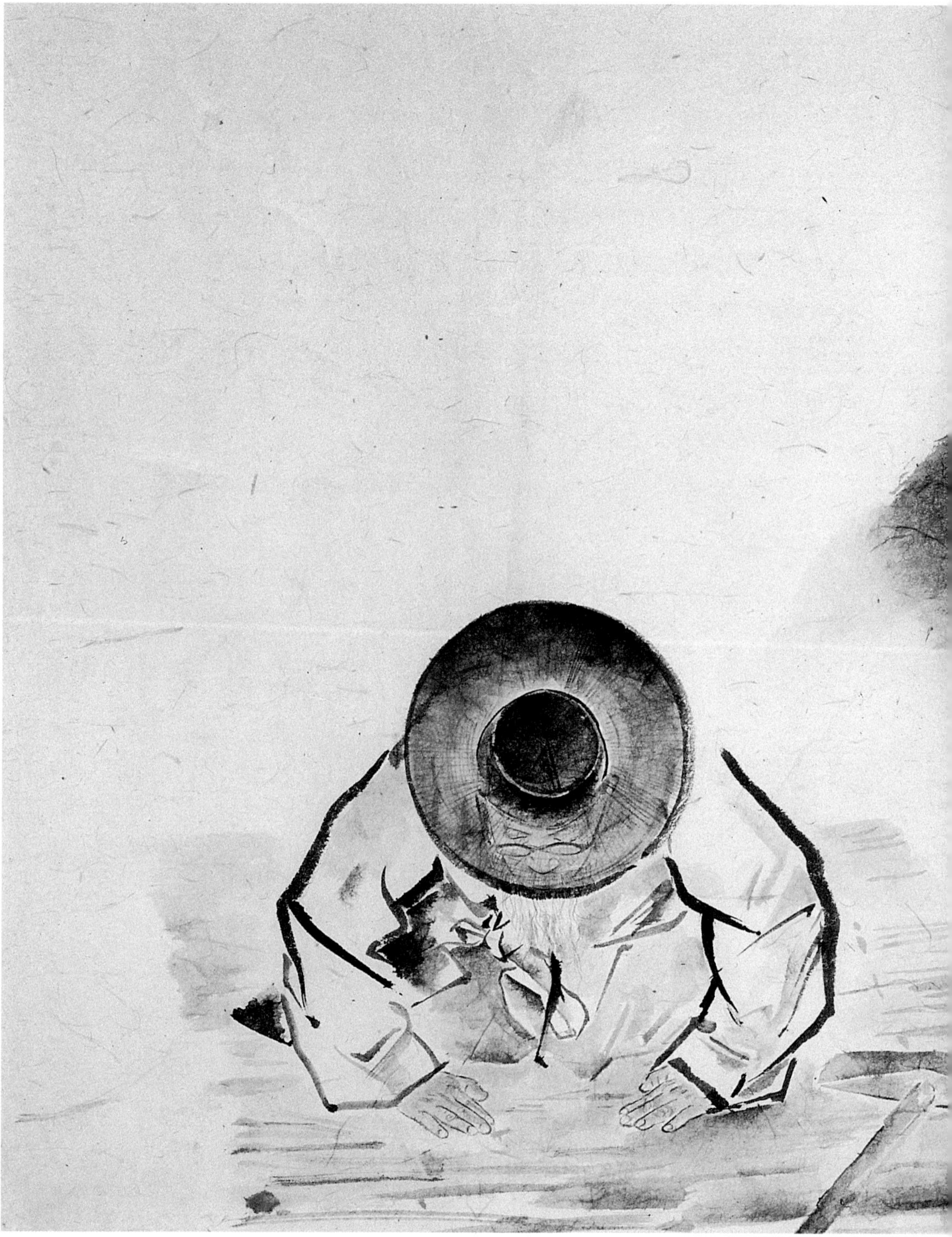

도끼상소 | 60.5×82.5cm | 수묵 | 2002

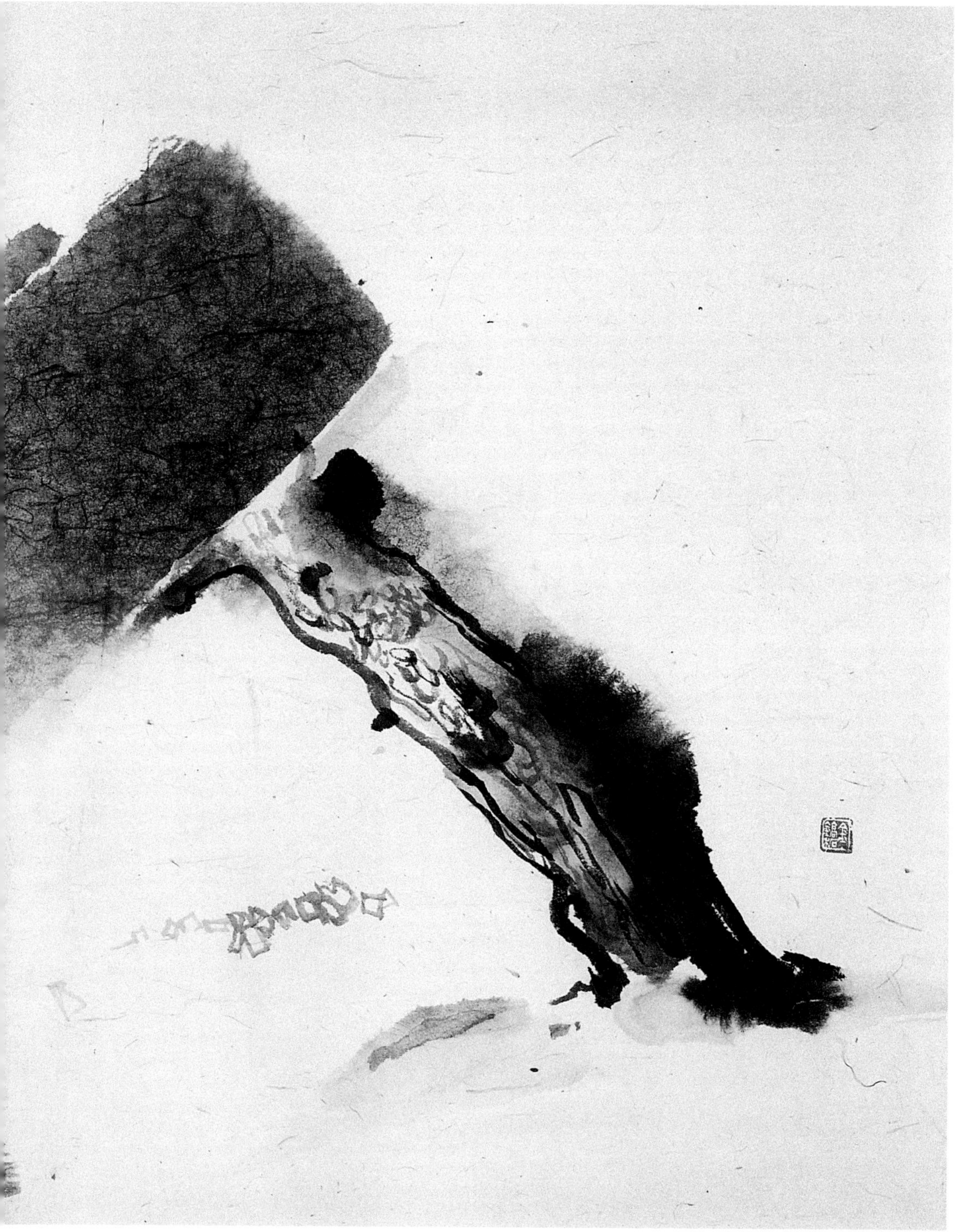

공간소외

온갖 도구들로 가득한 청계천입니다. 여기 가면 탱크도 한 대 뚝딱 만들 수 있다던데요. 실제로 저는 한 번도 이곳에 가본 적이 없습니다. 이십대 중반에 수도원으로 온 탓에 경험치의 폭이 참 좁습니다. 그 좁은 인간 그릇 넓히시느라 하느님 땀깨나 흘리셨음은 말할 필요도 없겠지요.

가보지 않은 사람이 서울을 더 잘 안다고 이 작품을 보고 있노라면 도구들이 절그렁 덜그렁 부딪치고 작업장에 필요한 것을 찾느라 두리번거리는 눈길 손길이 느껴집니다. 그 생생한 산업 현장의 연결점. 그 시커먼 연기와 그을음, 공장의 매캐함 또한 전달되어 옵니다.

저 요란스런 공구들 속에 사람이 보이지 않듯, 공장의 매캐함과 멋진 설비 속에도 사람은 묻혀 보이지 않습니다. 사람이 만든 공간이되 사람이 배제되어 있는 소외의 공간들로 이 시대는 가득 차 있습니다. 그 소외가 너무 절절히 와 닿아 소름이 돋습니다.

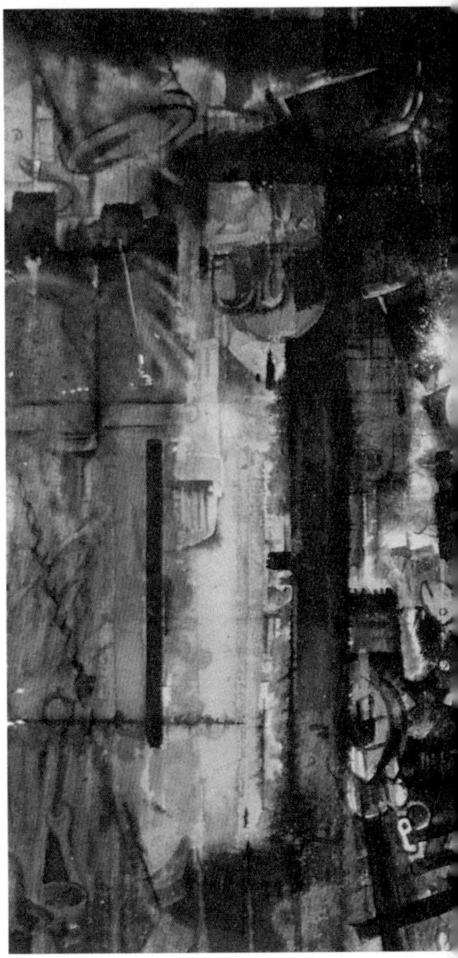

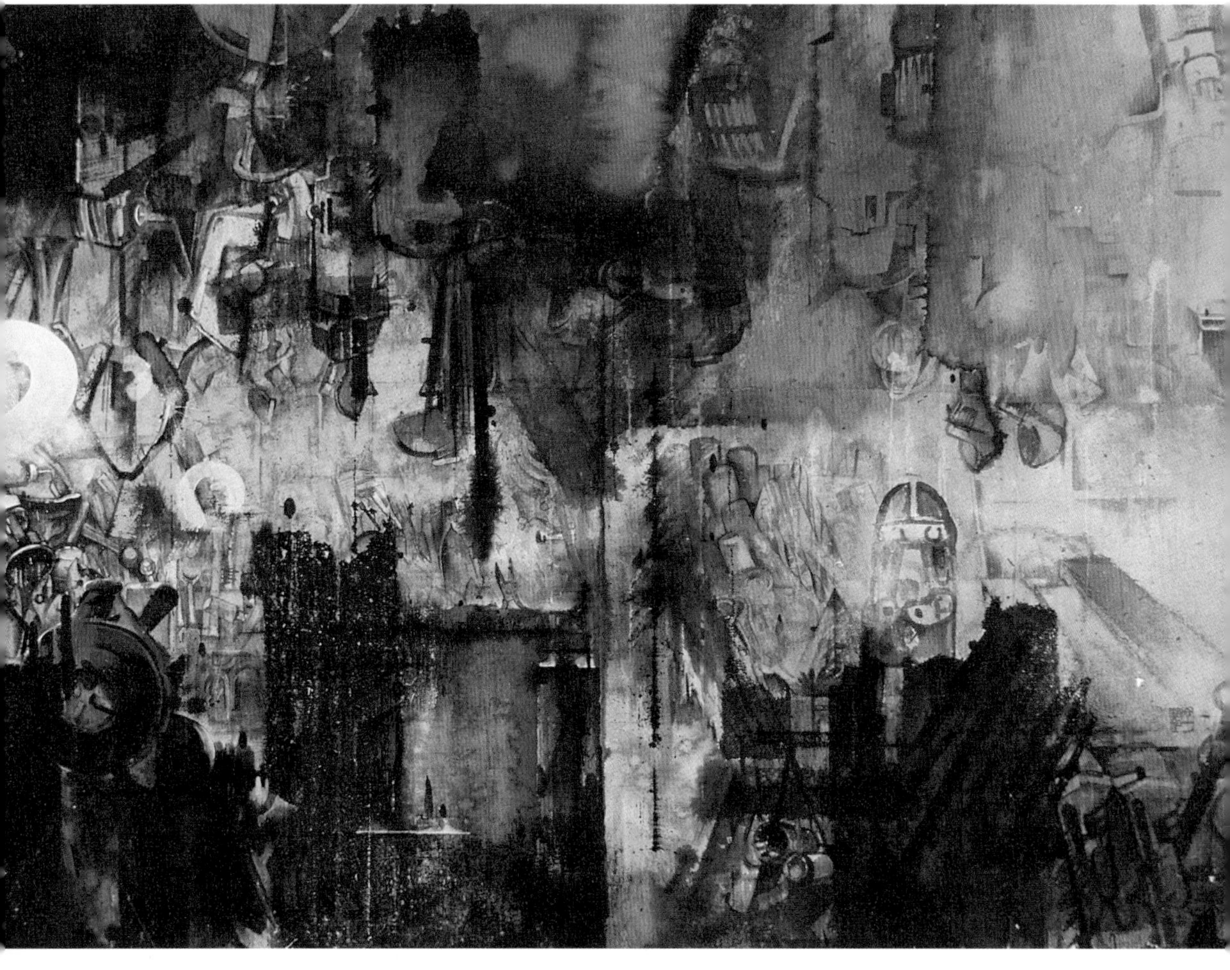

공간소외 | 122×245cm | 수묵 채색 | 1980

구원

〈공간소외〉를 그렸던 같은 해 1980년에 이 그림을 그렸습니다. 어느 쪽을 먼저 그렸는지는 알 수 없지만 앞이든 뒤든 이 두 주제는 화백으로서는 반드시 함께 다루었어야 했으리라 짐작해 봅니다.

사실 〈구원〉이라 이름 붙였으니 망정이지 이 이름이 아니라면 교회 첨탑은 알아보지도 못할 뻔했습니다. 그리고 구원이라 하면 곧 떠올리게 될 빛도 십자가에서 나오는 것이 아니라 달동네 그 작고 찌그러져가는 집들 한복판에서 터져 나옵니다.

어떤 의도였을까요? 교회의 첨탑은 어딜 가나 밤이면 빨간 네온빛으로 두드러집니다. 그런데 여기서는 있는 듯 마는 듯 존재감이 없습니다. 사실 진짜 구원은 그런 것 아닐까요? “나 구원하노라” 외침만 시끌벅적한 곳에 참 구원이 있다는 소식은 들어본 기억이 없습니다. 성경 속 예수께서 아픈 이들을 치유하신 후 “네 믿음이 너를 살렸다.”라는 말을 여러 번 하셨습니다. 구원은 이런 것이 아니

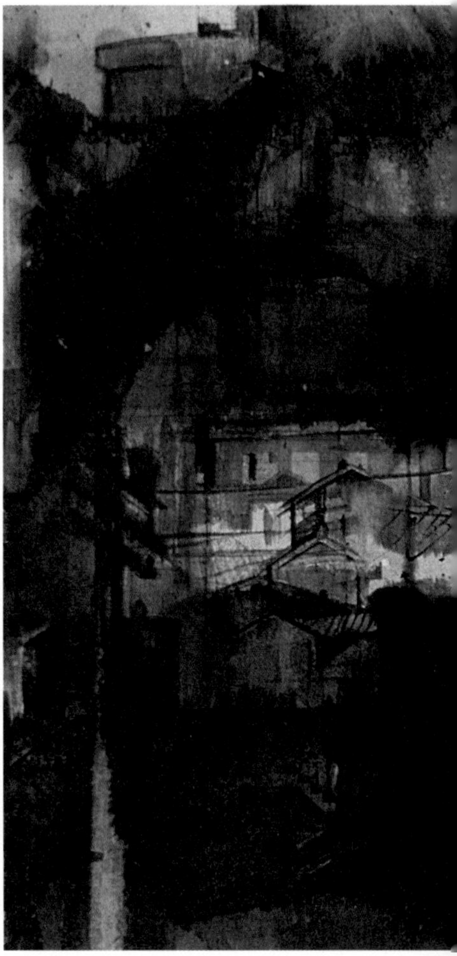

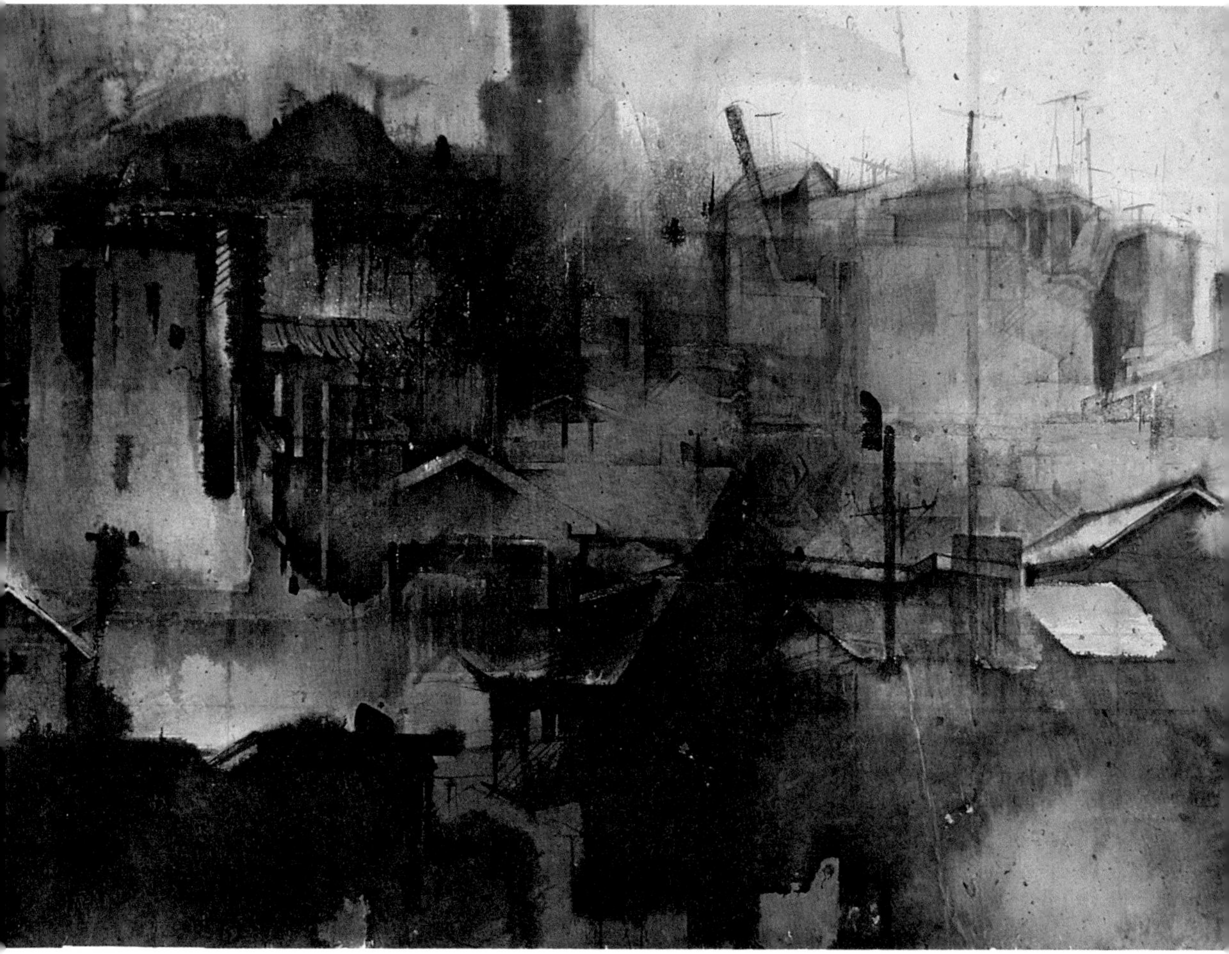

구원 | 100×230cm | 수묵 채색 | 1980

겠는지요. 몸의 아픔이든 마음의 아픔이든 그것으로부터의 진정한 해방은 자신으로부터 시작되어야 합니다. 그 살리는 힘의 원천이 자기 자신이 아닌 것은 구원이라는 말에서 분명하게 드러나지만 그 힘이 머무는 곳은 밖이 아니라 자신 안입니다.

이때 비로소 구원인 것이지요. 가난하고 소외되고 버림받은 이들이 내면에서부터 자신의 고귀함을 인식하게 되는 것, 지금의 소외가 자신들의 무능 탓이 아니라, 부를 독점하고 부당한 수단으로 불리고 약한 이들의 눈을 가린 후 착취한 결과물이라는 사실에 눈뜨고 빼앗긴 고귀함을 찾아나서는 것입니다.

자신들을 착취한 부자들과 똑같이 부자가 되는 것이 구원이 아니라, 부자든 가난한 이들 인간성을 상실한 그 상태로부터 참인간이 되는 길이 바로 구원이요, 그것을 누군가 어떤 영웅이 마술처럼 뚝딱 이뤄주는 것이 아니라 우리네 한복판 거기서 빛으로 터져 나온다는 것이 아닐까요.

현대 천민자본주의, 신자유주의의 힘이 아무리 거세도 이 미세한 빛을 결코 누를 수 없으리라는 단단한 희망 지닌 사람들은 세상 곳곳에 있음을 그는 믿고 있기 때문입니다. 〈아파트〉 그림이 단순히 강남에 대한 환상이기는커녕 보이는 세계를 넘어 또 다른 세계를 가리키는 것도 같은 이유입니다.

희망이 아무리 미약해도 희망이 쌓이면 세상도 시대도 변혁시킬 수 있는 힘이 됩니다. 그런 희망 전하는 작품들로 행복한 시대 되기를 기원합니다.

굴비

화백이 자기복제의 구렁에서 벗어나면서 몸을 던졌던 주제 중 하나가 사회문제였습니다. 화가에게도 그렇겠지만 종교인 특히 수도자에게 자기복제로부터 벗어남은 생명보다 중요한 문제입니다.

살아있다 해서 다 생명이 아니라 진짜 펄펄 살아있는 생명이 문제인 것이지요.

바로 이 이유 때문에 그는 젊은 나이에 얻은 기득권을 포기합니다. 그 자신 누구보다 이 사실을 얼음 칼로 긋듯 잘 알고 있었습니다. 기득권을 포기함으로써 자신이 처하게 될 상황도 누구보다 잘 알고 있었습니다. 이것은 일종의 죽음이요, 자기포기입니다. 새롭게 태어날 생명을 예감하지 않는 사람에게는 불가능한 다른 의미의 자살입니다. 아무리 새 생명을 예기하더라도 죽음은 죽음인 것, 그 검은 터널을 통과하기란 누구에게나 그야말로 죽음입니다.

그리고 죽음의 터널 이후 비로소 지금까지와는 다른 생명을 맛보고 향유하게 됩니다. 화백에게서 그 생명은 민초들과 민주화운동이라는 방향을 띠게 됩니다. 그가 이런 방향을 잡게 된 데는 그의 조상들로부터의 유산인 유학, 성리학, 그 논쟁들(이기일원론과 이기이원론, 호락논쟁, 예학논쟁 등)을 다시 파고들면서, 이론에 대한 탐구가 아무리 진지해도 삶의 차원에서 실천이 없고 생명의 차원에서 변화가 없다면, 그리고 세상을 위한 헌신이 빠진다면 그것은 지푸라기만도 못하다는 결론을 얻었기 때문이었습니다.

그의 이런 방향 전환은 이십대 초반에, 인기 절정인 작품 〈아파트〉와 도시풍경

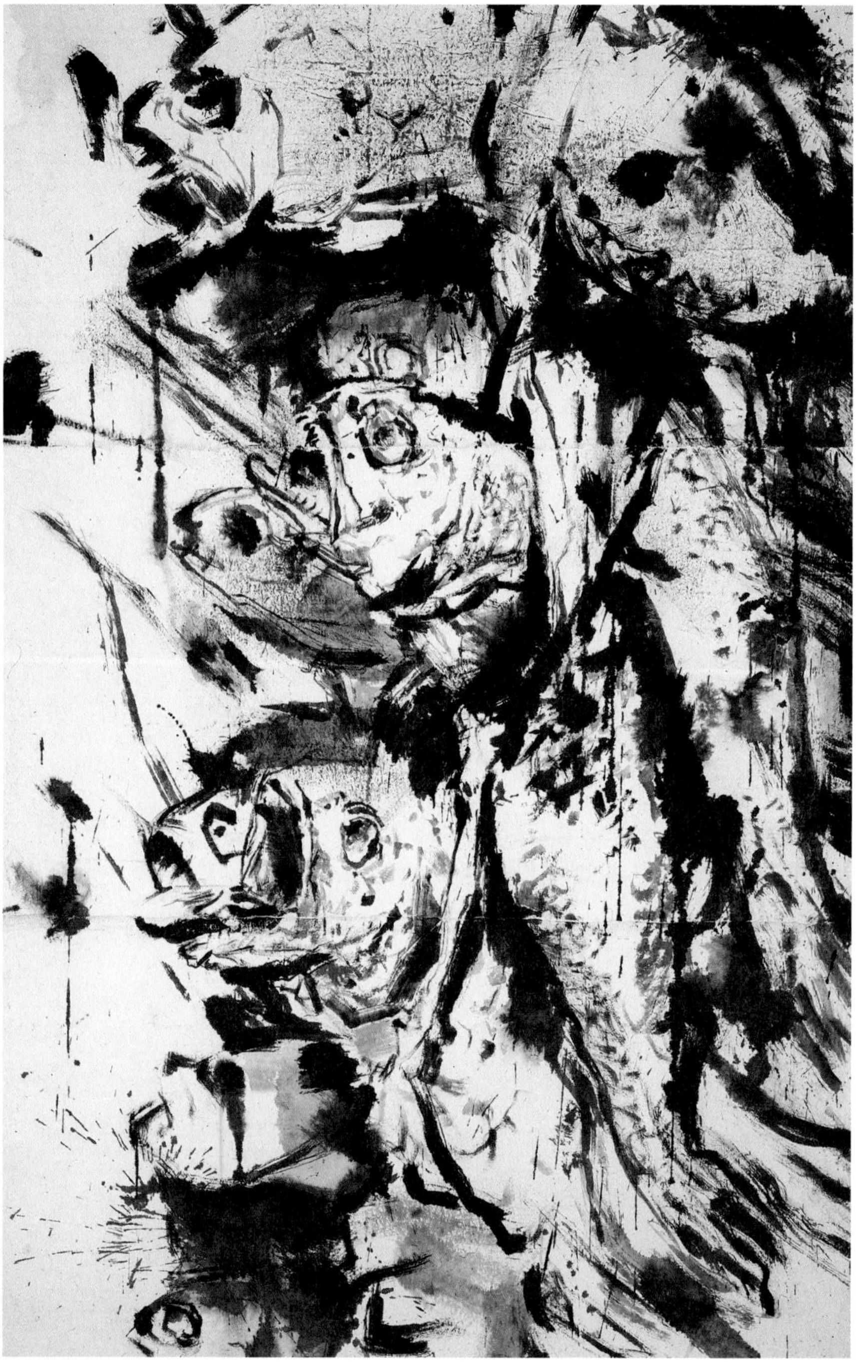

굴비 | 200×116cm | 수묵 | 1986

에 천착하지 않고 아직 서툰 인물화와 사회문제로 뛰어드는 용기를 생기게 할 수 있었습니다.

그리고 화백의 입장에서는 이 민주화운동에 대한 투신은 조상들의 선비정신을 계승하는 흐름이라는 확신이 있었기에 피해갈 수 없는 주제 중 하나라 할 수 있을 것입니다.

이 그림은 붓으로 그렸습니다만, 굴비를 소재로 한 〈악!〉이라는 다른 그림은 굴비를 엮었던 새끼줄로 그렸습니다. 뿐만 아니라 굴비 말리는 현장에 가서 실제 조기를 씻은 물로 먹물을 만들었던 탓인지 화실에 보관한 그림 한 귀퉁이를 쥐가 쏠아 그 부분에 종이를 덧댄 자국이 있습니다.

전두환 시절 말만 잘못해도 연행되고 대학캠퍼스에서는 삼삼오오 모여만 있어도 사복경찰들이 다가왔으며, 시위 현장에서는 저 굴비들처럼 엮여 잡혀가는 것이 놀랍지도 않은 풍경이었습니다. 짐승 훑듯 하는 경찰, 짐승 패듯 두드리는 백골단의 손에 잡혀가면서도 비굴하게 빌지 않고 입이 찢어지도록 벌려 항거하는 그 정신을 표현하고자 했습니다. 입만 찢어진 것이 아니라 어떤 굴비는 내장도 튀어나와 있습니다. 현실에서도 그러하였지요. 화백이 죽음을 통과하였듯 이 민주화에 투신했던 이들 역시 죽음을 통해 새롭게 거듭났을 터입니다.

굴비처럼 바싹 말려가는 처지, 저들은 손뼉을 쳤겠으나 굴비는 마를수록 맛이 나듯 잡혀간 이들의 정신은 보이는 듯 보이지 않는 듯 이 사회의 진정한 생명이요, 힘이 되었음을 믿어 의심치 않습니다.

그리스도교에서 순교자들의 믿음의 씨앗이 되었던 것과 다르지 않습니다.

아현동 달동네와 마찬가지로 우리 사회는 굴비처럼 엮여갔던 많은 젊은이, 뜻있는 분들의 빚을 아직 갚지 못하고 있습니다.

노인

―

화백은 대학 3학년 때 처음 상을 받은 〈아파트〉를 필두로 하여 〈축정〉, 〈공간소외〉, 〈구원〉 등으로 연이어 큰 상을 받게 되었습니다. 나이 50은 되어야 수묵화가들은 큰 상을 받는 그동안의 선례를 깨고 약관의 나이에 큰 상을 줄줄이 받으며 언론과 예술계에서 일약 총아가 되었습니다.

붓이 없어 시멘트 포대를 푼 실을 튕겨 아파트 경계선을 그리고, 전등은 손가락으로 찍고, 남들이 먹고 버린 포도껍질을 삶아 엷은 보랏빛을 내고, 이어서 댄 종이 탓에 아파트 칸들이 살짝 다른 색으로 나오는 예기치 않던 효과를 내었던 〈아파트〉 그림. 달동네 그 빛과 그림자, 꿈틀대는 생명과 작게 닥지닥지 붙은 집들의 고단함이 절절히 드러난 〈아현동〉. 청계천 공구상에서 풍기는 개발의 꿈틀거림과 그 이면의 소외를 묘하게 드러내는 〈공간소외〉, 달동네 그 속에 높이 선 형체 없는 교회당의 첨탑이 말하는 〈구원〉.

누가 들어도, 남의 일이긴 해도 어깨가 우쭐거려지는 상황이었습니다. 화백 역시 젊은 나이, 그 지난한 결핍의 시간 안에 이룬 성공에 내면에서는 으샤으샤 했었다고 고백합니다. 그리고 무서웠다 합니다. 20대 초반 참 무서운 자기성찰에 이른 것이지요.

그래서 화백은 모든 것을 놓고, 추상에서 구체적인 삶으로, 인간 안으로 몸을 던져보기로 했습니다. 인기 많아 서로 사려고 탐내던 아파트라는 그림을 조금 다르게 바꾸어 그려내면 돈방석에 앉을 수 있는 눈에 훤히 보이는 길을 용감하다는

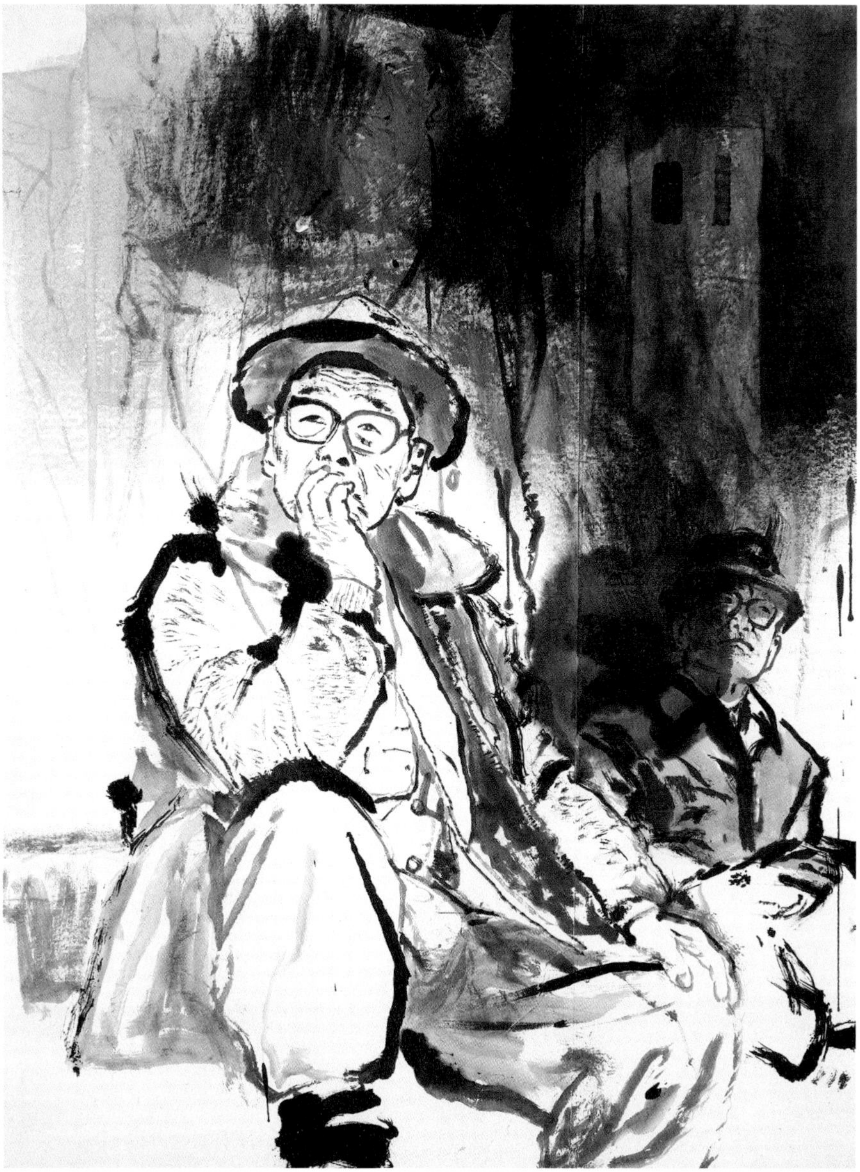

노인 | 140×104cm | 수묵 | 1986

말로는 부족하게 그대로 차버립니다.

그는 그 이후 아파트나 도시풍경에 다시는 손대지 않았습니다. 그 이유는 자기 복제는 멸망의 길이라는 존재를 통째 꿰뚫는 자각 때문이었습니다.

자신의 시대와 그 시대 안의 인물들 속으로 자신을 던지기로 하며 시작한 것이 인물화였고, 역사화였습니다. 여기 〈노인〉이 20대 젊은 화가의 회심 이후 첫 인물화입니다. 솔직히 별로 잘 그렸다고는 할 수 없습니다. 더욱이 화백의 다른 인물화와 비교하면 이건 뭐 비교 대상이 되지 않습니다. 그래도 화백은 자신의 작품 도록에 싣기를 주저하지 않습니다.

그의 유명한 인물화는 이렇게 시작되었습니다. 처음 택한 대상이 어느 골목 혹은 탑골 공원의 노인입니다. 한눈에 보아도 탑골 공원의 노인임이 드러나는 화백 특유의 관찰은 이때 벌써 빛이 납니다. 그리고 처음 택한 대상이 그렸을 때 빛나는 아름다움을 지닌 젊은이나 여인이 아니라 삶의 끝자락에서 성공으로 당당한 사람이 아닌 쇠락의 길에 선 노인, 그러면서도 삶에 찌들어 괴팍하거나 추해진 노인이 아니라 어떤 기품을 지닌 노인. 이 두 면을 함께 살린 작품이라는 사실도 화백의 앞으로의 그림의 여정을 가리켜준다 할 수 있습니다.

이 그림을 필두로 화백은 끊임없는 자기쇄신의 길을 걸어오고 있습니다.

아현동

먹먹해집니다. 가난한 이들, 변두리에 있는 이들에 대한 찬사입니다.

한 덩어리인 듯, 밀려오고 밀려가는 파도인 듯 작은 집들이 술렁술렁 움직이는 것 같습니다. 형체도 이름도 성도 없이 달동네 사람들로 분류되어 역사 속에 잔해처럼 철거될 수 있던 지역, 사람들이 하나의 작품으로 우리 앞에 놓여 있습니다. 그런 실제 역사의 비극을 비웃듯 이 작은 집들을 환한 빛이 비추고 있습니다. 왼쪽 옆 검은 어둠이 이 집들을 향해 덮쳐오는 것이 아니라 이 작은 집들의 기운에 밀려 쫓겨나고 있는 것 같지 않은지요.

밤의 어둠이 내려앉았던 하늘은 이제 여명이 터져 나오는데 마치 모세의 홍해처럼 달동네와 밤의 어둠을 가르며 빛이 터져 나오기 시작합니다. 창조의 빛이 아닐까요.

사각 속에 갇혀 정형화된 아파트와 달리 이 작은 집들은 작으면서 각각 다르고 하나하나가 꿈틀꿈틀 생명체처럼 움직이고 있는 느낌이 듭니다.

사실 우리나라의 발전은 이런 이들의 희생을 바탕으로 이루어졌습니다. 이 고단한 삶마저 지켜내지 못하고 철거당한 이들의 정신도 함께 철거되었을까요?

우리 시대는 그 빚을 아직도 갚지 못하고 있습니다. 화가의 손으로 이렇게나마 그들의 삶에 찬사를 드릴 수 있음에 미안함은 더 커집니다.

아현동 | 112×145cm | 수묵 채색 | 1986

자화상

자신을 그린다는 것은 어떤 것일까요? 화백의 첫 자화상입니다. 무수한 자화상을 남긴 것으로 유명한 렘브란트는 자신에게 아주 다른 신분을 그림마다 부여했습니다. 가장 마지막에 남긴 자화상은 거지의 모습입니다. 그 거지의 웃음이 참 신비합니다. 정반대의 해석을 남기는 웃음이지요.

이와 달리 화백은 자신의 초상화를 60세가 넘어 처음 그렸습니다. 삶의 고비를 넘어 자신의 족적이 어느 정도 선을 나타내고 가족의 분위기도 사회에서의 입지도 그려볼 수 있는 시기입니다. 그러나 화백은 이 모든 것을 배제하고 그저 김호석, 그 사람 하나 화폭에 담고자 했던 것 같습니다. 렘브란트처럼 다양하지 않더라도 어느 정도 생의 굽이에서 다른 모습의 자신도 있었겠지만, 인간 누구나 그러하듯 이 모든 것을 넘어 분명 그저 자신인 바로 그 모습이 있습니다. 그 모습 하나 찾는 여정이 우리 인생인지 모르겠습니다.

화백의 초상화에서 분명히 느껴지는 것은 바로 이 마음입니다. 더도 덜도 아닌 김호석이라는 이름으로도 다 표현할 수 없는 바로 그 자신 그것을 향한 그리움이 눈빛에 담겨 넘어옵니다.

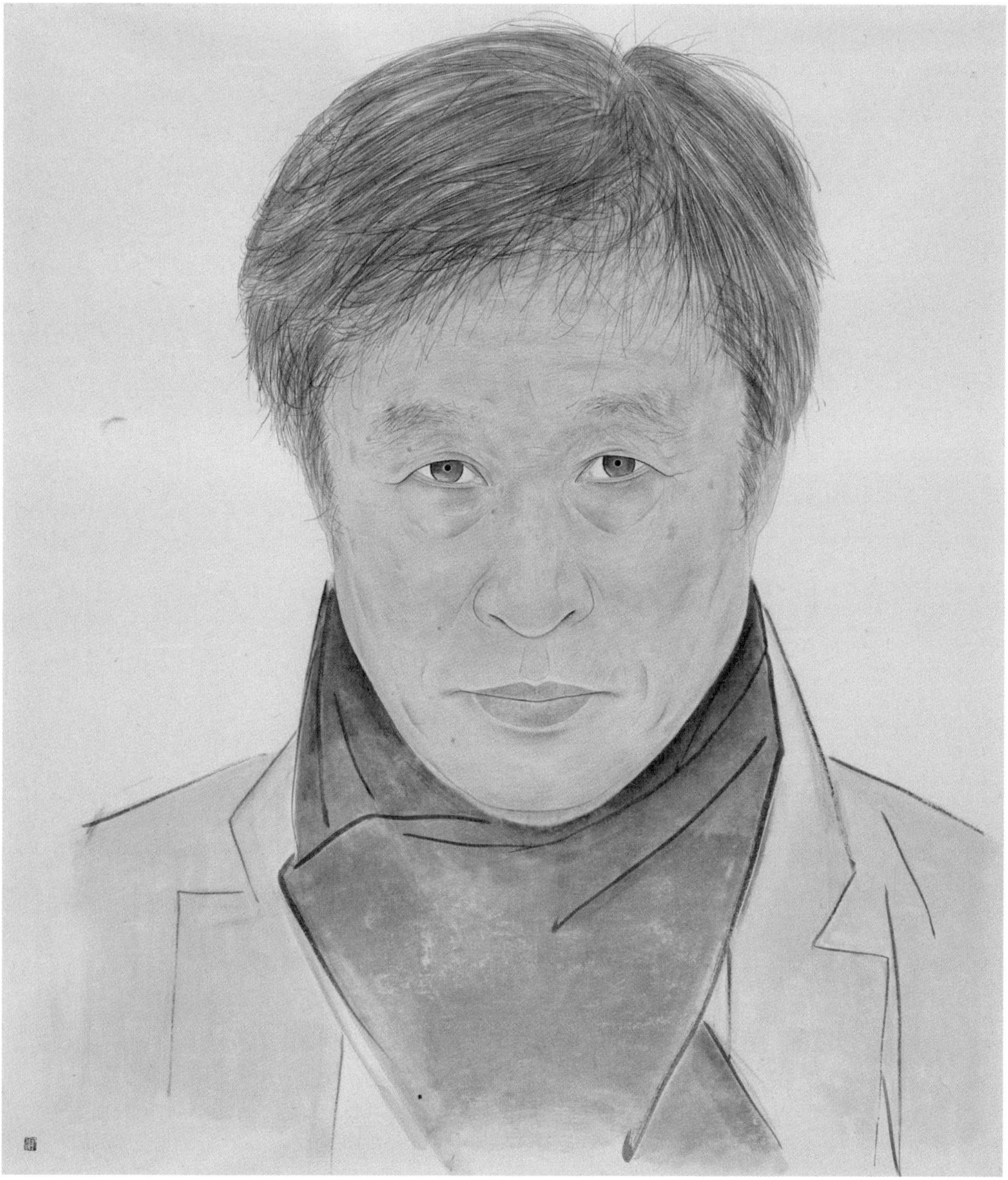

자화상 | 127×113cm | 수묵 채색 | 2018

,

장요세파 수녀,

수묵화가 김호석 화백의

삶을 엿보다

화가의 삶

모든 화가의 삶이 어떠한지 다 알 정도로 미술가들을 섭렵하지는 않았지만 내가 좋아하는 고흐, 렘브란트, 루오의 삶은 분명 일반인들과는 달라도 한참 다릅니다. 특히 이 세 화가의 공통점은 세상적인 것과의 거리둠이라는 면입니다. 렘브란트만이 젊은 시절 잠시 부르조아적인 분위기에서 흥청망청했지만 노년은 그렇지 않았지요. 또한 욕망이 누구보다 큰 사람들이었지만 그 욕망을 그림, 오직 이 한 가지에만 온통 쏟아 부었다는 면도 공통된 점입니다.

김호석이라는 화가의 삶을 잠시 엿보는 것도 그의 작품 세계를 이해하기 위해 한 번 거쳐 갈 필요가 있을 듯합니다. 전화상으로만 연락을 주고받던 중 처음으로 직접 만나게 되었을 때 대화 도중 그는 "나는 일생 한 번도 행복하지 않은 적이 없다."는 말을 하였고, 저는 그 말이 어떤 내용을 함축하고 있는지 그 자리에서는 알아듣지 못했습니다. 그의 삶에 어떤 그늘도 없었다는 것인지, 아니면 그 모든 것을 뛰어넘어 이제 모든 것이 축복으로 변모되었다는 것인지 그 당시로는 알아들을 수가 없었습니다.

그는 어릴 적에 물질적 풍요와 정신적 여유 가득한 유교적 분위기에서 성장한 반면, 중학생 시절부터 갑자기 기운 가세로 가족은 흩어지고 가난의 바닥을 체험하는 삶을 살았습니다. 공무원시험을 쳐서 동생들을 뒷바라지 하라는 아버지의 명령 아닌 명령에 그는 정면으로 반박을 하였습니다.

"희생을 하는 것은 조금도 아깝지 않다. 그러나 내가 하고 싶은 것으로 해야 한다."

이 점에 있어서는 타협이 없다고 선언하고 무일푼으로 서울로 올라가 고학을 하였습니다.

그러니 당연히 온갖 무거운 일, 비천한 일은 골고루 맛보지 않은 것이 없을 정도입니다. 달동네 연탄 나르기, 쌀가마 지기, 무덤 이장에 해골 파내기 등 학비와 생계를 위해 안 해 본 일이 없었습니다. 그래도 먹고 사는 것조차 해결하기 어려워 첫해는 한겨울에도 여름옷을 입고 견뎠고 라면 한 개로 이삼 일을 견디었습니다.

이보다 더 힘겨웠던 것은 그림 그리기 재료들이 모두 비싸 도구가 없었다는 것이었습니다. 한지는 동료들이 쓰다 버린 것을 다리미로 다려 오려서 차곡차곡 쌓아두었다 풀로 붙여 사용하고 똥냄새가 난다며 버린 먹을 주워 사용하고, 버려진 담배꽁초를 막대기에 끼워 붓으로 사용하자 대학 교수님으로부터 이렇게 할 바에야 아예 그림을 때려치우라는 모욕으로 느껴질 언사까지도 들어야 했습니다.

그러나 그는 행복했습니다. 온갖 것들이 나 그려 달라 달려오고 허기져 텅 빈 뱃속보다 머리는 더 청명하였기 때문입니다. 책을 읽으면 그 속 사상과 철학들이 머리가 아닌 마음을 꽉 채워주었습니다. 엄청난 양의 책을 읽어치웠고, 그는 지금도 웬만한 두께의 책은 하룻밤 만에 전부 읽어 버립니다.

이러한 극빈의 비참은 그의 그림에 대한 열정을 꺾기는커녕 오히려 더 활활 타오르게 하는 기름이 될 뿐이었습니다.

이 시기 그가 그린 그림은 거의 피로써 써내려간 생명의 작품들이라 할 수 있습니다. 〈아파트〉 〈아현동〉 등이 이 시절 그림입니다.

〈아파트〉라는 그림은 위에서 설명한 조각 한지를 이어 붙여 그렸는데 이어 붙인 종이로 인해 아파트라는 이미지가 뛰어나게 살아났고, 덕분에 소재의 중요성을 터득하는 기회가 되었습니다. 수묵화가 국전에 당선되는 데는 연륜이 필요하고 적어도 4–50세는 되어야 그 상을 받는데, 화백이 이 〈아파트〉라는 그림으로 이 상을 받았을 때 겨우 약관 22세 때였고 지금까지 이 기록은 깨어지지 않고 있다 합니다. 이렇게 그림에 열정을 쏟아 부으면서도 그는 그림 이전에 삶, 사람의 마음 바닥, 생명, 생명의 근원이 더 중요하다는 것을 힘주어 강조합니다. 심지어 그렇게 온 생을 쏟아 부은 그림도 삶이 따르지 않는다면 모두 버려야 한다고까지 말을 합니다.

그는 그래서 그림을 함부로 팔지 않습니다. 위의 〈아파트〉 그림을 가난하던 시절, 유명한 연예인이 1991년 5백만 원에 사겠다고 했음에도 그는 팔지 않았습니다. 심지어 그림 팔아달라고 화상에게 한 번도 간 적이 없습니다. 그의 유년 시절에 대한 정보만으로 그가 고고하고 도도하거나 살림이 넉넉하여 그런 줄 알고 있는 사람들도 있을 것입니다만, 그는 자신의 예술에 이런 식의 접근은 하지 않습니다. 그는 그림에 있어서는 젊은 시절이나 지금이나 조금의 타협도 없기에 사고파는 것에 자신의 정신을 소모하는 것을 극도로 주의하는 것이 그 이유일 것입니다. 돈에 욕심이 없어서가 아니라 돈으로 살 수 없는 귀한 것을 보았기 때문입니다.

그의 삶을 가로지는 극빈과 풍요로움 두 극단은 어쩌면 그의 삶의 양극을 통합하기 위해 주어진 과제인지도 모릅니다. 그 자신 안에 이미 존재하는 양극단은 이 극단적 삶의 과정을 통해서만 비로소 함께 손잡고 나아갈 만큼 강렬한 것이 아닐까 싶습니다. 그 강렬함 그대로 각각의 극이 화폭을 비집고, 사람들 사이를 비집고 나오는 일 없이 그의 양극은 화폭 위에 온갖 양극을 버무리며 펼쳐집니다.

그는 이 귀한 것을 많은 이들과 나누고 싶어 합니다. 이것은 절대자에게 온 생을 바치는 수도자의 자세와 참으로 유사합니다. 미적지근함은 투신이 될 수 없고, 생명은 생명으로써만 얻을 수 있는 구도의 삶에서 예술과 종교는 같은 자리에 있고 예술의 첫 자리는 종교이기 때문일 것입니다. 그래서 그는 옷, 음식, 차, 명예 등에 의식적으로 거리를 두는데, 그것은 수도자들이 자신의 삶을 단순하게 하는 것과 같은 맥락이라 할 수 있을 것입니다.

그의 작품의 맑음이 이 시대를 비추는 빛이 되기를 기원합니다.

종이-기본을 이야기하다

화가라면 종이라는 재질에 대해 한 번도 고민해 보지 않은 사람은 없을 것입니다. 그러나 종이라는 재질을 기본이라고 이야기하며 거의 반평생에 걸쳐 제대로 된 종이를 직접 찾아낸 사람은 저의 짧은 견식으로는 김호석 화백 외에는 들어보지 못했습니다.

실제로 그는 헤아릴 수 없이 많은 곳을 헤매며 토종 닥나무를 찾아내고 그것을 직접 길러보고 묘목을 나누어 주며 재배하게 하고 화실 한구석에 종이 만드는 기계를 설치하여 직접 한지를 빚어 내었습니다. 그는 사라졌던 우리 종이 한지를 현대에 와서 재현해 낸 첫 사람으로, 한지 특허권을 가지고 있습니다. 그리고 그것을 제대로 만들어 낼 만한 사람이 있으면 보상 없이 그 기술을 전수해 줍니다.

이렇게 재현해 낸 한지는 아주 얇으면서도 강해 물속에서 빨래 빨듯이 치대도 무너지거나 녹아내리지 않고 주름만 질 뿐 원형을 그대로 유지할 정도로 강합니다. 이 종이가 있어 한국의 유명한 초상화 전통인 배채법을 또한 재현해 낼 수 있었습니다. 배채법은 종이 뒤에서 수백 번을 그려 앞면을 표현해 내기에 이 방식으로 그림을 그릴 때는 종이를 공중에 매달아 놓고 그립니다. 그러니 이런 한지가 아니면 수백 번은커녕 열 번도 채 바르기 전에 종이는 바닥에 뭉그러져 걸레처럼 떨어질 것이 분명합니다.

이 한지를 만들 때 태양을 먹고 자란 닥나무 고동색 줄기를 벗겨내 물에 삶습니다. 그리고 고춧대, 가짓대 등의 작물의 줄기를 불에 태워 곱게 채에 내리고 그 위에 뜨거운 물을 부어 만든 잿물로 다시 삶습니다. 이 잿물이 고동색 닥나무를 희게 만듭니다. 그러나 이 흰색은 표백한 듯 새하얀 색이 아니라, 다른 여러 색을 조금씩 포함한 일종의 미색인 흰색입니다. 우리나라 흰색 중에 표백된 듯한 새하얀 색은 갑오징어 뼈나 조개껍질이 삭아 드러난 속 색깔 외에는 없다 합니다.

그러니까 한 마디로 오묘한 흰색인 것이지요. 이런 흰색이기에 다른 여러 색과 조화를 잘 이룹니다. 그리고 태양과 물, 양과 음이 이 종이 안에 하나로 어우러집니다. 잘 만드는 종이는 이 두 가지 극과 극이 한쪽으로 치우치지 않고 잘 배합되게 하는 기술을 통해 나옵니다. 이 종이는 일반 한지가 한 장에 천 원인 것에 비해 수십 배, 백 배 이상 비쌉니다. 종이 만드는 공장에서 이 한지는 아무도 사가지 않으니 화백이 다 가져가야 한다고 말하는 것도 무리는 아닙니다.

이렇게 종이에 온 정성을 쏟는 이유는 단지 종이라는 재질의 최적화라거나 무엇이든 한 번 손대면 끝을 보아야 하는 화백의 성벽 때문만은 아닙니다. 제일 처음 말했듯이 화백에게 있어 종이는 기본입니다. 기본이고 바탕입니다.

수도원에 젊은 사람이 수도자가 되기 위해 입회하기 전 여러 과정을 거치는데, 수도원 측에서 가장 주의를 기울여 보는 것은 그 사람의 됨됨이, 즉 그 사람의 바탕입니다. 수도원에서 수도자가 되기 위한 과정을 양성기라 하는데 이 양성을 통해서 사람이 바뀌는 정도는 10퍼센트에 불과하다고 보는 것이 일반론입니다. 나머지 90퍼센트는 그 사람의 바탕이라는 것이 됩니다. 그러나 이 또한 인간적 접근이요 본질의 문제는 이것마저 넘어서는 생명의 근원, 출발에 대한 물음입니다.

화백이 종이에 관심을 기울이는 것도 같은 문제가 아닐까 싶습니다. 그것은 종이의 재질을 넘는 기본, 본질, 근원에 대한 그의 갈증의 문제입니다.

"생명의 본질, 삶의 근원이 무엇인지 나는 정말로 모릅니다. 알고 싶습니다."

이런 말을 그로부터 듣는 것은 절박한 상황에서만은 아닙니다. 이 문제는 그에게 일상의 일과 같습니다. 아니 일상이 이 문제 안에 포함되어 있습니다.

근원이 근원인 이상 나 자신만의 근원일 수는 없으며, 모든 생물, 모든 존재의 근원에 대한 물음이 될 수밖에 없습니다. 그것 혹은 그 존재는 결코 한 존재에 의해 파악될 수도 잡힐 수도 없으니 인간의 존재, 근원, 기본에 대한 물음은 생을 꿰뚫는 갈증이요 갈망이 될 수밖에 없습니다.

이 갈망이 종이라는 바탕 위에 각양각색으로 형태를 드러냅니다. 이 근본을 좇다보니 그의 그림의 궤적은 갈수록 담백, 단순, 소박 쪽으로 향하게 되어 어떻게 잘 그릴까보다 어떻게 생략할 것인가가 더 큰 문제로 다가오는 듯합니다.

이는 물론 손 가는 대로 그릴 정도의 기술적 습득을 익힌 사람에 한하는 이야기라는 것은 말할 필요조차 없습니다. 그의 갈망이 어떻게 묘한 그림을 그릴까가 아니라 어떻게 근원에 다가서는가, 근원은 무엇인가 보니 그의 그림은 채움보다 비움이 더 중심이 됩니다. 비움의 아름다움이 사람의 마음을 움직입니다.

이 시대에 이런 화가를 만날 수 있는 복을 마음껏 누립니다.

흑백의 세계

이 세상에서 흑과 백이 사라지고 현란한 색깔들만 남았다고 한 번 상상해 보았습니다. 어떤 느낌일까 오래 그려볼 필요도 없이 그것은 마치 심한 정신적 문제를 지닌 이가 꾸민 방 같지 않을까라는 생각이 들었습니다. 흑과 백은 모든 색의 바탕이 되기 때문일 것입니다. 초월적 세계를 표현하는 데 흑과 백은 큰 역할을 하는데 그 화려한 절간의 단청 무늬도 자세히 보면 검은색이 바탕이 되고 있습니다. 만약 단청에서 검은색을 뺀다면 현재의 절간과는 사뭇 다른 모습이 될 것입니다.

극과 극이 만나면 극렬한 투쟁이 일어날 수도 있지만, 두 극이 긴장 속에서도 조화를 이루면서 두 극과는 또 다른 새로운 기운을 형성합니다. 이렇게 종이라는 백과 먹이라는 흑을 조화시키는 그림 작업은 화가 측에서나 재료인 먹의 면에서나 긴 단련의 시간을 요한다는 것은 말할 필요도 없습니다.

먹이라는 재료 자체가 이미 많은 것을 품고 있는데, 먹은 10년이 지난 소나무 뿌리를 태워 만듭니다. 10년이 지나야 하는 것은 그 시간 동안 필요 없는 것은 땅으로 흡수되고 필요한 것만 남기에 먹으로 만들기 적합해지기 때문입니다. 이 소나무 뿌리의 지방분인 관솔을 불에 태워 나오는 고운 가루 그을음을 다시 동물 껍질에 있는 아교 콜라겐 성분으로 굳히니 여기서 식물과 동물이라는 극이 만나며, 이 먹을 물로 갈 때 다시 극과 극인 불과 물이 만납니다.

이렇게 동양화는 극과 극이 몇 번 휘돌아 감고, 겹치고 또 겹치며 여러 겹의 상승하는 기류를 형성합니다. 이 재료의 특징을 화가가 습득할 때 그 재료에 걸맞은 정신의 세계가 나올 수 있다는 것은 쉽게 이해할 수 있는 일입니다.

종이의 성질을 알아가고 그을음이라는 고운 입자의 먹을 가장 단단한 암석 중 하나인 퇴적암 벼루에 갈아서 더 고운 입자인 먹물을 만들고 그 먹물을 하얀 그릇에서 붓으로 휘저어 다시 더 고운 입자가 되도록 녹입니다. 가장 정제되고 고운 먹물이라야 맑고 고요한 정신을 표현해 낼 수 있습니다. 이는 단지 멋진 그림을 위한 표현기법의 문제가 아닙니다. 거친 입자로는 맑고 투명한 정신의 세계를 표현하기가 어렵기 때문입니다.

이런 연유로 화백의 그림 재료들에 대한 열정 또한 그림 자체에 대한 열정 못지않게 뜨거울 수밖에 없어, 붓, 종이, 물감 등 거의 독보적으로 사라져버린 전통의 방법을 찾아내고 그것을 현대에 맞춰나가는 작업을 함께 해나갑니다.

이런 힘겨운 과정은 생략하고 가게에서 파는 먹즙을 사다 그리는 것과는 다른 세계가 펼쳐질 수밖에 없으리라는 것은 쉽게 짐작됩니다. 정제되고 맑은 정신은 인스턴트가 없듯, 그것을 표현하는 재료에도 인스턴트가 없는 것이지요. 평화는 평화적인 방법을 통해서만 얻어지지 폭력적인 방법으로는 얻어지지 않는 것과 같습니다.

번지는 듯 번지지 않고 머무는 그림 속 바림이나 휘돌아갈 듯 휘돌아가지 않는 절묘한 선 혹은 붓을 내리쳐도 폭력이 느껴지지 않는 선의 힘은 이 먹의 정제된 맑음과 고움이 화가의 정신 안에 녹아들어 백색의 종이 위에 한 세계를 빚어내기 때문입니다.

이렇게 만난 흑과 백은 흑은 흑으로 백은 백으로 따로 남거나 둘이 부딪쳐 혼돈을 만드는 일 없이 흑이 백으로 백이 흑으로 옮겨가고 다시 흑이 백으로 돌아가며 하강하다가도 서로의 엮임으로 위를 향해 솟아올라 상승의 힘과 기운이 형성되어 보는 이의 마음 깊은 곳까지 먹물이 스미듯 고우나 힘 있게 스며듭니다.

먹의 공간 속으로

김호석 화백의 그림 세계에서 만난 가장 경이로운 체험 혹은 발견은 먹물 속 공간입니다. 처음 화백으로부터 그 말을 들었을 때 제 마음 속에 먹물이 번지며 생겨나는 공간이 그동안 봐왔던 작품들 속에서 제게로 다가왔습니다. 이 공간은 우리가 다가가 들어가는 곳이 아니라 공간 자체가 우리에게 번지며 다가옵니다. 이 공간은 번지고 상승하는 에너지이기도 하기 때문입니다. 앞서 말한 극과 극의 요소들이 서로 부딪치며 조화를 이루며 빚어지는 상승의 에너지 가득한 공간이요, 그저 비어 아무것도 없는 공간이 아니라 충만한 텅 빔입니다.

그림 하나에 이르기까지 자연의 닥나무와 소나무, 물과 불, 빛과 어둠, 흑과 백이 화가의 정신과 만나는 것을 체험한다면 작품을 만나면서 자신이 변화하는 체험에까지 이를 수 있습니다. 이런 차원에서 동양화를 이야기한다면 아마도 김호석 화백의 작품은 단연 이 시대의 으뜸이며, 우리나라를 넘어 세계로까지 그리고 이 시대를 넘어서까지 호소력을 지니는 보편성을 지닌다 할 수 있을 것입니다.

이런 공간의 운용에 있어 이제 60이 넘어 평생 들어온 붓의 붓질이 자유로움의 경지에까지 이른 듯합니다. 기량의 자유로움과 냉철함, 정신의 투명함과 뜨거움이 서로 다투지 않고 작품의 형상과 먹 속의 공간으로 우리에게 다가오는 그 경지를 이 시대 많은 이들이 함께 공유했으면 하는 바람이 큰 이유입니다.

젖은 붓질 마른 붓질

—

새로운 세계 앞에 설 때 사람들은 대체로 둘로 나누어집니다. 새로운 세계에 마음을 활짝 열고 다가서는 사람과 새것이라면 무조건 거부 반응부터 보이는 이들입니다. 이도 저도 아니고 어느 쪽에도 발붙이지 못하는 사람도 있긴 합니다만, 자세히 보면 어느 쪽에든 기울어 있습니다. 새로운 것이라 해서 무조건 좋은 것도 아니요, 새로운 것이라 해서 무조건 지금까지 없었던 돌연변이가 나타나는 것도 아니지만, 각자의 경험 세계 안에서 처음 접하거나 어떤 현상들이 만나면서 새롭게 형성되는 기류 또는 현상이 있을 수도 있습니다.

그리고 무조건 새로운 것만 좋아하는 경향도 좋은 일만은 아니요, 새로운 것이라면 무조건 배척하는 것도 문제가 있습니다. 과거의 것을 바탕으로 하지 않고 새로운 것에만 몰두하면 뿌리가 없는 채 공중에 떠버릴 수 있습니다. 과거나 현재에만 눌러 붙어 도대체 새로운 것에는 마음을 열지 못하면 고인 물이 썩는다고 언젠가는 냄새를 풍길지 모릅니다.

분명한 것은 새로움이 들어오지 못하면 사람은 변화하지 않는다는 사실입니다. 새로움을 거부하는 가장 큰 이유는 지금까지는 없었던 것을 받아들이는 수용력의 부족으로 인해 지금까지와는 다른 대응방식을 찾지 못하거나 거부하기 때문일 것입니다.

새로움을 받아들이는 자세가 되어 있는 이들에게 새로운 세계가 열리는 것은 삶에 새로운 물줄기 하나가 더 생긴 것에 비유할 수 있습니다. 그만큼 자신의 대지가 풍요로워지는 것이지요.

이 〈젖은 붓질, 마른 붓질〉이라는 것이 제게는 하나의 새로운 세계를 열어 주고 있습니다. 동양화를 그리는 이들에게 이 기법은 알려진 것일지 모르나 이 기법을 운용하는 면에 있어 화백의 세계는 참으로 신선합니다.

젖은 붓질은 말 그대로 먹을 묻힌 붓을 그대로 종이 위에서 빠르게 움직여 사물을 표현해 내는 방식으로 무게감과 속도감이 있는 붓놀림 방식입니다. 투박한 것, 물속에 있는 것, 남성이나 힘 있는 대상을 표현할 때 주로 이 붓질을 합니다.

마른 붓질은 먹을 먹은 붓을 손으로 눌러 짠 후 붓질을 하는데, 그러다 보니 천천히 붓을 움직여가야 먹이 제대로 묻어나오며, 휙 그어 버릴 수 없으니 자연히 손놀림에 떨림이 생겨납니다. 가볍고 여성스러우며 섬세한 것을 그릴 때 사용합니다.

김홍도는 젖은 붓질의 대가요, 신윤복은 마른 붓질의 대표자입니다. 김홍도의 빠른 붓질은 서민들의 생활상을 생동감 있게 묘사하는데 아주 적격이나 김홍도가 그린 여성에게서는 여성다운 에로틱한 면을 느낄 수가 없습니다. 신윤복은 기생, 여성 등을 묘사하는 데는 그를 따를 자가 없을 정도로 할머니의 축 처진 가슴을 그려도 에로틱하게 보일 정도입니다.

화백에게서 독특한 것은 이 방법들을 철두철미 파악하여 그것에 맞는 정신성을 자신의 작품에 자유로이 적용한다는 것입니다. 원래 있던 것, 전해 내려오는 것을 습득하는 것이 중요한 것은 바로 이 때문입니다. 신윤복과 김홍도가 있었기에 화백은 두 가지 방법 사이의 차이를 극명하게 볼 수가 있었습니다.

이는 수도생활에서도 마찬가지인데, 역사 속 어떤 수도생활도 하늘에서 뚝 떨어지듯 독자적인 영성만을 지닌 수도회는 없습니다. 앞서 존재하는 수도생활을 습득하면서 거기에 모자라는 부분을 개혁하고 다른 새로운 요소를 도입하면서 새로운 수도회가 탄생합니다. 이런 탄생에서 뿜어 나오는 큰 에너지는 사람들을 끌어당길 수밖에 없고 많은 이들이 그 안에서 새로운 생명을 경험하며 거기서 넘쳐나는 사람과 생명력이 또 다른 공동체를 탄생시키는 것입니다.

화백은 이 두 가지 사이의 극명함을 불과 물이라는 상징으로 표현합니다. 물의 요소가 더 강한 방식과 그림, 불의 요소가 더 강한 방식과 그림이 있을 수 있는 것이지요. 이는 각 사람도 그러합니다. 오직 물의 요소밖에 없는 이는 불의 요소를 감당하지 못해 삶에 좌절을 쉽게 느낄 수 있습니다. 불의 요소가 강한 사람은 물의 요소가 없어 다른 이에게 불똥이 튀게 하여 해를 입힐 수 있습니다. 어쩌면 우리 삶은 물과 불을 자신 안에 통합해가는 과정인지도 모릅니다.

화백은 명확한 의식과 의지로 이 두 요소의 통합을 평생 꾀해 왔습니다. 그는 의지적으로 과거의 방식을 습득하고 과거의 방식을 뛰어넘어, 자신마저 뛰어넘어 어떤 새로운 세계가 자신 안에 들어오는 것을 기다립니다. 과거를 습득하는 부지런함과 새로움이 들어오기를 기다리는 고요 내지는 기다림은 물과 불의 통합과도 맞물려 있습니다. 세계 창조에 물과 불이 있었으니 이는 어쩌면 우리 인간이 가야 할 길인지도 모릅니다.

물과 불은 결코 함께 갈 수 없다는 분들께 이 글을 드립니다.

왜 수묵화인가?

—

수묵화라 하면 누구나 먼저 흑과 백을 떠올립니다. 채색화가 없지 않으나 그래도 사람들의 인상 속에는 흑백이라는 인상으로 남아있습니다. 흰색은 모든 것을 반사하기 때문이고 검은색은 모든 색을 흡수하기 때문이라는 것은 누구나 아는 기본 상식입니다. 그 양쪽 극에서 둘은 만납니다. 모든 것을 흡수하는 것과 모든 것을 반사하는 것이 만나는 곳에 수묵화가 있습니다.

흑색을 내는 먹은 소나무를 태워서 만든 그을음입니다. 더 이상 분해할 수 없는 마지막의 것이 더 이상 깨끗해질 수 없는 흰색 종이와 만납니다. 바탕과 재료의 극적 만남입니다.

이 극과 극 사이에 화가가 서 있습니다. 그래서 수묵화는 정과 동, 여백과 채움, 비움과 충만, 빛과 어둠이 다른 쪽을 배제하지 않고 함께 어우러집니다. 흑과 백은 일반적으로 죽음이나 탄생, 절대적 세계를 표현할 때 많이 사용되며, 수도자들의 의복 또한 흑과 백 혹은 회색이 많은 것도 이런 맥락과 이어지는 면이 있습니다.

어떤 것도 취하지 않은 백색의 세계와 모든 것을 취한 흑색의 세계가 그저 만나기만 해서 작품이 되지 않는 것은 흑과 백의 그 철학, 그 보이지 않는 원리가 자신 안에 체현되어 있어 그 궤도 위를 벗어나지 않으면서도 자유롭게 그 극과 극에 조화를 이루게 해야 하기 때문입니다.

수묵화가는 철학자요 신학자이며 물리학자, 수학자, 때로는 수도승이 될 수밖에 없을 것 같습니다. 삶의 행복을 추구하는 듯하지만 그 삶의 가장 밑바닥을 훑습니다. 가장 빛나는 것 안에 가장 미천한 것을 놓습니다. 가장 높은 것을 추구하되 가장 작은 것으로 시작하고 가장 작은 것으로 수렴됩니다.

화백의 작품들은 이런 면을 참으로 잘 보여주고 있습니다. 색은 거의 사용하지 않고 먹의 농담과 선의 움직임, 여백과 바림으로 채우는 흰 종이 위의 세상에서 단련된 그의 정신은 그 바탕이 되는 한지 나눔에도 아낌없이 드러납니다.

빨래 빨듯이 문질러도 미어지지 않는 전통 한지를 재현하기 위한 그의 노력은 거의 눈물겨울 지경입니다. 전국을 돌아다니며 긴 세월 전통 닥나무 F1을 찾아내고 그것으로 화실 한 구석에 종이 만드는 기계를 두고 직접 재현해 내었습니다.

특허까지 받은 그 비법을 참으로 종이를 아끼고 개발하는 이들에게는 무상으로 나누어 줍니다. 그 종이가 있어 우리 초상화의 독특한 방법인 배채법이 가능하게 되었습니다. 물감 만들기도 그렇습니다. 그의 조부가 물려준 전통적인 방법을, 비법으로 남기지 않고 사람들과 공유합니다.

뛰어난 작품을 위해서는 그림 기술만이 아니라 붓, 먹, 종이, 물감 등 재료 역시 뒤따라 주어야 하기에 그는 거의 물리학자요 연구가와 같은 삶을 살아왔습니다. 그의 이러한 정신은 수묵화의 흑과 백, 극단과 극단의 만남으로 인한 역동성의 세계와 결코 무관하지 않습니다.

그저 전해 내려오는 대로 사군자나 산수화만 그릴 수도 있겠으나 그는 여기에 시대성, 사회성, 인간성, 우주라는 차원까지 끌고 들어가 지금까지 없었던 새로운 형태의 수묵화의 세계를 열어젖혔습니다.

그는 끊임없이 탐구하고 공부하며 연구하는 모든 것들을 표현하는데 수묵화만큼 좋은 방법을 찾지 못하는 듯합니다. 그 자부심이 오늘의 김호석이 있을 수 있게 하였으며, 전통으로부터 배워 오늘이라는 세계를 전통에 더 실음으로써 후대를 향해 새로운 지평을 열어 주었습니다. 전통이 전통으로만 남고 오늘을 싣지 못하면 그것은 땅속에서 발견된 화석과 다를 바가 무엇이겠습니까? 그가 대학 시절 그려 중앙미술 대전 장려상을 받아 미술계에서 전설이 된 그림 〈아파트〉는 이런 맥락의 대표적인 작품입니다.

그 새로운 세계가 많은 이들에게 아직 알려지지 않은 것은 안타까운 일입니다. 단지 그의 작품이 유명세를 탄다는 의미가 아니라 그의 수묵화가 전하고자 하는 그 정신이 이 세상을 맑게 해 주었으면 하고 바라는 마음 때문입니다.

여백이 빚어지는 틈

아무것도 없는 빈 종이의 텅 빔도 단순함일까요? 여백이라 불릴까요?

아무 의미 없는 선 하나 점 하나 그려놓은 화폭을 단순하다 할 수 있을까요?

여백이 잘 살아있어 여백이 말을 걸어오는 작품들은 시든, 그림이든 표현된 물체 혹은 형상, 사건에 굉장한 것이 응축되어 있습니다. 빈 종이는 엄청난 가능성을 내포하고 있지만 그것을 여백이라 부르지는 않습니다. 그 빈 평면은 의미 없는 호작질로 끝이 날 수도 있고, 사람의 마음을 뒤흔드는 명작이 자리 잡을 수도 있는 가능성일 뿐입니다.

여백은 거기 표현된 어떤 것과 역동적으로 얽혀 있으면서도 분리되어 있고, 그것으로부터 나오면서도 그것을 넘어 때로는 화폭마저 넘어 어떤 것을 말해 줍니다. 아마도 화폭마저 넘어선다는 이 면이 여백의 가장 큰 특징이 아닐까 생각합니다. 여백이 크고 표현된 것의 크기가 작을수록 엄청난 복잡함이 블랙홀마냥 응축되어 있습니다.

그렇기 때문에 화폭에 비어 있는 곳이 많다 하여 그것이 의미 충만한 여백이 되지는 않습니다. 오히려 내용이 응축되지 않은 그림에 큰 여백은 어설픈 작품으로 때로는 보기 민망함을 느끼게 할 수도 있습니다.

여기까지 이야기를 하다보니 중요한 것이 떠오릅니다. 여백은 복잡함과 단순함, 긴장과 평온, 침묵과 소리, 빛과 어둠, 죽음과 삶이 교차하는 영역 그 중간 지점이 되지 않는가 하는 것입니다.

복잡함 하나로 끝나는 작품, 죽음만이 지배하는 작품, 빛만 가득한 작품, 긴장이 얼음칼 같은 작품이 강한 매력은 있을지 모르나, 전달하고자 하는 단순명료한 메시지가 사뿐할지 모르나, 깊은 여운을 가지고 지속적으로 말을 걸어오지 않는 경우가 많지는 않습니다. 위에서 말한 두 극단들이 날카롭게 대치하는 듯하면서도 서로 섞여들어 밀물과 썰물처럼 그 자리를 구별할 수 없는 지점에서 여백이 물감 번지듯 번져 나옵니다.

복잡함이 그 자체로 끝나지 않고 온갖 긴장과 갈등을 겪어낸 후 태어난 복잡함을 품은 단순함, 긴장이 풀어지지 않되 어떤 것도 수용될 것 같은 푸근함, 어둠마저 품어 내는 빛, 삶 죽음 죽음 삶이 신명나게 교차하는 삶. 이런 현상들의 공통점은 생명력이 펄펄 끓는다는 것입니다. 그 역동성을 품어 내는 것도 그 긴장을 견뎌내는 것도 이 생명력입니다. 생명은 본래부터 복잡하되 단순하고 단순하되 복잡합니다.

생명이라는 그릇은 이것을 담아내고도 충분합니다. 생명은 우리를 그 역동성에로 초대합니다. 여백이 품고 있는 한 단면을 살짝 엿보는 재미 쏠쏠합니다.

이 모든 것들은 다른 말로 표현하자면 여백은 그 사람의 삶의 응축과도 같은 면을 포함하고 있다할 수 있지 않겠는지요.

미완성 수묵화

지구라는 생명체는 삶과 죽음이 휘몰아 돌고 뒤따라가고 서로 섞이고 나뉘고 그런 움직임을 통해 살아있는 존재를 유지합니다. 쏟아지는 태양열과 생물체의 죽음으로 다시 생명이 이어지는 것이지 지구 자신으로부터 무한한 에너지와 존재의 바탕이 생성되지는 않습니다.

삶은 죽음으로 죽음은 삶으로, 지구의 곳곳에서 이런 움직임이 요동치고 있습니다. 정글 속, 바다 속, 숲 속 이르는 곳곳마다 그리고 태풍, 해일, 지진 이 모두는 이런 움직임의 한 파도에 속할 뿐이지요. 인간의 죽음이라 하여 특별날 것도 없습니다.

아니 모든 죽음은 장엄합니다. 그 고귀한 생명 전달의 순간, 죽음으로만 가능한 생명 전달이 이제 영적으로만이 아니라 육적으로도 실제 일어나는 참으로 통합의 위대한 순간인 것입니다.

김호석 화백의 작품 속에는 작든 크든 이러한 흐름이 기저를 이루고 있습니다. 삶, 생명을 이야기하는 듯한데 죽음의 그림자가 그곳에 있고, 죽음이 질펀한데 그 한복판에서 생명이 싹을 내밀고 있습니다. 1.5cm 벌레, 짝짓는 작은 파리 한 쌍, 돼지코 하나가 큰 화폭에 그려진 그림들은 그것이 품고 있는 뜻을 떠나 그 자체만으로 생명에 대한 지극한 사랑을 강하게 내뿜습니다. 이 정신은 화백이 작품을 그리기 위한 방편이나 사고의 한 지류가 아니라 화백 그림의 정수이며, 본인의 말을 빌리자면 자신의 모든 작품을 있게 한 원천입니다. 죽음을 바라보는 이 정신 안에서 그의 다음과 같은 말도 놀라운 것이 못됩니다.

"나는 죽을 때 오징어처럼 늘어져서 죽고 싶지 않습니다. 선 채로 꼿꼿이 땅에 심겨져 머리만 수박처럼 솟아나는 그런 죽음을 원합니다."

이 발상 자체가 완전히 정신이 가버린 사람이거나 소위 도가 터진 사람이거나 둘 중의 하나일 것입니다.

생명에 대한 화백의 외경심은 자신의 부친의 임종을 앞두고 극도의 긴장과 극도의 수용 양극에서 화산이 폭발하듯 분출합니다. 정정하던 분이 하룻밤 새에 갑자기 치매증상을 보이고 우여곡절 끝에 뇌수술로 정상을 회복하여 퇴원하기 위해 머리에서 관을 뽑는 순간, 피를 뿜으며 의식을 잃게 됩니다. 그 후 의식이 돌아왔다 사라지기를 수차례 반복하며, 그 와중에 폐렴, 소변문제로 신장투석, 혈압이 40까지 내려가는 등 극적인 순간을 한 달 하고 10일 동안 겪어 냅니다.

아무것도 할 수 없는 인간존재의 나약함 앞에서도 발을 주물러드리면 부기가 빠지고 눈을 마주치는 순간과 산소호흡기 없이 숨을 쉴 수 있는 순간의 감사와 고마움에 화백의 마음은 마치 도자기를 빚기 직전의 흙 반죽과도 같았습니다.

절망에서 벗어나 희망을 보이는 아버지의 눈길과 숨길은 화백을 생명이라는 자신의 본래의 그 깊은 화두와 떼어놓을 수 없이 하나가 되게 해 주었습니다. 절망에서 희망으로 희망에서 절망으로 반복을 하면서도 결코 놓을 수 없는 생명의 장엄함, 소중함이 절로 배어나오는 여정을 이런 상황에서 빚어질 수밖에 없는 가족간의 인간적 온갖 소용돌이와 경제적 부담을 함께 껴안으며 걷습니다.

이런 모습은 단지 자신의 아버지라는 육친의 정만으로는 가능하지 않습니다. 부친을 넘어 생명 그 자체에 대한 외경심이 화백을 지극한 섬김으로 이어지게 한 것이겠지요. 부친의 죽음에서 모든 생명의 죽음을 보고, 부친의 희망에서 모든 존재의 희망을 감지하는 것이지요.

부친을 지극하게 대함이 곧 살아있는 모든 생명체에 대한 지극함으로 이어지는 것이지 육친의 정을 끊지 못하는 편집증이나 애착과는 거리가 멉니다.

이런 지극함으로 이 순간 아버지가 가장 원하는 것이 바로 그림일 것이라는 믿음으로 화폭 앞에 섭니다.

그리다 만 이 그림, 부친이 선종하는 2018년 5월 10일 바로 그 순간, 이 작품은 그리다 만 완성작이 됩니다.

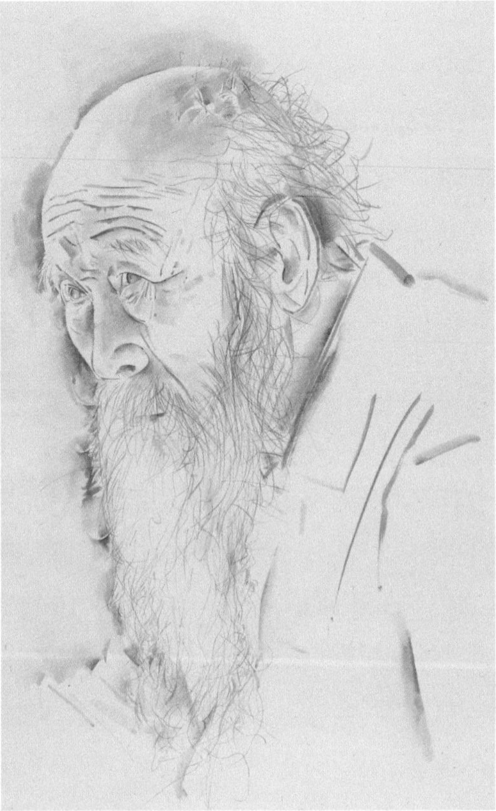

개인적 견해로는 이 작품은 화백의 일생에 걸친 대표작들 중 하나가 될 것이라 믿어 의심치 않습니다. 처음 이 그림을 대면했을 때 한동안 멍하니 머리가 하얗게 비워지는 느낌이었습니다.

눈을 깜빡일 수 있는 한 가닥 희망도 소중했던 그 지극함이 그대로 묻어나와 짙은 감동에 마음이 오히려 아파오는 것이었습니다. 사람의 마음을 흔드는 그림입니다. 이 그림에 보태어진 작은 정보가 이 그림을 보는 이들을 방해하지 않기를 바랄 뿐입니다.

이 생명에서 저 생명으로 건너갔으니, 바로 그 순간 멈춘 작품을 끝까지 마쳐야 할 이유가 없어져 버렸습니다. 그렇게 그리다 말듯이 우리 인생도 이 생에서 모든 것을 완수하는 것이 아니라 살아온 모든 것과 함께 그렇게 넘어가는 것은 아니겠는지요. 미완성인 듯 완성작이요, 미완성임에도 더 이상 손댈 것이 없는 듯한 이 사실이 또 한 가지 생각나게 하는 것은 어쩌면 인생은 완성하는 것이 아니라, 반대로 비우고 내려놓는 것이 아닐까하는 것입니다.

부친을 대하듯 어루만지듯이 붓질을 하였으며 목줄기 옷깃의 단호함은 다시 한 번 단호하게 떨치고 일어나라는 마음을 담아 한순간에 내리 그었습니다.

자신의 부친에 대해 화백은 "바위" 같은 분이되, 어떤 사물을 관찰할 때는 이 그림에서처럼 무서운 집중력으로 호랑이같이 변한다고 표현합니다. 그 말이 그대로 느껴집니다. 아버지의 선택과 아버지를 가장 극명하게 드러내는 모습을 표현했으리라 짐작됩니다. 남 챙기기를 일상인 듯 자연스럽게 하셨다는 분, 그런 분이시기에 사물을 보는 눈 또한 남달랐음에 틀림없고, 사물을 꿰뚫기 위해서는 그 사물에 눈을 고정시키는 것은 당연한 이치입니다.

그런데 그리다 만 수염은 바위가 부서져 모래로 흙으로 돌아감을 절감하게 합니다. 그리다 만 미완성작이 오히려 더 많은 이야기를 해 주는 것이지요. 바위로 살든 무엇으로 살든 마지막 순간, 흙으로 부서지는 그 순간의 아름다움을 따를 수는 없습니다.

그렇게 부서질 때 생명은 다음 세대로 전달될 수 있습니다. 놓아주지 않으면 생명은 시들어 버릴 뿐이니까요. 부친은 생명을 넘겨주고 화백과 그 후손들은 그 생명을 넘겨받고, 생명은 누구도 주인이란 없습니다. 거저 받아 거저 넘겨주는 것이지요.

그러니 넘겨주는 순간에도 아까울 것이란 눈곱만큼도 없을 수밖에 없습니다. 그 넘겨받은 생명이 공짜이니 이 생에서도 그 공짜를 아낌없이 나누어 주어야 마땅할 것입니다. 그리고 이 공짜는 퍼줄수록 더 풍성해지는 이상한 그릇입니다.

이런 맥락에서라면 죽음의 날은 잔칫날입니다. 생명이 마구마구 전달되고, 퍼날라지고, 퍼주는 그런 잔치입니다.

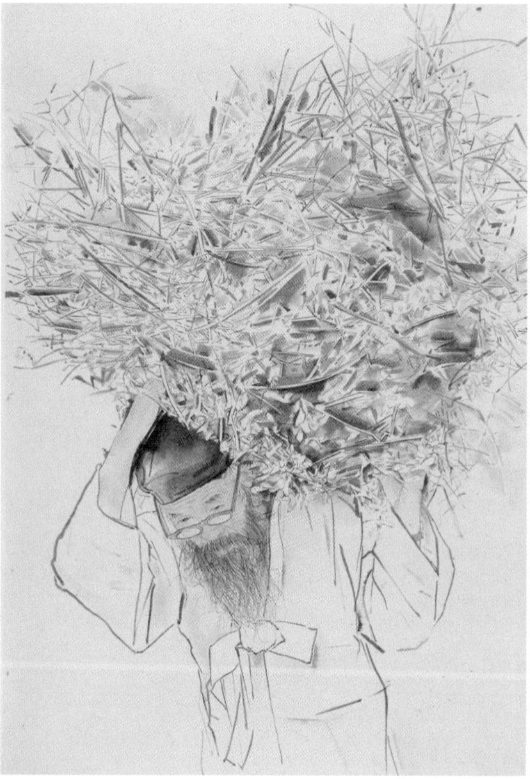

과거로 시간 여행의 한 스냅사진 같은 장면입니다. 시골에 살았던 사람에게는 특히 먼 추억을 소환해 내는 힘을 발휘할 것 같습니다. 저같이 시골생활 전무한 사람조차 어떤 아련한 정서가 느껴지게 합니다. 여기서 그치지 않고 어렵고 힘들고 처절하기까지 했던 옛 시절의 뜨거움 또한 소환되어 나오게 합니다. 콩대와 콩깍지도 불쏘시개로 사용했던 시절의 척박함 그 속에 더 끈끈했던 가족관계, 인간관계가 떠올라 눈시울 붉어질 분들도 계실지 모릅니다.

그런데 여기서 그친다면 김호석 화백의 작품답지 않겠지요. 저 복잡한 콩깍지와 콩대, 화백의 작품 가운데서 여백이 많지 않고 화면이 상당히 많이 채워진 그림 중에 속합니다. 머리 가득 복잡한 콩대와 달리 눈빛은 복잡하지 않고 어떤 한 생각에 집중하며, 노동에 짓눌리는 모습이 아니라 시원시원 걸어나가는 발걸음이 어깨에서 느껴집니다. 그리다 만 하체로 인해 걸어가는 움직임이 만들어지는데 비해 복잡한 콩대는 오히려 정적인 것이 느껴지게 하고 있습니다.

콩대와 빈 콩깍지의 복잡함, 표정의 시원함. 콩대의 세세한 표현과 하체의 사라짐. 화백은 분명 어떤 의도를 가지고 대조되는 것을 한 화면에 함께 담고 있는 것 같습니다. 움직임과 정적, 복잡함과 텅 빔, 이 두 가지의 역동성으로 인해 화면은 가득 차 있는데 여백이 느껴집니다.

여백은 앞장에서 언급했듯이 그저 빈 평면이 아니기 때문입니다. 작품에서 여백은 빛과 어둠, 복잡함과 단순함 같은 극적으로 대조되는 것들 사이의 역동성에서 빚어집니다. 많은 경우 단순함은 복잡함이 온갖 여정을 거쳐 뒤집히고 더 복잡해지고 단순해지고 서로 얽히며 단단해진 자리입니다.

여백 그리고 화면 밖의 화면. 이것은 물론 보는 이의 생각에 맡겨지는 부분이기는 하지만 화가 자신이 담은 내용이 드러나는 것은 보는 이의 자유를 빼앗지 않을뿐더러 더 깊은 감상으로 이끌어 주기도 합니다.

저 큰 콩대 더미 뒤에는 아들인 화백 자신이 있습니다. 자신도 저 콩대를 지고 있을 수도 있겠지요. 아버지는 뒤따라오는 아들을 위해 콩대 위 혹은 뒤에 진달래를 한아름 꺾어 올려놓았습니다. 자신이 보자 했더라면 손에 들고 있겠지요.

힘겨운 노동 사이의 그 여유, 여백은 사랑인 것이지요. 온갖 것들로 가득찬 복잡한 생각이 여며지고 다듬어지고 단단해져 단순함으로 이행하는 것도 같은 사랑의 힘이라고 화백은 이야기하고 싶은 것인지도 모릅니다.

현실은 복잡해도 옮기는 발걸음은 단순할 수 있습니다. 현실이 복잡할 때라도 발은 리듬에 맞춰 춤을 출 수도 있습니다. 복잡하다고 구석에 웅크리면 생각은 더 복잡해지고 드디어는 끈을 놓고 우울증에 빠질 수도 있습니다.

두 가지 사이의 차이는 극명하나 종이 한 장보다 더 얇은 차이일 뿐입니다. 복잡할 때일수록 함께 있는 사람에게 사랑을 붓고, 발은 가볍게 움직인다면 내 삶의 테두리 밖에 다른 화폭이 생겨날 수 있습니다. 그 다른 화폭이 없다면, 눈에 보이는 화폭 위에서만 왔다갔다 하며 늘 타인에게 노출되는 삶을 살아가겠지요.

이런 의미에서 여백은 각자의 뒷 무대, 힘들고 쉼이 필요할 때 쉴 수 있는 공간이기도 합니다. 이 눈에 보이지 않는 화폭이 있어 눈에 보이는 무대 위는 탄탄하고 드넓어집니다.

모든 것을 지워버리고 남는 마지막 것

—

모든 것을 지워버리고 남는 마지막 것, 점, 빅뱅 이전의 한 점, 생명의 출발 난자 정자의 만남인 한 점, 씨앗 한 점. 화백은 이 점에 머뭅니다. 화면 위에 일어날 수 있는 모든 것을 통해 생명과 존재, 형성에 대한 물음을 시작하는 화백 여정의 시작 지점입니다.

이 점은 서양의 점과는 다르고 수학이나 이 문장 저 문장을 분리하고 이어 주는 점과도 다릅니다. 모든 것이 분리, 형성되기 전의 태극의 상태, 태양과 태음이 하나인 지점, 모든 가능성이 내포되어 응축된 혼돈의 지점, 멈춤이 아니라 세상 어떤 것보다도 강한 운동성을 지닌 지점이자, 모든 것이 궁극에 하나로 모인 한 지점이기도 합니다.

시작이자 마지막이요, 처음이자 끝인 지점입니다.

화폭 위의 점, 모든 것을 치환하거나 출발점에 있는 점은 어떤 것으로도 규정지을 수 없습니다. 이것이 중요한 이유는 우리 삶에서 자신의 모든 고정 관념을 비우고, 출발점이나 모든 것을 지운 선 앞에 다시 서는 것이 중요하기 때문입니다.

다시 말하면 사유의 장난질이 아니라는 것입니다. 이 출발점에 서기는 평생의 작업입니다. 이 작업이 따라오지 않으면 사람은 생리적으로든 심리적으로든 소진될 수밖에 없습니다. 에너지는 누구나 한계가 있고 다 쓰면 고갈되기 마련이지요.

이 소모된 에너지는 가스 충전소에서 재 주입되는 것이 아니라 출발점 내지는 모든 것이 지워진 지점에서야 우리에게로 주입됩니다. 이 에너지의 새로운 주입 없이 인간은 누구나 소진됩니다.

심리적으로 소진되면 짜증, 화는 물론 우울, 의기소침, 무기력증에 빠질 수밖에 없습니다. 이렇게 소진된 사람은 자신에게 해를 입혔다 느껴지는 사람을 거의 용서할 수가 없습니다. 그리하여 그 사람에 관한 모든 것을 왜곡하여, 병은 꾀병이요, 잘한 것은 기회가 좋은 탓이요 줄을 잘 선 탓으로 돌려버립니다.

화폭 위 붓으로 찍는 점에는 운동성이 있어 사방 어디로든 뻗어갈 수 있습니다. 최초의 점의 특권입니다. 이미 점 하나를 찍고 나면 이 방향성은 그 점에 의해 제약을 받기 마련이지요. 이 최초의 점, 그 점을 찍는 마음. 그 마음, 그 사유의 세계, 그 가치관이 중요합니다. 이것이 있어 그림은 감동을 주고 가치를 전달하고 그 시대에 새로운 철학을 펼칠 수도 있습니다.

이 동력을 유지함에 대한 필요성을 화백만큼 무섭게 의식하고 있는 예술가는 드물 것입니다. 거의 종교인 수준입니다. 그래서 화백과 대화를 나누는 이들은 이 방향에서 나오는 화백의 철두철미함에 일종의 거리감을 느끼기도 하는 모양입니다. 아마도 그 이유는 이 점에 있어서만은 타협을 할 수 없다는 강한 신념 때문이 아닌가 싶습니다. 또한 그의 삶의 모습이 세상의 시류와는 다른 방향으로 흘러가게 하는 원인이기도 합니다.

부의 추구, 상업성, 권력지향적 삶의 태도가 작품 이전에 사람의 삶을 얼마나 피폐하게 하는지 그는 잘 알고 있습니다. 사실 이것들은 참된 생명의 세계와는 양립되지 않습니다. 명성을 얻고 이익이 돌아오고 힘을 가지는 것을 싫어할 사람은 아무도 없습니다. 없다고 하면 거짓말일 것입니다. 삶의 결과 자연스럽게 주어지는 것은 세상을 향한 공헌이 되기도 합니다. 그러나 그런 것들을 모든 것에 앞서 모든 것을 희생하고라도 얻고자 하는 탐욕은 참 생명을 바닥에서부터 흐리게 하고 부숴버립니다.

종교생활이 세상의 좋은 것들을 멀리하는 것과 같은 흐름 안에 예술의 이 정신도 있습니다. 그래서 그는 작품의 대상이 무엇인지, 어떤 풍으로 그렸는지, 어떤 작품이 나왔는지가 아니라 그 작품을 낳게 한 정신 그것이 우선이요, 그것이 자신의 삶을 통채로 걸어야 할 것이라고 말합니다.

작품 이전과 마주하다

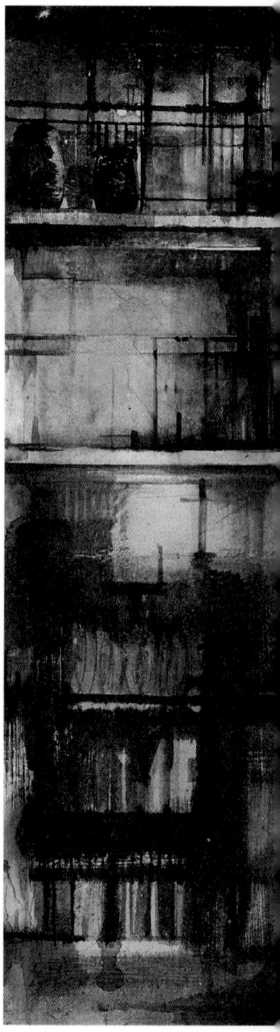

1987년 그러니까 화백이 군 제대를 한 후, 30살 펄펄 뛰는 청년일 때 쓴 글이 저의 마음과 눈을 끌었습니다. 마음과 눈이 끌리면 그곳으로 가보는 것이 순리이겠지요. 23살에 첫 상을 받고 연이어 두 가지 상을 더 받게 됩니다. 23살이라는 나이에 수묵화로 상을 받는 일은 그동안의 선례가 없는 일이었습니다. 정말 화려한 데뷔라는 말이 무색하지 않은 드문 케이스로 당연히 언론의 주목도 받았습니다.

그리고 그 후 곧바로 그는 군대를 갔고 제대를 했지만 여전히 가난했습니다. 3년 가까운 세월 붓을 놓은 후 다시 시작해야 할 때 먼저 가장 마지막 그린 그림이자 그의 성공적 데뷔작이었던 〈아파트〉와 도시를 다시 그려보았습니다. 하지만 민감한 그는 즉시 '자기복제'는 자신 안의 생명력을 죽이는 일임을 체험하고 그대로 멈춥니다.

가난과 연이은 성공과 젊음의 야망, 이 세 가지가 들끓는 마치 활화산 같은 속에서 그는 관성대로 나가지 않고 멈춥니다. 2년의 공백이 있었다고 합니다. 이 나이, 이 상황 결코 쉽지 않은 일종의 자기 죽음이었습니다. 이 죽음 이후 그는 아마도 어떤 깨달음, 새로운 생명 같은 것에 접했던 것으로 보입니다. 이 멈춘 상태에서 쓴 글들을 우선 함께 보겠습니다.

- 작품에서 소재에 머물러 있으면 인식의 세계가 좁다. 넘나들어야 한다. 그래서 작가는 자유분방해야 한다. 그러나 동시에 순수해야 한다.

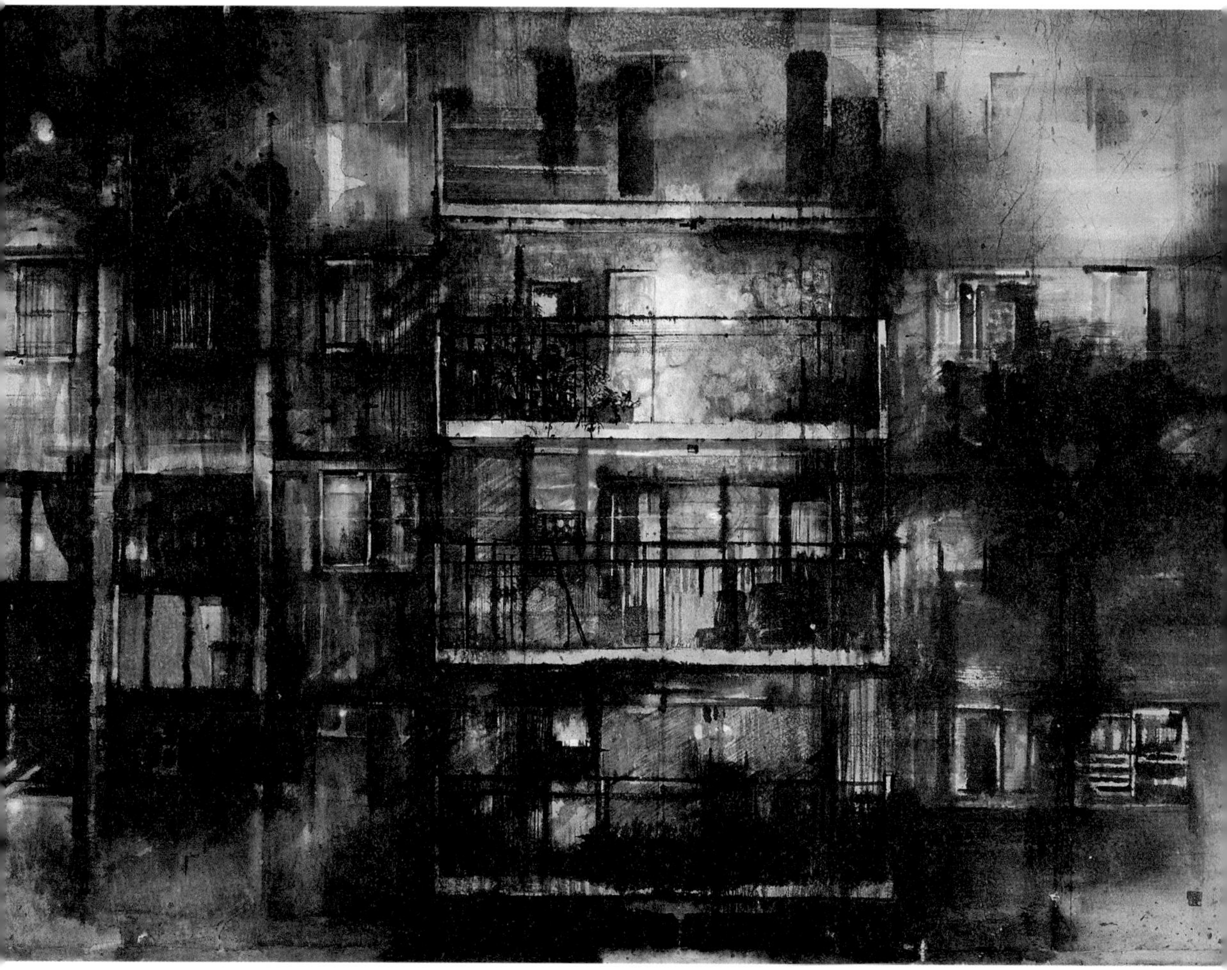

아파트 | 2130×226 | 종이에 수묵 채색 | 1979

- 아무것도 없는 것을 고민한다. 말도 안되는 것 가지고 삶은 계속된다. 이해하기 쉽지 않다. 알 수 없다.

- 여기에 타자에 대한 이야기가 있다. 많은 타자들이 들끓고 있다.

- 이성적인 자들은 오직 자기만 있다. 타자들을 다 죽여 버린다. 그러나 양심적인 자들은 자기가 자신을 공격하거나 이야기한다. 타자가 곧 자기 자신인 것이다.

- 인간에 대해 고민한다.

- 사람의 마음을 이해한다.

- 고민하다 보면 자기를 돌아보게 된다.

- 수많은 타자를 만난다. 나라는 몸 안에 수많은 타인들이 있다. 타인의 입장에서 나를 뒤돌아본다. 지극한 마음이 나온다.

- 사람은 상처와 그늘이 있다. 그래서 파격이 나온다.

- 인간에게는 욕망이 만드는 상승과 추락의 곡선이 있다. 상반된 것이다. 모순이다. 모순이 대립한다. 그래서 모순은 서로 맞서는 두 대립항을 한 곳에 나란히 둔다. 주와 객이 부정에 부정을 통해 새로운 세계로 나아간다. 대립과 모순의 이질성이 하나로 꿰뚫어 새로운 차원으로 진행된다.

- 역사상 대작가들은 소리를 듣는 게 아니라 들리지 않는 소리를 들었다. 소리는 꽉 채우면 독선적이고 단선일 가능성이 높다. 그래서 의미를 배워야 한다.

- 그러나 비우는 게 더 어렵다. 비우면 자기와 타자들이 웅성웅성거리며 수많은 존재들이 소리를 낸다. 빛과 어둠을 섞어가면서 말을 한다. 여기서 여운이 발생한다.

- 나는 내레이터를 중요하게 생각한다. 내레이터를 해석하는 것이 코드다. 수많은 내레이터가 여백이고 여운이다. 내레이터가 이야기를 걸어온다. 작가와 내레이터가 대화를 나눈다. 수십 명이 분열되면서 증식하고 의미를 번식한다.

- 의미는 비워지고 채워진다. 역설이 나온다.

- 예술의 본질은 상징, 메타포, 이미지가 아니다. 작품은 온몸으로 치열하게 하는 것이다. 치열하게 살아가는 것 자체를 작품으로 하는 것이다. 그래서 작가들은 높은 정신을 가지고 있으면서도 세속적인 삶을 산다. 우주 삼라만상의 기운이 작동하기 때문이다. 삶은 생명과 관계가 있다.

- 역사는 사실이다. 살아있는 생동하는 역사를 우상화시켜서 종교적 감성으로 숭배하는 것은 역사의 본의를 거스르는 일이다.

- 우상은 허상이다. 옳은 것은 옳다 하고 그른 것은 그르다 하는 것은 지혜로운 것이요, 그 반대는 어리석은 것이다.

- 역사의식이 없는 자일수록 지조와 신념이 박약하다. 역사에 이름 석 자를 남기기보다 현세에서 영달하고 죽은 다음은 모르겠다는 생각. 오늘날 한국적 비극이다.

- 동양 회화에서 그림은 필묵으로 본다. 필은 기운 생동해야 한다. 탄력이 있어야 가능하다. 이를 위해서는 먹하고 조화롭게 어울려야 한다.

- 수묵화에서 선은 생명이다. 고려불화의 탄력 있고 낭창낭창한 선, 신윤복 그림은 그린 듯 안 그린 듯 하는 필선 때문에 살아난다.

- 동양화에서 윤곽선 없는 그림은 없다. 선은 대상에 따라서 달리 운용되어야 대상의 생명을 나타낼 수 있다.

- 필묵 장악은 기초이다. 작가의 기본조건이다. 재료 장악이 안 되는 자는 작가가 아니다. 어찌 보면 작가지망생일 뿐이다.

- 수양이 중요하다. 미술은 수양 때문에 한다.

- 재료 : 빼기다. 빼는 데까지 빼면 정점에 이른다. 동치미는 무, 소금, 물 세 가지 많이 넣지 않았기 때문에 맛이 나오는 것이다.

- 인격완성, 우주의 이치, 진리를 깨닫기 위해서 한다. 깨달으면 여백을 잘 운용할 수 있다. 필묵이 살아나려면 여백운용이 좋아야 한다.

- 작품이 말을 해야 한다. 경지에 이른 사람만이 그런 그림을 알아본다. 못 알아보면 지루하고 재미없다.

예술의 원형을 여기서 만납니다. 반갑고 고맙습니다. 삶과 직결되면서도 초월성 그 자체에 뿌리를 두었던 원시 혹은 고대 그림 설명을 보는 듯합니다. 여기서 그치지 않고 종교와 예술이 분리되지 않았던 시절의 순수함을 잃지 않으면서도 원시에는 없는 역사성과 인간사회의 모순과 복잡성을 포용하고 있습니다.

사유, 수양, 예술적 노력이 삶과 생명이라는 큰 그릇 안에서 자유롭게 놀고 있음을 느낄 수 있습니다. 메모 형식으로 나열된 글들 구석구석마다 깨달음의 명료함과 생명력이 번개처럼 내리치고 있음을 느낄 수 있습니다.

어둠과 빛, 죽음과 생명을 이분하지 않고 함께 품는 삶이 먼저 있었기에 그의 그림에서 그런 힘을 지니고 있음을 알게 해줍니다.

이런 깨달음의 여정은 지금까지도 이어오고 있으며, 그의 작품의 스펙트럼이 넓은 것은 이 멈추지 않는 깨달음의 여정의 결과라는 사실이 참 놀라운 것입니다. 참으로 경탄을 자아내게 만듭니다. 도시의 풍경에서 인물화와 역사화로 성철스님을 비롯한 종교화로 가족이야기로 삶의 틈을 비집고 나오는 웃음거리로 몽골로 가장 작은 미물들로 …. 그의 여정의 움직임 그 자체가 놀라움입니다.

세상 전체 모든 화가들 다 줄 세워 놓고 보아도 이런 화가는 찾을 수 없습니다. 그의 끝없는 여정, 끊임없는 탐구, 잡으면 놓고 다시 앞을 향해 떠나는 자세는 바로 수도승의 구도의 길에 대한 설명입니다. 이것이 예술의 본질 아니겠는지요.

김호석 그림과의 만남

그림과의 만남은 저에게는 제 삶 속에 심어진 하나의 보물찾기 같은 것이었습니다. 그 발견은 마치 제 속에 숨어 있던 하나의 샘물이 터져 나온 것 같았고, 그림을 보면 제가 품고 있던 사고, 상상, 느낌들이 하나로 결합되거나 새로운 것을 낳거나 변화되는 새 창조의 경험을 하게 해 주었습니다.

처음에는 주로 외국 화가들 특히 루오, 고흐, 렘브란트에 푹 빠져 있었습니다. 제 입장에서 이 세 화가는 다른 화가들과 차원이 다른 화가입니다. 물론 다른 많은 화가들 작품들 앞에도 앉았지만 작품 전체가 감동을 주지는 못했습니다. 한국 화가들의 작품에서는 솔직히 고백하건대 큰 감명을 받는 일이 많지는 않았습니다. 받았다 하더라도 한 화가에게서 한두 작품 정도였지요.

그리고 일생 비슷한 주제를 조금씩 변형시켜 거의 비슷한 그림을 그리고 있다는 인상을 받았습니다. 또한 추상화 혹은 탐미적인 작품 두 가지 큰 흐름을 이루고 있는 것 같습니다. 이런 그림은 보기에 황홀할 수 있으나 마음을 깊이 감동시키며 그림 속에서 어떤 열정, 생명이 흘러나오는 경험을 하기는 어려웠습니다. 수묵화들은 아름답기는 하나 몇 백 년 전 작품에 약간 발달된 기법을 사용한 것 같은 구태의연함만을 느낄 뿐이었습니다. 맑고 편한 그림들도 만났습니다. 그 그림들은 한순간 어떤 평화 같은 것을 주긴 하지만 내면의 깊은 울림으로까지 이어지기에는 무엇인가 부족함을 느꼈습니다.

저의 이런 평가는 비전문가의 아주 개인적인 느낌에 불과합니다만, 이와 다른 의견을 가지신 분들이나 제게 다른 의견을 주신다면 기꺼이 살펴보겠습니다.

그런데 우연히 김호석 화백의 작품을 만나면서 누가 시킨 것도 아닌데, 위 세 화가들에게서 체험했던 샘솟듯 솟는 열정이 쏟아져 나옴을 느꼈습니다. 그림을 보면 그 속 어떤 것들이 마구 들려 들어와 무엇인가를 표현하지 않을 수 없는 그런 느낌이지요. 제가 그림에 다가간다기보다 그림이 걸어 들어왔습니다.

그리고 시간이 흐름에 따라 루오, 고흐, 렘브란트처럼 김호석 화백도 그림에 자신의 모든 것을 헌신하고 눈에 보이는 현실 세계를 넘는 다른 세계에 대한 끊임없는 탐구를 하고 있다는 것, 그리고 참으로 이것이 중요한데 단지 그림의 기술만이 아니라, 삶이라는 것 그 자체에 모든 것을 헌신한다는 공통점이 있다는 것을 발견하였습니다.

렘브란트나 고흐의 그림에서 보듯 그의 그림은 어떤 의미로 아주 치밀하게 계산된 것이라는 것입니다. 거듭되는 숙고와 자기성찰, 삶에 대한 감사나 슬픔, 초월자와 그 너머 세상에 대한 생각이 화폭 위에서 상징들과 만나 새로운 세계를 보여주는 것입니다. 그러나 치밀함에만 그치면 그것은 생물도감 같은 것이 되고 말 것입니다.

치열한 사고, 치밀한 기술, 뜨거운 열정과 연민, 은유로 뿜어 나올 수 있는 종합적 훈련 등 그야말로 복합, 종합, 통합적인 일생에 걸친 노력의 산물인 것이지요.

그러다보니 그림 안에서 이 숨은 의미들과 만나는 일이 그리 쉽지는 않은 것은 어쩌면 당연한 일인 것이지요. 사람들과의 만남을 통해 이 사실을 더 실감하게 되었고, 이것이 저의 미진한 묵상을 책으로까지 내는 데 동의하게 된 이유가 되었습니다. 화가들이 치열하게 부딪쳤던 문제들을 많은 이들과 함께 공유하는 것이 어찌 기쁨이 되지 않겠습니까?

참 생명이라는 것은 그 자체로 모든 이에게로 심지어 모든 것에게로 뻗어가는 습성이 있으니까요. 저의 보물찾기 샘에서 터져 나온 샘 줄기를 많은 이들과 함께 공유하고자 하는 것도 이런 맥락에서입니다. 그림을 보는 문화, 그림과 예술에 삶의 차원을 더 담는 문화, 생명을 심화시키는 문화, 인간을 해방하는 문화, 아픔을 공유하는 문화, 약한 이들의 삶을 함께 하는 문화가 우리나라의 문화가 되기를 바라는 수도자의 간절한 기도를 함께 담습니다.

김호석 현상

화백과의 첫 만남은 〈세수하는 성철 스님〉을 통해 이루어졌습니다. 그리고 작품 251편이 실린 큰 도록을 만났고, 여러 화집과 미발표 작품들, 관전평들, 평론 등을 접하면서 김호석이라는 사람 자신, 그의 행적, 그의 작품은 한국 현대미술계만이 아니라, 현대사에 있어 하나의 현상이라고 표현할 수밖에 없다는 생각이 들었습니다. 이것은 가깝게 지내는 사람에 대한 친밀함에서 비롯된 평은 결코 아니며, 역사적, 예술적, 종교적, 영적 차원에서 타당한 바탕을 지니고 있다고 봅니다. 이제 그것들을 하나씩 풀어가 보기로 하겠습니다.

어떤 이들에게는 좀 의아한 생각이 들 수도 있는 화백의 삶에 대한 묘사는 제가 보기에 화백의 작품을 제대로 보는 데 필수적인 것이라 여겨 상당히 자세히 묘사하는 길을 택했습니다. 그의 삶 자체가 어쩌면 현대사의 하나의 중요한 지점이라 여기기 때문입니다. 그는 삶과 철학, 예술과 정신, 종교적 도덕적 실천을 결코 그림과 분리시키지 않는 일생을 살아왔고, 높이 평가받는 자신의 그림도 이 삶에 비하면 종잇조각에 불과하다는 말을 서슴없이 합니다. 하지만 화백의 삶에 처음 접하는 분들의 이해를 위해 저의 평가는 가능한 넣지 않고 그의 삶의 구체적인 모습들만 싣도록 노력하였습니다.

또한 그리스도교 정신과의 접목에 있어서는 그림을 바라보는 저의 정신이 그 속에 젖어 있기 때문이라는 이유와 그의 정신과 철학 안에 그리스도교와 너무도 유사한 공통점이 많이 발견되기에 종교적 문화적 교류라는 차원에서 조금 어려운 설명도 감히 집어넣었습니다. 가벼운 읽을거리가 유행하는 요즘에 던지는 하나의 질문이라 여기고 본다면 보는 분들의 입장과 정신, 종교와도 공통되는 많은 것들이 나오지 않을까 여기며, 하나의 또 다른 종교적 문화적 교류가 생겨나기를 바라마지 않습니다. 즉 단지 그리스도교 정신의 소개가 아니라 다른 정신과 함께 어울리는 하나의 놀이마당이 되기를 진심으로 바라는 바입니다.

● 맑음

김호석 화백과 그 작품을 접하면서 그로부터 직접 듣고 또 그림에서 가장 크게 혹은 공통적으로 느끼는 것은 "맑음"이라는 말입니다. 그에게 이 "맑음"은 어느 날 갑자기 잡은 화두 같은 것이 아니라, 어린 시절 자신의 스승이자 조부인 분으로부터 물려받고 스스로도 유교적 전통 안에서 터득한 것이라 할 수 있습니다. 그리고 일생 동안, 일부러 시간을 내어 숙고 묵상하고, 삶은 어떤 방식이 되어야 하는지, 작품 안에서는 어떻게 표현되는지 혼신을 다해 애써온 가장 중요한 주제이자 화백의 작품의 모든 요소를 꿰뚫고 있는 중심이라 여겨집니다.

이 말이 그리스도교 수도자인 사람으로서 이해하는 바와 너무도 익숙하고 친밀하게 연결되는 것은 참 놀라운 일이기도 하고, 참 당연한 일이기도 하다고 표현하고 싶습니다. 수도자인 저의 가장 큰 관심사와 화가의 관심사가 겹쳐오는 것을 보는 것은 어떤 감격을 느끼게 해 줍니다.

이미 느끼는 분도 있으리라 생각합니다만, 화백이 추구하는 맑음은 산골 개울물 같은 청정함이나 흰 종이의 깨끗함 같은 것이 아닙니다. 오히려 추구하고 또 추구하고, 갈고 또 갈고, 빼고 또 빼고 더 갈 수 없을 만큼 간 어떤 지점에서 열려지는 것으로, 작품 안에 표현되면서도 화가 자신의 인품과도 떼어놓을 수 없는 경지의 어떤 상태가 아닐까라는 생각을 해 봅니다.

여기서 그리스도교와의 접점을 설명하게 되는데, 조금 생경하고 어렵게 여겨질지 모르겠으나 "삼위일체"에 대한 간단한 묘사로 시작해 봅니다.

그리스도교의 하느님이 삼위일체의 하느님인 것은 신자가 아니더라도 기본적인 지식으로 알고 있는 사람들이 많으리라 짐작합니다. 그러나 이것은 또한 신자가 아닌 사람들이 천주교 신자에게 질문할 때 가장 난감한 것들 중 하나이고, 대개는 아우구스티노라는 시대를 넘어서는 천재가 했던 말을 들려주곤 하는가 봅니다.

"어느 날 아우구스티노가 바닷가를 거닐고 있는데, 아이들이 모래놀이를 하고 있는 것을 보게 되었습니다. 두 아이가 자신들이 파놓은 모래구덩이에 작은 조개껍질로 바닷물을 열심히 퍼다 붓고 있었습니다. 신기하기도 하여 다가가서 '너희들 대체 무슨 놀이를 하고 있는 것이냐'고 묻자 아이들이 '저 바닷물을 다 퍼서 이 구멍에 다 담을 거예요.'라고 대답하였습니다. 그러자 그는 껄껄 웃으며 그것은 불가능한 일이라고 말했고, 그 말에 아이들은 입을 모아 그런데 당신은 왜 그 무한한 하느님의 신비를 당신 작은 머리로 다 이해하려 하느냐고 묻곤 사라져 버렸습니다."

너무도 유명한 이야기입니다만, 한편으로는 크게 수긍하고 다른 편으로는 고개가 갸우뚱해지는 이야기입니다. 그것은 아우구스티노에 대한 의문이라기보다 이 일화를 사용하는 후대 사람들의 방향에 대한 의문인 것 같습니다. 이 대학자요 공동수도생활의 창시자인 분은 '삼위일체'에 대해서만 다루는 책을 한 권 썼고, 다른 저서들에서도 이에 관한 직접, 간접 언급을 많이 발견할 수 있습니다. 그렇다면 이 성인은 삼위일체의 현실에 관해 묵상하고 숙고하고 또 관상하고 묵상하는 끝도 없는 과정을 거친 뒤 저 이야기를 한 것입니다. 그러니까 신비를 자신의 생을 걸고 진지하게 학문하고 살고 논하고 기도하고 관상한 사람이 어느 날 느껴지는 아니 드러난 그 엄청남 앞에 부복하는 자세를 표현하고 있는 것입니다.

그런데 자신의 인생을 걸기는커녕 심오한 성찰 한 번 제대로 안 해 본 사람이 저 이야기를 하는 것은 이제 막 수도생활을 시작한 수련자가 "수도생활이란 것이 다 그런 것이지요 뭐"라고 이야기하는 것이나 다름이 없는 것입니다. 진리란 인간으로서는 다가갈 수 없는 것이라고 쉽게 단정 짓고 자신은 그 진리로 다가가지 않으려는 일종의 철벽, 방어벽을 미리 쳐버리는 것이지요.

이 삼위일체에 대해서는 역사적으로 이단도 많고 논쟁도 많고 그리스도교 안에 정착하기 수세기나 걸린 눈물과 땀, 피가 어린 역사를 담고 있습니다. 그 과정에 종지부를 찍게 되는 분들이 여러 분 있습니다만, 그 중에 나지안즈의 그레고리오라는 4세기 유명한 그리스도교 교부는 "대타성(代他性)"이라는 말로 삼위일체의 특성을 설명합니다. 그리고 이 한 마디 말로 여러 세기에 걸친 논쟁은 일단락되고 이후 삼위일체론 자체를 두고 종교회의가 열리는 일은 없어지게 됩니다.

이 말은 하느님은 저 먼 하늘에 홀로 고고히 우뚝 서서 그 누구도 필요치 않고, 그 누구에게도 관심이 없으며, 어떤 것에도 흔들리지 않고, 모든 것을 꿰뚫되 자신은 조금도 변함이 없으며, 모든 것에 능하되 자신은 조금도 줄어듦이 없는 그런 하느님이 아니라는 말입니다. 오히려 그분은 대타성, 즉 온전히 타자를 향한 존재요 타자를 향해 자신의 모든 것을 온전히 넘겨주고, 타자로부터 온전히 받는다는 것입니다. 그래서 하느님은 홀로이실 수가 없고 삼위시요 일체시라는 것입니다. 온전히 넘겨준다는 말은 말할 것도 없이 사랑자체라는 말이지요.

여기에 화백의 맑음과의 접점이 있습니다. 즉 가장 큰 맑음은 타자에게 자신을 온전히 넘겨주는 것이겠지요. 화백은 일생에 걸쳐 이 맑음을 추구해왔다고 하며 대화의 여러 순간, 아니 거의 모든 이야기들이 이 말과의 관련 안에서 이루어진다고 보아도 과언은 아닐 것입니다.

이 맑음은 곧 진리나 사랑, 생명과는 곧바로 연결될 수밖에 없는 말이기도 합니다. 화백 자신이 추구하는 이 맑음은 자신의 삶의 길과 떼어놓을 수 없다는 것은 말할 필요조차 없습니다. 여러 그림 이야기들에서 언급한 화백의 독특한 삶의 방식, 값싼 옷, 음식, 차를 선택하는 방식이나, 술 담배를 멀리하는 것, 필요하지 않은 외출은 삼가고 작업실에 칩거하기를 좋아하는 것, 작품을 판매 대상으로 여겨 화상에게 들고 가지 않는 것, 어려움에 처한 사람에 대한 연민, 음식이나 소유물에 대한 탐심 내려놓기 등 일생에 걸친 그의 맑음의 탐구는 삶의 전반에 걸쳐 수도자 같은 분위기를 빚어놓았습니다. 작품보다 삶이 단연코 우선이라는 화백의 단호한 말 안에도 이 맑음의 추구가 삶에서 먼저 출발한다는 것을 볼 수 있습니다.

이런 집중적이면서 일생에 걸친 맑음의 탐구는 그가 추구하는 모든 예술 작업의 도구, 방법, 재료에까지 영향을 미치는데 이것은 나중에 살펴보기로 하고, 이 맑음이 구체적으로 수도승 전통과 어떤 유사점이 있는지 우선 살펴보기로 하겠습니다.

● 마음의 순결-수도승의 목적

그리스도교 수도생활은 구체적으로 AD 300년경 이집트 사막에서 먼저 은수생활로 활짝 꽃을 피웁니다. 그리고 곧바로 공동수도생활이 생겨납니다. 이 사막수도생활의 정신은 여러 저서들에 담겨있습니다만, 그 중에서도 에바그리오라는 사람이 종합적이고 체계적으로 엮어놓은 것들이 가장 유명합니다. 그리고 이 종합은 그의 제자인 카시아노라는 사람에 의해 라틴어로 번역되어 서방 세계로도 전달이 됩니다. 이 번역 과정에서 카시아노는 단순히 에바그리오의 글을 번역하는 것이 아니라 자기 나름으로 해석하여 자신의 영성을 글로 남겨놓았습니다.

이 과정에서 카시아노는 에바그리오가 "아파테이아"라는 그리스어로 표현한 내용을 "마음의 순결"로 바꾸어 놓습니다. 이것은 참 중요한 변경인데, 아파테이아는 그리스 철학에서도 자주 나오는 용어로 부동심(不動心), 무감동 등의 의미로 사람이 자신을 단련하여 어떤 것에도 분노나 탐심, 기쁨, 슬픔 등에 휩쓸리지 않고 고요하고 평정한 상태를 유지하는 것을 의미하는 말입니다.

이에 반해 카시아노의 마음의 순결은 앞서 말한 삼위일체를 설명한 대타성과 깊은 연관이 있습니다. 즉 타인을 향한 온전한 개방, 이기성에서 벗어나 타자 중심으로 움직이는 마음이라는 뉘앙스를 지닙니다. 이것은 그리스도교의 근본정신과 훨씬 더 잘 부합하며, 영적 인간적 차원에서도 훨씬 뛰어난 통찰이라 할 수 있습니다.

카시아노는 이 변경에서 그치지 않고 이것을 수도승의 목적으로 세웁니다. 수도승은 이 마음의 순결이 목적인 이상 이에 도달하지 않고서는 참으로 하느님, 예수 그리스도를 추구할 수가 없는 것이지요. 이것은 일생에 걸친 작업이요 어떤 의미로는 수도자의 신분이라고까지 말할 수 있습니다. 바꾸어 말하면 마음의 순결을 추구하지 않는 수도승은 옷만 입었지 참된 수도승은 아니라는 말도 가능한 것입니다.

이 마음의 순결은 화백이 추구하는 맑음과 거의 동의어라고 할 수 있습니다. 화백이 맑음을 추구하며 이룬 삶의 방식은 위의 과정을 거쳐 형성된 수도생활의 양식과 참 많이도 닮아있습니다. 그의 작품을 감상하노라면 느껴지는 저의 깊은 공감은 가장 크게는 이 부분으로부터 오는 것이리라 여겨집니다.

본질적으로 이기성을 바탕으로 태어난 인간이란 존재가 타자를 향해 자신을 활짝 열고 결코 죽는 일 없는 탐심의 대상을 자신에게서 타인에게로 전환하는 과정에서 종교, 예술, 생명의 탄생, 온갖 직업이 태어나는지도 모릅니다. 이기성과 이타성 그 머나먼 거리에서 한숨도 짓지만 또 그렇기에 인간은 도약을 하게 됩니다. 어림없는 뛰어오르기, 실패로 끝날 뛰어오르기지만 그래도 이 머나먼 거리를 뛰어오릅니다.

그리스도교의 큰 특징 중 하나는 탐심, 욕심을 제거해야 할 대상으로 보지 않는다는 것입니다. 모든 고통의 원인이 욕망으로 인한 것일지라도 인간은 그 욕심을 죽일 수 없으며, 만약 죽인다면 그 사람의 목숨도 끝이 날 것입니다. 문제는 욕심, 탐심 자체가 아니라, 무엇을 탐하며, 무엇으로 욕심을 채우는가 하는 것에 초점을 맞춥니다. 다만 이 목적을 잊어버리고 탐심을 오직 자신만을 위한 방향으로 쓰면서 세상은 온갖 것들로 때 묻고 상처입고 타락해지기 시작하는가 봅니다.

이런 세상 안에서 마음의 순결, 맑음, 타자를 향한 개방을 추구하는 것은 어쩌면 인간의 의무라고 할 수도 있지 않겠는지요. 즉 맑음은 자신이 무엇을 추구해야 하는지, 자신의 욕심의 방향이 어느 곳을 향해야 하는지를 아는 것이라고 말할 수 있을 것입니다.

이것은 수도승이 추구해야 할 의무입니다.

그리고 화백의 작품 안에서 일관되게 흐르고 있는 주제 역시 이것입니다. 물론 수도승이 이미 이 마음의 순결이라는 목적에 도달했다고 말하고자 하는 것은 아닙니다. 도달했느냐 하지 않았느냐라는 결과론적 이야기가 문제가 아니라 수도승이라는 신분, 수도승이 어떤 존재인가라는 문제이며, 화백의 맑음의 추구에서도 이는 같은 맥락으로 설명할 수 있으리라 생각합니다.

● 작품을 관통하고 있는 맑음

화백은 작품을 끊임없이 거의 전투적으로 아니 그 이상 목숨을 내어놓듯 치열하게 그리는 것으로도 유명합니다. 어느 정도냐 하면 거의 노동하는 수준으로 작품을 내놓습니다. 쉬지 않고 그립니다. 이 근면성 또한 맑음과 연관이 있습니다. 많이 그릴 뿐 아니라 한 작품 한 작품 기울이는 정성이 아기를 낳는 엄마와 같은 진지함과 출산의 고통과 같은 면을 보여 줍니다. 그림 소재가 자신 안으로 들어와 하나가 되기까지 기울이는 노력은 묘사하기 힘들 정도입니다.

그러다보니 수많은 작품들을 낳으면서도 들쑥날쑥함이 없이 고루 높은 작품성을 보여 줍니다. 많은 예술가들의 작품이 한 작품은 뛰어난데 어떤 것은 형편없다는 평을 듣는 것이 통상적입니다만, 화백의 작품은 그렇지 않습니다.

이렇게 맑음을 추구하며 나온 작품들이기에 많이 그려 많이 파는 돈벌이와는 어느 정도 거리를 두고 있는 것 같습니다. 자신의 발로 단 한 번도 그림을 들고 화상에게 간 일이 없다는 것이 이 사실을 말해 줍니다. 돈에 홀리면 이 정신이 흐려지고 만다는 것을 꿰뚫듯 명확하게 보고 있기 때문입니다.

● 죽은 과거를 살리고 현대에 춤추고 미래를 향해 물음을 던지다

일제강점기를 거치며 아시다시피 우리는 고유한 많은 것들을 잃었습니다. 그 중 하나가 우리의 고유한 종이인 한지와 조선의 초상화 화법의 상실입니다. 맑음은 자신의 뿌리를 아는 것과도 무관하지 않습니다. 자신 홀로 맑을 수 있는 사람도 없고 자신의 뿌리를 모르고서 자신이 누구인지 알 수 있는 사람도 없습니다. 뿌리를 모르면 혼돈과 혼탁이 덮치는 것은 자명한 일입니다. 그렇다고 과거에만 머문다면 차라리 박물관이나 냉장고 속에 보관하는 것이 더 나을 것입니다. 희망이 중요하다 하여 앞만 향하다 보면 뿌리 없이 흔들리다 결국 사라지고 말 것이며, 오늘이 중요하다 하여 오늘 오늘하다 보면 제대로 된 시선을 잃고 오늘 속으로 함몰해 버릴 수 있습니다.

화백은 놀라운 열정으로 이 두 가지에 몰두하였고, 그 결과 우리 고유의 한지를 수백 년 만에 재생한 첫 사람이 되었습니다. 한지 재생을 위해서 닥나무의 F1을 찾아 전국을 헤매었으며, 그것을 연구소에 맡겨 확인을 하고 자신이 손수 그것을 심어 묘목을 생산하여 농사지을 사람을 찾아 무상으로 나누어 줍니다. 그리고 화실 한구석에 종이 만드는 기계를 두고 직접 우리네 한지를 만들어 내는 데 성공합니다. 이 한지는 물에 넣고 빨래 빨듯이 비볐다 꺼내도 주름은 있을지언정 흐물거리지 않습니다. 그러면서도 얇습니다. 화백은 이 한지 특허권을 가지고 있습니다. 그런데 이를 진정으로 만들어 보고 싶어하는 사람에게 돈 한 푼 받지 않고 그 기술을 전수해줍니다. 전수해주고서는 그 귀한 한지가 비싸다고 화가들이 찾지 않자, 다시 자기 돈을 주고 그 종이를 사 쓰는 괴물 같은 사람입니다.

이 한지가 있어 우리 조상들의 독특한 방법 배채법이 가능해집니다. 한지를 빨래 걸듯 걸어놓고 종이 뒤에서 수백 번을 그리는 초상화 기법으로 화백 작품 중 〈성철 스님〉이나 여러 스님들의 진영, 〈마지막 농부의 얼굴〉 등이 이 방법으로 그린 것입니다. 물감 또한 독특합니다. 〈성철 스님〉은 사시던 집의 구들장을 뜯어 갈아서 쓰고, 〈법정 스님〉은 진짜 유골의 일부를 갈아 얼굴색을 내었으며, 〈마지막 농부의 얼굴〉은 그 사람의 밭 흙을 가져다 물감으로 만들어 썼습니다.

이렇게 삶을 걸고 되살린 방법 위에 그는 오늘의 의미를 파헤쳐 은유를 통해 그림으로 표현해냅니다. 위 두 가지를 이룬 것만도 대단한데 그는 이 길을 슥 뛰어넘어 현대의 정신을 표현하는 데 온힘을 다합니다. 그러다보니 과거의 방식인 산수화나 매난국죽을 치는 일에는 아예 손도 대지 않습니다. 전통의 방법과 정신을 살리되 오늘에서 춤추고 오늘을 노래하고 오늘의 의미를 캐내고 보는 이들에게 내일을 향해 물음을 던집니다. 그래서 이 던져지는 질문 때문에 어떤 이들은 화백의 그림을 보는 것을 불편해 합니다. 화백의 그림은 최소한 어떤 내적 촉구를 불러일으킵니다.

● 맑음-주제 선정

이 맑음은 주제 선정에서부터 드러납니다. 그의 작품들은 아름답다 여겨지는 것들에는 오히려 일정 거리를 두는 것 같은 인상마저 풍깁니다. 그리면 자동으로 멋있는 작품이 나올 풍경화나 매난국죽, 아름다운 여인 그리기를 찾아볼 수 없습니다. 오히려 남들이 무관심하게 지나쳐갈 사물들, 장면들을 귀신 같은 눈으로 포착해냅니다. 자신이 추구하는 이 맑음이라는 통을 거쳐 어떤 상징을 품고 태어나는 사소한 미물, 때로 사회 희생자들의 가엾은 모습은 우리의 양심을 뒤흔들어 놓는 훨씬 고차원의 아름다움을 발합니다.

화백이 다루고 있는 주제의 다양성 또한 이 맑음의 차원 안에서 이해되어야 합니다. 그의 역사화는 동학혁명에서 비롯하여 일제강점기, 근현대 민중운동인 4·19 혁명, 6월 항쟁, 5·18 광주민주화운동 등 우리 시대의 아킬레스건을 놓치지 않고 풀어나갑니다. 구체적으로 그가 선정한 대상들을 한 번 보는 것도 도움이 되리라 생각합니다.

- 작은 생물들 : 바퀴벌레, 돈벌레, 쥐, 벌레, 벌, 생매장 당한 닭, 물고기, 개, 개미, 몽골 광야의 죽음을 맞은 짐승들
- 사회 변두리 인물들 : 시골 농사꾼들, 도시 변두리 사람들, 몽골 사람들
- 역사적 인물들 : 김구, 단재, 전봉준, 안창호
- 역사적 사건들 : 동학혁명, 일본에 희생된 이들, 4·19 혁명, 6월 항쟁, 5·18 민주화운동, 세월호
- 구도의 길을 걷는 인물들
- 가족들 : 가족의 화려하고 자랑할 만한 순간들보다는 인간사 치열하게 드러나면서도 너무도 평범한 일상의 스냅사진 같은 장면들

이렇게 다루고 있는 주제들을 나열해 보는 것만으로도 그의 욕망, 그의 탐심이 향하는 방향을 알아 볼 수 있습니다. 어찌 보면 김호석이라는 사람은 누구보

다 욕심이 크고 강한 사람인지도 모릅니다. 그는 그 욕심을 출산의 고통을 겪으면서, 자신의 삶을 줄이고 또 줄이면서 맑음이라는 방향 짓기 작업을 그림을 통해 하고 있다고 볼 수 있을 것입니다.

우리나라 최초는 아닐지라도 서민들을 가장 많이 다룬 김홍도도 서민의 풍요로운 모습을 다루었지 그 지난하고 고단한 삶은 묘사하지 않았습니다. 서민의 삶을 궁금해 하는 자신의 임금 정조에게 드릴 그림이었기에 더욱 그러하였을 것입니다. 양반도 아닌 자신을 그리도 아끼는 임금, 자신을 바쳐도 아깝지 않을 임금에게 드릴 것이었으니까요. 신윤복이 다루었던 주제는 굳이 언급하지 않아도 누구나 잘 알고 있을 것입니다.

버림받은 것들, 사소한 것들, 작은 것들, 죽은 것들에 대한 그의 관심은 맑음의 추구 이외의 이유로는 설명이 어렵습니다. 그리고 때로는 그로테스크한 모습조차 맑음이라는 여과통을 거쳐 우리의 마음을 건드리는 참 아름다움을 뿜어내는 것은 현대 어떤 화가들이 단순히 관심을 끌기 위해 기괴한 것들을 그리는 것과는 거리가 멀다고 할 수 있습니다.

또한 주제의 다양성이라는 차원에서 세계미술사적으로도 그 예를 찾아볼 수 없지 않나 생각합니다.

● 맑음-여백, 은유법

수묵화란 것이 화백의 설명에 따르면 정신을 수묵으로 보여주는 것이라 합니다. 조선의 초상화, 자화상을 보면 이 말을 실감나게 느낄 수 있습니다. 그 사람의 사상, 인품까지도 가늠해 볼 수 있는 사실화 같지만 사실화를 넘어선 독특한 장르라고 표현할 수 있는 것이 조선의 초상화가 아닐까 생각합니다.

이 맑음의 과정에서 화백은 여백과 은유법의 대가가 된 것 같습니다. 여백이 없이 꽉찬 그림이 단순하지 않은 것은 아니나 예외적인 것입니다. 예를 들어 성철스님 다비식이나 렘브란트의 〈자비로운 아버지〉 같은 그림은 화면에 빈틈이 없지만 그 단순함은 오히려 강렬합니다. 하지만 이것은 예외적인 것이고 시와 마찬가지로 그림 역시 맑음은 추구하다 보면 줄어들고 비워지고 짧아지는 것이 그 방향인 것 같습니다.

예를 들어 짝짓기 하는 파리 한 쌍을 큰 종이에 작게 그린 작품이 있습니다. 파리의 모습을 크게 그릴 수도 있을 것입니다. 잘 알려진 손기술의 탁월함이 그것을 그리기에 못 미칠 일도 없을 터인데 그리 작게 그려놓았습니다. 그런데 그래서 강렬합니다. 그 작은 미물의 짝짓기 그 장엄함이 역설적으로 강렬하게 와 닿게 만드는 것입니다. 그리고 그 작음에도 불구하고 화면이 부족해 보이지 않습니다.

이 여백은 화백의 정신이 강렬하게 드러나는 공간입니다.

즉 여백은 어설픈 줄이기가 아닌, 줄이고 빼고 비우고 깎는 일생에 걸친 구도적 작업의 결과일 때 참된 효과를 낼 수 있는 것이 아니겠는지요. 작가가 담고자 하는 정신도 없이 삶을 건 단련도 없이 단지 여백의 미가 멋있다고 툭 그려놓은 것은 왠지 화면이 모자라 보이고 메시지 강렬함은 더더욱 느낄 수가 없어 때로 보기에 민망하다는 느낌마저 주는 것이지요.

즉 화백의 경우를 살펴볼 때 여백을 제대로 살리는 것은 일생에 걸친 맑음의 추구와 방법적인 치열함의 훈련에서 나오는 것이라는 것을 알 수 있습니다.

이 여백은 침묵과도 같은 말이라 할 수 있습니다. 침묵은 일종의 존재의 여백이기 때문에 작품 속 여백과도 뗄 수 없는 관계에 있습니다. 수도생활에 의도적으로 침묵의 시간을 집어넣고 삶에서도 많은 말보다 짧은 말, 여러 번의 말보다 한 번의 말 등 되도록 말을 줄이는 것이 하나의 큰 특징 중 하나입니다. 말이 많고, 말이 끓기 시작하면 마음의 고요를 얻기 힘들고, 마음의 고요함이 없으면 온갖 상처들이 아물지 않은 채 부글부글 기어 올라와, 타인에게 부딪치게 됩니다. 그러면 삶과 정신의 단순함을 잃고 온갖 것들로 마음을 끓이며 살아갈 수밖에 없기에 침묵은 존재의 차원과 깊은 연관이 있습니다.

● 맑음-재료에 대한 끝 모를 철저함

이 맑음은 진실, 있는 그대로와도 직결됩니다. 그는 우선 그리는 대상에 대한 철두철미한 연구와 관찰을 그리기 전에 대전제로 합니다. 또한 그림의 재료에 대해서도 최고를 추구합니다. 최고란 단지 비싼 것이 아니라 그것에 딱 맞는 어떤 것을 끝까지 찾아내고야 마는 성실함을 넘어선 치열함을 말합니다.

벌을 그리려하면 상당한 돈을 들여 벌을 사서 일 년 넘게 관찰하고, 그 과정에서 쏘이기도 여러 번 합니다. 또한 벌에 대해서는 생물학자 수준의 지식을 찾고 자신의 것으로 만듭니다. 그의 그림은 이 생리학적 지식이 고스란히 담겨있으며, 때로 이 자연의 법칙을 거슬러 그릴 때 어떤 분명한 의도가 있습니다.

화실에 칩거하기를 좋아하지만 어떤 재료가 있다 하면 한 걸음에 달려가는 발품 팔기를 아끼지 않습니다. 그리하여 좋은 붓, 독특한 물감, 벼루의 재료 등에 대해 학자 같은 지식의 소유자가 되었습니다. 심지어 어떤 재료를 어디서 구하는지에 대해서도 꿰뚫고 있습니다.

● 역설, 도치, 역설의 역설

화백의 그림은 한 겹을 벗기면 전혀 다른 겹이 나올 수 있습니다. 역설과 도치, 역설에 또 역설이 많기 때문입니다. 위에 예를 든 파리 한 쌍도 그렇습니다. 작고 초라하고 보잘 것 없는 마구 때려잡아 죽여도 누구도 탓하는 이 없는 파리 한 쌍은 존재로 생겨먹은 모든 것에 대한 참되 고귀함과 소중함을 느끼게 해 줍니다. 그런데 이 한 겹을 벗기면 또 다른 것이 나올 수 있습니다. 파리가 생태계 안에서 지닌 역할이 얼마나 인간에게 중요한지 〈파리 목숨〉을 한 번 보시면 알 수 있습니다. 이처럼 어떤 분은 또 여기서 다른 겹을 찾아낼 수도 있을 것입니다. 그런데 이 파리를 우리의 선입견과 다르지 않게 괴물스럽게 크게 그렸다면 이런 겹을 느끼게 하기 쉽지 않습니다.

역설의 힘인 것이지요.

이런 역설은 극과 극, 흑과 백, 음과 양, 남과 여 모든 요소의 대립과 그 통합이라는 삶의 요소를 잘 반영해 줍니다. 빛이 어둠보다 좋게 느끼는 것은 일반적인 현상일 것입니다. 그러나 북극 남극 쪽으로 낮이 훨씬 길어진 시기에 가본다면 어둠이 얼마나 좋은지 느끼지 않는 사람은 없을 것입니다. 부드러운 사람 좋아라 하던 이가 어떤 프로젝트를 함께 수행할 때 날카로움이 더 아쉬워질 수도 있습니다. 우리의 선입견 속에 좋다는 것이 진정 좋은 것인지 역설은 물음을 던지며, 거기서 그치지 않고 그 두 요소들의 통합을 꾀합니다.

이런 역설의 역동성은 고요와 텅 빔을 바탕에 깔고 있습니다. 역동성만 있다면 삶은 뒤집히고 얽힐 뿐 조금도 통합이 일어나지 않습니다. 그림 속에서나 삶 안에서나 여백/침묵과 역설/역동성은 함께 가야 하며, 존재의 차원에서는 정신과 마음의 고요 없이 존재의 통합, 극과 극의 요소의 통합, 성장, 변모는 일어나지 않습니다.

● 생명성

생명만큼 평범한 것도, 당연한 것도 없으며 생명만큼 위대한 것도, 장엄한 것도 없습니다. 생명이 없으면 존재도 없고 예술도 스러지고 종교는 더더욱 말할 필요도 없습니다. 현대미술이 죽음, 파괴에만 몰두하는 것은 그만큼 생명이 절실하다는 반증이 될 수 있을 것입니다.

가장 기본적으로 생명은 들숨날숨으로 태어나고 그것을 이어갑니다. 들숨만이나 날숨만으로는 존재를 영위할 수가 없습니다. 들숨날숨은 하나의 흐름을 이루며, 이는 곧 생명의 흐름이기도 합니다. 생명은 단절되거나 멈추지 않고 흐릅니다. 영원히 멈추어 버린 생명이란 존재하지 않으며, 생명력이 활발한 존재는 흐름도 활발하고 원활합니다. 이 흐름이 막힌 것을 기가 통하지 않는다는 등의 표현으로 나타내기도 합니다.

화백의 그림에서는 이 생명의 흐름이 어찌 힘찬지 초상화 속 인물은 곧 말을 걸어올 것 같고, 그 정신이 생생히 전달되고 행동을 묘사한 것에서는 쉽사리 감정이입이 됩니다. 그 이유는 화백 자신이 생명력 넘치고 그 생명력을 화폭에 아낌없이 헌신적으로 퍼붓다시피 했으니, 그림이 내뿜는 생명력은 민감한 사람이라면 그것으로부터 힘을 얻을 수도 있을 것이라 생각됩니다. 화백의 그림 중 은유와 역설이 많고 통속적인 부분이 없어 이해가 쉽지 않음에도 이 생명력의 전달에는 별 문제가 없어 보입니다.

그리고 생명의 다른 차원에서 보면 내가 있으면 너도 있어야 생명일 수 있습니다. 생명은 홀로 존재하는 어떤 존재라기보다 일종의 생명 그물입니다. 어쩌면 생명 그물이라는 것 자체가 하나의 생명덩어리, 생명성인지 모릅니다. 그 덩어리 속 한 존재임이 행복할 때 나라는 이기성을 내려놓고 타와 함께 엮어가는 그물 속 생명을 향유하게 됩니다. 우리 현대인은 괴물일지라도 주인공, 중심이 되기를 원하지 큰 나무의 하나의 잎으로 존재하기를 무엇보다 두려워합니다. 그러나 실제로 우리는 이 그물을 벗어나 존재할 수도 행복해질 수도 없습니다. 이 그물망이 화백의 많은 그림들이 하나의 대상을 그렸음에도 수없는 그물망과 연결되는 것을 쉽게 느낄 수 있습니다.

또 다른 차원은 생명의 무상성입니다. 즉 생명은 공짜라는 것입니다. 단 하나의 생명, 인간이 아닌 생물조차도 그 단 하나의 값을 치르기 위해서는 이 우주 전체를 다 팔아도 부족합니다. 믿기시나요? 이것을 믿을 수 있는 사람의 삶은 참으로 광대해집니다. 어쩌면 삶의 수준 자체가 달라질 수도 있습니다. 우주의 차원 혹은 우주마저 뛰어넘은 차원으로 건너가는 것이지요.

공짜로 받았으니 공짜로 넘겨줍니다. 생명은 전달을 통해서만 받을 수 있습니다. 돈을 주고 살 수 없으니 당연하고 당연한 이야기지요. 생명을 전달하려면 공짜로 받은 생명 그 값어치에 맞게 잘 키우고 성장시켜야 합니다. 빈약한 생명은 건네주어도 남는 것이 별로 없다고나 할까요.

화백의 그림 안에서 가족을 그린 그림들은 물론이요 죽음을 묘사하는 장면도 잘 살펴보면 사실 생명을 이야기하고 있음을 알 수 있습니다. 위와 같이 생명을 이해하는 사람에게 죽음은 삶을 위해 있는 것이 됩니다.

생명에 대해서는 사람마다, 보는 방향에 따라 수없는 이야기들이 쏟아져 나올 수 있는 주제요, 죽음에 이르기까지 결코 모든 것을 깡그리 파악할 수 없는 하나의 신비 에 속한 것입니다. 그 신비 안에 오늘도 그 생명을 숨쉼에 감사드리며 그 무한히 열려진 보물 앞에 막막함을 느끼기보다 캐낼 수 있는 무한한 가능성 앞에 생명이 뛰어노는 것을 느낍니다.

〔김호석 수묵화, 보다〕 展*에 앞서

화백의 작품 자체만이 아니라 그의 작품 세계 전체의 흐름과 변화를 보는 것은 미술사에 있어서도 매우 흥미로운 현상일 것입니다. 아파트를 위시한 도시풍경 수묵화에서 시작된 그의 작품 여정은 역사화, 민중의 모습, 가족화, 작은 미물들, 동물들, 정신적으로 위대한 인물들, 몽골, 스님들의 세계로 이어져 오고 있습니다.

그런데 이 작품의 흐름이 거대하고 분명하고 확실하다 하여 개개의 그림의 작품성이 흐려지거나 한 가지 이미지만을 지속적으로 반복하거나 하는 일이 없다는 것이 또 하나의 놀라움입니다. 예를 들어 스님 관련 작품들을 봅시다. 몸 없는 성철 스님, 세수하는 성철 스님, 좌선하는 모습, 초상화 그리고 이어지는 2018년 작품의 〈텅비어있는 나〉, 〈내게 가장 낯선 나〉는 또 다른 세계입니다.

이 끊임없는 열정과 탐구는 가히 국보급입니다. 아니 그 이상으로 세계 전체 미술사에서 첫손을 꼽을 수 있는 현상일 것입니다.

끊임없이 새로운 주제와 형식, 정신세계를 추구해온 그 길 위에서 새로운 작품들은 그 동안의 어떤 작품들보다 '보이지 않는 것들'에 대한 그의 집중을 가감없이 보여주고 있습니다. 화백 작품의 흐름 가운데 〈황희 정승〉, 〈관음〉, 〈성철 스님〉 등의 작품은 이미 앞으로의 흐름을 보여주고 있었습니다만, 지금처럼 한 시기 작품 전체가 종교성을 띠는 데까지 이른 적은 없습니다. 즉 그는 또 다시 새로운 걸음을 내딛고 있는 것입니다. 한국에 주어진 축복입니다.

* 제주돌문화공원관리소의 초청으로 2019년 2월 22일부터 4월 21일까지 오백장군갤러리에서 개최한 〔김호석 수묵화, 보다〕 展

정신적인 것, 초월적인 것, 종교적인 것, 눈에 보이지 않는 것을 미술이라는 형태로 형상화하는 것은 미술에 대해 아무것도 모르는 사람이라 할지라도 쉽지 않다는 것을 짐작할 수 있을 것입니다. 그렇습니다. 이 면에서야말로 자신의 삶을 걸고 삶에 투신하고 삶을 타자를 위해 내어놓기 위해 땀을 흘려보지 않고서는 불가능한 작업입니다.

예를 들어 〈텅비어있는 나〉 〈내게 가장 낯선 나〉 〈내가 아닌 나〉 일련의 작품이되 같은 이미지를 반복하거나 조금 심한 말로 우려먹지 않습니다. 이 그림 속에는 자신과 대면하고 자신을 성찰하고 자신을 세상을 위해 헌신하는 작업의 결실이 들어있기 때문입니다. 하나의 작품을 작품으로 형상화하기 전, 김호석이라는 사람의 삶의 투쟁, 화해, 통합이 읽혀집니다.

이 삶의 문제를 빼놓는다면 김호석이라는 화가의 작품을 이해하기 참 힘들어지고, "그림이 뭐가 이리 어려워!"라는 느낌이 드는 것이지요. 그의 삶의 헌신을 이해하고 나면 그의 그림들은 아주 쉽게 풀려나옵니다. 마치 엉킨 실타래의 실마리를 잡는 것과 같은 것입니다.

물론 몽골이라든가, 자연의 생태라든가 하는 부분은 조금 설명이 필요한 것도 사실입니다만, 이런 노력없이 어떤 작가의 세계와 만남은 불가능합니다.

부친의 서거와 관련된 일련의 작품들도 그렇습니다. 〈마지막 선물〉, 〈초선〉, 〈또 다른 삶〉 그리고 〈꽃뱀〉도 이 연관성 상에서 볼 수 있습니다만, 비슷한 이미지가 없습니다. 자신의 아버지라는 육친의 죽음의 아픔을 겪으며 그것을 넘어 인간 보편의 죽음과 스러짐, 죽음과 새생명, 놓음과 충만이 밀물 썰물처럼 왔다 갔다 합니다.

죽음으로 살고, 놓음으로 얻고, 벗음으로 충만해지는 생명의 신비를 신학적 이론이 아니라 그림으로 풀어놓으니, 딱딱한 이론은 지니지 못한 시각적 감동이 신선하고 충격적입니다.

〈하늘을 가르다〉, 〈그늘 위의 그늘〉, 〈늑대가 왔던 밤〉, 〈제물〉, 〈죽음, 또 다른 삶〉은 짐승의 자기보시를 통해 인간존재의 헌신을 우회적인 방법을 넘어 동물이 인간에게 말을 건네오게 합니다. '우리의 헌신으로 얻은 생명, 그대도 타자에게 넘겨주고 있는가?' 이 질문 앞에 설 수 있기를 바랄 뿐입니다.

왜냐하면 헌신없는 생명은 아예 존재할 수도 없기 때문입니다. 엄마, 아빠의 헌신은 물론이요, 온갖 식물이 있어 우리는 지상에서 호흡하고 먹을 것과 입을 것을 얻습니다. 이 모두가 헌신의 결과입니다. 이 헌신은 헌신으로 이어질 때 생명의 신명난 흐름을 낳습니다만, 고이면 썩습니다. 〔김호석 수묵화, 보다〕 展의 일련의 작품들에는 이 주제가 여러 방식으로 표현되고 있습니다. 그리스도 신자인 저에게는 자연스럽게 이 동물들의 헌신에서 예수 그리스도의 십자가 헌신이 떠오릅니다.

화백이 그림그리기를 통해 추구하고 있는 길이 바로 이 길임을 작품들은 분명하게 보여줍니다. 자신의 그리기 작업 자체가 구도의 길이라고 말하는 이유이기도 합니다.

벗음과 입음, 오름과 내림, 내려놓기와 맑은 취함의 수도승 작업이 한 화가를 통해 형상화되는 축복을 깊이 깊이 만끽합니다. 한 겹 세상 맑아지는 소리를 벌써 듣습니다.

에필로그

온전히 내어주고 온전히 받는

생명의 흐름의 맑음

화백의 작품을 대하다 보면 예술이란 이런 것이 아닐까라는 생각을 하지 않을 수 없습니다. 이 짧은 설명들만으로도 화백의 우리 미술사뿐만 아니라 현대사의 참 감사로운 현상이라는 사실에 많은 분들이 동의하지 않을까라는 생각을 합니다. 자신의 삶을 통째로 건 그의 작품들은 우리 시대의 숙제 같은 것을 남겨줍니다.

물질만으로 행복합니까? 그렇게 복잡하게 얽힌 것은 찾아야 할 것을 잘못 찾고 있는 것은 아닌가요? 왜 그리 목적도 없이 달려갑니까?

이 질문을 돌다보면 거기에 꽉 막히는 캄캄한 밤과 꽉 차있는 환한 대낮이 서로 반대되지 않고 하나로 만나는 지점에 설 수 있게 됩니다. 작은 미물이 미물이 아니라, 생명의 위대함을 지닌 고마운 존재임을 느끼게 됩니다. 자신의 삶을 잃으면서까지 시대를 위해 싸운 이름 없는 사람들의 정신이 얼마나 고귀한지 보게 됩니다. 권세 있는 사람들만이 두드러진 세상에서 힘없는 작은 사람들의 손길 발길이 바로 밑바탕임을 알 수 있게 해 줍니다.

그리고 이 아름다운 것들은 우리에게 어느 정도 자신의 삶, 자신의 부귀, 자신의 명예를 내놓을 것을 촉구합니다.

예술과 종교가 따로 노는 현대에서 화백의 작품 속에서는 그 추구하는 바가 함께 만나는 것을 보게 됩니다. 만나야 할 것이 각각 따로 놀고 내 가족 내 조직 내 나라만이 중요한 이기주의, 자본주의 바람이 아무리 거세도 참된 생명의 흐름, 온전히 내어 주고 온전히 받는 생명의 흐름의 맑음은 결코 스러질 수 없음을 희망 속에 확인하는 행복을 누립니다.

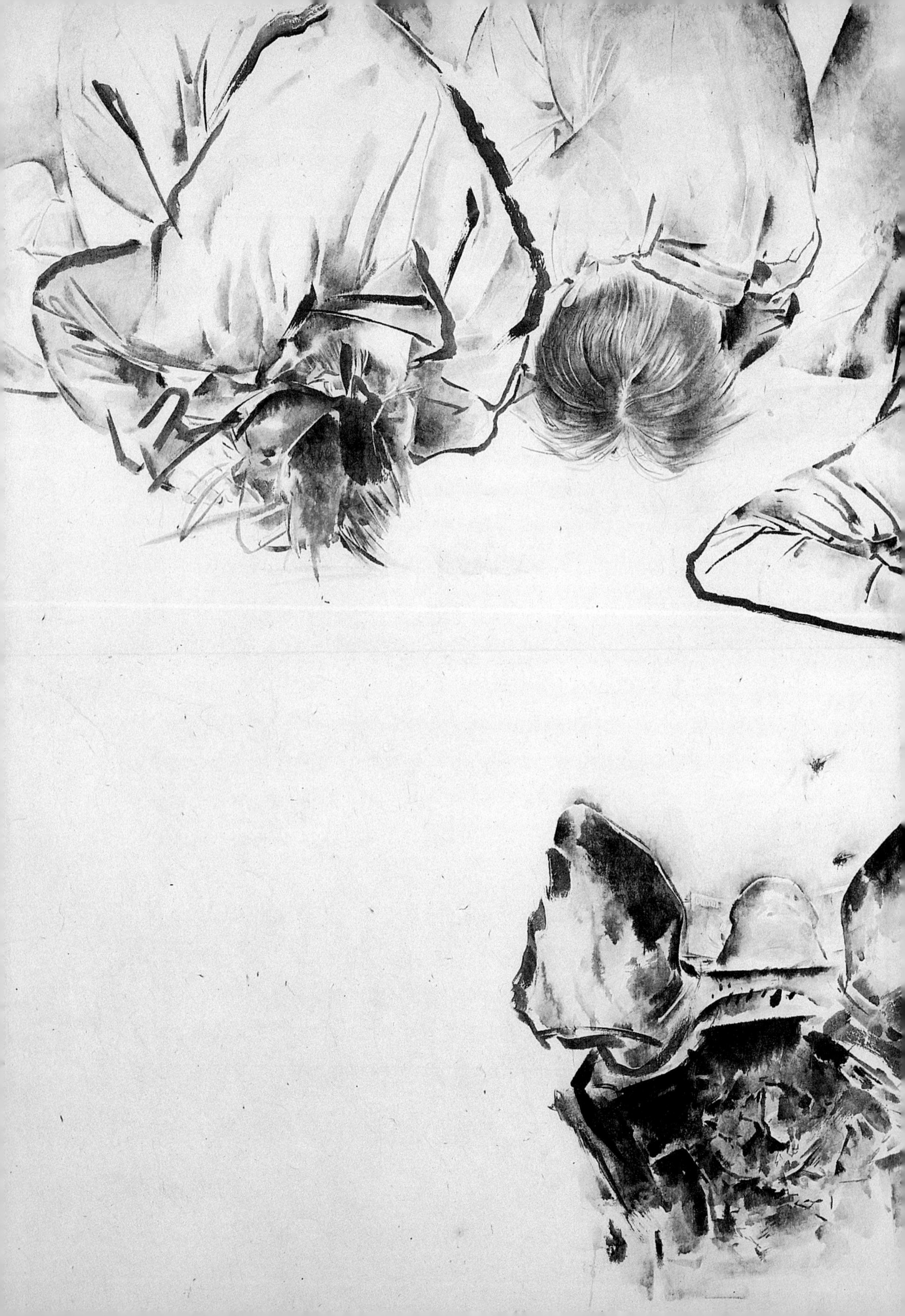

화가 김호석

전북 정읍에서 태어나 홍익대학교 동양화과와 동 대학원 동양화과를 졸업하고, 동국대학교 대학원 미술사학과에서 "한국 암각화의 도상과 조형성 연구"로 박사 학위를 받았다. 대학시절 중앙미술대전에서〈아파트〉로 장려상을 수상(1979)한 이래 오늘에 이르기까지 역사화, 농촌 풍경화, 역사 인물화, 서민 인물화, 가족화, 성철 스님화, 선화, 군중화, 동물화, 등의 작품을 통해 우리시대의 정신과 삶의 모습을 형상화하는 데 몰두해왔다.

특히 조선시대 초상화 기법으로 현대 서민들의 얼굴을 그려 동시대의 표정을 생생히 살려 낸 점은 잊혀진 전통을 창조적으로 계승한 모범이라 하여 국제적으로 크게 호평을 받았다. 국립현대미술관 '올해의 작가-김호석전' 고려대학교 박물관 김호석 초대전 '틈' 제주돌문화공원 오백장군 갤러리 기획전 '보다'를 비롯 23회의 개인전을 가졌으며, 뉴욕 퀸즈 미술관, 아시아 소사이어티, 인도 역사박물관 등에서 개최한 300여 차례의 단체전 및 기획 초대전에 참가했다.

2000년 제3회 광주비엔날레 한국대표작가로 선정, 미술 기자상을 수상했으며, 대표작으로〈역사의 행렬〉〈황희 정승〉〈그날의 화엄〉〈도약〉 등이 있다. 특히 그의 그림 중 가족화 시리즈는 가족의 소소한 일상을 섬세한 붓질과 과감한 생략이라는 상반된 기법으로 생동감 있게 표현해 잔잔한 감동과 함께 삶의 작은 행복을 느끼게 한다.

저서로는『문명에 활을 겨누다』등 10권의 화집과『한국의 바위그림』등을 펴냈다.

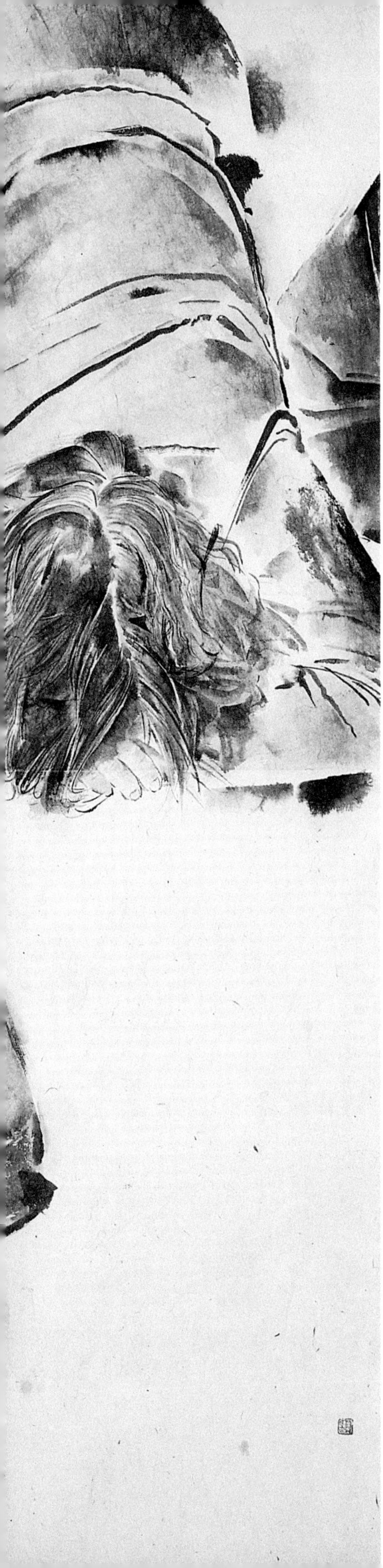

희망 | 141×141cm | 수묵 | 2002

수녀님,

화백의
안경을
빌려 쓰다

장요세파 수녀,
수묵화가 김호석 화백의 40년 작가노트를 엿보다

글 장요세파 | **그림** 김호석 | **발행인** 김윤태 | **발행처** 도서출판 선 | **편집 · 교정** 김창현 | **북디자인** 디자인이즈
등록번호 제15-201 | **등록일자** 1995년 3월 27일 | **초판 1쇄 발행** 2019년 3월 25일
주소 서울시 종로구 삼일대로 30길 21 종로오피스텔 1218호 | **전화** 02-762-3335 | **전송** 02-762-3371

값 29,000원
ISBN 978-89-6312-586-2 03600